Cultural Theory and Popular Culture:
An Introduction
(Ninth Edition)

未名社科·媒介与社会丛书（翻译版）

文化理论
与大众文化导论

（第九版）

〔英〕约翰·斯道雷 著
（John Storey）

常江 田浩 译

北京大学出版社
PEKING UNIVERSITY PRESS

著作权合同登记号　图字：01-2022-2087

图书在版编目（CIP）数据

文化理论与大众文化导论：第九版 /（英）约翰·斯道雷著；常江，田浩译. —北京：北京大学出版社，2024.4

（未名社科.媒介与社会丛书：翻译版）

ISBN 978-7-301-31077-9

Ⅰ.①文… Ⅱ.①约… ②常… ③田… Ⅲ.①群众文化 Ⅳ.①G24

中国国家版本馆 CIP 数据核字（2023）第 202513 号

Cultural Theory and Popular Culture, Ninth Edition By John Storey
ISBN: 9780367820602
Copyright © 2021 John Storey
All Rights Reserved. Authorised translation from the English language edition published by Routledge, a member of the Taylor & Francis Group.
Peking University Press is authorized to publish and distribute exclusively the Chinese (Simplified Characters) language edition. This edition is authorized for sale throughout Mainland of China. No part of the publication may be reproduced or distributed by any means, or stored in a database or retrieval system, without the prior written permission of the publisher.
Copies of this book sold without a Taylor & Francis sticker on the cover are unauthorized and illegal.

本书原版由 Taylor & Francis 出版集团旗下 Routledge 出版公司出版，并经其授权翻译出版。版权所有，侵权必究。
本书中文简体翻译版授权由北京大学出版社独家出版并限在中国大陆地区销售。未经出版者书面许可，不得以任何方式复制或发行本书的任何部分。
最终解释权由 Taylor & Francis Group 北京代表处所有。
本书封面贴有 Taylor & Francis 公司防伪标签，无标签者不得销售。

书　　　名	文化理论与大众文化导论（第九版） WENHUA LILUN YU DAZHONG WENHUA DAOLUN （DI-JIU BAN）
著作责任者	〔英〕约翰·斯道雷(John Storey)　著 常　江　田　浩译
责 任 编 辑	吕秀丽　董郑芳
标 准 书 号	ISBN 978-7-301-31077-9
出 版 发 行	北京大学出版社
地　　　址	北京市海淀区成府路 205 号　100871
网　　　址	http://www.pup.cn
新 浪 微 博	@北京大学出版社　　@未名社科-北大图书
微信公众号	北京大学出版社　　北大出版社社科图书
电 子 邮 箱	编辑部 ss@pup.cn　　总编室 zpup@pup.cn
电　　　话	邮购部 010-62752015　　发行部 010-62750672 编辑部 010-62765016
印 刷 者	大厂回族自治县彩虹印刷有限公司
经 销 者	新华书店
	650 毫米×980 毫米　16 开本　27 印张　379 千字 2024 年 4 月第 1 版　2024 年 9 月第 2 次印刷
定　　　价	109.00 元

未经许可，不得以任何方式复制或抄袭本书之部分或全部内容。
版权所有，侵权必究
举报电话：010-62752024　电子邮箱：fd@pup.cn
图书如有印装质量问题，请与出版部联系，电话：010-62756370

第九版前言

《文化理论与大众文化导论》这本书既尝试让读者轻松地理解文化研究中的专业术语，也尝试向读者介绍一些文化研究领域内的新鲜事物。这本书中所讨论的许多作品都面世许久，但它们一开始并不是作为文化理论与大众文化领域内的经典而存在的。这本书的独创之处在于将这些作品联系到了一起，以理解大众文化及其话语。

在第九版中，我修订、更新和添加了许多内容。最明显的是增加了第四章空想社会主义的部分、第八章交叉性的部分、第九章黑命贵的部分，以及对第三章理查德·霍加特的部分进行了改写。一些章节的标题也发生了变化。为了给这些新增内容腾出空间，我也修订了第十章后现代主义的部分，删除了关于流行音乐、电视以及聚合文化的内容。

大众文化和大众文化研究有着独特的历史与传统，要注意，当代文化与大众文化不能简单地被混为一谈。历史是大众文化研究非常重要的组成部分。也有人曾问我，为什么不更新书中所介绍的一些理论和方法，原因非常简单：其一，我们无法仅采用文化理论与大众文化最新的融合案例来绘制这一领域的历史版图；其二，书中所讨论的是这一领域内的经典作品，这些经典作品的关注点可能是那些已经不再流行的大众文化，但它们却提供了诸多奠基性的理论与方法，人们可以借此理解大众文化领域内的最新案例。在可预见的未来，这些作品仍将是我们从文化研究的批判性视角出发理解大众文化的重要文献。它们能够为我们提供历史维度的、理论维度的和方法维度的启发。

阅读本书时，建议同时参考配套的 *Cultural Theory and Popular Culture：A Reader*，5th edition（Routledge，2019）。

目　录

第一章　何为大众文化 ／001
　　文化　／002
　　意识形态　／003
　　大众文化　／007
　　作为"他者"的大众文化　／019
　　意义的语境化　／021
　　拓展阅读　／023

第二章　"文化与文明"传统 ／026
　　马修·阿诺德　／027
　　利维斯主义　／035
　　美国的大众文化：一场战后大讨论　／043
　　其他人的文化　／052
　　拓展阅读　／054

第三章　从文化主义到文化研究 ／056
　　理查德·霍加特：《识字的用途》　／057
　　雷蒙德·威廉斯：《文化分析》　／063
　　E. P. 汤普森：《英国工人阶级的形成》　／070
　　斯图亚特·霍尔与派迪·维诺：《大众艺术》　／074

当代文化研究中心 / 082

拓展阅读 / 084

第四章 马克思主义 / 086

经典马克思主义 / 086

威廉·莫里斯与英国马克思主义 / 090

法兰克福学派 / 093

阿尔都塞主义 / 108

霸权 / 120

后马克思主义与文化研究 / 124

空想社会主义 / 134

拓展阅读 / 137

第五章 精神分析 / 140

弗洛伊德精神分析学说 / 140

拉康精神分析学说 / 155

电影的精神分析 / 162

斯拉沃热·齐泽克与拉康式幻想 / 166

拓展阅读 / 169

第六章 结构主义与后结构主义 / 171

费尔迪南·德·索绪尔 / 172

克劳德·列维-施特劳斯、威尔·赖特与美国的西部电影 / 177

罗兰·巴尔特：《神话学》 / 182

后结构主义 / 191

雅克·德里达 / 191

话语与权力：米歇尔·福柯 / 194

全景敞视机制 / 198

拓展阅读 / 202

第七章　阶级与阶级斗争　/ 204

阶级与大众文化　/ 204

文化研究之中的阶级　/ 205

阶级斗争　/ 206

消费作为一种阶级区分方式　/ 210

阶级与大众文化　/ 212

精英政治的意识形态工作　/ 217

拓展阅读　/ 220

第八章　性别与性征　/ 222

女性主义　/ 222

电影中的女性形象　/ 224

解读言情小说　/ 229

《观看〈豪门恩怨〉》　/ 239

解读女性杂志　/ 248

后女性主义　/ 256

男性研究与男性气质　/ 259

酷儿理论　/ 261

交叉性　/ 271

拓展阅读　/ 274

第九章　"种族"、种族主义与表征　/ 277

"种族"与种族主义　/ 277

种族主义意识形态的历史渊源　/ 280

东方主义　/ 284

白人性　/ 297

反种族主义与文化研究　/ 299

黑命贵　/ 300

拓展阅读　/ 302

第十章　后现代主义　/ 304

后现代状况　/ 304

20 世纪 60 年代的后现代主义　/ 305

让-弗朗索瓦·利奥塔　/ 309

让·鲍德里亚　/ 312

弗雷德里克·詹明信　/ 321

后现代主义与价值多元主义　/ 331

全球性的后现代　/ 335

结语　/ 343

拓展阅读　/ 343

第十一章　大众文化的物质性　/ 346

物质性　/ 346

作为行动者的物质性　/ 347

意义与物质性　/ 350

没有意义的物质性　/ 356

全球化世界中的物质体　/ 361

拓展阅读　/ 363

第十二章　大众政治　/ 365

文化场域　/ 368

经济场域　/ 383

后马克思主义文化研究：重顾霸权理论　/ 391

群氓文化意识形态　/ 393

拓展阅读　/ 395

参考文献　/ 399

索　引　/ 413

第一章　何为大众文化

在从历史、理论和方法层面对"大众文化"的诸种定义与分析方法进行细致考察之前，我们不妨先对此概念的一般性特征加以勾勒。我并不想预先透露与大众文化相关的种种理论成果和既有争论——这些会在后面的章节中呈现给各位；在这一章中，我仅想就"大众文化"这一研究领域给出一张粗略的"概念版图"。从很多方面看，这都不是件易事。此种"界定困难"一部分源自**"他者"**（otherness）这一概念的特殊性——使用"大众文化"这一表述，暗示着与大众文化相对的**"他者"**总是缺席/在场的。在阅读后面的章节时，你也会发现我们往往有意无意地将大众文化与其他文化——民间文化、群氓文化*、宰制性文化、工人阶级文化，等等——进行对比，并在对比中为"大众文化"下定义。若想使定义更加全面，就必须考虑上述因素。而且，我们也会发现，无论将哪种文化视作与大众文化相对的、**缺席的"他者"**，都会极大地影响"大众文化"的内涵与用法。

因此，若想研究大众文化，首先必须面对"大众文化"这一表述所带来的理解困难，因为我们的研究所选择的理论框架与分析路径必然取决于我们对"大众文化"的定义。也许读者通过阅读本书得

---

* 原文表述为 mass culture。Mass 一词在英文中有极为丰富的含义，需结合不同的语境做出不同的翻译。在文化研究中，学者通常认为 mass culture 具有贬斥意味，体现了精英主义的偏见，故"大众文化"这一概念往往用更加中性的 popular culture（流行文化）来表述。若无特别说明，本书译者一律将 popular culture 译为"大众文化"，而将 mass culture 译为"群氓文化"。——译者

出的最主要的结论，就是"大众文化"实际上不过是一个**空洞**的概念范畴（conceptual category），人们可以用各种各样的方式对其进行填充，而这些方式在很多时候甚至是彼此矛盾的，所以关键在于如何在特定的语境下使用"大众文化"这一概念。

文化

若要对"大众文化"做出界定，首先需厘清"文化"一词的含义。雷蒙德·威廉斯（Raymond Williams）指出，文化是"英语之中最复杂的两三个词语之一"（Williams, 1983: 87）。他为文化下了三个宽泛的定义。第一，文化可以指"智力、精神和美学发展的一般过程"（90）。例如，在谈论西欧文化发展史的时候，我们可以仅仅涉及智力、精神和美学方面的成就，如伟大的哲学家、艺术家和诗人。这也是一种易于理解的解释方式。第二，"文化"一词是指"一群人、一个时期或一个群体的某种特别的生活方式"（同上）。若想以这种用法来解读西欧文化发展史，我们便不能仅仅考虑智力和美学成就，还要了解诸如识字率、休闲方式、体育运动、宗教节日等内容。第三，威廉斯指出文化可被用来指涉"智力，尤其是美学所创造的作品和实践"（同上）。换言之，此处的"文化"指的是一系列文本与实践，而这些文本与实践的主要功能是对意义（meaning）进行指涉和生产，并为这一过程提供场所。文化的第三个含义与结构主义者以及后结构主义者声称的"指意实践"（signifying practices）大体相同。（参见本书第六章）如果用第三种定义来看待文化，那么诗歌、小说、芭蕾、歌剧和美术都将被纳入考察的范畴。至于我们所要探讨的"大众文化"，则需灵活运用文化的第二个和第三个定义。定义之二——文化作为一种特别的生活方式——要求我们去研究人类的某些具体活动，诸如海滨度假、圣诞庆典、青年亚文化等。我们通常称此类活动为**活的**文化或实践。而定义之三——文化作为指意实践——则将肥皂剧、流行音乐、连环漫画等纳入了文化研究的范畴,我们称其为"文本"(texts)。甚少人会在思考大众文化相关问题时想到威廉斯为文化所下的第一个定义。

意识形态

在我们对"大众文化"的诸种定义展开讨论之前,首先需厘清另一个概念:意识形态。"意识形态"是大众文化研究中的一个关键概念。格里莫·特纳(Graeme Turner)指出:意识形态是"文化研究中最重要的概念范畴"(Turner,2003:182)。詹姆斯·凯瑞(James Carey)甚至声称:干脆"将英国文化研究描述为意识形态研究,这样更简洁,或许也更准确"(Carey,1996:65)。如"文化"一般,"意识形态"一词也有许多不同的含义。对这一概念的理解常常很复杂,这是由于在许多文化分析中,"意识形态"和"文化"这两个术语常常是混用的,这在大众文化研究中尤其常见。正因"意识形态"一词所指涉的内容常常与"文化"和"大众文化"重合,所以若想认清"大众文化"的本来面目,就必须重视"意识形态"。对"意识形态"的定义可谓浩如烟海,下文仅列出五种加以探讨,因为这五种定义与大众文化研究的关系最为密切。

意识形态的第一种定义为"由特定群体接合(articulate)的系统的思想体系"。例如,我们常说的"专业意识形态"即指影响了特定专业群体的实践的思想观念。再如,我们可以说"工党的意识形态",意指影响着该党精神与实践的那些政治、经济和社会观念的集合。

第二种定义将意识形态视为某种掩饰、扭曲或欺瞒,用来描述某些文本和实践是如何呈现被扭曲的现实图景的。有些时候,人们认为这些被扭曲的现实图景制造出来的是"虚假意识"(false consciousness),并在权力者利益和无权者利益之间发挥作用。若采用这一定义,我们便要讨论资本主义意识形态的问题,因为此定义暗示资本主义社会存在着用意识形态来掩饰权力所有者对他人践行统治的现实。正因意识形态具有欺骗性，所以统治阶级从表面上看既非剥削者亦非压迫者。但是，更重要的是，意识形态掩盖了无权者处于被奴役地位的真相，即被统治阶级并未意识到自身处于被剥削、被压迫的地位。这一定义源自对文本与实践的生产环境的一系列假设。一些人声称，文本和实践属于上层建筑，是对"社会经济基础"的权力关系的"反映"与"表达"。而上述观点，正是经典马克思主义的基本假设。在一段著名的论述中，卡尔·马克思（Karl Marx）如是说：

> 人们在自己生活的社会生产中发生一定的、必然的、不以他们的意志为转移的关系，即同他们的物质生产力的一定发展阶段相适合的生产关系。这些生产关系的总和构成社会的经济结构，即有法律的和政治的上层建筑竖立其上并有一定的社会意识形式与之相适应的现实基础。物质生活的生产方式制约着整个社会生活、政治生活和精神生活的过程。*

马克思所要表达的是：一个社会从事经济生产的方式对其文化形态的生产与传承起着决定性作用。在"经济基础/上层建筑"关系框架内，文化被视为意识形态的产物；文化作为被经济基础所决定的上层建筑，或隐或显地维护着统治集团的利益。而手握权力的统治者，则是这一社会经济结构中的受益方。这种受益是多方面的，包括社会利益、政治利益、经济利益与文化利益。很多文化批评家用这一观点来机械地看待文化与大众文化的社会关系问题。在第四章中，我们将对此做更为细致的考察。

我们亦可用这种一般意义上的意识形态来描述阶级之外的权力关系，如女性主义者所"声讨"的"父权制意识形态"，以及这一意识形态如何在我们的社会中掩饰、隐瞒和扭曲真实的性别关系

---

* 此处译文参见《马克思恩格斯选集》第 2 卷，北京：人民出版社 2012 年版，第 2 页。——译者

(参见本书第七章)。在第九章中,我们将考察种族主义的意识形态。

第三种定义(在某种程度上依托第二种定义并与之关系密切)用"意识形态"这一表述来指代"意识形态的形式"*。这一定义关注文本(电视剧情、流行音乐、小说、电影长片等)如何持续不断地呈现关于外部世界的图景。其理论前提是:"社会"这一概念建立在冲突而非共识的基础之上,是围绕着不平等、剥削和压迫被建构出来的。在这种冲突中,文本会有意无意地偏袒某一方。德国剧作家贝托尔特·布莱希特**(Bertolt Brecht)如是总结:"无论好剧还是坏剧,都包含着一幅世界的图景……世上不存在对观众的立场与观点毫无影响的戏剧和演出。艺术从来都伴随着某种后果。"(Brecht, 1978:150-1)布莱希特的观点适用于所有文本而不仅仅是戏剧。换个更简单的说法,即所有的文本最终都是政治的,这意味着所有的文本都承载着意识形态的意味,描述着外部世界;它们在互相冲突中界定着"实然"和"应然"。正如斯图亚特·霍尔(Stuart Hall)声称的那样,大众文化是"创造总体性的社会观念"的场所,是"指意的政治"彼此争夺、诱使人们按照某些特定的方式观察世界的竞技场(Hall, 2009a:106)。

意识形态的第四个定义与法国文化理论家罗兰·巴尔特(Roland Barthes)的早期作品有密切关联(在本书第六章会详细讨论)。巴尔特指出,意识形态(巴尔特本人称之为"神话")主要在内涵(connotation)层面上发挥作用,是文本或实践所承载或可能承载的、间接的、常常是无意识的含义。例如,英国保守党在 1990 年制作并播出了一期政治宣传节目,节目结束时的最后一个词是"社会主义",而此时电视上出现了红色监狱栅栏的影像,这就暗示其竞争对手工党所鼓吹的社会主义无异于建造了社会、经济与政治的图圄。这期节

---

* 此外译文参见《马克思恩格斯选集》第 2 卷,北京:人民出版社 2012 年版,第 3 页。——译者

** 贝托尔特·布莱希特(1898—1956),德国剧作家、诗人。他信仰马克思主义,终生投身于戏剧改革,广泛吸收中国戏曲的表演实践,开创了独具一格的舞台表演理论体系。——译者

目就是要达到为"社会主义"一词赋予内涵的目的。在巴尔特看来，这期节目是意识形态操控的经典案例，电视文本试图将原本具有特殊性的事物普遍化、合法化，让观众误将文化之物（人类创造的）当作自然之物（先天存在的）。与之类似，在英国社会中，那些白种的、男性的、异性恋的、中产阶级的人是不言自明的"正常人""普通人""自然人"，而其他人则是这一"原型"的次等"变种"。这一情况在"女流行歌手""黑人记者""工人阶级作家""同性恋喜剧演员"等表述中体现得淋漓尽致。在上述每个具体的表述中，前面的词（"女""黑人""工人阶级""同性恋"）都是对后面的词的修饰，用以表明这些人只不过是"普通"流行歌手、记者、作家和喜剧演员的"变种"。

第五个定义在20世纪70年代和80年代早期十分盛行，其提出者是法国马克思主义哲学家路易·阿尔都塞（Louis Arthusser）。在第四章中，我们将对其理论贡献进行细致的讨论。此处，仅对阿尔都塞为意识形态所下的定义进行扼要的归纳。阿尔都塞的主要观点是：意识形态并不是简单的观念的集合，而是一种物质实践，这意味着意识形态存在于日常生活的实践之中，而不仅仅存在于关于日常生活的观念之中。他还认为，一些仪式和风俗会通过某种方式将我们与社会秩序捆绑在一起，而这种所谓的社会秩序的标志，则是财富、地位与权力的显著不平等。借此定义，我们便可将海滨度假和圣诞庆典视作意识形态实践了。这种实践为人们提供愉悦，将人们从社会秩序的重压中解放出来。然而，人们最终仍要回到各自在社会秩序中的位置，"精神焕发"地承受剥削和压迫，直到下一次休假的到来。在此意义上，意识形态完成了对资本主义经济条件和经济关系所必需的社会条件和社会关系的再生产，使社会得以继续运行。

至此，我们已简单审视了"文化"和"意识形态"的诸多不同定义，也了解了"文化"和"意识形态"在概念上的确有很大程度的重合。两者的主要差异在于"意识形态"为这一概念范畴提供了政治的维度。此外,"意识形态"的存在也提醒我们,权力和政治的关系对于界定文化/意识形态研究的"地界"具有毋庸置疑的重要性,因此,大众文化研究也便绝不仅仅是对娱乐和休闲的简单讨论。

大众文化

"大众文化"一词同样有许多种定义。前人学者从各式各样的批判视角出发,试图给大众文化做出一个明晰的界定,本书自然需要对这些界定进行考察。因此,我的全部意图即在本章对大众文化的六个主要定义进行勾勒,这些定义从不同角度为大众文化研究赋予了内涵。不过,首先我们要弄清楚什么是"大众"(popular)。威廉斯认为,"大众"一词有四种现行的含义:"为很多人所喜爱""质量低劣的作品""被特意用来赢取人们的喜爱的作品""人们为自己创造的文化"(Williams,1983:237)。如是,"大众文化"这一表述就成了"大众"的诸种定义与"文化"的诸种定义之间的错综复杂的组合;文化理论也就介入了大众文化研究的历史,使之变成了上述两个术语在特定历史与社会情境之下如何被研究者以各种不同方式加以关联的历史。

我们不妨从一个显而易见的定义方式入手:所谓大众文化,是指那些被人们广泛热爱与喜好的文化。毫无疑问,这个"量化"的定义会拥有很多赞同者。我们可以研究书籍、CD和DVD的销量,也可以观察音乐会、体育赛事和节日庆典的参与者人数,还可以审视关于受众的电视节目喜好的市场调查数据。这些数据统计工作无疑会让我们收获良多。然而,一个自相矛盾的难点也随之出现:也许此类"量化"工作并无实际价值。除非大家能找到一个数字,并达成共识——高于这一数字就是大众文化,低于这一数字则是普通文化——否则"被人们广泛热爱与喜好"这种表述实际上是毫无意义的。

当然,我们不能否认,任何对大众文化的界定都必须考虑到

"数量"的因素,这是由大众文化中的**"大众"**一词决定的。但也必须清楚地认识到,仅仅依靠一个量化指标是不足以对概念本身进行完全充分的界定的。否则,"很多权威认可的、属于'高雅文化'(high culture)的书籍、唱片和电视剧本,由于拥有很大的销量和收视率,便只能被'理所当然'地归入'大众'的范畴了"(Bennett,1980:20-1)。

第二种定义认为,大众文化就是除了高雅文化之外的其他文化,是一个剩余的范畴,是那些无法满足高雅标准的文本和实践的"栖身之所"。换言之,大众文化是一种低等文化。这种区分之中包含了一系列加诸特定文本和实践的价值判断。例如,人们可能坚信文化应当是复杂的,也就是说,真正的文化必须是很难被人理解的。只有这样,所谓的高雅文化才具有排他性。文化的这种排他性是真实存在的,它同时决定了高雅文化的受众也具有相应的排他性。法国社会学家皮埃尔·布尔迪厄(Pierre Bourdieu)指出,文化的高低之分通常被用于维护阶级的高低之分。品位是一个深奥的意识形态范畴,它是"阶级"(这个表述具有双重含义,一是社会经济范畴的,二是对品质的特定等级的描述)的标志。在布尔迪厄看来,对文化的消费"无论是不是预设的、刻意的和审慎的,都旨在发挥将社会差异合法化的功能"(Bourdieu,1984:5)。在本书第七章、第十章和第十二章我们将对此问题进行详细探讨。

这一定义常常以下述论调来支撑自己的观点,即大众文化是为迎合乌合之众而批量生产的商业文化,高雅文化则是个体创造性活动的结果。故而,后者需要人们从道德上和审美上做出回应,而前者只需要转瞬即逝的社会学意义上的检视,就能发现它所提供的东西。通常,无论采用何种方法,那些坚信文化有高低之分的人都会认为两者之间的界线是绝对明晰的。不仅如此,在他们眼中,这一界线甚至是超越历史的,是永恒不变的公理。持有这种观点的人很多,他们尤其强调经典文本的品质是划分高低文化的决定性因素。

此论断存在很多问题。例如，现在被我们视为高雅文化典范的莎翁剧作，在19世纪之前始终属于大众文化范畴。① 查尔斯·狄更斯（Charles Dickens）的小说的情况也大同小异。与之类似，我们可以看到黑色电影*（film noir）是如何跨越高雅文化和大众文化之间的那条臆想出来的界线的：起初它是一种大众化的电影形式，如今竟成了学术界和电影俱乐部的专利。② 一个最近的例子可以让我们了解高雅文化向大众文化转变的过程，那就是鲁契亚诺·帕瓦罗蒂（Luciano Pavarotti）演绎乔科摩·普契尼（Giacomo Puccini）的歌剧《今夜无人入睡》（Nessun Dorma）的唱片。即使是高雅文化最坚贞的卫道士也不会否认帕瓦罗蒂和普契尼属于自己的阵营，但是这张唱片在1991年竟然登上了英国唱片销量榜的榜首。巨大的销量和商业上的成功显然使得作曲家、演奏家和歌唱家成了大众文化的一分子。③ 我熟识的一个学生向我抱怨道，唱片在商业上取得的成功让高雅音乐贬值了。他现在都不敢当着别人的面听歌剧，害怕别人嘲笑他的品位，说他是"英国广播公司（BBC）世界杯官方主题曲"的应声虫。其他学生对他的论调嗤之以鼻，我却认为他揭示了所谓高雅/大众之分的一个至关重要的问题：精英们为使高雅文化得以延续而有所投入。

---

① 若想了解关于莎翁剧作在19世纪的美国被归入大众文化范畴的讨论，参见 Lawrence Levine，1988。

* 黑色电影，指出现于20世纪40年代至50年代末好莱坞的一种以侦探片为主的电影类型。法国影评家尼诺·弗兰克（Nino Frank）最先提出了这一称谓。对于黑色电影的界定历来存在争议。总体上，这类影片强调善恶的含混、道德观的暧昧与性的驱动力，在艺术形式上深受表现主义的影响。代表影片包括《马耳他之鹰》（The Maltese Falcon）和《北非谍影》（Casablanca）等。——译者

② 斯拉沃热·齐泽克（Slavoj Žižek）对当下黑色电影的回溯性特征进行了分析："（黑色电影）作为一种高雅电影的存在是从其在20世纪50年代获得被法国批评家关注的那一刻才开始的（于是，即使在英文中，对这种电影类型的表述也仍然采用法文原文）。在美国，这些起初是低成本、粗制滥造且恶评如潮的电影竟发生了奇迹般的变化。被法国评论界瞩目后，黑色电影成了一种崇高的艺术，俨然已是存在主义哲学的装饰物。原本只被人们视作匠人的美国电影导演，如今摇身一变，成了电影作者，每个人都在自己拍摄的影片中上演了关于外部世界的悲剧影像。"（Žižek，1992：112）

③ 若想了解关于大众文化视野内的歌剧的讨论，参见 Storey，2002a，2003，2006，2010a。

1991年7月30日，帕瓦罗蒂在伦敦海德公园奉上了一场义演。主办方预计听众人数会达到25万，但由于大雨不期而至，实际到场人数仅有10万上下。在这一事件中，有两个要点引发了大众文化研究者的兴趣。第一，演出受到了许多人的追捧。而此前，帕瓦罗蒂发行的两张唱片［《帕瓦罗蒂精选集1》（*Essential Pavarotti 1*）和《帕瓦罗蒂精选集2》（*Essential Pavarotti 2*）］均获得英国唱片销量冠军。我们不妨将这两个现象联系起来看——帕瓦罗蒂的这种显而易见的流行性表明所谓的高雅文化和大众文化的明确分野是有问题的。第二，帕瓦罗蒂的受欢迎程度威胁了由文化的高低之分所维护的阶级的排他性。为了说明问题，我们不妨看看英国媒体对该事件的报道情况。英国的所有大众化报纸都将这一事件置于最显眼的版面上。例如，《每日镜报》（*Daily Mirror*）用了整整5个版面来报道此事，这表明该报试图将其界定为一个大众文化事件。《太阳报》（*The Sun*）刊登了一位妇女的话："我可没有闲钱掏出100英镑去富人歌剧院看什么演出。"《每日镜报》还发表了一篇社论，称帕瓦罗蒂"并不是唱给富人听的"，而是"唱给成千上万出不起钱到歌剧院与歌剧明星'共度良宵'的人听的"。电视新闻对这场义演的报道是在午休时段播出的，而此前报纸的论调竟被纳入节目，成了解读该事件的意义的一个部分。英国广播公司的《午后整点新闻》（*One O'clock News*）和英国独立电视台*（ITV）的《午后新闻》（*12.30 News*）都提及了大众化报纸如何报道这场音乐会以及这些报道的深度与广度。原有的"文化版图"似乎骤然间受到了质疑。不过，电视报道中仍然出现了一些试图捍卫高雅文化的论调，例如："一些评论家称公园绝非适宜演出歌剧的场所"（《午后整点新闻》）、"某些歌剧迷会认为整场音乐会有点粗俗"（《午后新闻》），等等。尽管这些评论仍然召唤着高雅文化那"唯我独尊"的幽灵，却显然未能成功地让这场演出变得更加"高雅"。原本清晰可见的高/低界线如今也不再明了，仿佛

---

* 英国独立电视台，英国第二大广播电视公司，创立于1955年，是英国广播公司在英国最主要的竞争对手。——译者

一夜之间文化被经济取代了,所有一切揭示的都是"富人"和"大多数"之间的分野。正是事件本身的大众性迫使电视新闻对旧式的"高/低论调"采取了既对抗又拥护的态度。在此,我们可以回过头来看"大众"一词所包孕的矛盾重重的含义。① 一方面,某些事物因为有大众的支持而被认为是优质的,例如我们常说的:这真是一场广受欢迎的演出。然而,与之相反的是,还有些事物因为取悦了大众而被认为是低劣的。对此,可以参见表1.1中的二元对立示意。该表清晰地揭示了"大众"和"大众文化"的概念内部包孕的"次等"的意味。对于那些无力理解、遑论鉴赏"真正的"文化的人来说,大众文化是其不得已的选择。而所谓的"真正的"文化,依马修·阿诺德(Matthew Arnold)所称,是"世人所思、所表的最好之物"(参见本书第二章)。霍尔指出,大众的形式在"文化电梯"里的上上下下并不是讨论的关键,重要的问题是"哪些力量与权力关系维系着这种分野和区隔……社会制度和制度化的社会过程……让文化的高低之分得以存在和维系"(Hall,2019b:570)。这种机制主要通过教育系统,以及在这一系统中得到传承与巩固的某些传统来发挥作用。(参见本书第三章)

表1.1 作为"次等"文化的大众文化

大众报刊	高级报刊
大众影院	艺术影院
大众娱乐	艺术

第三种定义将大众文化等同于"群氓文化"。该定义与第二个定义关系密切。对于群氓文化观点的细致讨论将在第二章中展开。此处仅仅对这一定义的基本表述做些介绍。对于那些将大众文化与群氓文化混为一谈的人而言,大众文化不过是一种不可救药的商业文化,是为大众消费批量生产的文化,其受众是一群毫无分辨力的消

---

① 参见 Storey,2003,2005。

费者。这种文化本身是程式化的、极具操纵性的（由于不同的文化分析家具有不同的政治倾向，因此这种操纵性在政治上也有或左或右的差别），持续麻痹着本已麻木不仁的人群。然而，约翰·费斯克（John Fiske）举出了反例，他的研究表明，"80%—90%的新文化产品都在商业上失败了，尽管生产者做了海量的广告……很多电影的票房收入甚至无法填平其推广成本"（Fiske，1989a：31）。西蒙·弗里斯（Simon Frith）也指出，大约80%的单曲和唱片都是亏本生意（Frith，1983：147）。类似的统计数据清晰地表明，那些认为消费仅仅是一种机械性、被动性行为的观点是不准确的（参见本书第八章和第十二章）。

在那些将大众文化视为群氓文化的人心中，曾经存在一个"黄金时代"，那时的文化与现在的文化有本质的不同。这一论断通常包含下述两种表述方式：有机社区（organic community）的逝去或民间文化（folk culture）的消亡。但是，正如费斯克指出的那样："在资本主义社会里，不存在所谓的'本真'民间文化，自然也就无法用'本真与否'去衡量群氓文化的价值。故而，对'本真'的哀悼注定只是沉浸在浪漫怀旧中的一种徒劳无功的行为。"（Fiske，1989a：27）这一观点同样适用于对"逝去的"有机社区的分析。在第四章中，我们会发现法兰克福学派将消逝的"黄金时代"置于未来而非过去。

对某些赞同上述范式的文化批评家来说，群氓文化并不仅仅是一种欺骗性的、营养贫乏的文化；经过仔细分辨不难发现，它实际上就是从美国舶来的文化："如果非要说大众文化的现代形式是在某个地方被**发明**出来的，那么这个地方就是……美国的大都会，尤其是纽约。"（Maltby，1989：11）将大众文化等同于美国文化的观点，在英国文化研究的理论版图中有长期的传统，这就是所谓的"美国化"（Americanization）问题。其核心观点是英国文化在美国文化的同质化影响下已经衰退了。关于美国和大众文化的关系，我们可以提出下述两点确实的论断。其一，如安德鲁·罗斯（Andrew Ross）所言:"在美国,无论在社会层面上还是制度层面上,大众文化都占据了远比其在欧洲更为核心、更为重要的地位。"(Ross,1989:7)其二,尽管美国文化遍布全球的事实是毋庸置疑的,但人们通过何种方式来消费这些文化是存在争议的(参见本书第十章)。事实上,在20世纪50年代(这是美国化过程的一个关键时期),对于英国的许多年轻人而言,美国文化代表了一种自由的力量,激励他们打破日常生活的灰暗现状。同样,对美国化的畏惧与对大众文化勃兴的疑惧(不考虑来源国的因素)关系密切。对于群氓文化的批判,有政治左派与政治右派之争。两者的区别在于,前者声称"生机盎然"的工人阶级生活方式受到了威胁,后者则强调高雅文化的传统价值遭到了破坏。

关于群氓文化还有一种比较温和的论断,那就是,大众文化的文本和实践可被视为公众幻想的形式,是人类的梦幻世界。诚如理查德·马尔特比(Richard Maltby)所言,大众文化"制造了一种遁逃仪式,它并不告诉人们何去何从,而是让人们从自我的乌托邦中解脱出来"(Maltby,1989:14)。在这个意义上,圣诞庆典和海滨度假就或多或少地成了一种群体性梦境,通过隐匿的方式表达了(被压迫的)大多数人的心愿和欲望。这是批判群氓文化的一种温和的说辞。马尔特比还指出:"如果说大众文化把我们的梦境打包回售给我们是一种罪过,那么这同时也是大众文化的成功之处。正因有了大众文化,我们才意识到自己还有这么多丰富多彩的梦可做。"(同上)

尽管结构主义甚少在大众文化与群氓文化之间画等号,更不会采用道德主义的视角来看待问题,但结构主义者仍然视大众文化为一架意识形态机器,轻而易举地对宰制性的权力结构进行着再生产。他们认为受众是被牢牢钉在特定的"解读立场"(reading positions)上的,受众几乎没有文本性对抗与行动的空间。后结构主义对结构主义的批判的一部分即开辟了一个批评的空间,为该问题的解决提供了路径。第六章将会细致地讨论这些问题。

第四个定义认为大众文化是来源于"人民"的文化。这一观点反对任何视大众文化为自上而下强加于"人民"的文化的论断。鉴于此,"大众文化"一词仅指属于"人民"的"本真的"文化,就等于民间文化,是一种民治、民享的文化。该定义"时常将大众文化等同于一种极富浪漫色彩的工人阶级的文化,是当代资本主义内部的符号抵抗的主要源泉"(Bennett,1980:27)。该定义存在的问题是:第一,无法说清究竟谁有资格来决定谁是"人民"、谁不是"人民";第二,忽视了大众文化生产的商业属性。无论我们多么赞同"大众文化就是人民的文化"这一观点,都无法逃避一个事实,那就是"人民"绝非自发地、从自己制造的原材料中生产文化。生产大众文化所需的原材料必然是商业提供的,无论我们如何下定义。将大众文化混同于人民的文化违背了事实。当下,在对流行音乐和摇滚乐的批判研究领域充斥着此类论调。我曾在一次学术会议上听到一位与会者说,李维斯牛仔裤*(Levi's Jeans)绝不可能使用果酱乐队**(The Jam)的歌来为自己的产品促销。尽管事实上李维斯早已使用撞击乐队***(The Clash)的音乐做过广告歌,但这些人仍然固执己见。在这种偏见的背后,是对文化差异的捍卫——李维斯牛仔裤的电视广告是群氓文化,而果酱乐队的音乐是由"人民"创造出来的一种对抗性的大众文化,后者绝不应该为前者服务,除非果酱乐队背弃自己的信仰。这种事情是"绝然"不会发生的,因此李维斯牛仔裤也就"绝然"不可能利用果酱乐队的歌来促销。然而,没有"绝然"。事实是,与果酱乐队具有同样政治信念的撞击乐队早已开始用自己的歌来为牛仔裤的销售服务。原有的循环往复戛然而

---

* 李维斯牛仔裤,全世界最知名的牛仔裤品牌之一,创建于1953年的美国。其创始人李维·施特劳斯(Levi Strauss)被公认为牛仔裤的正式发明者(尽管"牛仔裤"这个表述源自意大利)。起初,牛仔裤因其强大的耐磨性成为矿工的主要日常服装;第二次世界大战后,这种带有显著工人阶级色彩的裤子却成为流行文化的符号,风靡全球。——译者
** 果酱乐队是活跃于20世纪70年代末80年代初的英国摇滚乐队,"愤怒青年"(angry young men)文化的代表。及至1982年解散,乐队总计发行了7张唱片。——译者
*** 撞击乐队,亦译"冲撞乐队""碰撞乐队"等,是活跃于20世纪70年代至80年代的英国朋克摇滚乐队,西方朋克摇滚文化的代表。及至1986年解散,乐队总计发行了6张唱片,其音乐往往传递鲜明的政治理念。——译者

止了，而文化研究即将用"霸权"的概念来为进一步的讨论提供理论支撑（参见本书第四章）。

大众文化的第五个定义来自意大利马克思主义者安东尼奥·葛兰西（Antonio Gramsci）的政治分析，尤其与其对"霸权"这一概念的发展密切相关。葛兰西用"霸权"这个词来指涉社会统治集团如何通过控制"智力与道德的领导权"（Gramsci, 2019: 69）来赢取被统治集团的赞同（consent）。对此，我们将在第四章进行详细讨论。此处，我只大致勾勒文化理论家是如何运用葛兰西的政治学概念来阐释大众文化的本质以及研究政治现象的。"葛兰西派"的学者认为，大众文化是一个富含冲突的场所。在这里，被统治集团之"抵抗"力量与代表统治集团利益对被统治集团进行"收编"的力量进行着斗争。大众文化既不是自上而下灌输给"群氓"的欺骗性文化，也不是自下而上的、由"人民"创造的对抗性文化，而是两者进行交流和协商的场域，同时包括了"抵抗"与"收编"。大众文化的文本与实践就在葛兰西所谓的"均势妥协"（compromise equilibrium）——这种妥协主要是为了统治集团的利益——中流动（Gramsci, 1971: 161）。这一过程既是历时性的（在某一时期被贴上"大众文化"标签的文化，在另一时期也许就成了其他文化），又是共时性的（无论在哪个特定的历史时期，大众文化都在"抵抗"与"收编"之间游弋）。例如，海滨度假一度是贵族的特权，如今却成了大众文化的范例。黑色电影起初只是一种广遭贬斥的大众电影类型，但不到三十年就摇身一变，罩上了艺术电影的光环。大体上，霸权理论认为大众文化就是统治阶级与被统治阶级、统治者文化与被统治者文化进行意识形态斗争的力场。正如本内特所言：

> 统治阶级试图赢取领导权，而被统治阶级通过种种方式与之对抗。正是这种关系构成了大众文化研究的领域。故而，大众文化既包括自上而下的、旨在维护统治阶级意识形态的欺骗性"群氓文化"和自发的、自下而上的对抗性文化，又包括两者之间彼此妥协的"区域"。在这个区域

里（含各种各样不同类型的大众文化），宰制性的、屈从性的与反抗性的文化及意识形态价值彼此"混杂"，互相转换（Bennett，2019：79）。

霸权的"均势妥协"还可被用来分析大众文化内部及大众文化所折射的其他类型的冲突。本内特强调的是阶级冲突，除此之外，族裔、"种族"、性别、年代、性征、身体缺陷等范畴内的冲突也同样适用，因为所有这些冲突都在不同的情况下参与了旨在对抗主流或宰制性力量之收编的文化斗争。在对霸权理论的应用中，尤其是在后马克思主义的文化研究范式（参见本书第四章）中，最关键的概念是"接合"*（articulation，此处本词同时表达了两层意思，一是"表达自己的观点"，二是"与对方建立临时的关联"）。因此，大众文化就成了"一个非接合—接合的过程"（Mouffe，1981：231）。前面我们举过的英国保守党政治宣传节目的例子可以很好地揭示这一过程。在电视节目中，保守党试图只与"作为一种限制个人自由的政治运动的社会主义"接合，而完全将"作为一种关注经济、社会与政治解放的政治运动的社会主义"模糊化。此外，在本书第八章我们也将看到，女性主义始终对大众文化领域内的文化斗争有充分的重视。女性主义者出版了许多科幻小说、侦探小说和言情小说，这些"文化之举"旨在接合具有女性主义政治倾向的大众文化类型。霸权理论还可被用来考察个人化的大众文化文本与实践内外的抵制与收编。雷蒙德·威廉斯指出，在一切大众文化文本或实践中都能找到某些元素（他把这些元素区分为"宰制元素""寻常元素"以及"剩余元素"），每一种元素都把文本朝不同的方向牵引（Williams，1980）。文本是不同文化力量的混合，是在这些力量的冲突中形成的。这些元素究竟是如何被接合的？这在一定程度上取决于文化生产及消费所处的社会语境和历史条件。霍尔以威廉斯的观点为基础，建构了一套"受众立场"的理论。他认为，受众在解读文本时，有"主导

---

* Articulation 一词在此处具有丰富的含义。由于汉语中缺乏与之精确对应的词，故依汉语学界惯例译为"接合"。——译者

式""协商式"和"屈从式"三种立场（Hall, 1980a）。戴维·莫利（David Morley）对这一理论做出了修正，充分重视了话语（discourse）和主观性因素：受众对文本的解读始终是文本话语与受众话语之间进行的互动行为（Morley, 1980）。

霸权理论还揭示了大众文化的一个重要方面，那就是大众文化理论其实就是关于"人民"之构成的理论。霍尔就曾指出，大众文化是"人民"及其与"权力集团"之关系得以形成的竞技场（Hall, 2019b）（参见本书第四章）。大众文化是基于大众与精英集团的对立建立起来的，但是"大众"这一术语，以及它所指称的"人民"这一群体，都是有问题的（Hall, 2019b: 573）。这两个术语实际上都十分空洞，人们可以用无数种方式定义它们。霍尔认为，这两个概念必须时刻与"反抗精英集团"联系起来。

这显然使得"大众文化"变成了一个深刻的政治概念。

> 大众文化是我们检视日常生活之构成的场所。这种检视既是一种学术研究行为，即对一种社会过程或社会实践加以理解，又是一种政治行为。大众文化的研究者考察构成日常生活的种种权力关系，并借此揭露这种"构成"服务于哪种政治利益（Turner, 2003: 6）。

在第十二章中，我们将探讨约翰·费斯克对葛兰西"霸权"概念的"符号学"用法。费斯克以及与他思路不尽相同的保罗·威利斯（Paul Willis）都曾指出：大众文化是人们从文化工业产品中创造出来的。文化工业生产的只是群氓文化，而人们主动从中提炼、再创造出来的才是大众文化。因此，大众文化实际上是与人们消费的商品和商品化的实践有关的。

大众文化的第六个定义是从近来对后现代主义争论的思考中生发出来的，我们将在第十章中详述。在此，我仅枚举关于后现代主义与大众文化之间关系的若干基本观点。后现代主义的核心观点是：后现代文化已不再具有高低之分。不难猜测，一些人会因此雀跃于精英主义文化观的末日的到来，而另一些人会因商业最终战胜了文化而深感绝望。关于商业和文化互相渗透的现象（后现代主义模糊了"本真"文化与"商业"文化之间的区别），可以从电视广告和流行音乐的关系中一窥究竟。例如，越来越多的歌手由于为电视广告演唱主题曲而使自己的唱片销量猛增。这一现象使下述问题浮出水面：卖的是什么？究竟是音乐还是商品？显然，两者都是。此外，我们现在经常可以买到收录了热门歌曲的CD，这些歌曲由于曾在广告中播放而取得"成功"。于是，出现了一个奇妙的、循环往复的怪圈：歌曲首先被用来促销商品，对商品促销的成功又反过来推动了对歌曲的促销。对于那些既不赞同后现代主义也不支持过于乐观的后现代理论家的人来说，真正的问题是："后现代主义与大众文化之间的关系对文化产生了何种影响？"政治上的左翼人士或许担忧此种状况会危损大众文化的反抗性潜力，而右翼阵营关心的则是"真正的文化"的现状会受到怎样的冲击。所有这些，导致文化研究领域内出现了持续不断的争论。与之相关的一些问题将在第十章中进行介绍。第十章还会从学习大众文化研究的学生的角度来探讨一个问题：究竟什么是后现代主义？

综上，无论采用何种方式来为"大众文化"下定义，有一个前提都是毋庸置疑的，即大众文化只有在工业化和城市化的进程中才能出现。威廉斯在《文化与社会》（*Culture and Society*）一书的前言中称："统摄本书的基本观点是：无论文化的观念还是现代用法中的'文化'这个词，都是在那个被我们称为工业革命（Industrial Revolution）的时期进入英国人头脑的。"（Williams, 1963：11）无论文化还是大众文化，都深深根植于资本主义市场经济的土壤中。在这一特定历史条件下，英国毫无疑问地成为大众文化的诞生之地。当然，还有很多定义未曾考虑上述历史条件和社会环境，但那些定义并不在本书所涉及的文化理论和文化理论家的讨论范围内。之所以要如此强调这一特殊的历史条件，是因为工业化和城市化给大众文化版图中的文化关系带来了翻天覆地的变化。在工业化和城市化之前，英国只有两种文化：一种是共同的、或多或少为所有阶级共享的文化；另一种是独立的、为社会统治阶级生产和消费的精英文化（参见 Burke，1994；Storey，2003）。工业化和城市化带来了三个巨变，重新勾画了文化的版图。首先，工业化改变了雇用者和被雇用者之间的关系。原本是基于相互义务（mutual obligation）的雇佣关系变成了如托马斯·卡莱尔*（Thomas Carlyle）所言的对"金钱关系"（cash nexus）的渴求（转引自 Morris，1979：22）。其次，城市化造成了阶级与阶级居住地的分离。城镇之中出现了工人阶级的集中居住区，这是前所未有的。最后，法国大革命带来的恐慌——担忧革命会"输出"到英国——迫使接连几届政府通过高压手段来对付激进主义。当然，政治激进主义和工团主义（trade unionism）并未被彻底摧毁，而是转入地下以躲避中产阶级的干涉与控制。上述三个因素共同发挥作用，在早期共同文化的家长制势力范围之外开辟了一个新的文化空间。其结果就是，一个为大众文化的产生服务的文化空间出现了，新兴的文化或多或少地避开了统治阶级的控制和影响。这个文化空间是如何被填充的？这是一个饱含争议的问题，也是文化主义的奠基人关注的主题（参见本书第三章）。无论承载了哪些内容，新的文化空间都带来了种种热望和疑虑，而大众文化研究中的"文化与文明"传统，也就此拉开了帷幕（参见本书第二章）。

作为"他者"的大众文化

至此，我们已明白"大众文化"这个词远非我们当初设想的那样易于界定。这种界定困难在很大程度上是由**"缺席的他者"**造成的。大众文化是一个说不完、道不尽的话题，我们总是在与其他文化的对比之中来理解大众文化。无论与大众文化相对的"他者"是什么——是群氓文化、高雅文化，还是工人阶级文化、民间文化，等等——"大众文化"这一概念本身都会因之发生理论或政治意义

---

* 托马斯·卡莱尔（1795—1881），英国历史学家、作家，以其文风犀利的政治评论著称，在维多利亚时代具有广泛的影响力。——译者

上的变化。正如本内特所指出的："对此问题，绝无'万无一失'的解决方法，却有一系列互不相同的解决途径，每一种途径都会带来不同的释义、产生不同的影响。"（Bennett，1982a：86）本书的主要意图在于：在文化理论与大众文化之错综复杂的关系中，为各种各样的问题及其纷繁的解决路径绘制一张学科版图。我们将会发现，从阿诺德的将大众文化视为"无政府状态"的观点，到迪克·海布迪奇（Dick Hebdige）所言的"西方的大众文化早已摆脱了边缘和地下的处境，基本上，大众文化就是文化本身"（Hebdige，1988），文化理论走过了漫长的历程。杰弗里·诺威尔-史密斯（Geoffrey Nowel-l-Smith）曾指出："在英国，大众文化形式已如此靠近文化舞台的中央，以至于其作为一种对高雅文化的反抗力量的存在早就变得极为可疑。"（Nowell-Smith，1987：80）这番言论无疑使得对发展大众文化理论的多种路径的理解显得尤为重要。

　　本书探讨的是大众文化从诞生至今所经历的理论化路径。我将考察不同的文化理论家与不同的理论路径是如何为日新月异的大众文化领域勾画版图的。今天的研究者对大众文化的批判性思考是站在前人的肩膀上进行的。写作本书的目的在于让读者了解分析大众文化的各种不同的方法，以及"大众文化"这个概念本身是如何因分析方法的不同而发生变化的。因此，必须牢记：大众文化并非历史地形成的一系列一成不变的文本和实践，更非一个历史地形成的一成不变的概念范畴。对理论的检视要因时而异，有时，理论本身也会因为研究者的参与而得到建构。如果考虑到不同的理论视角常常关注大众文化版图中的不同领域，问题就变得更为复杂了。通常，我们可以将文化研究简单区分为两种类型：一是文本研究（如流行小说、电视、流行音乐，等等），二是活文化或实践研究（如海滨度假、青年亚文化、圣诞庆典，等等）。因此，写作本书的另一意图即通过为读者勾勒一幅学科版图，使读者能够依此展开自己的探索，并为大众文化研究中最具特色的理论与政治争论勾画一幅自己的"学科版图"。

意义的语境化

本章开头，在对明确界定"大众文化"概念的困难的初始讨论中，我指出："也许读者通过阅读本书得出的最主要的结论，就是'大众文化'实际上不过是一个**空洞**的概念范畴（conceptual category），人们可以用各种各样的方式对其进行填充，而这些方式在很多时候甚至是彼此矛盾的，所以关键在于如何在特定的语境下使用'大众文化'这一概念。"因此，语境（context）才是对某一事物的意义加以理解的关键所在。但究竟什么才是语境呢？这个词是在 15 世纪晚期出现在英语中的，源自拉丁语的 **contextus** 或 **contexere**；前者的意思是"聚拢在一起"，而后者的意思是"编织在一起"。借助词源，我们可以更清晰地理解这个词在当下的用法。

语境指的是那些令某一特定文本的意义得以充分显现的其他文本。这些"其他文本"与我们要考察的文本**聚拢在一起**，共同完成意义的生产。假如你在对话中用了"它"（it）这个词，那么你就必须要提供一个语境讲清楚这个"它"指涉的对象是什么，否则意义就不可能是清晰的。当一个学生对我说"这本书真难读"的时候，她必须指明这本书是卡尔·马克思的《资本论》（*Capital*）——"这本书"和《资本论》"聚拢在一起"，整个句子的意义才是完整的。不过，我们也不能认为语境仅指和目标文本"聚拢在一起"的其他文本。当我们尝试通过某一文本来表意时，我们往往会将其置于一整套预设观点之下，而正是这些预设观点为我们提供了分析文本的框架，帮助我们建构了一个理解文本的独特语境。在这种情况下，语境指的就是**编织在一起**。例如，要想从"新女性"的角度理解布拉姆·斯托克（Bram Stoker）的小说《德拉库拉》（*Dracula*），我们就必须将其置于这本书初次面世的历史语境下。明确这一语境可以让我们通过一种特定的方式来阅读这部小说。不过，若使用精神分析或女性主义的观点去阐释这部小说，我们所要依赖的就是截然不同的语境了，对文本的阐释工作就要接合（意为"使之有意义"）由某种特定的历史或理论视角提供的其他文本来完成。换言之，分析《德拉库拉》的语境究竟是女性主义或精神分析的理论预设，还是其初次出版的历史背景，将会产生截然不同的结论。因此，所谓语境既指某一文本的共生文本（co-text）（我们用于联结某一特定文本的文本），也指由读者提供的内生文本（inter-text）（我们为充分理解意义而围绕某一特定文本"编织"的其他文本）。前者通常被视为目标文本的延展，而后者则能帮助我们形成对于文本的全新理解。例如，马克思的《资本论》就是让我们对前面提到的那个学生的抱怨形成完整理解的共生文本，而女性主义则是一系列帮助我们获得理解《德拉库拉》的框架的内生文本。

其实，所有关于文本和语境的道理，归结起来只有一句话：文本并不具备什么固有的意义，意义是文本在特定语境下获得的东西。换言之，不存在独立于语境和解读行为的"纯文本"：文本总是在与其他文本的关系中被解读的。不过，语境对意义的固定也只是暂时的，一旦语境发生变化，意义也会发生变化。在一天之内，我们可能会多次用到"它"这个字眼，但其指涉或关联的对象必然会因情境而异。那个向我抱怨"这本书真难读"的学生，完全有可能指的是雷蒙德·威廉斯的《马克思主义与文学》（*Marxism and Literature*）或皮埃尔·马施立（Pierre Macherey）的《文学生产理论》（*A Theory of Literary Production*）。所以，"这本书"这个表述在不同的情况下会有不同的意义。再比如说，英国国旗米字旗在不同的情境下也会有不同的意义指涉：飘扬在英国的海外殖民据点上空时，它是帝国主义或文明开化的象征；覆盖在阵亡士兵的棺椁上时，它承载的内涵是荣誉、英勇或徒劳的牺牲；被"摩斯族"*（Mods）或"后摩斯族"（post-Mods）穿在身上时，它成了英伦摇滚和英伦时尚的象征；在政治集会上展示时，它往往指涉右翼政治；被获得奥运会奖牌的英国运动员披在肩膀上时，它代表着国家的体育成就；在其他国家

---

* 摩斯族是第二次世界大战以后在英国本土形成的一个青年亚文化群体，该群体因对时尚、音乐和机车的独特审美兴趣而在西方世界产生了较大影响。——译者

被人们焚烧时，则表明那些国家的人反对英国的外交政策。国旗的意义永远是语境化的，它在不同的语境下会有不同的意义。

有明确语境的文本可以用各种方式对意义进行生产和限制。例如，看电视和读书就是两种截然不同的行为。在读书的时候，我们往往安静而专注地看印在书页上的文字；看电视的时候，我们却能同时进行吃东西、喝东西、闲聊、陪孩子玩儿、整理房间等各种其他活动。这就是绝大多数"看电视"行为的语境，若不对其进行严肃的审视，我们便根本不可能理解"看电视"这一行为的意义。当然，语境绝非一成不变、只能被动等待人们将自身与特定文本结合起来。语境对文本的意义进行生产和限制，文本也可以反过来对语境的意义进行生产和限制，两者之间存在着积极互动的关系。例如，女性主义与《德拉库拉》的关联改变了小说的意义，但同时我们对小说《德拉库拉》进行的女性主义视角的分析也会丰富女性主义理论的内涵。同理，将《德拉库拉》置于书籍初版的历史情境下也会改变我们对这一特定历史时期的理解。"看电视"这一行为的意义，也会因我们吃东西、喝东西、闲聊、陪孩子玩儿和整理房间的不同方式而发生变化。一扇门既可以是出口，也可以是入口；门的材质并无区别，但它所代表的意义却由它所处的语境所决定。

总之，上述对于语境化的扼要讨论阐述了如下道理：我们对文本意义的理解离不开语境；我们通过自己理解文本的模式创造语境；语境会因我们与特定文本建立联系而发生改变。或许，对于某一文本来说，存在着无穷无尽的语境可供选择。接下来的章节将会为我们提供丰富的语境分析案例。

拓展阅读

Storey, John（ed.），*Cultural Theory and Popular Culture：A Reader*, 5th edition, London：Routledge, 2019. 该书是本书上一版的配套阅读

材料。本书及其配套读本得到了互动式网站 www.routledge.com/cw/storey 的支持。该网站中包含许多有用的链接与电子资源。

Agger, Ben, *Cultural Studies as Cultural Theory*, London: Falmer Press, 1992. 如书名所示，该书作者是用一种倾向法兰克福学派的视角来探讨文化研究问题的。书中关于大众文化的某些评论很有用处，尤其推荐第二章"作为严肃商业的大众文化"。

Allen, Robert C. (ed.), *Channels of Discourse, Reassembled*, London: Routledge, 1992. 尽管这主要是一部与电视研究相关的论文集，但其中收录的一些文章对大众文化研究者而言极富参考价值。

Bennett, Tony, Colin Mercer and Janet Woollacott (eds.), *Popular Culture and Social Relations*, Milton Keynes: Open University Press, 1986. 该书是一部值得关注的论文集，其中收录的文章既有理论介绍，又有具体分析。

Brooker, Peter, *A Concise Glossary of Cultural Theory*, London: Edward Arnold, 1999. 这是一本非常出色的文化理论关键词词典。

Day, Gary (ed.), *Readings in Popular Culture*, London: Macmillan, 1990. 这是一部毁誉参半的论文集，尽管收录了一些实用且有趣的文章，但有些文章对大众文化研究的严肃性问题持犹疑态度。

Du Gay, Paul, Stuart Hall, Linda Janes, Hugh Mackay and Keith Negus, *Doing Cultural Studies: The Story of the Sony Walkman*, London: Sage, 1997. 这是一部出类拔萃的著作，对文化研究的一些关键问题进行了评介。若想对"文化圈"的现象做出解释，该书值得一读。

Fiske, John, *Reading the Popular*, London: Unwin Hyman, 1989. 一部论文集，收录了作者对大众文化中不同现象的分析。

Fiske, John, *Understanding Popular Culture*, London: Unwin Hyman, 1989. 该书是作者对其独具一格的大众文化研究路径的概述。

Goodall, Peter, *High Culture, Popular Culture: The Long Debate*, St. Leonards: Allen & Unwin, 1995. 该书回顾了高雅文化和大众文化之争的历程，并结合 18 世纪至今的澳大利亚的实例和一些其他例子

来支撑自己的观点。

Milner, Andrew, *Contemporary Cultural Studies*, 2nd edition, London: UCL Press, 1994. 该著作对当代文化研究进行了有用的介绍。

Mukerji, Chandra and Michael Schudson (eds.), *Rethinking Popular Culture*, Berkeley: University of California Press, 1991. 这是一部论文集，附有一篇涉猎广泛且有趣的导言。该书依据不同的研究路径——历史学、人类学、社会学与文化学——对大众文化研究的不同文献进行分类，有助于理解和阅读。

Naremore, James and Patrick Brantlinger, *Modernity and Mass Culture*, Bloomington and Indianapolis: Indiana University Press, 1991. 这是一部既有趣又实用的关于文化理论与大众文化的论文集。

Storey, John, *Inventing Popular Culture*, Maldon, MA: Blackwell, 2003. 该书对大众文化的概念进行了历史性的梳理。

Storey, John, *Culture and Power in Cultural Studies: The Politics of Signification*, Edinburgh: Edinburgh University Press, 2010. 这部著作将本书中的许多观点细化至具体的研究领域之中。

Storey, John (ed.), *The Making of English Popular Culture*, Abingdon: Routledge, 2016. 这是一部关于英国大众文化史的高质量的论文集。

Strinati, Dominic, *An Introduction to Theories of Popular Culture*, London: Routledge, 1995. 这是一部关于大众文化理论的清晰而全面的著作。

Tolson, Andrew, *Mediations: Text and Discourse in Media Studies*, London: Edward Arnold, 1996. 这是一部关于大众传媒文化的优秀著作。

Turner, Graeme, *British Cultural Studies*, 3rd edition, London: Routledge, 2003. 该书是目前为止对英国文化研究最翔实的介绍。

Walton, David, *Introducing Cultural Studies: Learning through Practice*, London: Sage, 2008. 又一部优秀的文化研究概论性著作，实用、资料丰富、读来有趣。

Walton, David, *Doing Cultural Theory*, London: Sage, 2012. 这是一部优秀的文化理论导读著作。

第二章 "文化与文明"传统

　　属于大多数人的大众文化始终与手握权力的少数人密切相关。政治权力的所有者认为自己应当对无权者的文化加以监管，检视其中是否存在不安定的迹象（参见本书第六章），并通过提供"庇护"和直接干预的方式对其进行重塑。然而，到了19世纪，上述状况发生了根本性的转变。在这至关紧要的时期，统治阶级发现自己竟已无法控制被统治阶级的文化。在试图恢复控制的过程中，文化本身第一次成为社会关注的焦点，至于文化"象征了什么"则已不再重要。正如我们在第一章中提到的，在这一过程中，有两个因素发挥了关键作用，即工业化和城市化。正是这两者的结合推动了大众文化的诞生，而大众文化的诞生则标志着旧式文化关系的终结。

　　我们不妨将19世纪早期的曼彻斯特（Manchester）作为新兴工业都市的代表加以考察，这会使上述观点变得更加清晰。首先，城市里面出现了泾渭分明的阶级隔离；其次，原有的居住区域格局被新兴的工业资本主义雇佣关系所打乱；最后，在劳动和居住关系经历巨变的基础之上，文化也发生了变革。简言之，曼彻斯特的工人阶级得以在统治阶级的控制范围之外发展出一种独立的文化。工业化和城市化为这种新兴文化的出现提供了可能。原有的"为全民所享的共同文化—权力阶层的高级文化"的格局不复存在。英国历史上首次出现了专属于被统治阶级的独立文化，其发源地则是各大城市和工业中心。这一文化由两种来源构成：(a) 文化企业家以盈利为目的而生产出来的文化；(b)思想激进的匠人、新兴城市无产阶级和倡导革新的中产阶级生产出来的、旨在鼓动政治变革的文化——E. P. 汤普森（E. P. Thompson）在《英国工人阶级的形成》（*The Making of the English Working Class*）一书中对这三类人有精到的描述（参见本书第三章）。这两种新文化来源从不同方面对文化的凝聚力和社会的稳定构成了威胁：前者通过将文化变成商品的方式瓦解了文化的凝聚力和权威性，后者则对所有形式的政治及文化权威构成了直接的挑战。

然而，对于那些唯恐社会秩序仍将继续建立在权力与特权之上的人来说，上述变化仍不能令人彻底放心。很多人认为，这些变革除了破坏社会稳定和扰乱社会秩序之外别无他用。于是，本杰明·迪斯雷利*（Benjamin Disraeli）所言的"两国"（two nations）时代拉开了帷幕（Disraeli, 1980）。文化格局的巨变甚至催生了新兴工人阶级的第一次大规模政治文化运动，即宪章运动**（Chartism）。这种情况及其带来的持续性后果促使大众文化的**政治**研究肇兴。

马修·阿诺德

尽管马修·阿诺德（Matthew Arnold）几乎从未对大众文化发表直接的观点，但我们仍认为现代历史上对大众文化的研究肇始于他的著作。阿诺德最重要的成就在于他开创了一个传统，一种考察大众文化的特殊方法，并在文化的领土上为大众文化找到了一个属于自己的位置。这就是我们所熟知的"文化与文明"（culture and civilization）传统。在此，我们将重点讨论阿诺德所著的《文化与无政府状态》（*Culture and Anarchy*）一书（当然，讨论的范围并不局限于此），正是这部著作奠定了阿诺德作为卓越的文化批评家的历史地

---

* 本杰明·迪斯雷利（1804—1881），19世纪英国政治家。他曾两度担任英国首相，竭力推动英国的海外扩张。——译者

** 宪章运动，指19世纪30年代至50年代英国工人阶级为争取实现工人阶级普选权而开展的大规模群众运动。——译者

位。在书中，阿诺德确立了一种文化基调，对从 19 世纪 60 年代及至 20 世纪 50 年代这近一个世纪间的文化批评产生了决定性的影响。阿诺德的成就与那些经验主义理论家不可同日而语，他巨大的影响力体现为"阿诺德式"的研究大众文化问题的总体性视角。

  在阿诺德看来，文化一词最初有两层含义。第一层，也是最重要的一层含义是：文化是一种知识的实体。用他的那句著名的论断来说，是"世人所思、所表的最好之物"（Arnold，1960：6）。文化的第二层含义是"使上帝的理性与愿望盛行于世"（42）。在这一表述的"甜蜜与光辉"之中，"文化在道德与社会层面上的优势便不言自明了"（46）。于是，"文化……就成了向完美之物学习的过程……而所谓完美之物，关注的是'成为'什么而非'拥有'什么，面向自己的精神与灵魂而非外部环境"（48）。换言之，文化就是努力使自己了解世上"最好"的知识，并令这些知识盛行于世，以使全人类衷心向善。那么，人们应当通过什么途径来获取知识呢？阿诺德给出了答案：我们应当"无私而主动地通过阅读、沉思与观察以尽力获取我们所能获取的一切"（179）。故而，文化的含义就从两层变成了三层。除却前文提及的两点，文化还包括对"所思、所表的最好之物"及其知识体的获取，以及将这些知识用于净化自己的"精神与灵魂"的内在状态（31）。实际上，我们还应注意到第四点，那就是阿诺德坚持认为文化会"治疗我们这个时代的病态灵魂"（163），这似乎是对上面提到的第三层含义做出的补充。但阿诺德很快又告诉我们，文化"并不直接对我们的朋友和同胞施以援手，让他们在**实际行动**中赶走某些确定的恶魔；文化只存在于同胞们追求文化的过程之中"（163-4）。这就是阿诺德对文化所下的第四个，也是"盖棺定论"式的定义：文化就是对文化本身的追求过程（culture is the seeking of culture），用书中的原文来说，是"有教养的沉静"（cultivated inaction）（163）。综上，在阿诺德看来，文化是：（a）获知"最好之物"的能力；（b）"最好之物"本身；（c）将"最好之物"运用于净化"精神与灵魂"的过程；（d）对"最好之物"的追求——这是一个完美的逻辑闭环。

阿诺德未曾给大众文化下一个明确的定义。然而，在通读阿诺德的著作之后我们不难发现：所谓的"无政府状态"在一定程度上成了大众文化的代名词，阿诺德正是用这个词来描述工人阶级的活文化先天具有的某种破坏性的。他尤其坚信从1867年城市中的男性工人阶级成员正式参与政治生活开始，政治上的危险便已不可避免了。于是，"文化"和"无政府状态"都成了意味深长的政治概念。文化的社会功能即是对无政府状态的破坏天性加以约束，被控制的对象包括："粗鲁而野蛮的……群氓"（Arnold，1960：176）、"恶意且缺乏教养的乌合之众"（69）、"我们国家里那些像法国人一样粗鄙的人"（76）、"那为数众多、可耻而桀骜难驯的堕落之徒"（193），等等。问题就出在工人阶级的活文化上。在书中的一个例子中，阿诺德说："那个野人（指一位来自工人阶级的政治抵抗者）……就其人身自由问题发表了一点看法，想去哪就去哪，想在哪集会就在哪集会，想骂谁就骂谁，想怎么折腾就怎么折腾。"（80-1）对此，阿诺德重申：

> 工人阶级……粗野而未开化……长久以来半隐于贫困与肮脏之中……如今竟然从藏身之所跳了出来，宣称自己和所有英国人一样拥有上天赐予的自由。他们想在哪游行就在哪游行，想在哪聚会就在哪聚会，想说什么脏话就说什么脏话，想打砸什么地方就打砸什么地方。这真是一件令**我们**困惑的事（105）。

由于1866—1867年英国发生了关于投票权的政治动乱，这才有了阿诺德的这番言论。引文中的"令我们困惑"一句清晰地表明了其话语的阶级属性。阿诺德曾将英国人划分为野蛮人（Barbarians，指代贵族）、非利士人*（Philistines，指代中产阶级）和群氓（Populace，

---

* 非利士（Philistia）本是公元前12世纪时位于地中海沿岸的古国。现代英语中常以"非利士人"来指代庸俗、土气、自以为是的人。——译者

指代工人阶级），表面上看似乎不偏不倚；此外，他还声称"无论哪个阶级的人，都遵循着一种共同的人性基础"（Arnold，1960：105）。然而，如果我们认真检视阿诺德所谓的"共同的人性基础"，便会自然而然地得出一个与其表面立场截然相反的结论。若以进化论的观点来分析阿诺德的理论，将"人类"这一物种视为拥有共同猿类祖先的进化的产物，那么纵然同为人类，贵族和中产阶级的进化程度也比工人阶级高。这在阿诺德为"共同的人性基础"所举之例中得以体现。他指出：

> 每当我们蒙昧或热情地宣扬一个观点，每当我们渴望通过赤裸裸的暴力击垮敌人，每当我们怒火中烧，每当我们兽性大发，每当我们被权力和胜利冲昏头脑，每当我们对某个不受欢迎的名人进行肆意的谩骂，每当我们对他人落井下石，（我们）都会发现自己胸中存在着只有乌合之众才会有的灵魂（107）。

在阿诺德看来，只要外部环境稍稍发挥一点作用，"乌合之众"的"灵魂"就会成功占领"野蛮人"和"非利士人"的心灵。在这一问题上，文化具有两方面的功能。第一，文化必须小心翼翼地指引贵族和中产阶级，使其免受外部环境的影响。第二，对于那些心中仍然存留着所谓"人性"的工人阶级，文化必须为他们提供"一种不可或缺的道德标准……使他们尊重权威，克服自身的无政府倾向，不再对我们构成威胁"（82）。而要想建立这种权威的道德标准，就必须有一个强大的、中央集权的国家。

为了反对"无政府状态"，文化对国家提出了要求："我们需要权威的力量……文化呼唤国家的观念。"（96）两个因素决定了国家的必要性。其一，昔日稳居权力中心的贵族集团已经衰落；其二，民主制度正在冉冉升起。两者的结合为无政府状态提供了肥沃的土壤。要想化解这个矛盾，必须以文化和强权为武器去"抢占地盘"。阿诺德所谓"文化国家"的使命就在于严格控制工人阶级在社会、经济和文化领域内的狂躁情绪，直到中产阶级完成自身的教化，可以独自完成这一任务为止。国家通过两种方式来运行：(a) 以强权来终止工人阶级的抗议；(b) 潜移默化地灌输文化的"甜蜜与光辉"。

阿诺德的这些想法是从哪里来的？答案仍需在动荡纷繁的 19 世纪的历史中寻找。正因阿诺德对彼时发生的历史、社会巨变进行了思考，他才会赋予文化极高的地位，视之为"将人类从当下困境中解救出来的伟大力量"（Arnold，1960：6）。"当下困境"具有双重含义：一方面，这种困境是由赋予城市工人阶级男性以公民权直接造成的；另一方面，困境本身也是早在 18 世纪就开始的一个历史过程（工业资本主义的发展）的一部分。阿诺德坚信，公民权改革将权力交给了缺乏教养、不具备掌权能力的人。失去了"封建制习俗下的温驯与服从特质"（76）的工人阶级是危险的，他们必须接受教育，重新学会温驯与服从。工人阶级需通过教育来获得"文化"，进而抗拒工团主义、政治变革与廉价娱乐的诱惑。简言之，要用文化来驱赶大众文化。

《文化与无政府状态》一书告诫读者："教育是通向文化的大路。"（209）因此，我们有必要简要考察书中所传达的教育理念。阿诺德认为，对工人阶级、中产阶级与贵族学生的教育应当"因材施教"。对贵族而言，教育的目的在于使其接受自身早已在历史中衰落的现实。对工人阶级而言，受教育则是一个"开化"的过程。受过教育的工人阶级会温顺地接受剥削和统治。在阿诺德眼中，学校（主要是小学）无疑相当于工人阶级"蛮荒之陆"中的文明前哨："学校会让住在学校周围的居民变得更加文明。"（Arnold，1973：39）工人阶级的孩子必须先被开化，而后才能被教导。阿诺德在 1862 年的一封写给母亲的信中称："让小学更多地成为文明开化机构而不仅是教育机构，似乎更对国家的胃口。"（Arnold，1896：187）而这，正是文化的使命。对于中产阶级而言，教育的作用则与前两者截然不同。中产阶级的孩子接受教育的目的是为将来获取权力做准备，从"狭隘、偏激、惹人讨厌的中产阶级转变成文明、自由、高贵的中产阶级；只有这样的中产阶级，才能（让无产阶级）心甘情愿且忠心耿耿地奉献热情"（Arnold，1954：343）。①

阿诺德援引威灵顿公爵*（Duke of Wellington）的话，称自己的上述主张为"毋庸置疑的法律程序的革命"（Arnold，1960：97）。他所鼓吹的是一场自上而下的变革，其目的是杜绝自下而上的民众革命的出现。其主要理念是：统治者主动展开的变革要好过老百姓自发组织的变革，无论成功与否。普罗大众的需求会得到满足，但要通过一些手段制止其得寸进尺。阿诺德何尝不想建立一个更好的社会，一个不那么贫穷、肮脏和无知的社会，但在他的设想中，这个"更好的社会"必须建立在新兴城市中产阶级取得"霸权"地位的基础之上（参见本书第四章）。

说了这么多，我基本上是要表达这样一个观点：阿诺德这位文化理论的奠基人其实根本没有对"大众文化"这一概念展开讨论，他只是简单地将大众文化视为深刻的政治骚乱的同义词。《文化与无政府状态》一书的主题也不是文化，而是社会秩序与社会权威应如何赢取文化领导权，使被统治者温顺地臣服。因此，工人阶级文化就显得尤为重要，原因在于其象征着社会骚乱、文化失序与斯文扫地，这不啻对社会及文化权威的巨大打击。实际上，单单是工人阶级文化得以存在的事实本身，就足以证明衰落和失序的不可避免了。工人阶级的"无政府状态"将被文化——"世人所思、所表的最好之物"——的和谐力量所镇压。

阿诺德的很多观点都来源于浪漫主义者对工业文明的批判（参见 Williams，1963），其中对他影响最显著的当属塞缪尔·泰勒·柯勒律治**（Samuel Taylor Coleridge）。柯勒律治对"文明"（civilisa-

---

① 阿诺德将会很乐于看到，他所谓的"自上而下的革命"作为一种教育理念几乎直接影响了 20 世纪乃至 21 世纪大多数保守党的自我认识。

* 威灵顿公爵是英国世袭的爵位。此处应指第一位威灵顿公爵阿瑟·韦尔斯利（Arthur Wellesley，1769-1852），即于滑铁卢战场击败拿破仑军队的军事将领。——译者

** 塞缪尔·泰勒·柯勒律治（1772—1834），英国湖畔派诗人、批评家，早期浪漫主义诗歌最重要的代表人物之一。——译者

tion）和"教养"（cultivation）二词做了辨析，认为前者意指"一种总体性的'善'，最次也远强于堕落的影响"，后者则指"那些作为人的主要特征的品质和才能的和谐发展"（Coleridge，1972：33）。简言之，柯勒律治认为"文明"指向整个国家，而"教养"则专属于少数人，即其所称的"知识阶层"。一个国家的文明进程需由有教养的知识阶层来引导：

> 全部秩序的最终目标和意图在于：保护好古老文明的店铺和财富，搭建过去和现在之间的桥梁；补充和完善现有的一切，以此建立现代和未来之间的联系；尤其要让社会中的每一个遵纪守法的人知晓：知识的数量和质量对于理解其所拥有的权利和务必履行的义务而言，是不可或缺的（34）。

阿诺德吸收了柯勒律治的思想。尽管他没有讨论知识阶层的问题，而是把笔墨花费在知识阶层"之外的人"或"其余的人"* 身上，但两人的意图是大体相同的，那就是借文化的力量对大众社会（mass society）的不安定因素加以管控。在阿诺德眼中，历史证明了这样的规律：社会总是因"大多数人的道德沦丧"而走向毁灭（Arnold，1954：640）。这种历史观势必导致人们对民主制度的不信任，更不要说对大众文化了。阿诺德的观点建立在一个奇怪的悖论之上：作为文化的创造者，人类深知何为"所思、所表的最好之物"，但假若社会上的大多数人过去是、现在是，以后也将永远是道德沦丧之徒，那么人类应当将文化的财富留给谁呢？答案只能是：留给文化创造者自己，即那一小部分自给自足的文化精英。对于其余人而言，唯一要做的就是认识到彼此间的文化差异，承认文化之中存在不平等的权力关系。阿诺德清晰地表达了这一观点：

> 对于乌合之众而言，能否了解世间万物的本相是无关

---

* 指中产阶级和工人阶级。——译者

紧要的，一知半解对他们来说就足够了。在这些一知半解中，势必包孕着外部世界的一般实践。这就等于说，只要一个人能够让自己获取群氓所无法获取的真理，他便有资格跻身一个少数人的小圈子了。而这个小圈子的唯一使命，就是坚持不懈地努力，使充分的知识与真理始终引导着社会主流文化的前进方向（Arnold，1954：364-5）。

此外，他还指出：

> 人类知识与真理的代言人必将由受过高等教育的少数人而非只上过几天学的大多数人担当。"知识"和"真理"的全部含义都表明它们是与人类社会中的泱泱大众绝缘的（Arnold，1960-77：591）。

上述观点揭示了很多问题。如果说世上大多数人都满足于一知半解，永远无法获得真理与知识，那么那个所谓的"小圈子"又是为谁服务的呢？它会让哪些"充分的知识"引导社会主流文化的方向？它引导的又是些什么人？难道是另一个小精英圈子？阿诺德笔下的"小圈子"也许并不局限于那个自给自足的知识精英阶层，如果这些精英从不参与政治实践、从不对普罗大众产生任何影响，那么我们从阿诺德著作中细致分析与精心提炼出的那些宏大的人文主义的信念，又有什么意义？阿诺德似乎掉入了自己所预设的精英主义的陷阱，而工人阶级则注定永远沉沦于"啤酒、杜松子酒和自娱自乐"（Arnold，1954：591）。其实，阿诺德并非完全拒斥政治实践，他只不过是将其视为一种专属于既存权力机构的特权而已。故而，他所反对的只是工人阶级的异见政治与对抗政治，这实际上是对现有的统治秩序的一种维护，实在缺乏新意。尽管如此（或者可能正因为如此），他的影响力是巨大的，因为他实际上描绘了人们思考大众文化和文化政治的方式。直到20世纪50年代末，这种思考方式一直在文化研究领域内占据着主导地位。

利维斯主义

> 对马修·阿诺德来说，也许情况还不是太糟糕。而今天的我所面对的文化，早已惨不忍睹（F. R. Leavis, 2019：11）。

阿诺德对 F. R. 利维斯产生的影响是有目共睹的。利维斯继承了阿诺德的文化政治理念，并应用这些理念来化解他所假定的 20 世纪 30 年代的"文化危机"。对于利维斯及其拥趸来说，文化的衰落是 20 世纪的重要标志。阿诺德在 19 世纪所亲见的种种"文化混乱"，在 20 世纪进一步加重了——一种以"标准化和低水准"为特征的文化正在加速蔓延（Leavis and Thompson, 1977：3）。为了反抗这一过程及其造成的结果，"公民……必须接受训练以（对坏的文化）加以分辨和抵制"（5）。

利维斯主义的影响力大约持续了 40 年。不过，"利维斯派"关于大众文化的观点却是在 20 世纪 30 年代早期形成的，共有三部代表性著作：F. R. 利维斯的《大众文明与少数人文化》(Mass Civilisation and Minority Culture)、Q. D. 利维斯*的《小说与阅读公众》(Fiction and the Reading Public) 以及 F. R. 利维斯与丹尼斯·汤普森（Denys Thompson）合著的《文化与环境》(Culture and Environment)。这三部著作为利维斯主义的大众文化研究奠定了基调。

利维斯主义的基本立场是："文化始终是少数人的专利。"（3）

> 综观历史，我们不难发现，社会因少数人的杰出经验而获益，是他们让传统中的那些细微而易碎的部分保持生机。衡量一个时代的生活优质与否的潜在的标准，也要依赖少数人。正因有了他们，我们才知道何物有价值、何路通彼岸、何处是中心（5）。

---

* 即 F. R. 利维斯的妻子，与其夫同为著名文学批评家，后人习惯称之为"利维斯夫人"。——译者

然而，在今天，"少数人"的地位发生了变化。他们的文化不再为人们所遵从，他们的权威也面临着前所未有的挑战。利维斯夫人曾如是描述道："从古至今始终在为品位之高低设定标准的少数人"经历了一场"权威的崩溃"（Q. D. Leavis, 1978：185, 187）。正如阿诺德痛心于"封建制习俗下的温驯与顺从特质"的消逝一般，利维斯夫人缅怀着普罗大众"心甘情愿服从权威"的时代（Q. D. Leavis, 1978：191）。① 她援引埃德蒙·戈斯*（Edmund Gosse）的话来阐明此种现状的严重性：

> 如我所见，民主思想的蔓延所带来的一个巨大威胁，即文学鉴赏的传统和经典文本的权威已经被群氓的投票所成功颠覆。目前，在世界各地，那些未曾接受教育或只接受过一丁点儿教育的乌合之众竟已成为文学读者的主体。尽管他们对本民族的经典文学既无法理解也缺乏尊重，却无不因这些文学至高无上的经典性获得认可而心满意足。最近，我发现在美国出现了一些相关的迹象，表明一群无知的野蛮人正在攻击我们的文学大师……如果文学作品的价值需由老百姓来投票决定，如果那些庸人认识到了自己具有多大的权力，那么文学的末日也就到来了。原因很简单：对于他们来说，杰出的文学作品既索然无味，又艰深晦涩。这场攻击文学品位的革命一旦拉开帷幕，我们便将不可避免地陷入混乱（190）。

利维斯和汤普森认为，戈斯所恐惧之事如今正在变成现实：

> 文化始终是少数人的专利。然而，"少数人"如今意识到自己正深陷于一个新的环境。这个环境不但令人厌恶，更充满敌意……"文明"与"文化"正在成为对立物。不

---

① 约翰·道克尔（John Docker）称利维斯夫人为"一位旧式的殖民主义人类学家，总是不怀好意地盯着陌生而未知的人们看，谴责他们野蛮的生活方式"（Docker, 1994：25）。

* 埃德蒙·戈斯（1849—1928），英国著名文学批评家。——译者

仅权威的力量和意义正在逐渐与文化剥离，就连文明中那些最热忱、最无私的内容也开始有意无意地走上与文化敌对的道路（Leavis and Thompson, 1977: 26）。

大众文明及随之而来的群氓文化架设了一个极具破坏力的战场，时刻威胁着我们，要使我们"不可避免地陷入混乱"。正是为了与大众文明展开斗争，利维斯主义才登上了历史舞台，竭力鼓吹"要在学校教育中加入抵制（群氓文化）的训练"（F. R. Leavis, 1933: 188-9）。在学校之外，利维斯主义主张"'少数人'应当武装起来，主动出击，自觉地采取各种形式的抵抗"（Q. D. Leavis, 1978: 270）。与之相关，文化与政治的民主化进程在利维斯主义者看来简直是天方夜谭。此外，利维斯夫人还声称："权力的拥有者不再是知识权威和文化的代表。"（191）和阿诺德一样，她也认为传统权威的坍塌是伴随着大众民主的兴起而到来的。这两股潮流相得益彰，一边"压榨"少数人的文化，一边为"无政府状态"培育适宜的土壤。

利维斯主义还对群氓文化进行了具体分析，指出不同文化形式所存在的问题。例如，通俗小说就因诱发读者成瘾性的"心理安慰"和"精力分散"而受到谴责：

> 这种心理安慰……完全是创造力的对立面，因为通俗小说并不会使读者精神焕发、热爱生活，相反，却让他们对生活更加不适应。读通俗小说的人往往逃避现实，拒绝面对生活的真相（Leavis and Thompson, 1977: 100）。

利维斯夫人指责通俗小说读者为"沉溺于谎言的瘾君子"（Q. D. Leavis, 1978: 152），而言情小说在她看来则会滋生一种"做白日梦的习惯，并导致真实生活的失调"（54）。读这些小说当然是种自轻自贱的行为，而更糟糕的是这种成瘾性"营造了一种对志向高远的少数人极为不利的社会环境……真实的感受和富有责任心的思考受到了阻滞"（74）。对于那些不怎么爱看通俗小说的人而言，最大的危险则来自电影。电影大行其道，已成为一个极度危险的快感之源："电影有一种催眠术般的魔力，使人们沦陷于廉价的情感诉求中不能自拔。这种诉求用心险恶,因为它伴随着关于真实生活的某种不由自主且栩栩如生的幻觉。"(F. R. Leavis, 2019: 13)对利维斯夫人而言,看好莱坞电影不啻一种"大规模的自渎行为"(Q. D. Leavis, 1978: 165)。尽管大众化的出版物被描述为"最强大也最有势力的蒙昧公众心灵之物"(Leavis and Thompson, 1977: 138),而广播则被指将批判性思维逼上了末路(F. R. Leavis, 2019),但比起"持之以恒且无所不在地自渎般地操纵人心"(Leavis and Thompson, 1977: 139)的广告,利维斯派对前两者还算是客气的。

在利维斯们看来,广告以及人们对广告的消费,是文化衰落的主要症候。若想知道个中缘由,需首先看一看利维斯主义对语言的看法。在《文化与环境》中,利维斯与汤普森指出:"所有读者都应清醒地认识到,广告对语言的滥用不仅是对词语本身的亵渎,更是对情感生活和生活质量的亵渎。"(4)因此,广告不但让语言贬值,更让整个语言社群的情感生活贬值,进而降低了"生活的标准"。利维斯派的批评家举出了很多例子(大多数是 F. R. 利维斯本人举的)来支撑这一观点,他们针对这些例子提出的问题充分揭示了利维斯主义的一般观点。下面是一则"双震"(Two Quakers)牌烟草的广告,我们不妨来看看利维斯们是怎么对它进行分析的:

烟草的典范

"这的确是我抽过的最好的烟,不过它实在太贵了。""多花两便士又如何?别管这些了,先搞回家去再说。这种烟草既干净又耐抽。样子有点怪,只因它是烟草中的典范。可爱的科学小把戏。看见没,他们做过试验了……""嘿,别胡说了,赶紧再给我们加点烟草。不知道的还以为你做广告呢。"此后,一切都平静了,除了烟斗中的那些"双震"烟草。

针对这则广告,利维斯和汤普森向五年级和六年级的学生们提出了下述问题:

1. 描述一下广告中出现的这个人物。
2. 广告主期望你们对这个人物产生怎样的感觉?
3. 你认为广告中的人物将对我们持怎样的态度?在民众暴动情绪高涨的情况下,他将作何反应?(Leavis and Thompson,1977:16-7)

上述问题有两点值得注意。其一,利维斯将这则广告和所谓的"暴动情绪"联系在一起。这是一个很反常的问题,就连文化研究者也会这样认为。其二,请注意那个具有排他性的词"我们",以及利维斯是怎样试图用这个代词来建构一个受过良好教育的精英小群体的。他所提出的其他问题也差不多是这个论调,下面再举出几个例子:

指出这段文字最对哪种读者的胃口,并说出原因。你认为究竟哪种人会与这段文字产生共鸣?你指望这些人能对莎翁剧作有多少了解?他们又到底有多大能力去欣赏这些作品?(40)

小学生们会被要求回忆他们对"圣地"(shrines)参观者的观察(51)。

在"格雷欣法则"*(Greshem Law)所及的范围内,你认为电影应当对大众的品位和心灵产生何种影响?(114)

此处暗示了一种怎样的标准?你对他所阅读的"文学"的品质以及他对这种"文学"的热衷有什么看法?(119)

我们为什么会对使用这一成语的想法感到畏惧?(121)

(在将电影描述为"廉价的、低劣的和扭曲的"之后说道:)

请展开对电影的教育价值的讨论(144)。

---

* 格雷欣法则,即"劣币驱逐良币"(bad money drives out good)法则。该法则最早由英国伊丽莎白时代的铸币局局长托马斯·格雷欣(Thomas Greshem)提出,本义是指消费者倾向于将成色较高的贵金属货币保存或储藏起来,而使用成色较低的贵金属货币进行市场交易和流通。这一法则后被广泛用于解释社会的方方面面,例如"盗版驱逐正版""小报驱逐大报",等等。——译者

上述问题无一例外旨在激发学生对大众文化的"歧视和抵制"。这些论调除了显示出一种尖刻的贬损和自以为是的倨傲外，别无他用。

为了暂时远离当下这个"不可救药的混乱局面"，利维斯主义深切缅怀了在遥远的过去存在过的一个文化的黄金年代。那是一个神话般的、乡土气息浓郁的年代，所有人共享着一种未被商业利益沾染的文化。孕育了莎士比亚戏剧的伊丽莎白时期时常被利维斯们视为19—20世纪文化大崩溃之前的最后一个"完整"的时代。F. R. 利维斯曾写道：莎士比亚"对于全社会来说是一种真正的全国性文化。在这个社会之中，戏剧也许同时满足了有教养的人和普罗大众的情感诉求"（F. R. Leavis, 1933：216）。利维斯夫人在《小说与阅读公众》中为她所坚信的"文化衰退"勾勒出一幅图景。她对大众与"有教养者"的有机关系的表述说明了很多问题："群氓所获得的娱乐是自上而下赋予他们的……除了这种千篇一律的娱乐，再也没什么更好的了……幸运的是，他们别无选择。"（Q. D. Leavis, 1978：85）在利维斯夫人看来：

> 伊丽莎白时代的戏剧观众尽管无法准确无误地理解伟大悲剧的"思想"，却能从剧本的字里行间所孕育的精神和意义中获取愉悦。这种愉悦来自艺术家，而非其自身所在的阶层。故而，现在的这种"有教养者的生活"与"普通老百姓的生活"的分离在那时也并不存在（264）。

如果我们把目光投射到利维斯派对未来的理想主义设想，那么他们关于过去的种种论断就显得耐人寻味了。在利维斯主义者眼中，黄金时代的标志不是单纯的文化整体性，而是建立在权威制和等级制原则上的文化整体性。这是一种共同的文化，它一方面激发人们的智力，另一方面给人们带来愉悦，使人精神振奋。而所谓的黄金年代则是一个神话般的世界，在这个世界里，每个人都清楚自己在生活中的位置和归宿。F. R. 利维斯始终坚称："在17世纪存在过一种真正的人民的文化……一种丰富的传统的文化……一种积极向上的文化，只不过这种文化已经消逝了。"（F. R. Leavis, 1984：188-9）

利维斯主义认为毁灭这种文化的罪魁祸首就是工业革命。不过，文化并非"全军覆没"，在 19 世纪英格兰的乡村仍可找到一些仅存的有机社区的遗迹。利维斯援引乔治·伯恩*（George Bourne）的《乡村的变迁》（*Change in the Village*）和《车轮维修店》（*The Wheelwright's Shop*）来支撑自己的观点。① 在《文化与环境》一开篇，F. R. 利维斯和汤普森就提醒我们究竟哪些东西逝去了：

> 我们所失去的是一个有机的社区以及它所包含的活文化。民间歌谣、民间舞蹈以及考茨伍德**（Cotswold）的村舍和手工艺制品具有丰富的含义，它们象征着井然有序的生命艺术和生活方式，包括社会的艺术、交往的法则和敏锐的调节能力。所有一切都根植于古老的经验，并在自然的环境和时间的韵律中滋长（Leavis and Thompson, 1977: 1-2）。

利维斯主义者还声称劳动的质量也因有机社区的消逝而有所下降，其标志就是休闲娱乐正在社会中占据越来越重要的位置。过去，工人生活在自己创造的文化中；而现在，工人已完全置身于文化之外。工业化造成的后果之一就是工人们已经"被自己的作品搞得疲弱无力"（69）。休闲娱乐带给工人们的并不是"再创造"***（再创造劳动中失去的东西），而是"创造无力"****（劳动过程中失去的东西的混合体）。情况如此，难怪人们会向群氓文化寻求情感补偿和被动娱乐。毒品开始大行其道，每个人都成了沉溺于"生活替代品"中的瘾君子。田园牧歌的世界早已不复存在，取而代之的是乏味平庸的

---

* 乔治·伯恩（1863—1927），本名乔治·斯特尔特（George Sturt），英国作家，擅长描写乡村生活。——译者

① F. R. 利维斯不仅将自己对过去的描述理想化，甚至还将伯恩对过去的描述也理想化了。而伯恩对乡村生活的批评，利维斯干脆视而不见。

** 考茨伍德，指考茨伍德山，位于英格兰西部地区，因完好地保留着古老的村镇建筑风貌而著称。——译者

*** 原文为 recreation，意为"消遣""娱乐"。此处为更好地表意，依照构词法将其译为"再创造"（re-creation）。——译者

**** 原文为 decreation。——译者

第二章 "文化与文明"传统

"近郊主义"*(suburbanism)(Leavis and Thompson, 1977：99)。在有机社区里，日常文化源源不断地为个体提供健康的养料；而在大众文明之中，每个人都必须时刻保持清醒，以抵御日常文化产生的恶劣影响。至于威廉斯所言的"在日常文化之中，同样存在着贫穷、卑鄙的专制、疾病与死亡、无知与气馁"(Williams, 1963：253)，利维斯们则完全无视。利维斯主义呈现给我们的并不是一种历史的叙述，而是一个极富文学色彩的神话，旨在将我们的注意力引导至对某种"消逝"的缅怀之上："我们必须在对古老秩序的追忆之中建立一个新秩序。"(Leavis and Thompson, 1977：97)

尽管有机社区已不复存在，人们却仍可通过阅读伟大的文学作品来体味其标准与价值。文学是包含了人类世界一切有价值的生活经验的宝藏。然而不幸的是，文学，这颗文化皇冠上的明珠，早已和文化一道失去了权威性。为了改变这一现状，利维斯主义制定了一个宏大的计划，主张通过向各所大学派遣文化传教士（也就是一小批文学精英）的方式，建立一条文化阵线来捍卫文学/文化的传统，鼓励两者"持之以恒地通力合作以实现共同复兴"(F. R. Leavis, 1972：27)。这一计划把中小学也包括在内，就是为了让孩子们从小就"武装起来"，同愚昧的群氓文化与大众文明进行坚决的斗争。对文学权威的重建当然不足以唤回早已逝去的有机社区，却能够将群氓文化的影响力置于严格的控制之下，并以此来保存和维系英格兰的文化传统。简而言之，利维斯主义的计划即维护现有的"受过教育的公众"，并继续对其他公众进行教育。这些有教养的人会让阿诺德所言的"所思、所表的最好之物"永远流传下去（基本上是通过对伟大文学作品的阅读来实现的）。

利维斯主义对大众文化的态度极易招致批评。但是，正如本内特宽和地指出的那样：

> 直到20世纪50年代中期，"利维斯主义"始终是对大

---

* 在西方国家，中产阶级大多居住在近郊，故利维斯有此种说法。——译者

众文化进行学术研究的唯一一套成熟的理念。从历史的角度看,"利维斯派"的著作第一次将原本专属于"严肃"作品的分析方法运用于对大众文化样式的研究,具有开创性意义……或许更重要的是,利维斯主义对"高雅文化""中产阶级文化"和"大众文化"的批判同样尖刻、严厉。从长远观点看,其理论体系颠覆了在当时如日中天的美学评判标准,并对后人产生了激进的、难以预料的影响(Bennett,1982b:5-6)。

在第三章中,我们将对利维斯主义产生的"激进的、难以预料的影响"进行分析。这种影响主要体现在理查德·霍加特和雷蒙德·威廉斯的著作中。

美国的大众文化:一场战后大讨论

在第二次世界大战结束后的头 15 年里,美国知识界就所谓的"大众文化"*(mass culture)问题展开了一场大讨论。安德鲁·罗斯认为"大众"(mass)是"将美国与美国之外的世界正式区隔开来的关键概念"(Ross,1989:42)。他指出:"这种正式区隔背后的历史,在很大程度上就是现代民族文化形成的历史。"(同上)二战之后,美国国内形成了一种文化与政治的共识,这种共识建立在自由主义、多元主义和对阶级概念的淡化的基础之上,而美国知识阶层所树立的文化权威则是此共识的主要来源。后来,这一局面被接踵而至的黑人民权运动、反正统文化思潮**、反越战运动、妇女解放运动和同性恋人权运动打破。罗斯称:"知识阶层将自己视为全民族的文化、道德和政治领袖,这在美国历史上也许是头一次。"(43)知识分子

---

* 原文为 mass culture。之所以没有按惯例翻译为"群氓文化",是因为 mass 一词在美国不似在英国语境下具有强烈的贬义色彩。在这一部分,mass culture 的译法将因语境不同而不同。——译者

** 指一种风靡于 20 世纪 60—70 年代美国青年之间的、以反抗主流价值观和生活方式为特征的思潮。——译者

之所以一下子变得这么重要，在一定程度上要归功于"那场持续了 15 年、直到 50 年代末才结束的关于'大众文化'的激烈大讨论"（Ross，1989：43）。罗斯花费了很多精力，试图证明这场讨论与冷战时期的"遏制性"意识形态有关——之所以要讨论文化问题，是因为美国试图建立一个从内（文化贫乏带来的危机）到外（共产主义苏联的威胁）都处于健康状态的国家。他认为，知识分子在这场讨论中分属三大阵营：

1. 审美自由主义（aesthetic-liberal）阵营。这一阵营里的人哀叹：即使绝大多数民众有自由选择的权利，他们仍然更加青睐所谓二流和三流的文化文本与实践，而对高雅文化的文本和实践置之不理。

2. 企业自由主义（corporate-liberal）或进步主义者（progressive-evolutionist）阵营。这一阵营的人认为大众文化发挥着温和的社会化功能，它使人们逐渐适应由新兴的资本主义-消费主义社会带来的消费愉悦。

3. 激进主义或社会主义阵营。激进主义者和社会主义者视大众文化为一种社会控制的形式或工具。

在 20 世纪 50 年代末之前，前两大阵营在争论中占尽优势，这体现了麦卡锡主义*（McCarthyism）在关涉社会主义的问题上所施加的日益强大的压力。囿于篇幅，在此我仅将注意力集中于关于"内部健康的国家"的讨论。若想理解这场讨论的实质，有一本文献是必须阅读的，那就是出版于 1957 年的论文集《大众文化：美国的流行艺术》（*Mass Culture: The Popular Arts in America*）。书中收录了许多作者撰写的文章。读过之后，头脑中就会对这场讨论的大致情况——诸如，讨论的核心问题是什么、主要有哪些人参与了讨论，等等——有个大致的了解。

---

* 麦卡锡主义是指 1951—1954 年间由美国共和党籍参议员约瑟夫·麦卡锡（Joseph McCarthy）所发动的以极端反共、反社会主义为特征的政治运动和政治思潮。——译者

伯纳德·罗森伯格（Bernard Rosenberg）[他与大卫·曼宁·怀特（David Manning White）同为该书的主编]声称，富庶、安定的美国社会正在遭遇来自群氓文化的非人性的破坏。他最大的担忧在于："最糟糕的是，群氓文化不仅威胁到了我们的审美趣味，更会铺设一条通向冷酷无情的独裁主义的道路。"（Rosenberg，1957：9）他还认为，群氓文化既不是美国土生土长的文化，也不是民主制度的必然结果，苏联才是这种文化最猖獗的地方。其始作俑者不是资本主义，而是科技。因此，美国不应该为群氓文化的出现和蔓延负责。

怀特也发表了类似的观点，但出于不同的目的。他指出："群氓文化的批评者对美国当代社会持有一种过度悲观的看法。"（White，1957：13-4）他通过将美国的（群氓）文化与过去的大众文化的某些方面作比较，来为当代文化辩护。他坚持认为批评家们是在通过美化过去的方式来对当下进行攻击，并谴责那些"视美国文化为洪水猛兽，却忘记了在莎翁剧作刚刚问世的那个时代日常文化中的残酷现实的人"（14）。他的主要观点是，在任何一个时代都存在"对普罗大众的愚昧和危险展开猛烈攻击的人……因此，对于当下的社会中存在这样的人，我们也不该大惊小怪"（同上）。怀特为大众文化辩护的另一个观点是：高雅文化在美国境内正呈现出欣欣向荣的局面，例如电视上播放着莎翁剧作、图书馆的书籍借阅率正在攀升、塞德勒威尔斯*（Sadler's Wells）芭蕾剧团成功举办了巡回演出、欣赏古典音乐会的人数比观看棒球赛的人数还要多，还有如雨后春笋般纷纷成立的交响乐团。

德怀特·麦克唐纳（Dwight Macdonald）是这场讨论中的关键人物。他在《大众文化理论》（"A Theory of Mass Culture"）这篇著名的文章中，对群氓文化展开了全方位的攻击。群氓文化的首要问题在于，它使高雅文化失去了生命力。它就像寄生虫一般，从高雅文化体内汲取养分，却没有一点回报。

---

* 塞德勒威尔斯剧院，位于英国伦敦，始建于1683年，因其芭蕾舞团和享誉全球的现代舞表演而闻名。——译者

民间艺术生长于社会底层，是一种土生土长的、代表人民心声的、自发的文化。其内涵是由人民赋予的，几乎与所谓的高雅文化毫无关系。而群氓文化则是自上而下强加给人民的，其创造者是商人雇用的技术人员，其受众则是麻木不仁的消费者。而消费者参与文化的唯一方式就是在"买"与"不买"之间左右摇摆。简言之，这些粗劣文化的"主人"利用了大众的文化需求，目的有二，一是攫取利润，二是维护阶级统治……民间艺术是专属于人民的领地，这个小小的私密花园与属于"主人"的高雅文化的大庄园之间隔着一道墙。而群氓文化把这道墙拆除了，它将大众变成高雅文化的低劣形式，大众也就成了政治统治的对象（Macdonald，1998：23）。

和其他参与这场讨论的人一样，麦克唐纳激烈地否认美国是群氓文化的发源地。他说："事实上，苏联的群氓文化远比美国发达"（同上）；很多批评家往往只将注意力集中在苏联群氓文化的"形式"上，而忽略了这一点。但不可否认，苏联的文化就是群氓文化（既不是人民创造的民间文化，也不是艺术家个体创造的高雅文化）。苏联的群氓文化与美国的群氓文化的不同之处在于前者"更加糟糕、更加低劣"，"与其说是满足大众的文化需求，不如说是赤裸裸的剥削……其目的在于政治控制而非商业盈利"（24）。尽管美国的情况好过苏联，但美国的群氓文化仍然存在一个问题（"这个问题在美国十分尖锐"），那就是"大众的情绪爆发了，纷纷冲向政治舞台……这种状况导致了灾难性的文化后果"（同上）。随之而来的，是"一个界定清晰的文化精英集团"的缺席（同上）。假如存在这样一个集团的话，大众拥有群氓文化，精英拥有高雅文化，两者可谓泾渭分明。缺了这个集团，美国则将面临来自文化的格雷欣法则的威胁：恶会将善驱逐，文化不是变得彼此类似而是"变得彼此相同……这种文化会如同不断扩大的黑洞般将一切吞噬"（27），将一切彻底摧毁，并把美国人民变成幼稚可笑的乌合之众。麦克唐纳的结论十分

悲观:"我不指望群氓的文化会变得越来越好,我只盼它不要变得更加糟糕。"(Macdonald,1998:29)

结束了对深具幻灭感的、带有托洛茨基主义*(Trotskyism)色彩的麦克唐纳的讨论,我们要将目光对准自由主义阵营的欧内斯特·凡·登·海格(Ernest van den Haag)。他提出:大众文化是大众社会和大众化生产(mass production)的必然结果。

> 大众化生产的商品无须将目标定得过低,但它必须考虑到大众品位的平均水平。如果它只取悦特定的某些人,那么它就必然会得罪其他人。并不存在拥有"平均水平品位"的"平均水平的人",所谓的"平均水平"只不过是一个统计学概念。因此,大众化生产的商品尽管在一定程度上反映了所有人的品位,却绝然无法让每一个人都完全全得到满足。这便造成了侵犯,也就是"品位的蓄意贬值"理论未曾解释清楚的问题(Haag,1957:512)。

凡·登·海格还指出了另一个关键之处,那就是群氓文化对高雅文化的诱惑。群氓文化有两个地方非常吸引人:(a)经济上的回报;(b)巨大的潜在受众群。凡·登·海格以意大利著名诗人但丁(Dante)为例来说明问题:尽管但丁可能受到了宗教和政治迫害,但他坚决抵制了诱惑,始终未曾以自己的作品去俯就大多数人的"平均"品位。但是,假如我们"让但丁为《体育画报》(*Sports Illustrated*)撰稿",或者让他"缩写自己的作品以在《读者文摘》(*Reader's Digest*)上刊登",或者与他签订协议,让他"把自己的作品改编成电影剧本",他还会抵制诱惑、坚守自己的美学与道德准则吗?但丁很幸运,他的才华和创造力始终没有走上歧途:"没有任何一个作家可与才华横溢的但丁相提并论。"(521)

---

* 托洛茨基主义,指苏俄布尔什维克革命早期领导人利昂·托洛茨基(Leon Trotsky)所倡导的一系列共产主义政治经济理念,他主张反对斯大林专制,进行世界革命(world revolution)。——译者

凡·登·海格指出，大众的品位并未降低多少，却在西方社会的文化生产者眼中变得更重要了。如怀特一样，凡·登·海格注意到美国消费文化的文本与实践的多元性，同时，他也发现高雅文化和民间文化正在被群氓文化吞噬，其结果就是，人们开始如消费群氓文化一样消费它们。"没人阅读经典，这既不新鲜也不可怕；可怕的是如此多的人正在误读经典。"（Haag，1957：528）最后，凡·登·海格不禁断言，群氓文化是一剂"降低人们体验生活的能力的毒药"（529）。归根结底，群氓文化是枯竭的象征，它标志着生活的去个性化（de-individualization）。沉迷于群氓文化的人无休止地追逐着西格蒙德·弗洛伊德所言的"替代性满足"①（substitute gratifications）。在批判群氓文化的人看来，替代性满足造成的问题是"真正的满足"（real gratifications）被摒弃了（532-5），凡·登·海格进而提出，群氓文化消费实际上是一种压抑作用*。群氓文化空虚的文本与实践经由消费填充了人们空虚的心灵，而人们对这种文化的消费越多，他们的心灵反而越空虚。这一压抑作用的恶性循环使得"真正的满足"成了空中楼阁，艰于触摸。结果就是，那些文化"自渎者"和群氓文化的"瘾君子"被困在恶性循环之中，漫无目的地漂浮在厌倦和狂乱之间，恍若梦魇。

尽管这些无精打采的人渴望发生些什么，但令人沮丧的是，当真的发生了一件什么事，他们也会下意识地将这件事当作一种消遣。于是，事件的意义也就不复存在，剩下的除了空虚，别无其他。即便是基督再临**（second coming），在大众文化消费者那里也只不过是又一个令人毫

---

① 需要指出的是，弗洛伊德用这一表述来指代所有艺术，而海格仅用它指代大众文化。

* 压抑作用（repression），在心理学中指从有意识的头脑中无意识地排斥痛苦的冲动、欲望或恐惧。——译者

** 基督再临，基督教用语，意指在世界末日来临之前耶稣基督以大法官的身份重临人间，主持最后的审判（last judgment）。——译者

无波澜的电视画面，直到米尔顿·伯利*（Milton Berle）出现在屏幕中（Haag, 1957：535）。

与那些通过美化过去来谴责现在的"文化怀旧者"不同，凡·登·海格对过去持一种怀疑的态度。他赞同"大众文化让生活变得更贫乏而不是更充实，但假如没有了大众化生产技术及其创造的大众文化，'群氓'会变得更好还是更坏，谁都无法确知"（536）。

爱德华·希尔斯（Edward Shils）可不像凡·登·海格那样疑虑重重。他认为凡·登·海格所言的"工业文化使生活变得贫乏"简直是一派胡言：

> 尽管当下工人阶级和下层中产阶级所追求的快感毫无深刻的美学、道德与知识价值，但在那些从中世纪起一直到19世纪持续不断地给他们的欧洲祖先带来快感的邪恶之物**面前，这两个阶级没什么可羞耻的（Shils, 1978：35）。

希尔斯认为：

> 那些认为大众文化是导致20世纪知识颓败的罪魁祸首的想法是完全错误的……事实上，在过去的那几个晦暗、残酷的世纪里，下层阶级所遭受的迫害远比今日大众文化所带来的要多（36）。

希尔斯认为大众文化是无辜的，问题出在知识阶层对大众文化的反应上。D. W. 布罗根（D. W. Brogan）以相似的乐观方式支持了麦克唐纳的大部分观点。他认为麦克唐纳"对现代美国的批评过于严苛，却对美国的过去以及欧洲的历史与现状过于温和"（Brogan, 1978：191）。这样看来，麦克唐纳对当下的悲观情绪来源于其对往昔的过分乐观。简言之，他"夸大了美国社会不好的方面"（193）。

---

* 米尔顿·伯利（1908—2002），美国喜剧演员，电视发展的"黄金时代"里全美最具知名度的电视艺人之一。——译者

** 指所谓的贵族文化、高雅文化。——译者

在《两头不讨好的中间派》("The Middle against Both Ends")一文中，莱斯利·菲德勒（Leslie Fiedler）提出了与其他人不尽相同的观点：

> （大众文化）是一种美国特有的现象……并不是说……只有在美国才能发现大众文化，而是无论哪个地方的大众文化都是从美国传过去的；而且，这些文化样式只有在美国才能得到充分的发展。从这个意义上说，我们的经验就是对世界上其他的古老贵族文化的土崩瓦解的预演。这个过程是不可避免的，谁也逃不掉（Fiedler, 1957: 539）。

对菲德勒来说，大众文化就是流行文化，对这种文化应"不问出处"。他解释道：

> 当代的平民文化既野蛮又混乱。这种"准文化"是无数城市中那些惨遭驱逐且文化贫乏的居民的一种近乎自发的表达。面对来自科学的威胁和无休止的战争恐慌，面对古老的忠诚品质与英雄主义精神早已毁灭殆尽的腐化、堕落的世界，他们只能去创造一些无关痛痒的神话（540）。

菲德勒提出的问题是：美国的大众文化究竟出了什么问题？对于国内外的一些批评家而言，美国就是罪魁祸首。但菲德勒认为，美国经验的不可避免性决定了这一说法是毫无意义的，除非这些人连工业化、大众教育和民主制度一并批判。他指出，美国"身处一场奇怪的、拥有两条阵线的阶级战争之中"。社会的中间是"假斯文的中产精神"，上层是"冷嘲热讽的贵族意识"，下层则是"野蛮的群氓心态"（545）。对大众文化的攻击其实是胆怯的表现，更是一种消弭文化差异的企图。"（中产阶级）对平民文化和高雅文化的恐惧在本质上是相同的，那就是对文化差异的恐惧，这体现了中产阶级让所有文化都变成羞怯、伤感、无知、空幻、装模作样的中产阶级文化的企图。"（547）"假斯文的中产精神"想要的文化平等其实就等于中产阶级文化一家独大。这可不是利维斯主义者所鼓吹的"文化驯服",而是要将文化差异坚决地推上绝路。故而,菲德勒称,美国的大众文化是有层次、多元化的,而非同质化、等级制的,这一切都让他欢欣鼓舞。

希尔斯提出了一个与菲德勒差不多的模式。他指出,美国文化被划分为三个文化"等级",这些等级代表着社会文化的不同方面:高高在上的是"'高级'文化或'高雅'文化",中间是"'平庸'文化",底层的则是"'野蛮'文化"(Shils, 1978: 206)。大众社会重构了文化的版图,削弱了"高级文化""高雅文化",强化了"平庸文化"和"野蛮文化"(209)。但在希尔斯看来,这种情况也不是太糟:"在过去,中下层的人要么只能被动接受自上而下灌输的文化,要么干脆与美学绝缘。如今,在他们中间,一种天然的审美意识被唤醒了。"(同上)希尔斯和菲德勒一样,毫不否认美国是大众文化的大本营,尽管他认为"(美国)是所有大众社会中最为大众化的"(218),却仍然乐观地声称:"事实上,让富有智慧的美国公众重获活力和个性恰是大众社会的功劳;在大众社会中,人人都可获取权力,一切皆有可能。"(226)正如罗斯所指出的那样,在以菲德勒为代表的20世纪50年代和60年代早期的学者笔下:

> "阶级",这个一度被知识界摒弃的概念,在这一特殊的历史条件之下重新回到学界的视野中。然而,不同于20世纪30年代的是,此时的阶级分析并不关注阶级之间的对立与冲突,而是被用来营造一种霸权式的环境。其中,各种政治理念对世界的不同理解和谐共处,相得益彰。只要每个阶级都各行其是、互不干扰,那么它们就能一直存在下去(Ross, 1989: 58)。

对文化的选择和消费成了阶级归属和阶级差异的标志。人们对于各种潜在的内外危险达成了共识,阶级之间没有对抗,只有消费者的多元化的选择。简言之，这场关于大众文化的大讨论参与了对冷战意识形态的遏制思维的建构。毕竟，就像梅尔文·涂敏（Melvin Tumin）所指出的那样："美国和美国人拥有丰富的物质资源和精神资源，只有他们才能建立和维系古往今来全世界最好的文化。"（Tumin，1957：550）尽管这句话只是空谈，但涂敏并未因此而沮丧。在他看来，只需解决一个问题，那就是：我们究竟应该如何来实现这一愿望？涂敏寄希望于美国的知识分子，因为"已经到了让他们像真正的知识分子一样发挥作用的时候了"（同上）。此外，对大众文化的这场讨论也很重要，因为正是这场讨论激励了美国人，促使他们去建设古往今来全世界最好的**大众文化**。

其他人的文化

对大众采取鄙视与责难态度的"文化与文明"传统极易招致批评。文化理论发展到今天，对该传统的批判已经足够多了。然而，从历史的眼光看，这一传统毋庸置疑地奠定了英国文化研究中大众文化理论发展的基调，在长达一个多世纪的时间里牢牢占据着文化分析主导范式的位置，其巨大影响力是如何强调都不过分的。即使在今天，"文化与文明"传统仍然隐隐地存在于很多人的"常识"之中，在英美学术界内外的某些领域中发挥着作用。

以利维斯主义为代表的"文化与文明"传统一方面将大众文化纳入了教学研究的范畴，另一方面始终在竭力"阻止大众文化成为一个学术研究领域"（Bennett，1982b：6）。关键在于，这一传统始终认为大众文化绝不仅仅是文化衰退和潜在政治失序的象征，而是有更多、更深层的意蕴。在这一思路的指引下，学者们展开了理论研究和经验性调查，来证明自己所笃信的东西是正确的。

这一传统先天地认为大众文化是有问题的。观念一旦确立起来，后面的一切工作都是为它服务的。大众文化象征着衰败和堕落，这已经成了人们脑中根深蒂固的观念，因此就算有什么反证出现，人们也会完全无视。理论已经定下了基调，不啻一种强词夺理。简言之，大众文化所扮演的唯一角色就是替罪羊（Bennett，1982b：6）。

前文提到，人们从多个方面展开了对大众文化的谴责，但是正如本内特指出的那样，"文化与文明"传统的价值并不在于它对大众文化的文本与实践所进行的具体分析，而在于其高高在上地站在高雅文化的立场对大众文化这片"商业性的荒原"进行了检视，目的仅在于为文化的衰落和文化的多样化寻找证据，并主张对文化加以驯服、规范与控制。

> （"文化与文明"传统）在很大程度上是"有文化的人"对"没文化的人"的文化的看法……这些"有文化的人"在研究大众文化的时候采取了疏远和审慎的态度，他们只是大众文化的局外人，对大众文化既无好感，也绝不会参与其中。对于这些人来说，大众文化永远只是"其他人"的文化（同上）。

对"文化与文明"传统的焦虑实际上是对社会拓展与文化扩张的焦虑，关键在于应该如何应对文化与社会排他性的挑战。随着19世纪的结束，那些传统意义上的局外的"文化"和"社会"需要被新的社会所吸纳，因此就得采取一些策略来决定哪些可以留下，哪些必须摒弃。笃信"文化与文明"传统的批评家抬出了"高雅社会"和"高雅文化"，以区别于普通的社会和文化，尤其是要与大众社会和大众文化划清界限。简言之，"文化与文明"传统期望"普罗大众"（masses）（参见图2.1）能够做到既维系文化与社会的多样性，又对高雅文化保持尊敬和服从。新近发生的、围绕着后现代主义进行的关于"大写的文化"究竟扬弃了什么的讨论表明：到最后，文化与文本的联系越来越微弱，反而与人以及人的日常活文化日渐密不可分。对此，第十章和第十二章将详细讨论。

图 2.1　这张照片摄于 20 世纪 50 年代早期的一次去往黑泽*（Blackpool）的短途旅行中。这里……没有什么大众，我们只不过是将自己之外的其他人当成了大众而已（**Williams, 1963: 289**）。

拓展阅读

Storey, John (ed.), *Cultural Theory and Popular Culture: A Reader*, 5th edition, London: Routledge, 2019. 该书是本书上一版的配套阅读材料。本书及其配套读本得到了互动式网站 www.routledge.com/cw/storey 的支持。该网站中包含许多有用的链接与电子资源。

Baldick, Chris, *The Social Mission of English 1848-1932*, Oxford: Clarendon Press, 1983. 该书的部分章节对阿诺德和利维斯主义进行了有趣且可信的介绍。

Bilan, R. P., *The Literary Criticism of F. R. Leavis*, Cambridge: Cambridge University Press, 1979. 尽管作者仅把利维斯当作一位文学批

---

*　黑泽，亦译布莱克浦，英格兰西北部海滨城市，旅游胜地。——译者

评家来研究，书中仍涉及了利维斯关于高雅文化和大众文化的观点。

Bramson, Leon, *The Political Context of Sociology*, Princeton, NJ：Princeton University Press, 1961. 书中有一章对美国的大众文化大讨论进行了介绍，极富启发性。

Gans, Herbert J., *Popular Culture and High Culture：An Analysis and Evaluation of Taste*, New York：Basic Books, 1974. 该书尽管出版年份较晚，却仍是对美国大众文化大讨论的一种参与。书中对文化多元主义的支持十分具有说服力。

Johnson, Lesley, *The Cultural Critics*, London：Routledge & Kegan Paul, 1979. 书中一些章节对阿诺德和F.R.利维斯的介绍对研究者很有帮助。

Mulhern, Francis, *The Moment of Scrutiny*, London：New Left Books, 1979. 这是一部关于利维斯主义的经典著作。

Ross, Andrew, *No Respect：Intellectuals and Popular Culture*, London：Routledge, 1989. 这是一本读起来很有趣的书，其中有一章是关于美国大众文化大讨论的，提供了很多有用的信息。

Thrilling, Lionel, *Matthew Arnold*, London：Unwin University Press, 1949. 该书是目前为止关于阿诺德的最好的介绍性读物。

Waites, Bernard, Tony Bennett and Graham Martin (eds), *Popular Culture：Past and Present*, London：Croom Helm, 1982. 这部论文集基于许多不同的案例来展开对大众文化的讨论。第一章、第四章和第六章对大众文化以及催生了"文化与文明"传统的焦虑感的历史语境进行了考察。

Williams, Raymond, *Culture and Society*, Harmondsworth：Penguin, 1963. 该书是对"文化与文明"传统展开批评的奠基之作，其中有些章节是关于阿诺德和F.R.利维斯的。

第三章　从文化主义到文化研究

在本章中，我将对理查德·霍加特、雷蒙德·威廉斯、E. P. 汤普森，以及斯图亚特·霍尔和派迪·维诺（Paddy Whannel）在 20 世纪 50 年代末 60 年代初出版的几部著作进行介绍。尽管上述几位作者的观点不尽相同，但他们的著作共同构成了文化主义的经典文本。诚如霍尔所言："'文化主义'始终是英国文化研究领域内最具活力、最有特色的一个分支。"（Hall, 1978: 19）在本章末尾，我们还将对文化研究在伯明翰大学当代文化研究中心（Centre for Contemporary Cultural Studies, CCCS）的建制过程展开讨论。

霍加特和威廉斯都对利维斯主义做出了回应。本书第二章中提到过，利维斯主义者在英国为大众文化开辟了教育的空间，而霍加特和威廉斯占领了这一空间。他们一方面继承了利维斯主义的某些观点，另一方面挑战了其理论体系中的某些基本假设——这多少有些自相矛盾。在重温"文化与文明"传统之余，霍加特和威廉斯向前迈了一大步，不仅开创了文化主义的传统，更为文化研究的大众文化研究路径奠定了基调。而《识字的用途》(*The Uses of Literacy*)、《文化与社会》与《漫长的革命》(*The Long Revolution*) 三部著作则标志着文化主义和利维斯主义的决裂，被视为"左派利维斯主义"（left-Leavisism）的代表作（Hall, 1996a）。

至于汤普森，则始终声称自己的作品是马克思主义的。当代文化研究中心前主任理查德·约翰逊（Richard Johnson）用"文化主义"这个表述来为汤普森、霍加特和威廉斯三人的著作定性（Johnson,

1979)。约翰逊认为，上述三位理论家的观点奉行一套共同的理论预设，每一个人都对前人的成果提出了一些质疑，取得了一定突破。霍加特和威廉斯与利维斯主义"划清了界限"，而汤普森则对曲解了马克思主义的僵化的经济还原论做出了修正。他们三人都认为我们可以通过对社会文化——意指文化的文本形式和有迹可循的实践——的分析，来重建全人类共享的行为规范和观念格局。人既是文化的文本与实践的生产者，又是它的消费者。这一视角强调的是"人的力量"，尤其关注能动的文化生产过程而非被动的文化消费过程。尽管我们无法将霍尔和维诺合著的《大众艺术》(*The Popular Arts*)也归入从利维斯主义脱胎而来的文化主义范式，但由于这部著作采用经典的左派利维斯主义的方法来进行大众文化研究，故仍可将其视为重要文献加以讨论。霍加特、威廉斯、汤普森，以及霍尔和维纳的作品形成了一个整体，标志着众所周知的"大众文化的文化研究路径"的诞生。伯明翰大学的当代文化研究中心在20世纪70年代和80年代初发展至顶峰，顺理成章地成了英国文化研究的大本营（参见Green, 1996）。

理查德·霍加特：《识字的用途》

长期以来，理查德·霍加特（Richard Hoggart）的《识字的用途》这部著作被公认为文化研究的奠基之作。但从实际效果来看，这部著作的主要贡献在历史层面上：它更多地反映了当时的学术界面对利维斯主义所采取的应对方式，而非当时社会的本质变化。虽然人们认定这部著作十分重要，但鲜有人能够说明它对从文化主义向文化研究转变的影响。我认为这部著作的重要性在于阐明了文化研究（尤其是伯明翰学派）所关注的一系列基础的理论问题。

几乎没有人敢声称自己发明了某个学科，但霍加特却不属于此类。他是文化研究的创始人，至少也是联合创始人。这有两方面的原因。第一，《识字的用途》被广泛认为是推动文化主义走向文化研究的四部奠基之作之一，这些著作共同奠定了文化研究作为一门"学科"的基础。第二，霍加特创立了伯明翰大学当代文化研究中心，这对文化研究的建制化具有不可估量的重要性。作为伯明翰大学当代文化研究中心的创立者和第一位主任，对他的任何赞誉都不是溢美之词。正是从伯明翰开始，世界各地以文化研究为核心的课程项目、国际会议、学术组织、学术期刊与出版商有了一个完整的议题清单。

如本书上一章所言，利维斯主义认为工人阶级文化就是文化工业所生产的商品。因此，对工人阶级文化的分析，就是对文化工业产品进行分析。《识字的用途》质疑了这一观点。霍加特的创新，乃至他对文化研究这一学科的意义，就在于他打破了诸多利维斯主义的观念。

如霍加特所说，《识字的用途》是"从后往前写的——首先进行了一种利维斯主义分析，然后再对工人阶级的生活加以描述"（Hoggart，1992：5）。我也将从第二部分谈起，因为第二部分是全书最薄弱的部分。该书最根本的创新意义，以及它对文化主义与文化研究的贡献都彰显在第一部分之中。

在该书的第二部分，霍加特指出，工人阶级文化正在为源自美国的大众文化所威胁。他表示：

> 我们正在创造一种大众文化，"人民的"城市文化正在被摧毁，这种新的大众文化较传统上粗陋的文化更不健康（Hoggart，1990：24）。

霍加特所举的例子是"点唱机男孩"（jukebox boys），点唱机男孩是他对泰迪男孩（teddy boys）的称呼，这是20世纪50年代在伦敦兴起的一种工人阶级青年的亚文化形态。他认为，

> 那种牛奶吧（milk-bar）……已经成为年轻男孩定期聚会的场所。女孩有时也会参加，但牛奶吧的顾客大多是15—20岁的年轻男孩。他们通常穿着邋遢的西装，搭配着假领带，有一种美国式的懒散。他们习惯于将铜币一个接

一个地放进机械唱机,像汉弗莱·鲍嘉(Humphrey Bogart)一样摇晃着肩膀或盯着椅子发呆。与街角的小酒馆相比,这是一种尤其寡淡且无聊的消遣,一种沾染着牛奶味的精神腐烂。许多顾客的衣着、头发和面部表情都表明,他们生活在一个由美国元素构成的神话世界之中(Hoggart,1990:248)。

在这些案例中,工人阶级文化与大众文化是难以区分的。文化工业生产了文化产品,在这些产品被工人阶级消费的过程中产生了工人阶级文化。我认为该书的第二部分显得非常利维斯主义,原因不在于它批评了工人阶级文化,而是它暗示了工人阶级文化与大众文化是同质的。该书的第一部分则否定了这一观点。

在《识字的用途》一书的第一部分,霍加特认为工人阶级文化与大众文化之间存在着明显的区别。在第二部分中,大众文化(文化工业生产的商品和商品化实践)是工人阶级文化,而工人阶级文化却不完全是大众文化。它们并不完全一致,但存在着关联:工人阶级文化是在工人阶级对文化工业产品的消费实践中形成的。

然而,雷蒙德·威廉斯却认为这种区别还不够明显。在对《识字的用途》的评价中,他提到:

将"大众文化"(商业报纸、杂志、娱乐产品等)等同于"工人阶级文化"是极具破坏力且完全不符合事实的。这种大众文化的起源根本不是工人阶级,它是由资产阶级所组织、资助和运作的,它的生产和传播过程是典型的资本主义。工人阶级或许是这种文化的消费主体,但这并不足以将这两者等同视之(425)。

我认为威廉斯是错的,至少他不是完全正确的。虽然《识字的用途》这本书的第二部分与威廉斯的解读一致,但事实上这本书的第一部分批评了这种观点。如果我们着眼于此的话,大众文化与工人阶级文化的区别就很明显了。正如我们所见,霍加特一再试图标识这两者之间的区别:

这些趋势（大众文化的传播）正在遭遇阻力（Hoggart，1990：174）。

那些（演唱或倾听这些歌曲的）人，通常会使歌曲变得比实际上更动听（231）。

人们通常以自己的方式阅读报纸和杂志，这种习惯比他们的购买倾向更不容易受到影响（同上）。

人们的生活并非如书中所展示的那样清苦（324）。

人们通常认为，工人阶级会更容易被书籍影响（238）。

我们需要认识到大众出版物如何与社会共识联系起来、它们如何改变社会观念，以及它们如何遭遇抵制（19）。

那种我一再强调的，对大众文化的抵制（246）。

上述诸多表述都强调了一点，那就是大众文化是一种强制的形式（a form of imposition），而工人阶级文化是一种抵抗的形式（a form of resistance）。

霍加特十分重视这种区别，并在著作中多次提及这一点。这种区别对文化研究的发展至关重要。1963 年，当代文化研究中心成立时，霍加特在伯明翰发表了就职演讲，题为"英语清流派与当代社会"（"Schools of English and Contemporary Society"）。他主张"研究者需要谦虚地观察观众如何从无聊的文化产品中汲取知识"（Hoggart，1970：242）。在自传的第一卷中，他也提出了类似的观点，认为反思"人们如何使用文化产品"将会为研究带来新的启发（Hoggart，1991：135）。

利维斯主义主张谴责文化工业，因为文化产品会影响消费者；但霍加特在《识字的用途》的第一部分指出，文化产品只有在消费实践中才能发挥作用（参见 Storey，2017a）。这就是文化产品分析与消费实践分析的区别。霍加特提供了一个著名的案例——一趟去海边的长途汽车旅行：

之后是分组活动。但是他们从不远离彼此，因为他们知道自己应该待在城镇和海滩的哪个位置。他们愉快地走过商店，也许会喝杯饮料，也许坐在躺椅上吃个冰淇淋或吃块薄荷糖。他们也会在约翰逊夫人坚持把裙子塞进灯笼裤划桨的时候，或亨德森夫人佯装与乘务员一同下车的时候，或在女士洗手间排队的时候爆发出一阵大笑。之后他们会为家人买礼物，享受下午茶，在回家的路上顺便喝一杯。司机很清楚他的角色是什么。当他带来温暖热烈的气氛时，他可以在旅途的最后获得一大笔小费（Hoggart, 1991: 147）。

霍加特认为，这些活动可以像文本一样被阅读，因为它们具有隐含的意义模式。他提出了三个重要的观点。第一，这是工人阶级自创的文化；第二，这是一种公共文化；第三，这是一种表达工人阶级价值观和生活经验的文化——它表明了**工人阶级属性**（working classness）。因此，那种为工人阶级生产的大众文化与工人阶级在消费大众文化产品时生产的文化截然不同。海滨度假村的设施与人们在海边的活动不能混为一谈，人们从设施之中**获得**的，是在海边活动的可能性（见表3.1）。

表3.1　大众文化/工人阶级文化

大众文化（为工人阶级生产的文化）	
工人阶级文化（工人阶级在消费大众文化产品时生产的文化）	
海滨度假村（基础设施等）	人们在海边的行为
大众文化	工人阶级文化

霍加特还举了流行歌曲的例子以说明工人阶级的挪用行为（working-class appropriation）。他表示，如果一首歌曲想获得成功，就必须满足工人阶级听众的情感需求，无论有多少资本力量在传播它。这些歌曲虽然是文化工业的产品，但也同时成为工人阶级文化的一部分。例如，他将《舞会结束后》（*After the Ball is Over*）这首歌视作"一首被人民接手的商业歌曲，他们以自己的方式改造了这首歌，这让它显得没有之前那么乏味（poor）"（162）。

观众对文化产品的挪用是出于自己特定的目的，基于自己的情况进行的。在《识字的用途》的第二部分，作者并没有充分探讨这种行为，这主要是由于利维斯主义的负面影响。如果我们将观众对《舞会结束后》这首歌的挪用与点唱机男孩所收听的音乐进行比较，我们或许可以得知后者缺乏的是什么。霍加特认为，他们收听的歌曲具有回声室所带来的"空心宇宙"效应（"hollow-cosmos" effect）（Hoggart, 1991：248）。这类音乐最著名的例子之一是埃尔维斯·普雷斯利（Elvis Presley）所录制的《蓝色麂皮鞋》（"Blue Suede Shoes"）。对这两首歌的比较非常清楚地展示了利维斯主义对本书第二部分的负面影响。人们认为《舞会结束后》可以成为工人阶级文化，而《蓝色麂皮鞋》则只能成为大众文化的示例。我们可以通过多种方式来区分这两首歌，但要是将一首归类为工人阶级文化，而将另一首归类为大众文化，这可能是最没有见地的区分。

但从积极的一面来看，霍加特在《识字的用途》的第一部分对大众文化和工人阶级文化的区分对于文化研究的奠基至关重要。这可能显得有些自相矛盾——被认为是"非理论"的霍加特实际上为文化研究提供了第一个文化分析理论。《识字的用途》这本书原本的标题是"文化的泛滥"（The Abuses of Literacy），这与第二部分比较契合，但随着我们对第一部分的分析的深入，我们就会发现**泛滥**这一表述是冗余的，**用途**更适合作为这本书的关键词，因为它在文化议题上引入了人类的能动性。从"泛滥"到"用途"的理论转变实际上为文化研究开辟了道路。

关于文化研究的教科书有一个共识，即随着文化研究的发展，它迅速超越了霍加特的奠基性贡献。我认为这种对霍加特的超越，实际上是由霍加特的贡献所催生的。我在当代文化研究中心的导师迈克尔·格林（Michael Green）曾提到"从霍加特到葛兰西"的转变（Green, 1996：49）。这一转变的基础是"霍加特的那些经久不衰的重要论断"。接着，他引用了霍加特的话：

因此，我选择了一组相当同质的工人阶级群体，试图通过描述他们的特征和态度来说明他们的生活环境和生活水平。在这种背景下，我们可以看出大众出版物的普遍流行如何与群体共识产生联系、出版物如何改变社会共识，以及出版物如何被人们抵制（Hoggart，1990：18-9）。

我完全赞同格林的观点，即当代文化研究中心并没有因为葛兰西而拒绝霍加特。正是由于霍加特所奠定的研究基础，葛兰西的思想才能够更顺利地融入当代文化研究中心（参见本书第四章对霸权的讨论）。因此，当谈及"从霍加特到葛兰西"的转变时，格林认为与其说这是一种取代，不如说是一种迭代。我认为当葛兰西的观点被引入当代文化研究中心后，的确出现了一种"后霍加特状态"。但我们必须区分那种单纯的"**后**霍加特状态"和那种建基于霍加特的"后**霍加特**状态"。我认为真实情况是后者。

1946年至1959年间，霍加特在赫尔大学（the University of Hull）担任校外讲师时撰写了《识字的用途》。他在那里教授成人学生（现在称为"业余学生"）。20世纪70年代，当我在曼彻斯特读本科时，我和朋友选修了一门校外课，课程的主题是马克思主义与文化。上课的学生有本科生、研究生，但大多数是没读过大学的工人阶级的男女。作为一名英语文学专业的学生，我在参与课堂讨论时倾向于从"文学"的角度看待议题；我的朋友的专业是历史学，他倾向于从"历史"的角度看待议题。而那些没有上过大学的人却较少受到学科定式的约束。霍加特在赫尔大学教书时也可能会遇到这种情况。这非常重要，因为霍加特所参与建立的这个后学科的学科（post-disciplinary discipline）可能部分源自他与那些没上过大学的，尤其是工人阶级的学生的互动。他们提出的问题，以及他们质疑的假设，可能会使霍加特松解自己的学科框架。

雷蒙德·威廉斯：《文化分析》

　　雷蒙德·威廉斯对文化研究的影响是难以估量的。仅是他本人的著作就已相当令人震惊。他为我们理解文化理论、文化史、电视、报刊、广播和广告做出了巨大的贡献。艾伦·奥康诺（Alan O'Connor）在为威廉斯所写的传记中，仅是罗列其出版过的作品，就足足列了39页（O'Connor，1989）。如果将威廉斯的威尔士工人阶级家庭出身（其父是一位铁路信号员）和剑桥大学戏剧学教授的身份放在一起，他的成就无疑就显得更加不可思议了。在这一部分，我将仅探讨威廉斯对文化主义与文化研究的确立以及大众文化研究所做出的贡献。

在《文化分析》（"The analysis of culture"）一文中，威廉斯概括了"文化的三种定义类别"（Williams，2019：29）。第一，文化"是一种'理想'，意指人类的某种尽善尽美的状态或过程，以某种绝对真理或共同价值的状态存在"（同上）。基于这种定义，文化分析的使命"主要就是在生活和劳动中发现及描述那些或构成了某种永恒的秩序，或对人类社会普遍状况具有特殊重要性的真理和价值"（同上）。这一观念是阿诺德最先提出的，利维斯主义对其加以继承和发扬。在《文化与社会》一书中，威廉斯指出：文化是"人类诉求的终极法庭；它建构于社会判断的实践过程之上，并为自身提供了某种柔和而有力的替代物"（Williams，1963：17）。

文化的第二种定义强调其"记录"的功能，意指某种文化的现存的文本与实践。这一定义指出："文化是知识性与想象性的作品，是人类的思想和经验得以保存的各种具体形式。"（Williams，2019：29）文化分析的目的则是对上述文本与实践进行评估，这种评估是通过将现有的文化与公认的"理想"文化相比较来完成的，即以批判性的目光审视文化，直到找出阿诺德所谓的"世人所思、所表的最好之物"（参见本书第二章）。此外，文化分析还有一个不那么"高尚"的使命，那就是将所有"文化之物"（the cultural）当作批评的对象来加以阐释、描述和评估（文学研究就是一个显著的例子）。最后，文化分析还有一个更具历史性、更少文学性的功能：对文化进行批判性的解读，以衡量其作为"历史文献"的意义（历史研究就是一个显著的例子)。

第三种定义"强调文化的'社会性':文化是对某种特定的生活方式的描述"(Williams, 2019: 29)。正是这个定义对文化研究的确立起到了决定性作用。文化的"社会性"定义强调三点。第一,要以"人类学"的视角看待文化,将其视为对某种特定生活方式的描述;第二,文化"表达了特定的意义和价值"(同上);第三,文化分析需要完成的工作就是"把特定文化、特定生活方式之中或隐或现的意义和价值搞清楚"(同上)。威廉斯很清楚,如果采用这一"社会性"的定义,"文化分析的对象的范围就扩大了,就将被前两种定义所摒弃的很多'文化'形式都涵盖了"(32)。更重要的是,这种分析仍然包括了前两种定义所强调的对"理想文化"和"纪实文化"的评估。此外,

> 文化分析应当研究特定的意义和价值,却不应当对不同的意义和价值进行比较,更不能设立一个标准来衡量文化的优劣。文化分析应当关注各种文化的变迁类型,总结其"规律"或"趋势"。只有如此,我们才能更好地从总体上把握社会与文化发展的过程(同上)。

总体上,文化的"社会性"定义涵盖了前两个定义——文化是一种特定的生活方式本身,是对特定生活方式的表达,而文化分析则是对特定生活方式的重构。以上这些构成了文化研究的一般观点和基本研究路径。

然而,威廉斯却认为对文化的分析必须同时考虑到上述三种定义:"每一种定义都有其独特的重要性……因此,我们必须关注这三种'文化'之间的关联。"(30)无论单独拿出哪一种定义,孤立来看,都是"不充分"且"不可接受"的:"无论具体操作的难度有多大,都应当从整体上把握文化过程;就算我们的具体研究课题与某些定义没有太大关系,也要充分考虑到文化机制所具有的复杂性。"(30-1)正如威廉斯所言:

> 在我看来,文化理论就是要研究整体生活方式中各个

部分间的关系,而正是这些关系导致了文化机制的复杂性。文化分析的目的,就在于挖掘文化机制的基本特征。在这一语境之下,若想对具体的文化作品或文化习俗进行考察,就必须研究作品和习俗背后的本质性的机制,即深掘作品或习俗中所蕴含的"整体生活方式中各个部分间的关系",从整体上对文化机制加以把握(Williams,2019:33)。

正因文化作为一种特定的生活方式具有"复杂的机制",所以文化分析的目的始终在于对文化所表达的内容加以解读,即需理解"人们生活在某种文化中的实际经验""重要的一般性因素"以及"具有共同经验的特定社区"(同上)。简言之,文化分析就是要重建威廉斯所言的"感知结构"(the structure of feeling)(同上)。所谓"感知结构",指的是为某一特定群体所共享的话语结构,通常表现为群体性的文化无意识。威廉斯曾用这个概念来解释为何许多19世纪的小说试图以"偶发事件"来填补社会中"伦理与经验"之间的罅隙,例如:设置意外死亡或某方精神错乱的情节来终结一段没有爱情的婚姻、经济上捉襟见肘之时一笔遗产从天而降、坏人们迷失在帝国之中、穷人带着巨额财富从帝国归来,以及那些在现行社会条件下郁郁不得志却总能得遇上天垂青的人物。类似的例子不胜枚举。正是为人们所共享的、有意识或无意识的"感知结构"通过虚构文本化解了19世纪社会中的冲突与矛盾。文化分析就是要通过这些记录性档案——"从诗歌到建筑,再到服饰风尚"(34)——来对感知结构进行解读。威廉斯说得很清楚:

> 我们所苦苦寻觅的,正是总体性文化机制所表达的实实在在的生活。而当我们无法目睹某些"生活方式"的时候,纪实文化就显得尤为重要,因为这些记录通过种种具体的方式将我们无法亲见的东西清楚地展现在我们眼前(同上)。

之所以出现这种复杂的局面,是因为文化总是存在于三个层次:

哪怕是最宽泛的定义，也需厘清文化的三个层次。层次一：特定时空之下的活文化，只有生活在那个时空中的人才能完全了解；层次二：各种形式的纪实文化，将艺术和绝大多数日常事件都包括在内，它是某一时期的文化；层次三："选择性传统"（selective tradition）的文化，旨在将活文化和某一时期的文化联系起来（Williams, 2019：37）。

所谓活文化，指的是人们在特定时空内的日复一日的生活之中体验到的文化，只有那些切实生活在这种感知结构中的人才能完全理解。随着历史的推移，这种感知结构渐渐支离破碎，文化分析只能通过记录性档案来了解已不复存在的活文化。而记录性档案本身也在"选择性传统"的作用之下变得不完整了（同上）。显然，在活文化以及文化分析对其进行重构的过程中，大量细节被遗漏了。例如，威廉斯就曾指出，没有一个人可以号称自己读遍了19世纪的所有小说。专事文学史研究的专家也许读过几百部，对文学感兴趣的学者读过的就少了些，至于那些仅仅是"受过教育的读者"，读得就更少了。然而，文化的选择过程并未妨碍上述三种人对于19世纪小说的特质持有一种共同的观念。当然，威廉斯很清楚，即使是生活在19世纪的人，也绝不可能读遍这100年里的**所有**小说。他所要表达的观点是：19世纪的读者"身上具有某些……后人难以完全还原的东西，那就是孕育了这些小说的真实的社会生活。而今天的我们是通过一些选择的过程去了解那种生活的"（35）。在威廉斯看来，对文化传统的选择性特征的理解是至关重要的。正是这种"选择性"在源源不断地生产着文化记录与文化传统，其标志就是"决定了往昔活文化中的哪些内容可以被记录下来，哪些则不可以"（35）。在《文化与社会》一书中，威廉斯进一步阐明了上述观点："这一选择的过程与统治阶级的利益密切相关，甚至几乎就是由统治阶级的利益所支配的。这是一个永远不变的趋势。"（Williams, 1963：313）

在某个特定的社会中，文化的选择过程被多股力量支配，其中包括阶级利益。因为当下的社会环境在很大程度上支配着当代的文化选择,所以社会的发展和历史的变迁也将在很大程度上决定"选择性传统"。某一社会的传统文化必然与该社会的当代利益与价值体系密切相关,它不是某个确切的实体,而是始终处于持续不断的选择和阐释之中(Williams,2019:35-9)。

上述理论对大众文化的研究者产生了深远的影响。既然文化选择始终建立在"当代利益"的基础之上,既然有那么多"逆反与重现",我们便很容易得出结论:"无论在哪种情况下,昔日的文化作品(与当下)的相关性都是不可预见的。"(35)也就是说,不存在衡量当代文化是好是坏、是高是低的绝对标准,对文化的判断不可过于武断,而是要持开放的态度,结合历史语境,明白我们对昔日文化的理解只不过是一种极具偶然性的"选择"。威廉斯认为文化研究者必须要保持清醒,明白"所谓文化传统不但是现在的人对昔日文化的一种选择,更是现在的人对昔日文化的一种解读"(同上)。尽管这一现状无法改变,但文化分析仍可通过还原文本或实践的历史语境的方式,提供一种对文化的替代性解读,竭力避免被"特定的当代价值观"禁锢了头脑(36)。只有这样,我们才能在"文化表达的总体性历史机制"与"文化使用的当代机制"之间画出清晰的界线(同上),才能让"真正的文化过程浮出水面"(同上)。

威廉斯的文化理论与利维斯主义之间存在诸多分歧。艺术的特殊地位不复存在,因为艺术不过是诸多人类活动的一种。"艺术只是一种包含着生产、交易、政治和养家糊口的活动。"(31)威廉斯心中的作为"特定的生活方式"的文化带有民主的色彩。在《文化与社会》一书中,威廉斯对中产阶级文化与工人阶级文化做出了区分:前者是"基于个人主义的观念、制度、礼仪和思维方式以及因此形成的意图",后者则是"基于集体主义的观念、制度、礼仪和思维方式以及因此形成的意图"(Williams,1963:313)。进而,威廉斯指出了工人阶级文化所取得的成就:

> 由于立场的问题,从工业革命至今,工人阶级文化从

未有过狭隘的一面。工人阶级生产出来的文化带有集体主义特质和民主色彩，集中体现于工会组织、合作社运动和政治党派中。认识到这一点是很重要的。历史舞台上的工人阶级文化主要是社会性的（体现为其开创了某些习俗）而非个人化的（体现为其并不重视智力性或想象性的作品）。结合具体语境来看，工人阶级文化所取得的成就体现了卓越的创造力，是很了不起的（Williams, 1963: 314）。

坚信文化是"普通人"在与日常生活的文本与实践的互动中获取的"活的经验"，这一民主化的文化观标志着威廉斯与利维斯主义的彻底决裂。和利维斯主义一样，威廉斯呼唤着一种共同的文化，只不过他眼中的共同文化是真正的共同文化，而利维斯所追求的则是一种基于文化差异和文化驯服的等级制文化。威廉斯对《识字的用途》的评论指明了自己与利维斯主义传统（威廉斯认为霍加特仍然属于利维斯主义的阵营）之间存在的几个基本分歧：

> 对周末报、犯罪故事和言情小说的分析的确显得……很亲切，但只要你仍将自己与上述分析对象的受众区别开来，只要你心中仍存在着高低之分，你就绝不可能跳出旧式的文化分析框架，即将文明的少数人和堕落的大多数对立起来。你看到了许多"大众文化"的弊端，但你也坚信"粗鲁的乌合之众"会像彼得·伯克（Peter Burke）预言的那样践踏光明与知识。你未曾看清的，则是大众文化为"你们这些人"* 带来的权力和正义。而无论你如何努力地试图背弃这些人，都注定不可能成功（Williams, 1957: 424-5）。

尽管威廉斯仍然认为"'大众文化'很糟糕"，但这一论断并不是站在"文明的少数人与堕落的大多数"这一玄乎其玄的旧式传统立场上做出的。他认为关键在于要将文化工业生产的商品与人们利用这

---

* 原文为 your own people, 意指霍加特所在的工人阶级。——译者

些商品生产的文化区分开来,而"大众文化"与"工人阶级文化"是截然不同的:

> 前者包括商业化报纸、杂志和娱乐,具有危害性和虚幻性。事实上,"大众文化"的主要来源跟工人阶级没什么关系,因为这种文化主要是由商业资产阶级创立、资助和操纵的,其生产流程和分配方式始终遵循典型的资本主义原则。就算工人阶级有可能是这些产品的主要消费者……我们也决不应轻率地将两种文化混为一谈(Williams,1957:425)。

换言之,人们不会轻易被其所消费的商品物化。在威廉斯看来,霍加特的问题在于其"思维方式过于守旧",从"马修·阿诺德"到"时下流行的那些指责工人阶级政治腐朽的保守观念"深深影响着霍加特,其结果就是引发了关于对旧式文化理论进行"彻底修正"的争论(同上)。霍尔认为,提出"文化分析"理论的《漫长的革命》的出版是"战后英语知识界的一件开创性盛事"(Hall,1980b:19)。从此,利维斯主义不再是一枝独秀,文化研究者开始彻底地、大规模地修正旧文化理论,为崭新的大众文化研究方法奠定了基础。

E. P. 汤普森:《英国工人阶级的形成》

E. P. 汤普森在《英国工人阶级的形成》一书的前言中声称:

> 本书的标题显得有点笨拙,但其他标题都无法表明我的写作意图。所谓"形成",表明我所研究的是一个能动的过程,其中既包括了手段也包括了条件。工人阶级可不是像太阳上山一般"自然而然"地诞生的,这是一个自我建构的过程(Thompson,1980:8)。

在汤普森看来,英国工人阶级和其他阶级一样,是一种"**历史现象**"。工人阶级既不是一种"结构"也不是一个"范畴",而是"原始物质经验和人类意识领域中所有异质的、貌似互不相干的大量事物的总和","生发于人与人的相互关系中"(Thompson,1980:8)。此外,阶级也不是一个特定的"事物",而始终是一种"联合"与"差异"的历史关系,即将一个阶级的全体成员联合起来,去反抗其他阶级。诚如汤普森所言:"阶级的形成是(继承或共享的)共同经验的结果。当拥有共同经验的人为捍卫其集体身份与利益而与那些拥有不同(常常是相反)利益的人展开斗争时,阶级就诞生了。"(8-9)某一阶级的共同经验"在很大程度上是由生产关系决定的;而每个人都隶属于某种生产关系,要么从降生起便在其中,要么后天不知不觉地加入其中"(9)。但是,阶级意识和从经验到文化的转变过程则是由"亲历历史的人所主导的;而这,就是阶级的唯一定义"(10)。对汤普森而言,阶级"既是一种社会形式,也是一种文化形式;其形成则是一个漫长的历史过程"(11)。

《英国工人阶级的形成》一书从三个既彼此相关又颇具差别的角度细致探讨了英国工人阶级的政治形式与文化形式。首先,汤普森对18世纪晚期英国的激进主义政治文化传统进行了梳理,全面考察了宗教异端和民众反抗的历史,以及法国大革命所产生的影响。其次,汤普森将焦点聚集于工业革命带来的社会经验与文化经验,指出这些经验是被包括纺织工、建筑工和手工艺者在内的不同工人群体所共享的。最后,汤普森分析了工人阶级意识的滋长过程,认为这种意识体现于政治、社会和文化等多个方面,是一种"基础雄厚、自发自觉的工人阶级传统的觉醒"(212-3)。正如他所强调的那样:"工人阶级既是被外力制造出来的,又是自我创造出来的。"(213)进而,汤普森得出了两个结论。第一,"经由细致的考察,不难发现'工人阶级'的形成是从1790年到1830年这一历史时期发生的重大事件"(212);第二,"工人阶级的文化也许是全英格兰最优秀的大众文化"(914)。

《英国工人阶级的形成》是"自下而上的历史"的典范之作。在汤普森看来,若想对形成于19世纪30年代的工业资本主义社会体系加以理解，就必须将英国工人阶级的"经验"置于核心地位。格来葛尔·麦克里兰（Gregor McLellan）曾指出，"自下而上的历史"有两层意思。其一，在历史发展的过程中重新定位工人阶级的经验；其二，工人阶级的自我建构是一个自觉的过程（McLellan，1982）。①汤普森继承了马克思的著名论断，认为历史是由人创造的："人们自己创造自己的历史，但是他们并不是随心所欲地创造，并不是在他们自己选定的条件下创造，而是在直接碰到的、既定的、从过去承继下来的条件下创造。"*但汤普森强调的是马克思论断的前半部分（人的力量），而非马克思主义历史学家所津津乐道的后半部分（结构性的决定性因素）。耐人寻味的是，又有很多人据此对汤普森提出了批评，认为他过分重视人的力量——人的经验和价值观——而忽视了结构性因素（参见Anderson，1980）。

《英国工人阶级的形成》在诸多方面对社会历史做出了不朽的贡献［仅看篇幅就很了不得：企鹅出版公司（The Penguin）推出的版本足足有900多页］。该书对大众文化研究者的价值体现在其独特的历史观上。汤普森笔下的历史既不是对社会政治经济过程的概述，也不是对伟人和名人活动的记录。他关注的是普通人——普通人的生活经验、普通人的价值观、普通人的行为，当然还有普通人的欲望。这些人的利益是在工业革命中形成的，而大众文化则是他们进行反抗的场所。霍尔盛赞该书为"战后社会历史的最具开拓性的著作"，认为其挑战了"被利维斯们奉为圭臬的狭隘的精英主义文化观，对威廉斯的《漫长的革命》一书中或隐或现的进化论思路也提

---

① 参见昌西（Chauncey）对"自下而上的历史"的论述。他指出："对性别的街头规制的研究表明，性与性经验的历史，尤其是同性恋的历史，也可以被视为自下而上的历史。这些历史由于过度依赖精英史观而受损。美国社会中的权力元素勾画了一幅正式的文化版图……而本书弥补了这幅版图的不足，因其更多强调的是街头的日常习俗和人们的一般实践，尽管这些内容从未出现在正式的文献里……这部著作试图分析……大众文化中同性恋表征的变迁以及同性恋者所从事的标志性实践与动力学，考察同性恋者如何理解自身、如何与其他人展开互动。"（Chauncey，1994：26-7）

* 此处译文参见《马克思恩格斯全集》第8卷，北京：人民出版社1961年版，第121页。——译者

出了质疑"（Hall, 1980b: 19-20）。

该书问世约 10 年后，汤普森在一次访谈中如是描述自己的历史研究方法："总而言之，我认为历史学家必须时刻倾听普通人的声音。"（Thompson, 1976: 15）毫无疑问，汤普森是唯一懂得倾听的历史学家。保守派历史学家 G. M. 扬（G. M. Young）也曾试着倾听，但他的倾听是有选择性的，因为他认为"历史是重要人物之间的对话"（转引自 McLellan, 1982: 107）。汤普森的激进性体现为他倾听的对象与别人不同，正如他本人在《英国工人阶级的形成》一书前言的一个著名段落里所指出的：

> 我要拯救那些可怜的长袜推销员，那些卢德派*（Luddite）的佃农，那些"被遗弃的"手工纺织工人，那些"空想"的手工艺者，还有那些追随乔安娜·索斯科特**（Joanna Southcott）的糊涂虫。我要把他们从无所不在的后人的屈尊俯就中解救出来。也许他们的手艺和传统已经消亡，也许他们对新工业主义的敌视是一种历史的倒退，也许他们的共产主义理想过于虚幻，也许他们组织的起义和运动显得有勇无谋。但是，他们毕竟在风云激荡的社会动乱中生存了下来，而我们则未能成功。激励他们的是实实在在的生活经验。如果说他们是历史的牺牲品，那他们现在仍然是牺牲品，在自己的生命中饱受折磨（Thompson, 1980: 12）。

在总结汤普森对大众文化研究做出的贡献之前，有必要指出，他本人并不赞同用"文化主义"一词来概括自己的理论。正因如此，才有了后来那场在理查德·约翰逊、斯图亚特·霍尔和汤普森本人之间展开的关于"历史工坊"***（History Workshop）的激烈争论（参见

---

* 卢德派，意指 1811—1816 年间参与大规模捣毁纺织机器的英国工人。——译者

** 乔安娜·索斯科特（1750—1814），一位自称的宗教先知，宣称自己将会诞下新的弥赛亚。其追随者有约 10 万人，及至 19 世纪末销声匿迹。——译者

*** "历史工坊"是由英国马克思主义历史学家拉斐尔·塞缪尔（Raphael Samuel）发起的一场运动，其主旨是强调"自下而上的历史""人民的历史"和"日常生活的历史"。——译者

Samuel，1981）。理解这场争论的难点在于文化主义本身有两个截然不同的含义。一方面，它指的是一种特殊的方法论（本书使用的就是这一含义）；另一方面，它还是一种批评的形式（通常是从"传统"马克思主义或结构马克思主义的立场出发展开的批评）。这是一个很难厘清的概念。在结束对霍加特、威廉斯和汤普森的介绍之前，我们不妨对文化主义做出一个明确的界定：从积极意义上看，文化主义是一种方法论，它将文化（人的作用、人的价值观以及人的经验）视为在社会学和历史学意义上充分理解既定社会形态的核心要素；从消极意义上看，文化主义代表着一种立场，它认为文化不是自足的，而是由社会结构导致的，并指出社会结构是文化的终极决定因素，约束着文化，最终也就生产着文化（人的作用、人的价值观以及人的经验）。汤普森强烈地反对后一种理解，并坚持认为无论人们如何下定义，自己的著作都不应被贴上"文化主义"的标签。

斯图亚特·霍尔与派迪·维诺：《大众艺术》

《大众艺术》一书的主题是："如果只考虑实际的品质……那么优质且有价值之物与劣质且档次低之物之间的斗争并不是对现代传播形式的反对，而是发生在传媒**内部**的冲突。"（Hall and Whannel，1964：15）霍尔与维诺心里清楚这个问题很难厘清，因此他们为自己设置的主要任务即在大众文化研究领域内开创"一种批判的方法，来处理……价值和评估的问题"（同上）。为实现这一目标，他们有力地发扬了霍加特和威廉斯开创的传统，并有限地汲取了利维斯主义的某些重要观念。

该书的写作源于社会对大众文化在学校中大肆流行的关注。1960年，全国教师联盟（National Union of Teachers，NUT）的年会通过了一项决议，其中包括下面一段话：

> 会议认为，报刊、广播、电影与电视的泛滥导致了人们审美标准的下降，对此必须予以坚决遏制……决议向那些拥有大众传媒使用权和控制权的人，当然还包括学生家

长发出呼吁，号召他们与教师们一道努力，捍卫学校课堂上传播的价值观，抵制外部世界对年轻人的恶劣影响（转引自 Hall and Whannel, 1964: 23）。

此项决议通过后，全国教师联盟又召开了一场以"大众文化与个人责任"为主题的特别会议。作曲家马尔科姆·阿诺德（Malcolm Arnold）在会上做了主题发言，指出："我们不能因为一个人喜欢贝多芬就认定其道德高尚，也不能因为一个人喜欢亚当·费斯*（Adam Faith）就认定其道德沦丧……当然，如果一个人可以做到既喜欢贝多芬又喜欢亚当·费斯，那么他（她）就会活得非常开心，因为他（她）比别人更懂得享受生活。"（转引自 Hall and Whannel, 1964: 27）霍尔和维诺认为，尽管马尔科姆·阿诺德的这番话"本意是真诚的"，但他"信手拈来亚当·费斯当作例子"就很能说明问题，这表明在他心中"唱流行歌曲的亚当·费斯根本达不到'庄重的标准'，是等而下之的"。霍尔和维诺还补充道："所谓'庄重的标准'，往往是由弗兰克·西纳特拉**（Frank Sinatra）或雷·查尔斯***（Ray Charles）这种'严肃'艺术家所设定的，而人们竟理所当然地用这些标准来衡量流行音乐。"（28）霍尔和维诺反对利维斯主义和群氓文化批评家（主要来自美国）把高雅文化捧上天却将大众文化一棍子打死的做法。相反，他们认为，绝大多数高雅文化是优质的，而某些大众文化也是优质的。这实际上是一个大众分辨力的问题。

《大众艺术》的一个意图，在于通过培养大众对于大众文化和其他文化的分辨力来替代早期理论家对大众文化的攻击所带来的"误导"。与其对大众文化的"影响力"忧心忡忡，不如"去培养鉴赏品

---

* 亚当·费斯（1940—2003），英国歌星、演员和商业记者，是英国20世纪60年代流行文化的代表人物之一。——译者
** 弗兰克·西纳特拉（1915—1998），美国著名歌唱家、演员。曾于1954年获奥斯卡"最佳男配角"奖，并多次获得格莱美奖。——译者
*** 雷·查尔斯（1930—2004），美国著名音乐家、钢琴演奏家，曾被《滚石》杂志评为有史以来最伟大的艺术家中的第十位。——译者

位更高的受众"(Hall and Whannel, 1964: 35)。而在霍尔和维诺看来,所谓"鉴赏品位更高的受众"必须喜欢爵士乐胜过流行歌曲,喜欢迈尔斯·戴维斯*(Miles Davis)胜过李伯拉斯**(Liberace),喜欢弗兰克·西纳特拉胜过亚当·费斯,喜欢波兰电影胜过好莱坞大片,喜欢《去年在马里昂巴德》***(*L'Année Dernière à Marienbad*)胜过《南太平洋》****(*South Pacific*),并且理所当然地认为高雅文化("莎士比亚、狄更斯和劳伦斯")是最好的文化。霍尔和维诺赞同克莱门特·格林伯格*****(Clement Greenberg)的观点〔其实是格林伯格从西奥多·阿多诺(Theodor Adorno)那里继承的〕,认为群氓文化在为大众所吸收之前,早就被"预先消化"(pre-digested)过了(意指我们的反应并不是从与文本或实践的真正互动中产生的,而是被文化生产者预设的)。这一观点不仅可以用来分辨大众文化的好坏,也同样适用于高雅文化:"'预先消化论'的重要之处在于其打破了文化高低之分的陈规;它适用于某些电影而非全部电影,适用于某些电视节目而非全部电视节目;它既涵盖了一部分传统文化,也涵盖了一部分大众文化。"(36)

基于上述理念,霍尔和维诺明确反对学校教育中现行的两种对抗大众文化的策略:首先是防守策略,意即在课堂上公开谴责大众文化为劣等文化;其次是"机会主义"策略,即对学生的大众化品位加以利用和指导,进而将他们引上"正途"。霍尔和维诺认为,"上述两种策略都缺乏价值判断的基础和回应"(37),都无法完成"培养分辨力"的必需使命(同上)。霍尔和维诺主张的分辨力与经

---

* 迈尔斯·戴维斯(1926—1991),美国爵士乐演奏家、指挥家、作曲家。20 世纪美国最重要的音乐家之一。——译者

** 李伯拉斯(1919—1987),美国钢琴演奏家,以其华丽的演奏技巧而广受欢迎。在 20 世纪 50 年代至 70 年代,他是全世界身价最高的艺人之一。——译者

*** 《去年在马里昂巴德》是法国新浪潮导演阿伦·雷乃(Alain Resnais)的作品,出品于 1961 年。——译者

**** 《南太平洋》是 20 世纪福克斯公司于 1958 年出品的商业电影,改编自同名音乐剧,该电影取得了巨大的票房成功。——译者

***** 克莱门特·格林伯格(1909—1994),美国著名艺术评论家,抽象表现主义最重要的倡导者之一,其著作对美国现当代艺术影响极深。——译者

典利维斯主义所鼓吹的分辨力并不是一回事,前者并非一味捍卫"优质"的高级文化、反对"低劣"的大众文化的侵蚀,而是主张在大众文化内部明辨优劣,将好的大众文化和坏的大众文化区分开来。尽管霍尔和维诺并不认为在学校教育中公开介绍大众文化可以作为"品位等级的跳板"来引导学生们热爱**真正的**文化①,但他们仍然坚信(像霍加特和威廉斯一样)高雅文化和大众文化属于两个截然不同——主要是价值观不同——的范畴。不过,这种差异并不必然意味着优劣之分,而更多体现为不同的文化满足了人们的不同需求——反复强调贝多芬比科尔·波特*(Cole Porter)高级是毫无意义的。波特的音乐和贝多芬的音乐各有其价值,而波特也从未不知天高地厚地试图与贝多芬比肩(Hall and Whannel, 1964: 39)。

高雅文化与大众文化不可等量齐观,却各有价值,要搞清楚其中的玄机是不太容易的。这一观点主张应当对文化的文本和实践具体问题具体分析,即"分清不同目标……并在限定条件下对具体的成就做出评估"(38)。这一策略可以培养人们对所有文化活动的分辨力,并有力抵制了那些认为高雅文化无比优越的偏见。尽管霍尔和维诺很清楚自己深受利维斯主义"先驱"的影响,并或多或少地继承了利维斯关于"往昔的有机文化"的观点[经由威廉·莫里斯**(William Morris)的解读而得以修正],但他们仍然以左派的姿态拒斥了利维斯主义的保守性和悲观性;而且,他们也反对呼吁"'少数人'应当武装起来,主动出击,自觉地采取各种形式的抵抗"(利维斯夫人语),而是坚称"若想重建一种纯正的大众文化,就必须在既存社会的内部找寻生长点"(39)。只有采取"批判与审视的态度",

---

① 我记得上中学时一位老师鼓励我们把甲壳虫乐队(The Beatles)、鲍勃·迪伦(Bob Dylan)和滚石乐队(The Stones)的唱片带到音乐课上来。这位老师的课堂总是以同样的方式结束(他的文化也是如此)——他试图让我们相信,我们青少年的音乐品位是完全错误的。

* 科尔·波特(1891—1964),美国作曲家,以风趣诙谐的百老汇音乐剧作品著称。——译者

** 威廉·莫里斯(1834—1896),英国工艺美术运动领导人之一,拉斐尔前派(Pre-Raphaelite)艺术家,著名设计师、画家,同时也是一位社会主义者。——译者

并时刻牢记"决不可给大众文化乱扣帽子",才能"摒弃将'庄重文化'和'大众文化'、'娱乐'和'价值观'对立起来的错误观点"(Hall and Whannel, 1964: 47)。

由此引出了《大众艺术》的第二个主题,即要在大众文化内部区分出一个名为"大众艺术"的范畴。所谓"大众艺术"并不是指那些试图跻身"真正的"艺术殿堂并注定失败的艺术,而是指在大众之间运行的艺术。霍尔和维诺举了很多音乐界的例子来证明自己的观点,尤其是用玛丽·劳埃德*(Marie Lloyd)的例子[同时也考虑到早期卓别林电影、《怪人奇谭》**(*The Goon Show*)和爵士音乐家]做出了如下界定:

> 大众艺术尽管与民间艺术有许多共同之处,却仍然属于一种个人化的艺术,它存在于商业文化之中。就算个人艺术家取代了不知姓名的民间艺术家,就算艺术的"风格"已演变为表演的程式并丧失了其公共性,某些"民间风格"依旧流淌在大众艺术的血液里。两者的关系是异常复杂的——艺术不再仅仅是由人民自下而上创造的,而是产生于互动之中,作为表征与感知的习俗而为受众欣然接受。尽管这种艺术不再是"有机社区"的"生活方式"的直接产物,也不是"由人民生产出来的",但它仍然以一种非高雅艺术的姿态进入了大众艺术的阵营,面向普罗大众(59)。

因此,好的大众文化(也就是"大众艺术")能够重建为工业化和城市化所破坏的表演者和受众之间的关系("亲切感")。正像霍尔和维诺指明的那样:

> 大众艺术……在本质上是一种传统的艺术,它以种种

---

* 玛丽·劳埃德(1870—1922),英国著名流行音乐歌唱家。——译者
** 《怪人奇谭》,英国广播公司于1950—1961年间制作播出的广播系列喜剧,因其强烈的政治讽刺意味吸引了大量受众。——译者

激进的姿态巩固了旧式的价值观和看法。经由对传统价值的评估和重申，大众艺术既给人们带来了艺术的"奇异"（surprise），又引发了认知的冲击。如民间艺术一般，大众艺术在表演者与受众之间建立了真正的联系；但大众艺术和民间艺术也不尽相同，缘于前者在本质上是一种个人化的艺术，其作者不是"人民"，而是著名的表演者。受众对艺术价值与艺术经验的评价取决于表演者的技巧与个人风格（Hall and Whannel, 1964：66）。

霍尔和维诺对艺术与大众艺术做出的区分存在缺陷，主要体现为他们所言的艺术的"奇异"是一个现代主义的观念。在现代主义艺术革命发生之前，大众艺术和艺术原本就是一回事。如今，他们却对概念进行了更为具体的细分，不但区分了大众艺术（包括好的和坏的）和艺术（包括好的和不太好的），还区分了"堕落的"大众艺术——"群氓艺术"（mass art）。他们不但没有反对旧式的群氓文化批判的论调，反而不问青红皂白地以通行的标准来描述群氓艺术，指责其千篇一律、逃避现实、营养贫乏、冷酷无情。

由此，大众文化的文本和实践得以从群氓文化中脱身出来，免于评论家的苛责。正是为了达到这一目的，霍尔和维诺才提出了"大众艺术"这个全新的概念——所谓大众艺术，是指从群氓文化中脱胎而来，却最终超越了其母体的文化形式。如果说"普通的电影和流行歌曲是群氓文化的话"，那么大众艺术指的则是"最优秀的电影"和"最高级的爵士乐"（78）。霍尔和维诺声称："从大众艺术和群氓艺术分道扬镳的那天起，早先关于'群氓文化'的那些未经推敲的结论就不再是个问题了。如今呈现在我们面前的只不过是由传媒提供的一系列物质资料而已。"（同上）

《大众艺术》一书最关注的问题是大众艺术的文本品质。然而，霍尔和维诺转向青年亚文化研究之后，却又指出讨论文本与受众之间的互动是十分必要的。此外，他们还意识到要想对文本与受众的关系有全面的了解，就必须考察青少年生活的诸多方面，如"工作、政治态度、家庭关系、社会与道德信念，等等"（Hall and Whannel, 1964：269）。当然，霍尔和维诺无法解释为何研究大众文化的时候就不必考虑上述方面。流行音乐文化——歌曲、杂志、音乐会、文化节、滑稽剧、流行歌星访谈、电影，等等——有助于在青少年之中确立一种身份意识：

> 商业娱乐市场所提供的这种文化……发挥了关键作用。它不但反映了业已存在的态度和情绪，还为这些态度和情绪提供了一个宣泄的场所和一系列的象征符号（276）。

而且，流行音乐还

> 反映了青少年在处理情感与性问题的纠葛时所遭遇的困境，让他们体会到了热情拥抱生活的需要。在充满不确定性和可变性的情感世界里，流行歌曲仿若一种安全的驱动力。尽管商业市场的背景决定了流行音乐缺乏某种本真性，但它以戏剧化的方式表达了真实可触的感受，几乎就是青少年情感世界的写照（280）。

流行音乐展现的是"情感现实主义"（emotional realism）；青年男女"认同这些集体表征，并以之指引自己的想象。对青少年来说，这些象征性的想象就如同甜美的民谣一样，部分地塑造并建构着他们心中的世界图景"（281）。此外，霍尔和维诺还考察了青少年言谈的方式、常去的场所以及特殊的着装方式——正是这些让他们与成年人的世界保持着距离。例如，在霍尔和维诺眼中，青少年的穿衣风格"简直就是一门小小的大众艺术……他们借此来表达某种时下流行的态度……比如说，一种强烈的反叛性的社会思潮"（282）。青年亚文化研究的高潮出现于 20 世纪 70 年代。在霍尔本人的领导下，当代文化研究中心在这一领域内取得了丰硕的成果。而此时，霍尔和维诺的研究仍然欠缺火候，未能充分利用这种调查式研究所开启的异常丰富的可能性。他们始终担心这种"人类学的……缺乏严谨的相对主义"仅仅将目光集中在流行音乐文化的功能性上，妨碍了对文化的价值和品质的探索,无法解决关于喜好("这种喜好程度够吗?")、需求("这些需求健康吗?")和品位("也许品位可以延伸")的问题(Hall and Whannel, 1964: 296)。

在谈论流行音乐文化的过程中,霍尔和维诺很不情愿地指出:"认为青少年只不过是流行音乐工业的无辜受害者的观点过分简单化了。"(同上)相反,受众总是以自己的方式对文本或由商品转化而来的文本(关于两者之差异的讨论参见本书第十二章)加以改造,对抗着文化生产者的本来意图。他们声称:"尽管这种冲突在整个商业化娱乐领域内无处不在……却在青少年娱乐领域格外显著。"(270)这一论点与文化研究对葛兰西霸权理论的引进(霍尔是主要的倡导者,本章开头也曾说明霍加特类似的观点)不谋而合:"青少年文化是本真文化与批量生产的文化的混合物,这里既有年轻人的自我表达,也为商业文化生产者提供了一片水草丰美的牧场。"(276)

前文提到,霍尔和维诺曾将流行音乐和爵士乐做了一个不太适宜的对比。他们声称爵士乐"无论在美学上还是在情感上……都更为丰富"(311),还指出这种对比要比惯常的将流行音乐和古典音乐作比的方式"更有益处",原因在于爵士乐和流行音乐同属大众音乐范畴。也许这些都有道理,但将不同的音乐类型放在一起比较要达到的最终目的是什么?将古典音乐和流行音乐拿来比较肯定是为了表明后者的平庸并对消费流行音乐的人加以批判。那么,霍尔和维诺所做的种种比较之间究竟有没有本质的不同?他们通过下面这段话来证明这种比较是必要的:

> 之所以要在不同音乐类型之间作比较,并不仅仅是想让青少年摈弃他们的"自动点唱机"英雄,而是要提醒他们流行音乐自身具有哪些缺陷——这些音乐完全是按照商业市场的模式和基调生产出来的,只不过是些转瞬即逝的风潮而已。我们的任务是要让青少年开阔心胸,提升品位,也只有如此,他们才能从大众文化中获得更多的快乐。流行音乐并不一定都粗俗,都达不到道德水准,但也必须指

出，没有几首流行歌曲达到了优质音乐的标准（Hall and Whannel, 1964: 311-2）。

尽管霍尔和维诺的分析（尤其是对青年亚文化的分析）具有一定的理论启发性，有力地反击了对手们的观点，但他们关于流行音乐文化的论述始终未能跳出利维斯主义的窠臼。在霍尔和维诺看来，青少年对音乐的品位是糟糕透顶的，他们应该放弃流行歌曲，改听爵士乐，只有这样才能从外界的欺骗和自我欺骗中解脱出来，展拓心胸，丰富情感，最终达到获取更多快乐的目的。最后，霍尔和维诺集中火力对所谓的"机会主义"的教学策略展开了批评。他们指出：出于种种原因，绝大多数中小学生无法接触到"世人所思、所表的最好之物"，所以学校就应设法退而求其次，让孩子们学会批判地接触新兴大众传媒所承载的大众艺术——就算没有贝多芬和莎士比亚，爵士乐和优质电影也不错。正如他们所阐明的那样：

> 在当下社会，有一些群体和阶级受到了排挤，几乎与高雅文化绝缘，包括了传统高雅艺术和新兴高雅艺术。这一状况极大地危损了社会民主。因此，重任落在了媒体的肩头。媒体应该以开放、宽容的状态传播庄重且有价值的内容；对于大众文化要仔细甄别，杜绝品质低劣的群氓艺术充斥人们的视听（75）。

霍尔和维诺也主张训练学生的批判意识，但目的并不在于抵抗大众文化的侵犯，而是要在大众文化内部区分什么是好的、什么是坏的，这与利维斯主义有本质的不同。霍尔和维纳与霍加特、威廉斯以及汤普森等人云集伯明翰大学当代文化研究中心，与利维斯主义分道扬镳，开创了文化研究中的文化主义的传统。

当代文化研究中心

威廉斯在《漫长的革命》一书的前言中不无遗憾地写道："我所感兴趣的那些问题无法被安置在现有的任何一个学科里面。我希望有一天我们能拥有一个自己的学科。"（Williams，1965：10）此番言论发表三年后，霍加特就在伯明翰大学创建了当代文化研究中心。在中心的成立仪式上，霍加特发表了题为"英语诸流派与当代社会"的就职演说，声称："在听流行歌曲的时候……很难不产生一种既爱又恨的感觉。"（Hoggart，1970：258）依迈克尔·格林①的描述，中心经历了"由霍加特到葛兰西"（Green，1996：49）的转型；尤其是在霍尔掌舵时期，我发现人们对流行音乐文化，以及整个大众文化的态度发生了根本的转变。很多追随霍加特加入中心的研究人员（包括我本人）从未对流行音乐产生过厌恶感，相反，我们都非常爱听流行歌曲。人们眼中的霍加特并不是利维斯的拥趸，而是一个永远对表面现象持批判态度的批评家。正是他所开创的传统最终对文化研究的解读实践产生了振聋发聩的影响：

> 我们必须努力认清所有习惯背后的潜在观念和所有陈述暗藏的真实意图（很多时候，真实意图往往是和表面文章相反的），并探求日常用语和风俗仪式所蕴藏的不同的情感力量……此外，还要审视大众出版物是如何与人们的普遍看法发生联系的——这些出版物如何改变人们的态度，又遭遇了哪些抵制（Hoggart，1990：17-9）。

文化主义者研究文化文本与文化实践，旨在还原或重建特定群体或阶级或整个社会的"感知结构"，包括它们的经验、价值观，等等，其目的就在于更好地理解那些亲历了文化的人的生活。霍加特举的例子、威廉斯对文化的"社会性"界定、汤普森的历史救赎行为，以及霍尔和维诺对利维斯主义的"民主性"延展，都表明大众文化（意指普通人经历的活文化）是一个极富价值的研究领域。文化主义的理论源泉包括英国文学、社会学和历史学，它的确立标志着英国文化研究的肇始。然而，中心的研究工作开展没多久，

---

① 迈克尔于2010年12月逝世。他是我在伯明翰大学当代文化研究中心学习时的导师。无论我在中心学习期间，还是我离开中心以后，他在学术上对我的影响都是巨大的。对此，我铭感于心。

文化主义就与舶来的法国结构主义（参见本书第六章）陷入了错综复杂乃至剑拔弩张的纠缠。后来，这两种路径与日新月异的"西方马克思主义"，尤其是路易·阿尔都塞和安东尼奥·葛兰西的理论（参见本书第四章）展开了批判性的对话。而带有显著"后学科"色彩的英国文化研究学派，就在如此错综纷繁且硝烟弥漫的环境中诞生了。

拓展阅读

Storey, John (ed.), *Cultural Theory and Popular Culture: A Reader*, 5th edition, London: Routledge, 2019. 该书是本书上一版的配套阅读材料。本书及其配套读本得到了互动式网站 www.routledge.com/cw/storey 的支持。该网站中包含许多有用的链接与电子资源。

Chambers, Iain, *Popular Culture: The Metropolitan Experience*, London: Routledge, 1986. 这是一本有趣且内容丰富的概览性著作。作者的视角基本上是文化主义的，他所考察的对象是自19世纪80年代开始的城市大众文化的兴起过程。

Clarke, John, Chas Critcher and Richard Johnson (eds), *Working Class Culture: Studies in History and Theory*, London: Hutchinson, 1979. 该书收录了一些从文化主义的角度撰写的文章。请重点阅读理查德·约翰逊的《关于工人阶级文化理论要素的三点问题》("Three problematics: elements of a theory of working class culture")。

Eagleton, Terry (ed.), *Raymond Williams: Critical Perspective*, Cambridge: Polity Press, 1989. 该书收录了一些对威廉斯的著作进行批判性解读的文章。

Hall, Stuart and Tony Jefferson (eds), *Resistance through Rituals*, London: Hutchinson, 1976. 该书是当代文化研究中心进行青年亚文化研究的代表性成果。该书的第一章就是一篇文化主义理论的经典论述。

Hall, Stuart, Dorothy Hobson, Andrew Lowe and Paul Willis (eds), *Culture, Media, Language*, London: Hutchinson, 1980. 该书是一部论文汇编，几乎囊括了当代文化研究中心成立头十年里发表的所有成果。请阅读由霍尔撰写的第一章，题为"文化研究与当代文化研究中心：问题域与问题"("Cultural studies and the Centre: some problematics and problems")。该文重点阐述了当代文化研究中心的理论发展历程。

Jones, Paul, *Raymond Williams's Sociology of Culture: A Critical Reconstruction*, Basingstoke: Palgrave, 2004. 这是一部很有趣的著作。只不过作者过于强调威廉斯对社会学的贡献，未能正确认识其在文化研究中的地位。

Kaye, Harvey J. and Keith McClelland (eds), *E. P. Thompson: Critical Perspectives*, Oxford: Polity Press, 1990. 该书收集了多篇论文，评述汤普森对历史研究做出的贡献，为《英国工人阶级的形成》一书提供了一些有益的注脚。

O'Connor, Alan (ed.), *Raymond Williams: Writing, Culture, Politics*, Oxford: Basil Blackwell, 1989. 该书对威廉斯的著作进行了批判性的检视。此外，该书列出的参考文献十分有价值。

第四章　马克思主义

经典马克思主义

马克思主义（Marxism）是一个艰深复杂且颇具争议的体系，绝不仅仅是一套旨在改天换地的革命理论。马克思本人有句名言："哲学家们只是用不同的方式**解释**世界，而问题在于改变世界。"* 这使得马克思主义呈现出一种独特的政治性。当然，这并不意味着其他理论体系和研究方法就与政治绝缘；只不过，马克思主义强调世间万物归根结底都是政治的。正如美国马克思主义文化批评家弗雷德里克·詹明信（Fredric Jameson）所言："政治的视角是一切阅读和解释行为的地平线。"（Jameson，1981：17）

马克思主义文化理论认为，对文本和实践的分析必须考虑到生产这些文本和实践的历史条件（有一些观点甚至认为，还应考察相应的消费过程与接受情况的历史条件）。马克思主义研究文化的方法论与其他"历史"视角截然不同，主要体现为其对"历史"这个概念持有一种独特的理解。《政治经济学批判》（*A Contribution to the Critique of Political Economy*）一书的序言部分对马克思主义的历史观做出了最全面的阐述。正是在这部论著中，马克思提出了"经济基础/上层建筑"模式，并以之阐释社会与历史发展的过程。在本书第

---

*　此处译文参见《马克思恩格斯全集》第3卷，北京：人民出版社1960年版，第6页。——译者

一章关于意识形态的讨论中,我曾对此做过扼要的介绍。在此,我将展开详尽的论述,阐明"经济基础决定上层建筑"这一论断对大众文化的生产和消费产生了哪些影响。

马克思认为,每一个重要的历史时期都是围绕着特定的"生产方式"被建构出来的。不同的生产方式决定了不同的社会形态(例如,奴隶制社会、封建制社会、资本主义社会,等等)对生活必需品(例如,食物、房屋,等等)的生产。概言之,由"生产方式"生产出来的东西包括:(a)获取生活必需品的特定方式;(b)生产方式的操纵者与工人之间的特定的社会关系;(c)特定的社会制度(包括文化制度)。因此,该论断的核心观点是:某一社会生产其生存工具的方式(就是该社会的特定"生产方式")在根本上决定了该社会的政治、社会和文化形态,并左右着该社会可能的发展方向。正如马克思所解释的那样:"物质生活的生产方式制约着整个社会生活、政治生活和精神生活的过程。"* 上述论断全部基于一种理论假设,那就是"经济基础"与"上层建筑"的关系。经典马克思主义关于文化的种种观点,也都建立在这一假设的基础上。

"经济基础"包含两个部分,分别是"生产力"和"生产关系"。生产力指的是物质资料、生产工具、技术、劳动力以及劳动技巧,等等。生产关系则意指人们在生产过程中形成的阶级关系。因此,社会形态的不同不仅仅体现为基本生产方式的不同(比如农业生产和工业生产),更体现为生产关系的不同:奴隶制社会的生产关系是奴隶主和奴隶之间的关系,封建制社会的生产关系是地主和农民之间的关系,资本主义社会的生产关系则是资产阶级和无产阶级之间的关系。故而,一个人的阶级地位是由其与生产方式的关系决定的。

(伴随着某一特定的生产方式发展起来的)"上层建筑"则包括制度(如政治制度、法律制度、教育制度、文化制度,等等)和由之

---

* 此处译文参见《马克思恩格斯文集》第2卷,北京:人民出版社2009年版,第591页。——译者

而生的"社会意识的确切形态"（如政治、宗教、道德、哲学、美学、文化，等等）。经济基础与上层建筑之间的关系具有双重性。一方面，上层建筑既挑战经济基础，又为其提供合法性依据；另一方面，经济基础对上层建筑的内容和形式具有"决定性"作用。两者的关系可以从多方面进行理解。有人认为这是一种机械的"经济决定论"：上层建筑的一切表现都只不过是对经济基础的被动反映。这种对马克思主义的僵化的理解常常导致庸俗的文化观，即在对文本或实践进行解读的时候，总是要还原到生产这些文本和实践的经济条件上去。强调经济基础和上层建筑之间"决定与被决定"的关系也限制了理论的发展，颇有些"顺我者昌、逆我者亡"的意味。

马克思逝世于 1883 年。此后，一群青年马克思主义者为表达其革命热情而硬生生地将马克思主义简化为某种经济决定论。故而，马克思的生前好友兼合作者弗里德里希·恩格斯（Frederich Engels）深感有必要通过一系列信函对马克思主义的精深之处做出诠释。下面这段引文就来自恩格斯写给约瑟夫·布洛赫（Joseph Bloch）的一封著名的信件：

> 根据唯物史观，历史过程中的决定性因素**归根到底**是现实生活的生产和再生产。无论马克思或我都从来没有肯定过比这更多的东西。如果有人在这里加以歪曲，说经济因素是**唯一**决定性的因素，那么他就是把这个命题变成毫无内容的、抽象的、荒诞无稽的空话。经济状况是基础，但是对历史斗争的进程发生影响并且在许多情况下主要是决定着这一斗争的**形式**的，还有上层建筑的各种因素：阶级斗争的政治形式及其成果——由胜利了的阶级在获胜以后确立的宪法等等，各种法的形式以及所有这些实际斗争在参加者头脑中的反映，政治的、法律的和哲学的理论，宗教的观点以及它们向教义体系的进一步发展。*

---

* 此处译文参见《马克思恩格斯全集》第 37 卷，北京：人民出版社 1971 年版，第 460—461 页。——译者

恩格斯的意思是：尽管经济基础生产了上层建筑，但经济基础对上层建筑的生产和再生产并不是上层建筑领域内诸种斗争形式的唯一决定因素（尽管经济基础的存在明显地限制了其他因素的作用），占领上层建筑的那些人和制度之间的互动也发挥了很大的作用。因此，尽管文化的文本和实践从来不是历史的原动力，却在历史变迁和社会稳定中扮演了行动者的角色。

对意识形态这一概念进行扼要的讨论应该会让经济基础和上层建筑之间的关系显得清晰一些。马克思和恩格斯声称："统治阶级的思想在每一时代都是占统治地位的思想。这就是说，一个阶级是社会上占统治地位的**物质**力量，同时也是社会上占统治地位的**精神**力量。"* 这意味着，统治阶级由于拥有并控制着物质生产，因此也就自然而然地掌握了控制精神领域生产的大权。然而，这并不等于说统治阶级的意志可以简单地强加给被统治阶级。统治阶级"为了达到自己的目的不得不把自己的利益说成是社会全体成员的共同利益……赋予自己的思想以普遍性的形式，把它们描绘成唯一合乎理性的、有普遍意义的思想"**。这种不确定性必然导致意识形态斗争的发生。在社会转型期，这种斗争是长期存在的，正如马克思指出的那样：人类是在上层建筑（包括大众文化的文本和实践）的意识形态形式中"意识到这个冲突并力求把它克服"*** 的。

经典马克思主义对大众文化研究的启发在于：若想对文化的文本和实践加以理解和阐释，就必须还原到生产这些文本和实践的历史条件中去，并对这些历史条件加以分析。当然，这里面也存在一些问题：如果说经济因素是历史的最终决定因素，那么文化分析自然就演变成经济分析了（因为文化仅仅是对经济的被动反映）。因此，就像恩格斯和马克思，当然还有汤普森指出的那样（参见本书

---

* 此处译文参见《马克思恩格斯文集》第 1 卷，北京：人民出版社 2009 年版，第 550 页。——译者

** 同上书，第 552 页。——译者

*** 此处译文参见《马克思恩格斯文集》第 2 卷，北京：人民出版社 2009 年版，第 592 页。——译者

第三章），我们要考察"行动者"和"结构"之间存在的微妙互动。例如，要想对19世纪的舞台情节剧进行深入的研究，就必须同时考察这种文化形式的受众所处的经济环境，以及培育出这种文化形式的戏剧艺术传统。对音乐剧的研究也大致如此。尽管我们不能完全将舞台表演还原到社会经济结构的变迁之中，但有一点是肯定的，那就是离开了对社会经济结构以及由之决定的观看者人群的考察，我们就无法充分理解舞台剧和音乐剧等诸种文化形式的实质。在马克思主义者看来，正是社会经济结构的变迁为诸如《我的选票与我的搭档乔》①（*My Poll and My Partner Joe*）等剧作的上演提供了可能的条件，并让包括玛丽·劳埃德在内的诸多表演者得以崭露头角并取得成功。因此，在舞台剧和资本主义生产方式之间存在着一种基础性的关系。尽管这种关系并不总是直接发挥作用的，但对于文化分析而言却是必不可少的。此前，在一次关于"传统"英国圣诞节的探讨中，我发表过类似的观点（Storey，2008，2010a，2016）。

威廉·莫里斯与英国马克思主义

在 E. P. 汤普森看来，威廉·莫里斯是英国的第一个马克思主义者。尽管莫里斯主要是以设计师和诗人的身份闻名于世，但在进入晚年以后，他成为一位社会主义革命家。1883年，他加入了英国的第一个马克思主义政党"民主联盟"（Democratic Federation）。次年，他创建了一个名叫"社会主义联盟"（Socialist League）的组织（创始成员还包括卡尔·马克思的小女儿埃莉诺·马克思）。此后，他全身心地投入该组织的发展，不但广泛参与各种政治活动，而且还负责其官方报纸《公益报》（*The Commonweal*）的编辑和发行工作。莫里斯对马克思主义思想的贡献是巨大的。此处我仅就其中一个方面展开讨论，那就是他如何从艺术和异化的角度对资本主义社会进行批判，以及他的观点如何为大众文化的内涵提供了间接的给养。

---

① 参见 Storey，1992，2010a。

如马克思和恩格斯一般，莫里斯指出创造性劳动并不仅仅是一种可供人享受或逃避的行为，更是决定"人何以为人"的重要依据。工业资本主义推崇长时间的重复劳动，否认创造力的价值，从而带来了马克思所说的"劳动的异化"的问题。如马克思所言，工人"在自己的劳动中不是肯定自己，而是否定自己，不是感到幸福，而是感到不幸，不是自由地发挥自己的体力和智力，而是使自己的肉体受折磨，精神遭摧残"*。由于工作"不是满足一种需要，而只是满足劳动以外的那些需要的一种**手段**"**，所以情况只会变得越来越糟糕。工人无法在工作中找到自我（如无法表达其天然的创造力），只能在工作之外去追求这一目标。"因此，工人只有在劳动之外才感到自在，而在劳动中则感到不自在，他在不劳动时觉得舒畅，而在劳动时就觉得不舒畅。"*** 换言之，对于工人来说，工作只不过是赚钱的手段，有了钱，他才有机会通过消费去表达自己在工业劳动中被否定的天然创造力（参见 Storey, 2017a）。

上述分析的基本理念是：一种理想化的工作体验应当近乎艺术创作。因而，在莫里斯的观念中，艺术的概念也不像传统艺术史所强调的那样狭隘，而是涵盖了人类的全部创造性生产活动。"**艺术**这一概念的范畴在我看来远超其日常用法……对社会主义者来说，一幢房子、一把刀、一个杯子、一架蒸汽发动机，或……任何由人类创造的有形事物……要么是艺术作品，要么是艺术的毁灭者。"（Morris, 1979：84）对于莫里斯来说，艺术归根结底是"生产劳动过程中对快感的表达"（同上）。工业资本主义体系"建立在人类艺术思维匮乏并长期从事消极劳动的基础上"（85），因此在该体系下，只有艺术家才能获得上述快感。社会主义所要追求的一个基本目标，就是让专属于艺术家的快感惠及全人类。通过拒斥流水线式的生产方法（福特主义），社会主义制度下的劳动将使"人作为一个整体去

---

* 此处译文参见《马克思恩格斯文集》第 1 卷，北京：人民出版社 2009 年版，第 159 页。——译者

** 同上。——译者

*** 同上。——译者

生产一件物品,而不是让个体的劳动隐没在人海战术之中"(Morris, 1979:87)。因此,艺术对于莫里斯来说并非日常生活的装饰品,而是"人"的一种实实在在的本质。

在共产主义社会关系下,异化现象不复存在,工人得以回归自我(获得在劳动中表达自己天然创造力的能力)。如莫里斯一般,马克思和恩格斯也以这种方式理解大众文化:"由于分工,艺术天才完全集中在个别人身上,因而广大群众的艺术天才受到压抑……在共产主义社会里,没有单纯的画家,只有把绘画作为自己多种活动中的一项活动的人们。"*资本主义的终结意味着劳动分工的末日。"在共产主义社会里,任何人都没有特殊的活动范围,而是都可以在任何部门内发展,社会调节着整个生产,因而使我有可能随自己的兴趣今天干这事,明天干那事,上午打猎,下午捕鱼,傍晚从事畜牧,晚饭后从事批判,这样就不会使我老是一个猎人、渔夫、牧人或批判者。"**

换言之,在消除了异化的共产主义社会,全人类都可以如艺术家一样劳动:一切工作都是创造性的,因而最终都会在实际上生产出大众文化。正如莫里斯所强调的,"如果我们不能共享艺术,那么艺术跟我们还有什么关系?"(Morris, 1986:139)更要紧的是,"大众艺术在当下的欠缺因上述原因而令人尤为不安和痛苦,这一状况折射出建立在竞争与商业基础上的资本主义制度将人划分为'文明阶级'和'下等阶级'的残忍做法"(同上)。异化的终结将意味着"文化"与"大众文化"之间界限的消亡。

莫里斯的小说《乌有乡消息》(News from Nowhere)描绘了他想象中的 21 世纪后革命时期的英格兰的图景(Morris, 2003)。小说的主人公盖斯特(Guest)在 19 世纪 80 年代陷入沉睡,于 21 世纪苏醒,发现英格兰在经历了 1952—1954 年的革命之后已转变为一个彻

---

* 此处译文参见《马克思恩格斯全集》第 3 卷,北京:人民出版社 1965 年版,第 460 页。——译者

** 此处译文参见《马克思恩格斯文集》第 1 卷,北京:人民出版社 2009 年版,第 537 页。——译者

底消灭了异化的共产主义社会。曾经以追逐利润为目标的商品售卖行为让位于面向工人和社区的按需生产，私有制也被公有制取代。更重要的是，艺术不再是一个独立的社会领域，因为艺术和创造力如今已完全融入了普通人的日常生活。

我们不能将这部小说简单视为对于未来社会的文学构想，而应当将其理解为作者对于构建盖斯特在21世纪的英格兰体验到的那种理想社会形态的政治激励。小说的主旨在于"欲望教育"（Thompson，1976），即让人们意识到一种彻底消灭了异化的社会形态是完全有可能存在的，同时引导人们产生建构上述理想社会的欲望。一如莫里斯所观察到的，资本主义"将工人简化为一种如此微不足道的存在，以至于他们很难自主生发出任何改变糟糕现状的欲望"（Morris，1986：37）。莫里斯希望通过"欲望教育"激励人们追求"更好的生活"，他让人们能够想象出这种生活的模样，从而在他们心中点燃构建这种生活的欲望（参见 Storey，2019；Storey，2021）。

《乌有乡消息》为我们理解莫里斯、马克思和恩格斯心目中那个没有异化的共产主义社会提供了一个美好的标本。在小说所描述的社会里，文化与大众文化之间的界限，以及与之相关的社会阶级之间的分野，都不复存在。

法兰克福学派

所谓法兰克福学派，指的是一个以法兰克福大学社会研究所（Institute for Social Research at the University of Frankfurt）为大本营的德国知识分子群体。该研究所成立于1923年，并于希特勒上台后的1933年迁至美国纽约，隶属哥伦比亚大学。1949年，研究所迁回德国。法兰克福学派的主要研究风格混合了马克思主义和精神分析学说，常常被人们称为"批判理论"。学派的若干位知名学者，包括西奥多·阿多诺、瓦尔特·本雅明（Walter Benjamin）、马克斯·霍克海默（Max Horkheimer）、利奥·洛文塔尔（Leo Lowenthal）和赫伯特·马尔库塞（Herbert Marcuse）等，都对大众文化进行过专门的研究。

1944年，西奥多·阿多诺和马克斯·霍克海默用"文化工业"（culture industry）这个概念来描述群氓文化的产品及其生产过程。他们声称，文化工业生产出来的产品具有两个特征：第一，同质性（homogeneity），"电影、广播和杂志构成了一个体系，生产出来的东西从整体到局部都是千篇一律的……所有的群氓文化都差不多"（Adorno and Horkheimer, 1979：120-1）。第二，可预见性（predictability）：

> 只要看一部电影的开头，就可以猜到其结局；谁会得到赞扬、谁会遭到惩罚、谁会被人们遗忘，一点悬念都没有。对于训练有素的人来说，只要听一首流行歌曲的前几个音符，就能猜到后面的曲调是什么样的；而一旦猜中了，听歌的人就会很高兴……其结果就是，同样的东西被反复地再生产（125, 134）。

当阿诺德和利维斯忧心忡忡于大众文化对社会及文化权威构成了威胁时，法兰克福学派却认为大众文化其实维护了既有的文化与社会权力；当阿诺德和利维斯惊恐于"无政府状态"时，法兰克福学派眼中却只有人们对权力阶级的"遵从"：在这种情况下，"被蒙蔽的大多数"（133）被困在一个"循环往复的操纵性的怪圈里，而整个系统的一致性也就日益增强"（121）。

阿多诺曾经对一部美国情景喜剧做出解读。在该剧中有一位年轻的教师，每个月只领微薄的薪水（一成不变），而且还经常被校长罚款。最后，她变得一贫如洗，连饭都吃不饱。剧情的笑点在于这名女教师经常想方设法在朋友或熟人处"蹭饭"的情节。在对该剧进行阐释时，阿多诺坚持认为，想探明"本真"文化所蕴含的不容错过的"信息"就算不是毫无可能，至少也是非常困难的；但若要发现某个群氓文化作品中"隐藏的信息"，则再容易不过。在阿多诺看来，这部情景喜剧的剧情表明：

> 如果你像剧中这位女士一样风趣、善良、机灵、迷人，那你根本不用担心工资太低或吃不饱饭……换言之，这部电视剧以常人难以察觉的方式把窘迫的状况变成了让大家找乐子的笑料。剧中的人物虽然身处困窘之中，但就连她本人都能够"笑对世界"，全无半点怨怼之意（Adorno, 1991a: 143-4）。

当然，这只是解读该情景喜剧的一种方式，而不是唯一的方式。本雅明的挚友贝托尔特·布莱希特（尽管阿多诺认为他很"残忍"）就提供了一种截然不同的解读方式。在他看来，观众远非阿多诺所预想的那样被动。布莱希特分析自己的作品《大胆妈妈和她的孩子们》(*Mother Courage and Her Children*)时曾指出："就算大胆妈妈自己什么收获都没有，但在我看来，至少观众从她身上学到了些东西。"（Brecht, 1978: 229）这表明阿多诺对剧中那位女教师的行为举止的分析是不甚准确的。

利奥·洛文塔尔认为，文化工业生产出来的文化具有"标准化、模式化、保守、虚幻等特征，是极具操纵性的消费品"（Lowenthal, 1961: 11）。这些文化商品对工人阶级进行了去政治化，让工人阶级忘记自己在资本主义社会体系内遭遇的剥削和压迫，进而也就放弃了政治和经济理想。他还坚称："革命的趋势只要稍露锋芒，就会立即为财富、历险、热恋、权力和感动等白日梦般的虚假满足感所冲淡和打断。"（同上）简言之，文化工业让"大多数人"只考虑眼前，不关心将来。正如赫伯特·马尔库塞在《单向度的人》(*One Dimensional Man*)一书中所论述的那样：

> 娱乐和信息工业（文化工业）生产出来的东西是令人难以抗拒的，因其蕴含着某种预设的观念和习俗，通过激发精神上或情感上的反应将"心甘情愿的"消费者和文化的生产者绑定在一起；进而，文化的受众也就被纳入了整个资本主义体系。这些文化产品向人们灌输着某种虚假意识，操纵着人们的思想，让大众无法看清其欺骗性……这已经

成了一种生活方式。这是一种很"好"的生活方式,至少比以前好。在这种生活方式之下,绝不会发生任何质变。因此,就产生了一种单向度的思维与行为模式,那些试图超越既有话语和行为范畴的观念、愿望和理想,要么被摒弃,要么被纳入现存的体系(Marcuse,1968a:26-7)。

换言之,资本主义通过满足大众的某些需求而消解了人们心底更为基本的愿望。在此,文化工业阻碍了政治理想的生发。

和阿诺德、利维斯一样,法兰克福学派对艺术和高雅文化另眼相待。他们认为,高雅文化包孕着反抗资本主义制度的理念,对资本主义社会进行了含蓄的批评,并为人们勾勒了一个旨在取代资本主义社会的乌托邦。霍克海默认为,"本真"文化取代宗教发挥了乌托邦的功能,激励人们打破当下的藩篱,将自己从资本主义文化工业生产的群氓文化中解救出来,去追求一个更好的世界(Horkheimer,1978:5)。然而,文化工业对"本真"文化的根本潜能构成了日趋严重的威胁,并且

> 通过剔除高雅文化中对抗性、异质性和超验性因素的方式消弭了文化和社会现实中的冲突,原因是这些冲突显示了现实的另一重维度。这种对二维文化的清算并不是通过拒斥"文化价值"的方式完成的,而是通过将"文化价值"纳入既存秩序体系,再对其进行大规模的再生产和展示来实现的(Marcuse,1968a:58)。

因此,"本真"文化所设计的美好未来不再是悲惨现实的对立面,文化也不再是美好未来的催生物;此时此地的文化本身就是唯一的美好未来。文化提供给人们的是一种实实在在的满足感,而不仅仅是欲望的催化剂。马尔库塞期望"本真"文化的那些"高雅的影像和姿态"能够坚决抵抗"群氓文化的收编",并"借助自身的重生能力持续不断地让人们保持清醒",构建一个更加美好的明天(60)。此外,他还希望有一天,那些因身处社会边缘而免遭文化工业侵害的"流浪者和局外人"(61)能够打破现实,实现理想,在一

个更加高级的社会里兑现资本主义做出的种种承诺。或者，就像霍克海默所说的那样：

> 迟早有一天我们会发现，普罗大众在内心深处其实完全有能力发现真理、拒斥谎言，就像紧张症患者只有在恍惚状态结束的那一刻才知道自己什么都没有失去一样。因此，坚持讲一种难以理解的语言可能并非毫无意义（Horkheimer, 1978: 17）。

但是，阿多诺也指出，群氓文化是一个难以攻破的体系：

> 如今，群氓文化轻而易举地对种种程式、惯例和标准进行着持续的再生产，这导致绝大多数人就连说话的方式都像是一个模子里刻出来的。如果有人不按照群氓文化"规定"的那个调调来讲话，那么其自身的存在就会受到威胁：别人要么将其视为白痴，要么将其归为知识分子（Adorno, 1991b: 79）。

文化工业为了追逐利润和文化的同质性，不惜剥夺"本真"文化所具有的批判功能和协商方式，使其丧失了"说不的勇气"（Marcuse, 1968a: 63）。商品化（有些人会用"商业化"这个表述）过程导致了"本真"文化的贬值，使其变成另一种可销售的商品。

> 有人反对以巴赫的作品作为厨房的背景音乐，反对在杂货店里销售柏拉图（Plato）与黑格尔（Hegel）、雪莱（Shelley）与波德莱尔（Baudelaire）、马克思与弗洛伊德的书，这些统统遭到了左派群氓文化批评家中的新保守主义者的奚落。那些批评家坚信经典文化已经重获新生，而且人们的受教育程度也足够高了。这是事实。但是，当经典文化获得重生的时候，其本来的含义已经发生了变化，已经不再具有反抗现存权力机制的功效；原本那些使人们疏离现实、保持冷静思考的意蕴也已不复存在。而这些，正是经典文化最重要的特质。因此，经典文化在当代社会所

具备的功能及其目标都已今非昔比。如果说它们曾经站在现状的对立面上的话，那么这种斗争精神已经被消磨殆尽了（Marcuse, 1968a：63-4）。

如今，要想举个例子来证明上述论点，已经非常困难了（无论我们是否以同样的方式来阅读经典、无论我们持左派立场还是新保守主义立场）。在20世纪60年代，几乎每一个装修过的房间里都会挂一张切·格瓦拉*（Che Guevara）的海报。格瓦拉究竟象征着什么？是革命政治运动？或只不过是一种时髦的风潮（也许两者都是）？本内特曾举出1974年某期《泰晤士报》（*The Times*）上刊载的一则广告来对类似的情况加以说明：

> 这则广告把色彩明艳的亨利·马蒂斯**（Henri Matisse）的作品《桥》（*Le Pont*）印满了整整一页；在最下方，有这样一句话："交易是我们的生命，但生命中并不只有交易。"这句话原本是反对经济生活的，可是它既然出现在一则商业广告里，就自然而然地成了经济生活的一部分。马蒂斯作品中所蕴含的社会批判的维度也消失无踪了，这幅画作如今有了前所未有的新功能，那就是为金融资本机构做广告。这真是一件自相矛盾的事（Bennett, 1977：45）。

类似的例子不胜枚举，有人利用歌剧推销面包，有人则用古典音乐为价格不菲的汽车做广告（更多的例子参见表4.1）。难道我们注定将要一边听安东宁·德沃夏克***（Antonín Dvořák）的《新世界交响

---

* 切·格瓦拉（1928—1967），生于阿根廷的古巴革命领袖，曾协助卡斯特罗推翻亲美的巴蒂斯塔政权并在古巴建立社会主义制度。短暂担任古巴工业部部长一职后再度投身第三世界革命，1967年经美国中情局策划被玻利维亚军队杀害。随着欧美民权运动和左翼政治思潮的兴起，格瓦拉成为代表社会主义理想的文化偶像，风靡全球。——译者

** 亨利·马蒂斯（1869—1954），法国现代艺术家，野兽派绘画的开创者和代表人物。——译者

*** 安东宁·德沃夏克（1841—1904），捷克民族音乐家的代表人物。他将民族音乐与浪漫主义传统相结合，创造了九首流传广泛的交响乐以及大量清唱剧和室内乐。——译者

曲》（New World Symphony），一边"欣赏"霍维斯（Hovis）面包的广告画面吗？

表 4.1　"本真文化"的批判功能的丧失：歌剧和古典音乐在广告中的运用

巴赫：《D 大调第三管弦乐组曲》——哈姆雷特雪茄（Hamlet cigars）	奥芬巴赫：《霍夫曼的故事》——百利甜酒（Bailey's Irish Cream）
巴赫：《醒来吧！沉睡者》——莱斯银行（Lloyds Bank）	奥芬巴赫：《地狱中的俄耳甫斯》——Bio 强力除草剂（Bio Speed Weed）
巴赫：《F 小调大键琴协奏曲》——纳斯达克（NASDAQ）	奥尔夫：《布兰诗歌》——Old Spice 男士止汗膏（Old Spice）、卡菱黑方啤酒（Carling Black Label）、菲亚特马雷亚轿车（Fiat Marea）
贝多芬：《F 大调第六交响曲》——布鲁班德黄油（Blueband margarine）	帕赫贝尔：《D 大调卡农》——长尾鲨牌葡萄酒（Thresher wines）
贝多芬：《致爱丽丝》——海因茨意面（Heinz spaghetti）、本恩叔叔大米（Uncle Ben's rice）	普罗科菲耶夫：《彼得与狼》——沃克斯豪尔·艾斯特拉轿车（Vauxhall Astra）
贝利尼：《诺尔玛》——福特蒙迪欧轿车（Ford Mondeo）	普罗科菲耶夫：《罗密欧与朱丽叶》——香奈儿"真我"男士香水（Chanel L'Egoiste）
波开里尼：《小步舞曲》——S&P 建房互助协会（Save and Prosper building society）	普契尼：《蝴蝶夫人》——川宁茶（Twinings tea）、德尔蒙橙汁（Del Monte orange juice）
布里顿：《简单交响曲》——苏格兰皇家银行（Royal Bank of Scotland）	普契尼：《贾尼·斯基基》——飞利浦 DCC（Philips DCC）
德彪西：《贝加莫组曲》——布尔森奶酪（Boursin cheese）	普契尼：《波西米亚人》——索尼随身听（Sony Walkman）
德里布：《拉克美》——英国航空（British Airways）、巴斯玛提大米（basmati rice）、丽薇塔麦饼（Ryvita）、IBM 电脑（IBM computers）、舒洁纸巾（Kleenex tissues）	普契尼：《托斯卡》——FreeServe ISP 供应商（FreeServe）
德里布：《葛蓓莉亚》——Jus-Rol 酥皮糕点（Jus-Rol pastry）	拉威尔：《波莱罗》——丽薇塔麦饼（Ryvita）

（续表）

杜卡斯：《魔法师的弟子》——假日牌毛巾（Fiesta kitchen towels）、太阳牌烈性酒（Sun Liquid）、苏格兰皇家银行（Royal Bank of Scotland）、飞利浦DCC（Philips DCC）	里姆斯基-科萨科夫：《萨尔丹沙皇的故事》——百得集团（Black and Decker）
德沃夏克：《新世界交响曲》——霍维斯面包（Hovis bread）	罗西尼：《塞维勒的理发师》——乐鲜意面酱（Ragu pasta sauce）、菲亚特斯特拉达轿车（Fiat Strada）、博朗干电池剃须刀（Braun cordless shavers）
福莱：《安魂曲》——银宝黄油（Lurpak butter）	圣-桑：《动物狂欢节》——乐购零售网络（Tesco）
格卢克：《奥菲欧与尤丽狄茜》——金纺衣物柔顺剂（Comfort fabric softener）	萨蒂：《吉诺佩蒂舞曲第三号》——吉百利伯恩威尔巧克力（Bournville chocolate）、使立消喉糖（Strepsils lozenges）
格里格：《培尔·金特》——雀巢咖啡（Nescafé）、德国通用电气公司（AEG）、阿尔顿塔主题公园（Alton Towers）	舒曼：《童年情景》——Chocolate Break甜品店（Chocolate Break）
韩德尔：《赛尔斯》——路虎汽车（Rover cars）	斯美塔那：《我的祖国》——标致605轿车（Peugeot 605）
韩德尔：《所罗门》——伍尔沃斯超市（Woolworths）	约翰·施特劳斯：《晨报圆舞曲》——英国信托储蓄银行（TSB）
霍尔斯特：《行星组曲》——多乐士墙漆（Dulux Weathershield）	柴可夫斯基：《胡桃夹子组曲》——Reactolite太阳镜（Reactolite sunglasses）、吉百利水果花生巧克力（Cadbury's Fruit and Nut）、好乐门蛋黄酱（Hellmann's mayonnaise）
哈恰图良：《斯巴达克斯》——雀巢咖啡（Nescafe）	威尔第：《阿依达》——百事无糖可乐（Diet Pepsi）、米狮龙啤酒（Michelob）、埃及旅游广告（Egypt）
马斯卡尼：《乡村骑士》——舒洁纸巾（Kleenex tissues）、时代啤酒（Stella Artois）、贝茜巧克力（Baci chocolates）	威尔第：《游吟诗人》——乐鲜意面酱（Ragu pasta sauce）

(续表)

莫扎特:《钢琴协奏曲》——爱尔兰航空（Aer Lingus）	威尔第:《命运之力》——时代啤酒（Stella Artois）
莫扎特:《费加罗的婚礼》——雪铁龙ZX轿车（Citroën ZX）	威尔第:《纳布科》——英国航空（British Airways）
莫扎特:《女人心》——奔驰轿车（Mercedes-Benz）	威尔第:《弄臣》——乐鲜意面酱（Ragu pasta sauce）、小凯撒比萨（Little Caesar's pizza）
莫扎特:《第四圆号协奏曲》——沃克斯豪尔·卡尔顿轿车（Vauxhall Carlton）	维瓦尔第:《四季》——香奈儿19号香水（Chanel No. 19 perfume）、Kingsmill面包（Kingsmill bread）、雪铁龙BX轿车（Citroën BX）、博朗电器（Braun）
穆梭斯基:《荒山之夜》——日立麦克赛尔录音带（Maxell tapes）	

马尔库塞和法兰克福学派的其他成员并不关心文化的"民主化"，他们宁愿相信文化工业的"同化作用是一种极不成熟的历史现象；它所建立的文化平等实际上维护了统治阶级的利益"（Marcuse 1968a：64）。简言之，文化的民主化进程反而扼杀了充分的民主，成为现行社会秩序的卫道士。

在法兰克福学派看来，资本主义制度下的劳动和休闲构成了一种强制性的关系：劳动为文化工业的效益提供了保障，文化工业又从劳动过程中获得了安全感。因此，最终，就像工业化规制着人的劳动时间一样，文化工业也规制着人的娱乐时间。资本主义制度下的劳动阻碍了理性的发展，文化工业更是扮演了帮凶的角色："文化工业可以让人们从一整天的辛苦劳作中暂时地解脱出来……仿佛一个天堂……然而这种解脱其实是被预先设计好的，其目的就是把人们拉回原点，继续劳动。娱乐本应激励他们反抗，如今却只教会他们顺从。"（Adorno and Horkheimer, 1979：142）简言之，劳动把人们引向群氓文化，而群氓文化又把人们带回劳动。那些为文化工业所操纵的艺术和"本真"文化也以这种方式运作。只有那些文化工业控制范围之外的"本真"文化才能打破这个循环。

为了阐明上述观点，我们不妨对法兰克福学派学者阿多诺的一篇关于大众文化研究的文章《论流行音乐》（"On Popular Music"）做一番深入分析。在文章中，阿多诺指出流行音乐具有三个主要特征。第一，流行音乐是"标准化"的音乐。"标准化"使得"那些即使是最独特的东西也变得乏善可陈"（Adorno, 2019: 57）。一旦某种音乐或歌词的风格受到欢迎，那么这种风格就会遭到商业的滥用，造成的结果就是"标准的结晶化"。歌与歌之间就连细节都大致相同。"严肃音乐"的有机结构使得乐曲中的每一个音符都为整体的意义服务，而流行音乐则是高度机械化的，即便把某一首歌中的一小段和另一首歌中的一小段互换，也完全不会对音乐的总体结构产生任何影响。为了掩饰这种"标准化"，音乐工业采取了阿多诺所称的"伪个人化"策略："音乐的标准化使消费者按照生产者规定的方式'规规矩矩地'听歌。而伪个人化所发挥的作用就是让他们在乖乖听歌的同时完全意识不到自己的听歌方式是被控制的，或者说，这些歌都是被'预先消化'过的。"（61）

流行音乐的第二个特征是：它使得听音乐变成了一个消极被动的过程。前文提到，资本主义制度下的劳动是极为枯燥的，因此每个人都在想方设法逃避现实。但是，由于这种劳动使人非常疲惫，所以没有人真正有本事"逃出去"；也就是说，没有人有精力去追求什么"本真"文化。于是，流行音乐就成了人们心灵的庇护所。对流行音乐的消费是不得已而为之的，而且是日复一日、没有止境的。这种消费确保**世界始终保持现状**。"严肃音乐"（比如贝多芬的作品）提供的是一种想象的愉悦，让人们去探索**世界可以变成什么样**；而流行音乐不过是生活的一种"贫瘠的关联物"（64），只能在办公室或者工厂车间里播放。劳动的"紧张与乏味"使人们在业余时间里"懒得费力"去追求什么理想（64-5）。在阿多诺笔下，深受流行音乐侵害的人们仿佛是一群整日吸食海洛因的无助的瘾君子（这一比喻来自阿多诺无比憎恶的侦探小说），他们的工作千篇一律，业余时间里也是无精打采；"他们渴望来点刺激的"，而流行音乐满足了他们的欲望。

> 流行音乐带来的刺激与人们面对日复一日的生活时的束手无策的状态十分契合。这意味着乏味的再一次到来。在此循环之中，想逃跑是根本不可能的，这也就导致人们无法察觉流行音乐所具有的欺骗性。大家所欣赏的就是某种不费吹灰之力就能获得的情感慰藉。就算有人对流行音乐的真面目有所警觉，这种警觉也会在转瞬之间消失无踪。最后，每一个听众都陷入了某种心不在焉的状态（Adorno, 2019：65）。

流行音乐以一种似是而非的辩证法的形式发挥着作用，它要求消费者必须处于心不在焉的状态；而消费者消费了这些音乐之后，又变得更加心不在焉。

流行音乐的第三个特征，是它发挥了"社会黏合剂"的作用（同上），其"社会心理功能"在消费者心中成功制造了一种对既有权力结构需求的"心理适应性"（同上）。这种"适应性"主要体现为"两种主要的群体行为的社会心理类型，即'节奏性'顺从型和'情感型'"（同上）。前者使人们在一定的节奏中忽略自己遭受的剥削和压迫，后者则让人们心甘情愿地忍受现实生存环境带来的情感痛苦。

关于阿多诺的上述分析，我们需要做出几点说明。第一，必须清楚《论流行音乐》一文发表于 1941 年，而现在的情况与 70 年前不可同日而语。然而，直到 1969 年去世，阿多诺都没想过要根据流行音乐的发展和变迁情况对自己的观点做出修正。难道流行音乐真的像阿多诺一直让我们相信的那样一成不变吗？比如说，"个人化理论"是否可以解释 1956 年摇滚乐的诞生、1962 年甲壳虫乐队的横空出世，以及 1965 年反传统音乐文化的勃兴？又是否可以解释 20 世纪 70 年代的朋克摇滚（punk rock）和"摇滚对抗种族主义"*（Rock

---

* "摇滚对抗种族主义"是 1976 年由英国多位摇滚音乐家发起的文化政治运动。其主要诉求在于反对英国社会中愈演愈烈的种族歧视风潮。参加这场运动的音乐家以反种族主义为名举办了多场大型演唱会和音乐会。——译者

Against Racism）运动、20 世纪 80 年代的迷幻豪斯*（acid house）和独立流行乐**（indie pop），以及 20 世纪 90 年代的锐舞派对***（rave）和嘻哈音乐（hip hop）？第二，人们对流行音乐的消费过程真的像阿多诺所说的那样消极被动吗？西蒙·弗里斯通过具体的数字驳斥了阿多诺的观点："尽管很难做出全面的统计……但是绝大多数商业评论人都会指出，在所有在销的唱片中（单曲唱片少一些，密纹唱片多一些）大约只有 10% 是赚钱的。"（Frith，1983：147）除此之外，还有大约 10% 可以收回成本（同上）。这也就意味着大约 80% 的唱片销售都是赔本生意。保罗·赫什（Paul Hirsch）也曾做过类似的统计，指出至少 60% 的单曲从来就没有被任何人播放过（同上）。这些数据表明文化工业并非无所不能，其对消费者的控制也不是轻而易举的。相反，文化工业竭力推销唱片的对象仿佛是一群极具批判性和分辨力的公众，其结果并不一定是成功的。数字很能说明问题，人们对文化产品的消费过程远比阿多诺所设想的积极主动。亚文化群体利用音乐来表达政治理念就是一个很好的例子，相似的例子不胜枚举。

此处引出了第三个问题，即流行音乐真的发挥了"社会黏合剂"的作用吗？比如说，亚文化和音乐鉴赏文化对流行音乐的消费与阿多诺提出的"严肃音乐"消费模式就没什么不同。理查德·戴尔（Richard Dyer）曾举出同性恋者消费迪斯科音乐的例子来反驳阿多诺的观点。他在迪斯科音乐中察觉到了一种浪漫主义，这种浪漫主义使得同性恋者在与世俗偏见和日常生活的冲突中焕发出勃勃生机——"浪漫主义的存在表明劳动与家庭生活的藩篱绝然无法对生

---

* 迷幻豪斯是 20 世纪 80 年代中期肇始于芝加哥的室内乐类型，以反复吟唱、催眠效果和说唱歌词为主要特征。——译者

** 独立流行乐兴起于 20 世纪 80 年代的英国，常以高分贝吉他音作为伴奏曲，歌词则非常直白、歇斯底里，总体上带有返璞归真和矫饰色彩。——译者

*** 锐舞派对指通宵达旦且有 DJ 播放电子音乐的舞会，兴起于 20 世纪 80 年代末，在 90 年代的欧美国家蔚然成风。由于这类舞会中还存在未成年人饮酒和吸毒贩毒等问题，所以一直饱受争议。——译者

活经验构成约束"（Dyer, 1990: 417）。

法兰克福学派的大多数学者都持一种二元对立的观点，认为文化与群氓文化存在本质的不同（参见表 4.2）。

表 4.2　法兰克福学派眼中的"文化"与"群氓文化"

文化	群氓文化
真实的	虚假的
欧洲的	美国的
多维度的	单维度的
积极主动的消费	消极被动的消费
个人创造	批量生产
激发想象	心不在焉
否定现状	社会黏合剂

瓦尔特·本雅明的论文《机械复制时代的艺术作品》（"The Work of Art in the Age of Mechanical Reproduction"）则以一种更加乐观的精神呼唤着资本主义制度变革的潜能。本雅明声称，资本主义"会创造出某种新的社会条件，并最终导致资本主义制度自身的覆灭"（Benjamin, 1973: 219）。他坚信，文化复制技术的诞生正在改变社会文化的功能："复制技术可以将原本的复制品置于原本所无法身处的环境之中"（222），进而也就对文化文本与实践的所谓"灵韵"*（aura）构成了挑战。

> 不妨这样说：复制技术将复制对象与传统的宰制性力量分离开来。大规模的复制使得文化作品不再是独一无二的存在，而拥有了许多替代品。允许观众和听众依自身需要对作品进行随意的复制使复制对象焕发了新的生机。这两个过程将传统击得粉碎……影响力最大的复制技术莫过于电影。如果不考虑其破坏性的、宣泄性的一面，即对文

---

* 亦译"灵光""韵味"等。——译者

化遗产的传统价值的清算，那么电影积极的社会意义是无法估量的（Benjamin, 1973:223）。

所谓"灵韵"指的是文化文本或实践所具有的"本真性""权威性""自洽性"和"间离性"。灵韵的消逝导致文本或实践脱离了传统的权威和仪式，开启了一个崭新的、多元性的阐释空间，使得文化得以在不同语境下、出于不同的目的发挥不同的作用。由于传统的约束力已不复存在，文化的意义也不再是独一无二的，因此每个人都可以在消费的过程中做出自己的理解。这是一个积极主动的（政治的）过程，而不是一个消极被动的（或如阿多诺所言：心理的）过程。技术复制改变了文化生产："在更大程度上，对艺术作品的再生产就变成了对艺术作品的机械复制能力的设计。"（226）消费过程也被改变了，从一种宗教仪式变成了一种美学仪式。如今，消费建立在政治实践的基础之上。也许文化变成了群氓文化，但消费并没有变成群氓消费。

> 艺术的机械复制改变了大众对艺术的态度。对毕加索绘画的保守态度转变为对卓别林电影的激进反应。这种反应来源于电影技术将视觉愉悦、情感享受和专业引导融为了一体（236）。

于是，意义与消费的相关问题从消极的沉思转化为积极的政治斗争。本雅明盛赞"机械复制"技术所具有的解放性潜力。在他看来，由"灵韵式"文化向"民主式"文化的转变过程已经开始了；从此以后，文化的意义不再是独一无二的，每个人都可以随时随地发表自己的看法。这些观点对文化理论与大众文化研究产生了深远（尽管有些人拒绝承认）的影响。苏珊·威利斯（Susan Willis）如是评述《机械复制时代的艺术作品》一文："这也许是马克思主义大众文化批评的发展历程中最重要的一篇力作。"（Willis, 1991:10）阿多诺认为意义存在于生产方式（文化文本的生产方式决定了其消费过程和意义）之中，而本雅明则认为意义是在消费的过程中产生的，由消费过程决定，与生产方式无关。正如弗里斯指出的那样，阿多诺和本雅明之间的"争论"① 源于前者从社会心理学的角度认定生产对消费起着决定性的作用，后者则坚信消费是一种政治行为，这种分歧在当代流行音乐研究中依然存在："阿多诺让我们去分析娱乐业的经济学以及商业音乐的意识形态效果……而本雅明则让我们去关注亚文化理论，关注人们在消费中创造自己独特意义的……斗争过程。"（Willis，1991：57）

尽管法兰克福学派具有深厚的马克思主义底蕴和良好的政治意图，但不得不指出这些学者（本雅明除外）对大众文化的观点在某些方面与第二章中讨论的"文化与文明"传统不谋而合。如阿诺德、利维斯和某些美国群氓文化理论家一样，法兰克福学派对大众文化问题的论述根本就是一种居高临下、对他人的文化指手画脚的话语（一种严格区分了"我们"和"他们"的话语）。不过，法兰克福学派还是对那些出于自身利益而深切缅怀昔日"纯洁"、自洽的文化传统的保守主义理论家进行了严厉的批判。J. M. 伯恩斯坦（J. M. Bernstein）就曾指出，阿多诺"认为保守主义者对高雅文化的捍卫其实是在通过对一种虚无缥缈的文化实体的缅怀来维护社会的经济现状"（Bernstein，1978：15）。尽管如此，法兰克福学派看待问题的视角与"文化与文明"传统之间仍然存在某些相似性。他们批判同一个事物，却是出于截然不同的目的。"文化与文明"传统攻击群氓文化是为了让文化标准和社会权威免受侵害，而法兰克福学派对群氓文化的口诛笔伐则是由于群氓文化威胁了文化的标准，使工人阶级去政治化，进而也就成了统治阶级社会权威的卫道士，"彻底驯服于牢不可破的社会系统……和资本主义的**绝对**权力"（Adorno and Horkheimer，1979：120）。在绝对权力控制的社会环境下，一切政治变革都成了奢望。

---

① 参见 New Left Review，1977。

阿尔都塞主义

路易·阿尔都塞的思想对文化理论与大众文化研究产生了巨大的影响。霍尔曾指出："阿尔都塞的理论对文化研究的介入及其后续的发展几乎对该领域进行了重塑。"（Hall，1978：21）阿尔都塞为文化研究做出的最大贡献在于其对意识形态这一概念进行的全方位的深掘。因此，在这一部分我们将重点讨论阿尔都塞的意识形态理论。

从一开始，阿尔都塞就反对那些关于经济基础和上层建筑的机械式的误读，他把注意力集中在社会结构上。他指出，社会结构包括三种实践，分别是经济实践、政治实践和意识形态实践。经济基础和上层建筑之间的关系不是反映与被反映的关系，即上层建筑并不是对经济基础的被动反映，而是经济基础得以存在的必要前提。这就赋予了上层建筑相对的自主权。经济基础仍然决定着上层建筑，但这种决定是"直到最后一刻"才发挥作用的；也就是说，尽管经济力量是"终极"的决定性因素，却并不意味着它在所有特定的历史时期都占据决定性的地位。比如说，在封建社会，决定性力量就是政治而非经济。不过，无论哪种力量在特定社会结构中占据着主导地位，它都不可避免地依托经济生产的特定形式。换言之，资本主义的经济矛盾从未以纯粹的形态出现过："所谓的'最后一刻'始终未曾到来。"（Althusser，1969：113）经济成为"最后一刻"的决定因素并非由于其他"时刻"只不过是附属现象，而是因为经济决定着那些宰制性的实践。在《资本论》第一卷中，马克思表达了类似的观点，以回应那些攻击马克思主义批判方法的局限性的论调：

> （在马克思主义批评家眼中，马克思主义的）一切提法固然适用于物质利益占统治地位的现今世界，但却不适用于天主教占统治地位的中世纪，也不适用于政治占统治地位的雅典和罗马。首先，居然有人以为这些关于中世纪和

> 古代世界的人所共知的老生常谈还会有人不知道，这真是令人惊奇。但有一点很清楚，中世纪不能靠天主教生活，古代世界不能靠政治生活。相反，这两个时代谋生的方式和方法表明，为什么在古代世界政治起着主要作用，而在中世纪天主教起着主要作用。此外，例如只要对罗马共和国的历史稍微有点了解，就会知道，地产的历史构成罗马共和国的秘史。而从另一方面说，唐·吉诃德误认为游侠生活可以同任何社会经济形式并存，结果遭到了惩罚。*

阿尔都塞为意识形态下了三个定义，其中有两个对大众文化研究产生了深远的影响。第一个定义和第二个定义具有一定的重合之处，指出意识形态是"一套表征（影像、神话、观点或概念）的系统（遵循一套独特的严谨的逻辑）"（Althusser, 1969: 231），是使人类**体验**到自己与真实存在的社会条件产生关联的一种"实践"。"所谓实践，在我看来，是指经由特定的人类劳动、使用特定的'生产'工具，将特定物质资料转化为特定产品的全部过程。"（166）故而，作为一种经济力量的特定的历史生产方式以特定的生产工具将特定的物质资料转化为产品的过程，就包含了特定的生产关系；所以意识形态实践所形构的就是一种个体与社会结构之间产生了关联的体验。具体地说，意识形态通过提供对实际问题的形真实假的解决方案，消弭了人类生活经历中的种种矛盾与冲突。这并不是一个刻意为之的过程，相反，意识形态的运行始终"处于深度的无意识状态之中"（233）。

> 在意识形态里，人类所表达的并非自身与环境之间的关系，而是一种对自身与环境之间关系的"体验方式"。这就预示着同时存在一种真实的关系和一种"想象性的""被体验到"的关系。意识形态……是一种关于人类与其所在

---

* 此处译文参见《马克思恩格斯文集》第5卷，北京：人民出版社2009年版，第100页。——译者

的"世界"的关系的表达,其中既包含了(被多种因素决定的)真实的关系,也包含了人类与真实存在的条件之间的想象性的关系(Althusser,1969:233-4)。

这种关系之所以既是真实的又是想象性的,是因为意识形态是在表征(神话、概念、观点、影像、话语)层面上发挥作用的。所谓表征,指的是我们将真实情况呈现在自己或他人面前的方式。表征的力量对统治阶级和被统治阶级是"一视同仁"的,它一方面使被压迫的人相信世界其实很美好,另一方面让统治者相信剥削和压迫是必需的,没什么不妥。只有"科学的"话语(如阿尔都塞的马克思主义)才能透过意识形态看清真实的生存环境。

由于在阿尔都塞看来意识形态是一个封闭的系统,所以意识形态并不是无所不能的。也就是说,为了让自己老老实实地待在专属的领地(那是一片无比和谐的神奇疆域)内,意识形态必须小心翼翼地回避那些自己无法解答的问题。于是,阿尔都塞又提出了"问题域"*(problematic)这个概念。起初,他用这个概念来解释马克思在其1845年的著作中提到的"认识论断裂"现象。所谓问题域,指的是"客观的内部指向系统……也就是确定了哪些问题需要被回答的系统"(67)。马克思的问题域不仅仅决定了他可以提出哪些问题并对其做出解答,还指明了其著作中缺失了什么问题或概念。

阿尔都塞认为,问题域中包含了假设、动机、潜在的观念,等等;而文本(比如说一则广告)就是通过这些要素被制造出来的。这就是说,文本是被呈现出来的东西(表达出来的)和缺席的东西(未表达出来的)共同结构的。因此,若想对某个文本的意义进行充分的解读,不但要发现文本中有些什么,还需弄清楚文本背后潜藏的种种假设(这些假设可能在文本中全无任何痕迹,而仅仅存在于文本的问题域中)。只有当一个文本试图去回答自身力所不及的问题时,它的问题域才会显现出来。而这些问题,也被包含在了问题域之中。

---

* 亦译"问题式""总问题"等。——译者

阿尔都塞试图通过批评实践来解构文本，揭示问题域，而他所采取的具体方法，就是他所谓的"症候式解读"（symptomatic reading）。

在《读〈资本论〉》（*Reading Capital*）一书中，阿尔都塞指出马克思对亚当·斯密（Adam Smith）著作的分析就采用了"症候式"的方法，原因在于：

> 这种方法将文本中隐藏的东西揭示出来，并通过将此一文本与另一文本联系起来的方式来表明前者存在内容缺失是不可避免的。马克思采用同样的方法又对另外两个文本进行了解读。这一次，他直接认定同时存在两个文本，并且衡量第一个文本的标准一定无法适用于第二个文本。不过，这次解读实践与上一次的不同之处在于，第二个文本是与第一个文本缺失的内容相衔接的（Althusser and Balibar, 1979: 67）。

通过对斯密进行症候式解读，马克思得以对"斯密著作中原始的可见的问题域与包含在似是而非的**无法回答任何问题的答案**中的不可见的问题域之间的冲突"进行分析（28）。马克思本人曾经如是评价斯密："亚·斯密的矛盾的重要意义在于：这些矛盾包含的问题，他固然没有解决，但是他通过自相矛盾而提出了这些问题。"*

因此，对文本进行症候式解读意味着某种双重解读，既要解读文本呈现出来的东西，还要努力去发掘为文本所讳莫如深、隐而未提的意味（那些未曾显露出来的问题的"症候"），通过这种方式生产出一个潜文本（latent text），并对潜文本进行解读。例如，对电影《出租车司机》**（*Taxi Driver*）的症候式解读就可以揭示一个问题域，其中包含了对电影中几乎隐而未提的若干问题的解答。比如说，"在

---

* 此处译文参见《马克思恩格斯全集》第26卷，北京：人民出版社1972年版，第140—141页。——译者

** 《出租车司机》是哥伦比亚电影公司于1976年出品的影片，曾获戛纳电影节金棕榈奖，并被美国电影学会评为百部最优秀电影的第44名。该片导演为马丁·斯科塞斯（Martin Scorsese）。——译者

经历了越南的帝国恐慌之后,老兵们如何返回美国老家?"居于这部电影问题域中心的是一系列关涉真实历史的问题,然而电影文本却将其变形,转化为一种幻想般的需求,并提供了一个无比血腥的解决方案。对《出租车司机》进行症候式解读的目的就在于发掘文本中潜伏的"病灶",并通过对电影的自相矛盾之处、逃避现实的情绪、回避问题的态度、令人费解的暴力场面、童话般的结局以及所有中心性和结构性缺席的分析,建构出美国发动的越南战争的真相。

我们还可以举出一些汽车广告的例子。最近一段时间,很多汽车广告都采用了将汽车单独置于自然环境之中的画面形式(参见图 4.1)。在我看来,之所以出现这种表现形式,是因为社会舆论对私家车主的批评日趋严重(尤其是指责他们污染环境、阻塞交通)。为了不使这些消极的舆论影响汽车的销售,必须采取手段予以还击。正面冲突是不明智的,由此产生的负面舆论会影响该汽车的潜在消费者。因此,这种将汽车置于自然(无污染)和空间(无交通阻塞)之中的做法就显得很聪明了。通过这种方式,广告既规避了社会舆论的批评指责,又消除了不良言论可能导致的危险后果。问题虽然尚未提出,但答案已经清晰明了。广告对"自然"和"空间"的强调回答了下述两个相伴相生的问题(这两个问题并没有在广告文本中被提出,而是潜藏在文本的假设中,也就是说,潜藏在文本的"问题域"中):"购买汽车会制造污染吗?""购买汽车会造成道路拥堵吗?"没人提出这两个问题,但答案已经在文本中揭晓了,那就是"神奇的"汽车既不会污染环境也不会阻塞交通。

皮埃尔·马施立所著的《文学生产理论》(*A Theory of Literary Production*)无疑是采用阿尔都塞症候式解读方法对文化文本进行分析的典范。尽管如书名所示,马施立的主要分析对象是文学作品,但他对文本分析方法的发展引起了大众文化研究者的浓厚兴趣。

在阐述阿尔都塞症候式解读法的过程中,马施立对所谓的"阐释的谬误"(the interpretative fallacy)提出了严厉的批判,反对那种认为文本只有一种意义,而批评家的任务就是揭示这唯一意义的观

图 4.1　关于"问题域"的广告图例

点。在他看来,文本并不是掩藏着一种意义的谜题,而是多重含义建构的结果。要想对文本进行"解释",就必须认清这一点。这同时也意味着文本并不是一个和谐的、从某个核心意图出发盘旋式前进的整体。恰恰相反,文学文本是"离心的"(decentred),是残缺不全的。当然,这并不是说我们需要为文本添加一些东西而使之更加完整。马施立所谓的"离心"(不以某个权威的意图为中心)指的是文本之中往往包含了若干互相冲突的话语:明确的、隐含的、呈现的、缺席的。因此,批评实践的使命并不在于评析文本的内在一致性、和谐整体性和审美调和性,而在于阐释文本内部因意义冲突而产生的种种差异。

这种冲突并不是文本的缺陷,它揭示了在文学作品中存在着"他者",而文本正是通过这种方式与自身边缘和自身之外的世界维持着关联。对文学作品进行解读就是要揭示其非独立性,并时刻牢记在文本的物质实在之中包含着某种**确定的缺席**的痕迹,这种缺席同样是文本自身不可或缺的特性之一。比如说,这本书所表达的观点并不仅仅体现在这本书自身之中,还隐含地涉及其他反对本书观点的著作的在场。文本是围绕着不可言传的缺席之物建立起来的,某些为文本所压抑的词句时刻威胁着文本,试图"卷土重来"。因此,这本书并不是某一种意义的延伸,而是包含了若干种意义的矛盾体;而正是通过这种剑拔弩张且连绵不断的矛盾冲突,本书将自己与现实牢牢地绑在了一起(Macherey, 1978:79-80)。

文本有可能对意义的生产施加控制,但表意过程中永远存在盈余的空间,即其他意义总是能够对文本所设定的优先意义(primary meaning)构成威胁。多种意义之间的冲突建构了文本,尽管文本对其内含的特定缺席隐而未言,却将这种冲突呈现在读者面前。传统的文学批评认为自己的使命是将文本中隐藏的含义挖掘出来,或使读者"听得见"文本的"轻言细语"(也就是唯一的意义)。但是在马施立看来,使文本表达的意义以更明确的形式呈现并不是一个问题。由于文本的含义"既是内在的又是缺席的"(78),所以简单重复文本自身的内容是根本无法实现完全解读的。真正充分的批评实践并不是"扩音器",代替文本说话,而是要从文本中生产出一种新知识,这种知识可以告诉我们为什么文本中的那些沉默、缺席和残陋——那些**陆续上演**却不可言说之物——具有意识形态的必要性。

> 获取知识的行为并不似倾听业已存在的话语,也不似简单翻译一部纯粹的小说。这种行为更像是发掘某种新话语,或是打破某种缄默的状态。知识并不是对某一种潜在的、被遗忘或隐藏的意义的发现或重建,而是一种新生事物,是对现实进行的从头到尾的补充(6)。

借助弗洛伊德对梦的研究(参见本书第五章),马施立指出,为了说出某一些东西,就必然有另一些东西始终未被说出来。这就是我们需要对文本中的缺席和缄默加以审视的原因。"作品中没有表达的内容才是重要的。"(87)同样,正如弗洛伊德坚信病人身上的问题所具有的意义并非隐藏于有意识的话语之中,而是被压抑在无意识的混乱话语里，进而也就必须对"讲出来的内容"和"展示出来的内容"之间的差异进行精密的分析一样，马施立的研究方法也主张探求**讲述**和**展示**之间的细微差别。因此，他指出，在一个文本"想说的东西"和"真正说出来的东西"之间存在着一个"裂缝"、一种"内部的疏离"。要想理解一个文本，就必须超越文本自身的局限，去发掘有什么话"是文本为了说出自己想说的东西而不得不说的"（Macherey，1978：94）。于是，文本的"无意识"（马施立用这个词来表示阿尔都塞的"问题域"的概念）就形成了，而文本正是在无意识状态中揭示了自身与其所处的意识形态和历史条件之间的关系。彼此冲突的话语掏空了文本，显露出缺席的内核；直到此刻，文本才真正与历史、与历史中的某一特定的时刻、与运转在这一时刻的意识形态话语产生了关联。文本的无意识并不是对历史矛盾的被动反映，它更多的是在唤醒、演绎和展示那些矛盾。通过对文本无意识的分析，我们获取的不是关于意识形态的"科学"知识，而是一种对"意识形态自身矛盾"的警醒。不过，只要我们发现了文本所无法回答的那些问题，意识形态就完全无法发挥作用了，因为"意识形态之所以存在，就是为了抹去所有矛盾的痕迹"（130）。

在通常意义上，文本总是从一开始就提出一个问题，并尝试着解决这个问题。因而，文本是作为一个演绎的过程存在的，是一种旨在寻求最终解决方案的叙事活动（narrative movement）。马施立指出，从提出问题到解决问题并不是一个连贯的过程，而是存在着某种断裂。只有深入研究这种断裂，才能发掘文本与意识形态以及历史的关系："我们总是到最后才发现，意识形态的语言尽管一直在躲躲藏藏，却始终以明确无误的缺席的姿态存在于文本的边缘。"（60）

所有的叙事都包含着意识形态的意味；也就是说，所有的叙事都承诺自己将会说"真话"，将会把一切信息明确地呈现在读者面前。然而，叙事的过程却走了样——到最后，真相反而被雪藏了。为了更加清楚地表明自己的立场，马施立将文本分为三个部分，分别是意识形态的意味（承诺中的"真话"）、实现的结果（对"真相"的揭露）以及文本的无意识（由症候式解读行为生产）。借此，我们就能确保被压抑的历史"真相"顺利回归。他还声称："科学是意识形态的天敌，总能将后者逼入绝境；而文学则通过对意识形态的运用构成了对后者的挑战。如果我们认为意识形态是一个非系统性的指意（significations）的集合，那么批评家的工作就是通过将这些指意整合为符号来**解读**文本。文化批评教会了我们分析符号的方法。"（Macherey，1978：133）在这个意义上，马施立的批评实践试图说明：文学文本是如何通过赋予意识形态以具体形式的方式，在自相矛盾之中对意识形态加以呈现的。

在对法国科幻小说家儒勒·凡尔纳（Jules Verne）的作品进行分析的时候，马施立察觉到那些小说中蕴含着19世纪晚期法兰西帝国主义的矛盾。他指出，凡尔纳的小说对帝国主义扩张和全球殖民的意识形态进行了**精彩的**展示，每一个探险故事都体现了主人公对大自然（如某个神秘岛屿、月球、海底、地心，等等）的征服。在讲故事的过程中，凡尔纳"不由自主地"揭示了另一个观念，那就是每一次征服的历程都是一场"再发现"之旅，就像小说的主人公总是发现自己发现的新大陆已经有人来过，或者干脆就有人在那里生活一样。对马施立来说，这种分析的重要性在于其揭示了"表征"（作者想要表达什么，即叙事的主题）和定形（作者通过什么方式来表现主题，即叙事的形态）之间的不和谐——凡尔纳是通过"定形"（将各种材料**组织**成一部科幻小说）来对法国的帝国主义思想进行"表征"的。这样，在对所有土地已然被他人占领完毕的事实（与之相似的是，该书初版时适逢各路新闻媒体对"美洲于1492年被**发现**"展开大讨论，而忽略了人类已经在这片土地上生活了超过一万五千年的事实）进行持续性展示的过程中，居于核心地位的**神话**遭到了破坏。"从表征到定形，意识形态经历了一场彻底的**改变**……也许是因为没有一种意识形态牢固到可以经受得住定形的考验。"（194-5）因此，通过赋予帝国主义意识形态以小说形态的方式，凡尔纳的作品展示了神话与帝国主义现实之间的矛盾；正是由于我们"对作者的本来意图进行了质疑式的解读"（Macherey，1978：230），才得以发现这一点。这些故事并未给我们提供一种对帝国主义的"科学的"谴责（"一套独特的严谨的逻辑"），而是通过症候式的解读行为"从内部瓦解了作品"，"使我们看到、察觉到、感受到"参与文本建构的意识形态话语的可怕的矛盾。"所有文本都是从意识形态里生发出来的，它们浸润在意识形态之中，在意识形态里自我分解……并最终回归意识形态。"（Althusser，1971：222）我们就这样超越了凡尔纳本来的意图，通过对其科幻小说的分析揭示了作品所处的意识形态与历史条件。

我们不妨再举一个例子。在19世纪，有很多书是写给年轻女性看的，专门教她们如何使自己的举止端庄得体。请看托马斯·布罗德赫斯特（Thomas Broadhurst）在1810年出版的《与姑娘们谈心灵休养与生活规划》（*Advice to Young Ladies on the Improvement of the Mind and Conduct of Life*）一书的摘要：

> 那些出于工作需要而无法履行妻子、女儿、母亲和朋友职责的女性，要比那些整日沉溺在哲学和文学思考中，或着魔似地迷恋着传奇文学和虚构小说的女性更具价值（转引自 Mills，2004：80）。

马施立式的分析不会将上面这段文字视为女性受到社会压迫的象征，而是会将视野打开，指出作者在潜意识里认为遵从社会所要求的"传统美德"的女性是失败的女性。换言之，如果女人甘愿做家庭主妇，不去关心哲学和文学的问题，那么干脆连劝阻的必要都没有。因此，那些切实从事着文学和哲学思考（也许还有更多其他的思考）的女性就是该文本中特定的缺席。与之类似，萨拉·米尔斯（Sara Mills）指出：19世纪的女性旅行文学中始终存在着一种女性气质的话语，暗示着旅行这件事是女性的力量所无法担当的。例如，亚历山德拉·大卫-尼尔（Alexandra David-Neel）在其西藏游记中这样写道："我们走了整整19个小时。奇怪的是，我居然没有感觉到疲惫。"

（转引自 Mills, 2004：90）正是"奇怪的是"这四个字指明了一种确定的缺席，那就是萦绕在文本无意识中的一种男性化的怀疑话语。

在图 4.2 中，我们看到两个人站在空旷的海滩上。他们看上去很冷、很不自在。在试图分析这张图片究竟有什么含义的时候，我们的阐释也许已经受到了某种特定的历史性缺席的影响，那就是：海滩通常被视为度假的场所，是人们休闲放松的地方。正是这一特定的缺席将图片的"意义"置于某一特定的历史时刻中：海滨度假这种风潮是从 19 世纪 40 年代开始兴起的；在那之前，人们不会将"作为度假场所的海滨"当作阐释的框架。换言之，我们从图片中获取的意义既是历史的，又是被缺席建构的。①

图 4.2　海滩上的两个人

在阿尔都塞所下的第二个定义中，意识形态仍然是个体与真实的生存环境之间想象性关系的表征，但意识形态并不仅仅是一系列

---

① 对约瑟夫·康拉德（Joseph Conrad）的《黑暗之心》（*Heart of Darkness*）的症候式阅读，请参见 Storey, 2009 和 2010a。

观念的集合，还是一种活的物质实践，是仪式、风俗、行为模式、思维方式的实践形态，是由意识形态国家机器（Ideological State Apparatuses，ISAs）生产出来的。而所谓意识形态国家机器，包括教育、宗教、家庭、政治、传媒、文化工业等范畴。在这一定义下，"一切意识形态都有将具体实在的个体'建构'成对象的功能（意识形态的概念正是被这一功能界定的）"（Althusser，2019：410）。意识形态的对象是通过"召唤"（hailing）和"质询"（interpellation）被生产出来的。阿尔都塞举了一个例子来做类比。当一个警察召唤一个人："嗨，你好！"，而那个被召唤的人做出了回应，那就表明这个人被质询了，变成了那位警察的话语的一个对象。正是通过这种方式，作为物质实践的意识形态创造了自己的对象，并使这些对象受到特定思维方式和行为类型的支配。

上述意识形态定义对文化研究和大众文化研究领域产生了巨大的影响。例如，茱迪丝·威廉森（Judith Williamson）的那部影响深远的广告研究著作《解码广告》（*Decoding Advertisements*）就是在阿尔都塞为意识形态所下的第二个定义的基础上展开论述的。她指出，所有广告都带有意识形态的意味，因为它们都展现了我们与真实的生存环境之间的想象性关系。广告强调的并不是人们在生产过程中扮演的不同角色的阶级差异，而是人们在对特定产品进行消费的过程中产生的差异。于是，社会身份就成了我们消费什么的问题，而不是我们生产了什么的问题。如其他意识形态一样，广告也具有质询的功能：消费者受到质询之后，不但要生产意义，还要一而再再而三地购买和消费。例如，我听到某个产品的广告词中有这么一句——"大家喜欢你"，那就意味着我作为某个群体的一分子，更重要的是，作为那个群体中的一个个体的"你"，被质询了。在这里，我是作为一个个体被提及的，而且我可以从"你"这个代词营造的想象性的空间中意识到自身的存在。于是，在这个广告中，我就成了广告与之对话的那个想象中的"你"。而在阿尔都塞看来，这只是一种意识形态的"误认"。其一，为了吸引更多人的注意力，这则广告必须让尽可能多的人认为自己是"你"的一分子（每个人都坚信自己是此话语中的那个真正的"你"）。其二，广告中提及的那个"你"并不是真实的"你"，而是被广告捏造出来的。斯拉沃热·齐泽克如是描述质询的运行机制："我并不认为自己是它的一部分，因为我只不过是它提及的对象而已；当我认为自己已经成为它的一分子的时候，我就变成了它的对象。"（Žižek，1992：12）于是，在这种视角之下，广告想方设法地让我们认为自己就是其话语中那个特别的"你"，并通过此种方式将我们变成了对象，置于意识形态物质实践——消费行为——的控制之下。因此，无论从广告所具有的功能还是产生的效果看，广告都是意识形态的。

不过，阿尔都塞为意识形态所下的第二个定义及其在文化理论中的应用似乎显得过于理想化了。在阿尔都塞看来，由资本主义生产方式所决定的必需的意识形态习性对人类的再生产过程总是非常顺利的，绝对不会失败，更不会产生什么冲突、斗争和抵抗。不过，单就大众文化领域而言，难道广告总是能够成功地将我们"质询"为消费的对象吗？更重要的是，纵使"质询"真的起作用，难道过去的"质询"就不会与当下的"质询"产生冲突吗？简单地说，如果我认为种族主义是错误的，那么当有人对我讲种族主义的笑话，我就不会被"质询"。正是由于阿尔都塞的理论为我们带来了种种担忧，文化研究领域的许多研究工作才最终转向了意大利马克思主义者安东尼奥·葛兰西的作品。

霸权

葛兰西对文化研究做出的最大贡献就是提出了"霸权"（hegemony）这个概念。葛兰西用这个概念来解释（在资本主义制度的剥削和压迫之下）为何西方资本主义国家之内无法爆发社会主义革命。在葛兰西看来，所谓"霸权"指的是某种**进行中的状况**，它描述了统治阶级（连同其他相关阶级或阶级成分）通过操纵"精神及道德领导权"的方式对社会加以**引导**而非**统治**的过程（Gramsci, 2019：69）。霸权中包含一种特殊的共识，即某个社会群体想方设法将自己的特定利益展示为整个社会的整体利益。于是，尽管社会中始终存在着剥削和压迫，但各个阶级之间却达成了高度的共识，彼此和谐相处；被统治阶级似乎服从"共同的"价值、观念、目标，以及文化和政治内涵，并以此种方式被既有的权力结构"收编"（incorporation）。例如，在整个 20 世纪，英国的政治选举基本上就是两个政党——今日的工党和保守党——之间的较量。选举的实质就是做出决定：谁能把资本主义（通常指的是不那么政治化的资本主义"经济"）管理得更好？公共所有权的应用范围应该扩大还是缩小？征税标准应该提高还是降低？等等。而且，每一次大选都伴随着主流媒体的积极参与。在这个意义上，操纵着政治选举的仍然是资本主义的需求和利益，而这种特殊需求和利益却被伪装成整个社会的共同需求和利益。这个例子恰如其分地表明了某一个权力阶级的利益是如何被"普遍化"为全社会的总体利益的。一切看上去都无比"自然"，没有人会质疑。但情况并非总是如此。资本主义霸权的出现有深刻的动因，即业已持续了约 500 年的政治、社会、文化和经济变迁。在 19 世纪下半叶之前，资本主义制度始终处于"地位不稳"的状态。① 直到 21 世纪，资本主义似乎才"战胜了"社会主义，其标志就是苏联解体、东欧剧变等。如今，资本主义或多或少地占据了全球霸权地位。

尽管霸权的概念意味着统治阶级和被统治阶级之间达成了高度的共识，但我们决不能就此认为社会中的一切冲突都被消弭了。阶级矛盾仍然存在，只不过被引导和吸纳到意识形态安全港里面去了。霸权状态之所以能够得到维持（必须连续不断地维持，因为这是一个永不止息的过程），皆因统治阶级不断地与被统治阶级"协商"、向被统治阶级让步。可以举出英国在加勒比海区域的霸权的例子。英国为了维护对当地土著人和从非洲运来的黑人奴隶的统治，所采

---

① 参见 Stedman Jones, 1998。

取的一项重要措施就是强制推行英国文化（这是殖民国家对殖民地的通常做法），其中很关键的一点就是将英语法定为官方语言。从语言学的角度看，这项措施造成的结果并不是当地人对英语的勉强接受，而是创造出了一种崭新的语言。这种语言虽然以英语为基础，却与标准英语存在较大差距。殖民地的被统治者创造了一种"改良版"的英语，其重音和格律都发生了变化，有些词汇被弃之不用，而不少新词（源于非洲语言或其他语言）则进入了日常生活。这种新语言就是统治文化和被统治文化之间"协商"的结果，其中既包含了"抵抗"也包含了"收编"。因此，"改良版"的英语既不是自上而下强加的语言，也不是自下而上生发的语言，而是两种语言文化——统治的语言文化和被统治的语言文化——争夺霸权的产物，"抵抗"和"收编"同时发生。

霸权从来不是简单的自上而下的权力，而是统治阶级和被统治阶级互相"协商"的结果，是一个同时包含"抵抗"和"收编"的过程。这种协商和让步当然也存在一定的局限性。葛兰西就明确指出，对霸权的争夺绝不可能对阶级权力的经济基础构成威胁。尤其是，当社会出现大规模的危机，道德和精神的领导权已经无力维护社会权威的地位，那么所谓的霸权争夺战也就不复存在了，暂时取而代之的则是"压迫性的国家机器"：军队、警察、监狱系统，等等。

葛兰西认为霸权是被所谓的"有机知识分子"（organic intellectuals）所"操纵"的。在他看来，知识分子之为知识分子，在于其具备了与其他人不同的社会功能。也就是说，尽管所有人都有能力让自己成为知识分子，但只有某些特定的人才能够在社会中发挥知识分子的功效。葛兰西指出，每一个阶级都"有机地"创造了自己的知识分子：

> 这些知识分子具有同质性，并且时刻清楚自己不但要在经济领域发挥作用，还要在社会和政治领域大展拳脚。例如，资本主义企业主就创造了自己的知识分子，包括工

业技师、政治经济专家、新文化和新法律体系的组织者,等等(Gramsci, 2009: 77)。

有机知识分子(在最广泛的意义上)扮演了阶级组织者的角色,其任务就是对道德和精神生活的革新加以形塑和操控。我曾经提到过①,马修·阿诺德就是有机知识分子的典范,因为正如葛兰西所描述的那样,他是"一位文化精英,在文化与意识形态领域内发挥了领导者的作用"(Storey, 1985: 217; Storey, 2010a)。葛兰西倾向于认为"有机知识分子"指的是一些知识分子个体,但鲜有人知的是,阿尔都塞正是从葛兰西那里借来了"**集体**有机知识分子"的观点才提出了"意识形态国家机器"的概念。他认为,家庭、电视、报刊、教育、宗教组织、文化工业等,都是被"集体有机知识分子"组织起来的。而文化研究接受了这一观点。

从霸权理论的观点看,大众文化是人们在积极主动地消费文化工业的文本与实践的过程中被生产出来的。青年亚文化也许是体现这一过程的最佳范例。迪克·海布迪奇用"混搭"(bricolage)一词清晰地描述了青年亚文化是如何从商业化生产的商品中创造出自己的用途和意义的。文化商品或被拼凑,或被转化,早已与生产者的本来意图大相径庭,所表达的含义也与最初的设计"背道而驰"。通过这种文化消费方式,以及特定的行为、言谈与音乐品位,青年亚文化成了反抗宰制性文化和母文化的符号形式。不过最终,青年亚文化所具备的原创性和反抗性精神还是会不可避免地被商业与意识形态的力量消弭,原因在于文化工业总能够通过某种方式成功地将亚文化的抵抗转化为消费品和商业利润。正如海布迪奇指出的那样:"尽管青年亚文化诞生之初是一种符号式的抵抗,但其终将不可避免地设定一套新的惯例,创造出一系列新商品、新工业,或者使某些旧工业起死回生。而到了此时,这种文化也就走上末路了。"(Heb-

---

① 参见 Storey, 1985 和 2010a。

dige, 1979: 96）

霸权理论拓宽了大众文化研究者的视野，很多用过去的分析方法无法阐释的问题如今迎刃而解。从此，大众文化不再是一成不变的自上而下强加的文化（法兰克福学派），不再是社会衰落与腐朽的象征（"文化与文明"传统），不再是自下而上自然生发出来的文化（某些文化主义的误解），也不再是主观强加于被动对象的表意机器（结构主义的某些观点）。在霸权理论的观照下，大众文化是一种"上"与"下"、"商业"与"本真"之间彼此"协商"而产生的混合物，是平衡着"抵抗"与"收编"两股力量的不稳定的"场"。应用霸权理论可以分析许多不同领域内的问题，包括阶级、性别、代际、族裔、"人种"、区域、宗教、身体限制（disability）、性征，等等。从这个角度看，大众文化内部包含着利益与价值观的冲突，是一个矛盾重重的混合体，它既不专属于中产阶级又不专属于工人阶级，我们也很难说它是否涉及种族歧视、性别歧视和同性恋者歧视的问题……多种力量之间保持着不稳定的平衡，构成了葛兰西所言的"均势妥协"（Gramsci, 2019: 69）。在公众的选择性消费与生产性解读策略下，商业化的文化工业生产出来的文化或被重新定义，或遭改头换面，早已变得面目全非；而这些文化最初的生产者想都没想到事情会朝着与自己的初衷相悖的方向发展。

后马克思主义与文化研究

在一场探究苏联是否为社会主义国家，以及马克思主义是否会不可避免地走向简化论的论争中，安吉拉·麦克罗比（Angela McRobbie）表示：

> 马克思主义一度是英国文化研究最主要的理论参考，如今却面临着来自后现代主义批评家的质疑。他们认为马克思主义带有目的论色彩，质疑其所谓的宏大叙事、实在论、经济主义、欧洲中心主义，及其在整个启蒙运动中的

地位。此外,令社会主义运动遭遇重挫的东欧剧变也是导致马克思主义地位下降的原因之一(McRobbie, 1992: 719)。

不过她也声称:"弗雷德里克·詹明信和大卫·哈维(David Harvey)等批评家对'回归后现代之前的马克思主义'的呼吁也是站不住脚的,因为这意味着让经济关系和经济决定论凌驾于文化与政治的关系之上,进而只赋予后者机械的、反映论式的地位。"(同上)然而,霍尔指出,在某种意义上,文化研究始终属于后马克思主义的范畴。

"后马克思主义"这个概念至少有两种含义。欧内斯托·拉克劳(Ernesto Laclau)和尚塔尔·墨菲(Chantal Mouffe)合著的《霸权与社会主义战略:通向激进民主政治之路》(*Hegemony and Socialist Strategy: Towards a Radical Democratic Politics*)对后马克思主义产生了深远的影响。在书中,作者指出:"如果说本书的主题是'后马克思主义'的,那它同时也必然是'后**马克思主义**'的"(Laclau and Mouffe, 2001: 4);前者意味着超越马克思主义,去寻找一套更好的理论体系,而后者则主张对马克思主义进行修正,用女性主义、后现代主义、后结构主义和拉康精神分析学说等前沿理论成果来丰富马克思主义的内涵。拉克劳和墨菲更多地属于"后**马克思主义**"而非"**后**马克思主义",他们促进了马克思主义与"新女性主义、种族抗议运动、少数民族与反性别歧视运动、由社会边缘群体发动的反体制的生存环境斗争、反对核扩散运动以及外围资本主义国家发生的非典型社会斗争"之间的结合(1)。从他们所持的积极的态度中,我们可以认定文化研究就是后马克思主义的。

"话语"是后马克思主义发展过程中的核心概念。诚如拉克劳所言:"这一论断的基本假设是,很有可能人们的一切感知、思维和行动都依赖某一特定的意义领域的结构化形成,而这一领域先于一切即刻事实(factual immediacy)存在。"(Laclau, 1993: 431)为了解释"话语"这个概念,拉克劳和墨菲举了个二人砌墙的例子。甲让乙递给自己一块砖,并在接过乙递来的砖之后,把砖砌到了墙上。整个过程包含了一个语言的瞬间（索要砖块的请求）和一个非语言的瞬间（砌墙的动作）。而在拉克劳和墨菲看来，话语同时存在于非语言和语言之中。换言之，"话语"这个概念"强调一切社会构成都是**有意义**的；'我在街上踢一个球状物'和'我在足球比赛中踢球'描述的是同一类**物理**事实，但两者的**意义**是截然不同的。当我们将一个物体命名为足球，就意味着我们在这个物体和其他物体之间设立了一个关系系统，这种关系并不仅仅是由指意的物质性决定的，更是社会建构的结果。而这种物与物的关系系统，就是我们常说的'话语'"（Laclau and Mouffe, 2019：126）。

更为重要的是：

> 物体的这一不确定性并不意味着其自身的物质存在也需遭到质疑。我们说足球之所以为足球是因为它身处社会建构的规律系统之内，并不等于说足球就不是客观存在的物体了……同样，社会行动者的主体地位也是由话语建构出来的，而不是相反。正是那个使球状物成为足球的话语系统将我变成了一个踢足球的人（126-7）。

为了理解这一点，我们必须要区分客观性（即假定人有能力不受语境或利益的影响做出判断）和独立存在于我们的经验或思想之外的客观世界。换言之，物体的客观存在独立于话语，但只有身处话语之中物体才有意义。例如，地震存在于真实的世界中，但

> 地震究竟是"自然现象"还是"上帝发怒了"，取决于推论领域的构成（structuring of a discursive field）。没有人否认"地震"这个物体是真实存在的而非主观臆想出来的，但若离开了推论的条件，"地震"是绝不可能自己将自己建构成一个"物体"的（Laclau and Mouffe, 2001：108）

如葛兰西所言："东方和西方这两个概念似乎从来都是'客观真实'的，尽管我们通过分析会发现它们只不过是一种'历史'或'惯例'的建构。"（Gramsci, 2007：175）

显然,"东方"和"西方"不过是由惯例(或历史)建构出来的含混不清的概念,地球上的任何一个地点相对于其他地点都有可能是"东方的"或"西方的"。对于欧洲人和身处加利福尼亚州的美国人来说,日本属于"远东",甚至连日本人自己都会这么看,还会把明明在日本西边的埃及称为"近东"。这是因为,他们都受到了英语政治文化的影响……不过,整个参照系是真实存在的,它在对事实做出回应的同时,也使得人们可以通过陆路或海路旅行并抵达预先设定的目的地(Gramsci, 2007: 176)。

换言之,东方和西方都是历史建构的产物,直接指向以西方为中心的帝国主义权力体系。不过,作为一套指意系统,其深深嵌入了社会实践并为人们所广泛认识:我们所知的"东方"和"西方"或许是文化建构的结果,却也同时标识出真实的地理关系,并引导人们完成真实的旅行。

葛兰西举的例子说得很清楚:由话语生产出来的意义激发并组织着人的行动。举例来说,只有在话语之中,"被统治关系"才能变成"压迫关系",进而将自身建构为斗争的场所。也许某些人"在客观上"遭到了压迫,但除非这些人将自己的被统治地位认识为压迫,否则这种关系永远也不会变成实际抵抗,因此也就绝不可能激发社会变革。而拉克劳指出,霸权发挥的作用就是将"敌对状态"弱化成简单的"差异"。

> 处于霸权地位的阶级并不一定能够将一套整齐划一的世界观强加给整个社会,却往往可以用各种不同的方式来描述世界,进而消弭潜在的敌对力量。英国中产阶级之所以在 19 世纪转变为霸权阶级,并非因其将某种单一的意识形态灌输给其他阶级,而是源于其成功地接合了不同的意识形态,消除了其他阶级的敌视态度,扫清了霸权征途上的绊脚石(Laclau, 1993: 161-2)。

"接合"是后马克思主义文化研究中的关键概念。拉克劳与墨菲指出:"接合的实践存在于……对意义的局部固定(partial fixing)之中。"（Laclau and Mouffe，2001：113）霍尔对这一概念进行了扩展，用以解释文化是如何为意识形态斗争提供场所的。像拉克劳与墨菲一样，霍尔也认为文本和实践并非先天就具有意义，意义的产生始终是接合活动的结果："意义是一种社会产物，是一种实践；世界之所以有意义，完全是**人为的结果**。"（Hall，2019a：104）他还援引俄国理论家瓦伦丁·沃洛斯诺夫（Valentin Volosinov）的观点，称文本和实践是"多重音的"（multi-accentual），意即文本和实践可以被不同的人、在不同的社会情境之下、出于不同的政治目的、以不同的话语、操着不同的"口音"来"言说"（Volosinov，1973）。例如，当一个黑人表演者用"黑鬼"（nigger）这个词来攻击制度化的种族主义的时候，他在"言说"时所用的"口音"和在新纳粹种族主义话语体系之下"言说"这个词时的"口音"是截然不同的。这当然不是一个简单的语言学问题，不是单纯的对语义的争夺，而是一种政治斗争的象征，关乎谁有权力和权威（部分地）决定社会现实的意义。

　　不妨举出一个与接合过程相关的有趣的例子，那就是拉斯塔法里*（Rastafarian）文化中的雷鬼**（reggae）音乐。鲍勃·马利***（Bob Marley）通过演唱的方式来接合拉斯塔法里人的信仰和价值观，获得了国际性的成功。对其成功我们可以从两方面来分析。一方面，这是马利在向全世界的庞大受众群传达有关自己宗教信仰的信息。毫无疑问，对于很多听众而言雷鬼音乐极具启发性和理解力，甚至可能让人们相信歌曲中所传递的信仰的原理和观念。而另一方面，这种音乐已经产生并将持续产生巨大的经济效益，维系着音乐工业［发起人，岛屿唱片公司（Island Records），等等］的运转。我们仿

---

　　*　拉斯塔法里是20世纪30年代兴起于牙买加的黑人基督教宗派，其追随者深信埃塞俄比亚皇帝海尔·塞拉西一世（Haile Selassie I）是重临人间的弥赛亚。——译者

　　**　雷鬼最早是指流行于牙买加等西印度群岛国家的宗教舞曲形式，后演化为牙买加音乐的泛称。雷鬼风格从20世纪60年代开始影响西方流行音乐，及至80年代蔚然成风。——译者

　　***　鲍勃·马利（1948—1981），牙买加流行音乐家，雷鬼音乐的代表人物。——译者

佛面对着一个悖论，即旨在反抗资本主义制度的拉斯塔法里居然正在为资本主义经济利益所接合：本意是要对社会加以批判的音乐竟成了社会的润滑剂；也就是说，拉斯塔法里的政治观念正以一种最终为宰制性文化带来经济利益的方式被表达（变成了公开发行以获取利润的商品）。然而，这种音乐**终究是**对某种反抗性（宗教性）政治观念的表达，它以这种姿态被传播，并可产生一定的政治效应和文化效应。因此，拉斯塔法里的雷鬼音乐就成了一种社会变革的力量，原本试图颠覆既有的社会权力，却最终以自相矛盾的方式维护了（至少是在经济上维护了）资本主义制度的稳定。

另一个更引人注目的例子是美国反传统文化*（counterculture）的音乐。这种音乐鼓励人们反抗既定的人生规划，抵制**纳粹美利坚****（原文为 Amerika，这是反传统文化政治部使用的拼写，通过日耳曼语"k"来暗示美国是法西斯）对越南发动的战争；而与此同时，这种音乐也为文化工业带来了巨额利润（音乐自身对此无法控制），这些利润很可能被用来支持美国军队在越南战场上的军事行动。杰斐逊飞机乐队***（Jefferson Airplane）越是高唱"你的所有私人财产/都是敌人攻击的靶子/而你的敌人/就是**我们自己**"①，RCA 唱片公司赚的钱就越多。于是，杰斐逊飞机乐队反资本主义政治理念的传播反而为其所属的资本主义唱片公司带来了滚滚财源。这也是一个体现了接合过程的例子：社会中的统治阶级通过与反抗者的声音"协商"的方式将其引至某个安全地带，从而确保自身的领导权得以维系。反传统文化并非一无是处（毫无疑问，这种音乐产生了特定的文化效应和政治效应），但它终究还是成了支持战争且唯利是图的资

---

* 亦译"反主流文化""反正统文化"等，意指 20 世纪 60—70 年代盛行于美国青年群体中的文化思潮，以反对既有的社会秩序和资本主义社会主流价值观为主要诉求。——译者

** 意指美国社会中的法西斯主义或种族主义势力。——译者

*** 杰斐逊飞机乐队，美国摇滚乐队，于 1965 年组建于旧金山，迷幻摇滚乐的代表。——译者

① 引自 1969 年的专辑《志愿者》（*Volunteers*）中的歌曲《不离不弃》（*We Can Be Together*）。

第四章　马克思主义

本主义音乐工业的同谋。① 诚如滚石乐队的基斯·理查兹（Keith Richards）所言：

> 没过几年我们就发现，我们为迪卡*（Decca）赚的所有钱都被狗娘养的美国空军用来制造轰炸机上的黑匣子；他们就开着这些飞机去北越上空狂轰滥炸。他们就这样用我们赚的钱来制造战争需要的雷达装置。发现这一事实的那一刻，我们悲痛欲绝。这就是事实。真该死！天知道我们究竟杀了多少人，还像傻子一样浑然不觉（转引自 Storey，2010a：28-9）。

在第三章中，我们介绍了威廉斯为文化所下的社会性的定义，并对这一定义如何扩大了文化的外延做了深入的探讨：文化不仅仅是"精英的"文本和实践（芭蕾、歌剧、小说、诗歌），流行音乐、电视、电影、广告、度假等也同样被纳入了文化的范畴。然而，威廉斯为文化所下的这个定义在另一方面对文化研究，尤其是后马克思主义的文化研究，产生了更大的影响，那就是他在意义与文化之间建立的联系。

> "社会性"的定义强调文化是一种特定的生活方式，**表达了特定的意义与价值**；这不仅体现在艺术与知识中，更存在于习俗和日常行为里。在这个意义上，文化分析的使命就是要把特定的生活方式中蕴含的**意义和价值弄清楚**（Williams，2019：32）。

特定的生活方式之所以很重要，是因为其"表达了特定的意义与价值"。文化分析的使命就是要把特定的生活方式中蕴含的意义和价值弄清楚。然而，文化作为一种指意系统绝不可被简化为某种"特定

---

① 参见 Storey，2010a，1988。
* 迪卡唱片公司1929年成立于英国，是全世界最著名的古典音乐唱片品牌之一，偶尔涉足流行音乐的制作和发行。该公司于1980年被宝丽金（PolyGram）集团收购，现属环球唱片（Universal Records）旗下。——译者

的生活方式";文化更多的是塑造和维系某种特定生活方式的基础。并非所有"够得上"文化的东西都能被化约为指意系统,但是应当指出的是,以这种方式定义的文化应该被理解为一切形式的社会活动(Williams, 1981: 13)。对于生活来说,仅有指意系统是远远不够的;但事实是,"如果有人认为即使把指意系统从社会实践的中心移除出去,也不会妨碍我们对社会系统进行深入讨论的话,那就大错特错了,因为整个社会都是建立在指意系统的基础之上的"(207)。

在威廉斯的文化观,以及拉克劳与墨菲的话语理论的指引下,后马克思主义文化研究将文化定义为**意义的生产、流通和消费过程**。诚如霍尔所言:"与其说文化是一系列事物——小说、绘画、电视节目、喜剧——不如说它是一个过程、一系列实践。文化最为关注的是意义的生产和交换,也就是意义的赋予和获取的过程。"(Hall, 1997a: 2) 在这一定义之下,比如说,书籍本身就不属于文化;文化是一个始终处于变动状态的指意网络,而书籍正是在这一网络中**被变成了**有意义的对象。举个例子,在中国,若要将自己的名片递给别人,礼貌的做法是"双手奉上";假如只用一只手递过去,对方会感觉自己受到了冒犯。这显然是一个文化问题。但与其说这种文化存在于递名片的姿态中,不如说它存在于这一姿态的意义之中。换言之,用双手递送名片这个动作本身与礼貌不礼貌没什么关系,但在中国,人们将这个动作**变成了**礼貌的象征。如此一来,指意就成了一种物质实践,也必然产生相应的物质效果(对此我们将在第十一章中详细讨论)。马克思本人也曾说过:"这个人所以是国王,只因为其他人为臣民同他发生关系。反过来,他们所以认为自己是臣民,是因为他是国王。"* 这种关系之所以能够发挥作用,皆因所有人都共享了一种文化,而正是这种文化为国王与臣民之间的关系赋予了意义。离开了文化环境,上述关系就是毫无意义的。因此,"国王"的身份并不是天然的,而是被文化建构出来的;是文化而非自

---

* 此处译文参见《马克思恩格斯全集》第 23 卷,北京:人民出版社 1972 年版,第 72 页。

然使人与人之间的关系有了意义。

于是，很显然，共享一种文化就相当于对世界做出了一种阐释，让世界变得有意义，并将这种意义转化为经验。当我们遭遇某种前所未见的意义网络，当我们的"天性"和"常识"与他人的"天性"和"常识"之间产生了对峙，就会出现所谓的"文化冲击"（culture shock）现象。不过，文化绝不只是简单的意义共享的流动网络。恰恰相反，自始至终，文化之网中既包含意义的共享，又存在意义的争斗。因此，文化其实是我们与自己、与他人、与我们置身其中的社会世界进行意义共享和意义争斗的场所。

后马克思主义文化研究基于上述观念总结出两个结论。第一，尽管世界在本质上是一种文化之外的、既有优点又具局限性的物质存在，但只有在文化之中，世界才能**被人类赋予意义**。换言之，文化从表面上看只不过是描述了现实，但实际上它建构了现实。第二，由于同一个"文本"（包括一切被用来指意之物）中可能包孕着不同的意义，所以意义的生产过程（文化的生产过程）始终是一个富含冲突与协商的场所。比如说，"男性气质"（masculinity）是一种物质存在，我们也习惯于认为"男性气质"是一种"生物学"的特征；但实际上，在文化中有许多不同的方式来展示男性气质，来表达"什么才是有男性气质的"。而且，这些展示与表达的方式大多不尽相同，很难确定哪一种是"真实的"或"正常的"。故而，尽管"男性气质"在物质上是一种生物学的存在，但"男性气质"的**意义**，以及人们抢夺**意义**的解释权的争斗，却永远存在于文化领域中。这并不是语义差异的问题，并不是对关于世界的不同阐释的简单比较，而是关涉文化与权力的关系，是一场决定究竟谁有权对社会现实加以定义的斗争。文化所关注的，就是如何以特定的方式**使世界（以及世界上的存在之物）有意义**。

文化与权力的关系是后马克思主义文化研究所关注的首要议题。霍尔解释道："意义（也就是文化）……控制和组织着我们的行为和实践；它设定了规则、标准与惯例，而社会生活也因意义的存在而井井有条。于是，意义就成了那些想要操纵他人行为和思想的人竭尽全力抢占的'必争之地'。"（Hall，1997a：4）意义是一种"物质的"存在，正因如此它才能够指导实践。此外，从前文提到的"男性气质"和"在中国递名片"的例子中我们也可以看到，正是意义为人们的日常行为设立了规范。

换言之，手握权力的阶级以宰制性的姿态为世界赋予意义，并使这种意义广泛流通，营造出某种"霸权式话语"（hegemonic discourses），进而也就生产出一个意识形态权威，凌驾于我们对世界的观看方式、思维方式、交流方式与行为方式之上。该意识形态权威将自己伪装成"常识"，要么对我们现有的活动方式大加挞伐，要么干脆直接引导我们的活动。然而，尽管后马克思主义文化研究也将文化工业视为意识形态产品的重要生产场所，认为其通过建构权力影像和提供描述界定等方式约束了人们理解世界的方式，但后马克思主义者反对将消费文化产品的"人民"视为"文化白痴"（cultural dupes）和吸食"现代人鸦片"的瘾君子的观点。正如霍尔所强调的那样：

> 此番论调听上去似乎挺有道理，既显得正派，又迎合了我们对专事大众操纵与大众欺骗的文化工业所持的批判态度。但我不清楚上述观点究竟在多大程度上对文化关系进行了充分的描述；至于这些观点是否体现了一种观照工人阶级文化与本性的社会主义视角，更是不得而知。不过，无论如何，将人民视为某种纯粹被动的力量的观点是与社会主义理念决然相悖的（Hall，2019b：568）。

后马克思主义文化研究认为，大众文化是人民从文化工业生产的商品中**制造**出来的。对大众文化（"使用中的产品"）的**制造**可以赋予被统治阶级力量，去反抗统治阶级对世界的解释。不过，这并不意味着大众文化总是激励性和抵制性的。反对消费的总体被动性并不意味着否定"消费有时候是被动的"；反对消费者是文化白痴的观点并不等于否定文化工业旨在操纵人民的企图。后马克思主义拒斥的

第四章 马克思主义

是这样一种绝对化的观念：大众文化只不过是商业生产与意识形态的产物，是统治阶级自上而下强加给被统治阶级的，其存在的全部目的就是产生利润、维系社会控制。若想把这些问题弄清楚，就必须时刻保持警觉，对商品生产、流通和消费的细节给予足够的重视，无论人们是否从这些商品中制造出了文化。这项工作既非一蹴而就，亦无一劳永逸（忽视历史与政治等偶然性因素）的可能。而精英主义的蔑视和自以为是的讥刺更是极为有害。仅仅关注生产（将意义、快感、意识形态效果、收编的可能性与反抗的可能性安置于生产意图、生产方式或产品自身之内的过程）是远远不够的，因为这些只不过是"使用中的产品"所处的情境。而最终，只有在"使用中的产品"内，意义的问题、快感的问题、意识形态效果的问题，当然还有收编与反抗的问题才能得到（相应的）解决。

90　空想社会主义

当托马斯·莫尔（Thomas More）在 1516 年出版《乌托邦》（*Utopia*）这本书时，他实际上发明了一个新词（More，2002）。这个新词将 **outopia**（没有地方）与 **eutopia**（快乐的地方）这两个希腊单词融合在一起。这导致"乌托邦"一词同时具备两种意味，当然，大多数情况下指的是一种自然而然的负面意味。《牛津英语词典》（*Oxford English Dictionary*）认为，"乌托邦"这个词的最初含义是莫尔所畅想的一个不存在的幸福之地。随着这本书 1551 年被翻译为英文，"乌托邦"一词逐渐被赋予了原本没有的负面含义。例如，"一个只有在乌托邦才能成真的梦"以及"一个毫不浪漫、不切实际的乌托邦"这两种表述都表明乌托邦既虚幻缥缈，又不可触摸，但莫尔的原著中并没有这些意味。换句话说，这些意涵并非源于这本书，而是源于特定的阅读方式或阅读政治。"乌托邦"一词原本指称"想象之中的乌托邦之岛"，而到了 19 世纪初，这个词与"不存在"这一意义紧密地联系在了一起："那些启发了我的情感可能被嘲笑为乌托邦。"

许多观念都认为存在着一个与现实世界格格不入的想象世界，但只有莫尔的《乌托邦》阐明了这一点。《乌托邦》这本书的焦点并非批判乌托邦之中的社会分工，而是着意探索何种社会现实能够催生乌托邦想象。因此，这本书采取了一种将"乌托邦陌生化"（utopian defamiliarisation）的批判性方法（Storey，2019，2021）。这本书最重要的意义就在于它将16世纪英国的现实生活与乌托邦中的想象生活进行了对比。

如海克斯特（Hexter）所言，莫尔先撰写了这本书的第二册。他在法兰德斯（Flanders）撰写了第二册和第一册的一小部分。当他回到伦敦时，他的朋友彼得·吉尔斯（Peter Giles）看了他的手稿，并表示"希望在几周内看到一个完善的版本……（但是）在之后将近一年的时间里，他什么都没看到。再之后，他看到的内容体量大大超出了他先前看到的版本"（Hexter，1965：99）。人们好奇莫尔为何还要继续撰写这本书的第一册。我认为这是因为第一册才是这本书的真正核心。而且显而易见的是，如果没有第二册的话，莫尔无法独自出版第一册。书中独立于乌托邦的部分严厉地批评了16世纪的英国的现状，这将给他带来严重的政治影响。

这本书的第二册使第一册所描绘的世界显得更加陌生，这清楚地表明了书中所描绘的现状并非"天然存在的"或"无可避免的"。我认为第二册——现在声名卓著的这一部分——的存在是为了让我们以另一种方式来思考第一册中所描绘的社会现状。这本书的目标不是描绘一个完美世界，而是揭露16世纪英国社会的问题。因此，虚构一个乌托邦岛屿的目的不是指向未来，而是指向现在。它的存在是为了消除英国社会中不可避免的腐朽和堕落。这本书的政治价值在于它开辟了一个供人们开展辩论的空间——一个不由答案而是由问题组成的空间。**乌托邦**这一概念并非仅仅描述了一个想象之中的岛屿，也并非仅仅宣扬了一种规划未来社会的蓝图，它是一个复杂的概念，这一概念囊括了许多对16世纪的英国社会的疑问。这些

第四章 马克思主义

疑问必须由读者来回答，因为只有读者才能提供解决这些社会问题的能动性。

到1848年马克思和恩格斯撰写《共产党宣言》时，"乌托邦"一词主要用于表示不真实和不存在的意思。他们使用这个词来描述空想社会主义（Utopian Socialism），这种思潮认为仅靠脑力劳动、"资产阶级发善心和慷慨解囊"* 就可以实现社会主义。马克思和恩格斯同时赞赏空想社会主义的另一个侧面，那就是它能够鼓励人们以不同的方式想象世界。正如他们在《共产党宣言》中所解释的那样，他们（空想社会主义者）的著作"抨击现存社会的全部基础。因此，它们提供了启发工人觉悟的极为宝贵的材料"**。

在1866年的一封信中，马克思进一步阐述了他对空想社会主义的赞许："在傅立叶、欧文等人的乌托邦里却有对新世界的预测和出色的描述。"***尽管马克思本人拒绝撰写他所谓的为"未来的食堂"开出的"调味单"****，但我认为，他和恩格斯看到了乌托邦主义的积极价值——我称之为"激进的乌托邦主义"（radical utopianism）（Storey，2019）。乌托邦主义超越了具体的操作规范，能够使现实社会陌生化，并催生人们建立乌托邦的欲望。他们对空想社会主义的批判并不是在批判乌托邦主义本身，而是在批判乌托邦主义实现社会主义的路径。但是，马克思和恩格斯对空想社会主义的批判已经被完全错误地理解为对乌托邦主义的全面否定。虽然乌托邦这一概念已经带有明显的贬义，但激进的乌托邦主义仍然能够为人们提供武器，供他们去抵抗阶级社会和私有制度。空想社会主义和积极的乌托邦力量（the valuable utopian force）之间的根本区别在于，空想社会主义者没能正确地认识各类社会阶级在普遍的权力结构之中的独特作

---

* 此处译文参见《马克思恩格斯文集》第2卷，北京：人民出版社2009年版，第64页。——译者

** 同上书，第63页。——译者

*** 此处译文参见《马克思恩格斯文集》第10卷，北京：人民出版社2009年版，第243页。——译者

**** 此处译文参见《马克思恩格斯全集》第23卷，北京：人民出版社1972年版，第19页。——译者

用,这导致他们仅寄希望于特定社会阶级的消失。但是他们发掘出社会中的诸多问题,这有助于我们对资本主义社会进行阶级分析,并在潜移默化中促进了阶级意识的发展。

虽然马克思和恩格斯拒绝了乌托邦主义者实现社会主义的路径,但他们赞赏乌托邦主义对资本主义所作的"乌托邦式"批判("utopian" criticisms)这一举动的示范意义。空想社会主义的政治潜力不在于它对未来社会的规划,而在于它对资本主义社会和资本主义常识的陌生化。马克思认为,空想社会主义者提供了"对新世界的预测和出色的描述"*。我们也不能忽略,马克思对未来的共产主义社会的许多描述与空想社会主义者的描述非常相似。这进一步表明,马克思与空想社会主义者之间的分歧不在于对未来社会的畅想,而是实现这一目标的手段。马克思也指出,托马斯·莫尔创造了"乌托邦陌生化"这种极具价值的政治方法论。① 最后,虽然我在这里区分了乌托邦主义对未来世界的规划和乌托邦主义对现实世界的陌生化,但其实这一区别早已呈现在马克思于1843年所写的一封信中了。他说:"我们不想教条地预测未来,而只是想通过批判旧世界发现新世界。"**

拓展阅读

Storey, John (ed.), *Cultural Theory and Popular Culture: A Reader*, 5th edition, London: Routledge, 2019. 该书是本书上一版的配套阅读材料。该书及其配套读本得到了互动式网站 www.routledge.com/cw/storey 的支持。该网站中包含许多有用的链接与电子资源。

---

* 此处译文参见《马克思恩格斯文集》第10卷,北京:人民出版社2009年版,第243页。——译者

① 在《资本论》第一卷中,马克思大量引用了莫尔的论述。

** 此处译文参见《马克思恩格斯文集》第10卷,北京:人民出版社2009年版,第7页。——译者

Barrett, Michele, *The Politics of Truth: From Marx to Foucault*, Cambridge: Polity Press, 1991. 该书对"后马克思主义"的介绍趣味盎然。

Bennett, Tony, Formalism and Marxism, London: Methuen, 1979. 书中的一些章节有助于我们理解阿尔都塞和马施立的理论。

Bennett, Tony, Colin Mercer and Janet Woollacott (eds), *Culture, Ideology and Social Process*, London: Batsford, 1981. 该书的第四部分收录了对葛兰西思想的节选和三篇关于霸权理论的文章。此外，书中还包括了专事文化主义与结构主义研究的章节。

Hebdige, Dick, *Subculture: The Meaning of Style*, London: Methuen, 1979. 该书是关于青年亚文化的典范之作，其中有对霸权理论和大众文化的精彩介绍。

Holloway, John, *Change the World with Taking Power: The Meaning of Revolution Today*, London: Pluto, 2010. 该书是一本重思马克思主义的有趣尝试。

Holloway, John, *Crack Capitalism*, London: Pluto Press, 2010. 该书是重思马克思主义的杰出尝试。

Laing, Dave, *The Marxist Theory of Art: An Introductory Survey*, Hemel Hempstead: Harvester Wheatsheaf, 1978. 这是一部关于马克思主义文化理论的著述，可读性很强，其中一章对大众文化进行了有趣的介绍。

Marx, Karl and Frederich Engels, *On Literature and Art*, St Louis: Telos, 1973. 该书精选了若干篇马克思与恩格斯对文化问题的论著。

Merryfield, Andy, *Magical Marxism*, London: Pluto, 2011. 该书是一本重思马克思主义的有趣尝试。

Nelson, Cary and Lawrence Grossberg (eds), *Marxism and the Interpretation of Culture*, London: Macmillan, 1988. 该书是一部论文集，收录了一些论述马克思主义与文化的文章。

Showstack Sassoon, Anne, (ed.), *Approaches to Gramsci*, London:

Writers and Readers, 1982. 该书收录了一些关于葛兰西的文章，并整理了一张极有价值的关键术语表。

Sim, Stuart (ed.), *Post-Marxism: A Reader*, Edinburgh: Edinburgh University Press, 1998. 该书收录的一系列有趣的文章对后马克思主义问题展开了讨论。

Simon, Roger, *Gramsci's Political Thought: An Introduction*, London: Lawrence & Wishart, 1982. 一部可读性很强的介绍葛兰西的著作。

Slater, Phil, *Origin and Significance of the Frankfurt School: A Marxist Perspective*, London: Routledge & Kegan Paul, 1977. 该书对法兰克福学派的著作进行了批判性的解读。第四章是关于文化工业的，对大众文化研究者而言很有益处。

Storey, John, *Culture and Power in Cultural Studies: The Politics of Signification*, Edinburgh: Edinburgh University Press, 2010. 这部论文集收录了从葛兰西文化研究视角出发分析文化的文章。

Storey, John, *Radical Utopianism and Cultural Studies: On Refusing to be Realistic*, London: Routledge, 2019. 该书从葛兰西文化研究的角度探讨了激进乌托邦主义。

Wayne, Mike, *Marxism and Media Studies*, London: Verso. 该书对于马克思主义媒介研究应当聚焦于什么问题做出了精彩的概述。

第五章　精神分析

在本章中，我将对精神分析（psychoanalysis）的文化分析方法进行一番探索。也就是说，尽管我们会在总体上讨论精神分析是如何对人类行为做出诠释的，但该学说为文化分析做出的贡献则必须在文化研究的框架之内阐述。因此，我不会对精神分析的理论体系做面面俱到的介绍，而只选择相关的内容呈现给大家。

弗洛伊德精神分析学说

西格蒙德·弗洛伊德（Sigmund Freud）认为，文明的创造力必然导致对人类本能的压抑。他还声称："每一个新进入人类社会的个体都不得不为了整个社区的利益而一再牺牲对本能的满足。"（Freud，1973a：47）最重要的本能驱动力就是性，而文明的存在使得人类的性本能在无意识（unconscious）的过程中得到了"升华"：

> 也就是说，那些原本基于性欲而存在的本能发生了转变，变得更加"高尚"，失尽了性的因素。然而，这一机制是极不稳定的，因为性驱动力是很难被完全驯服的。当一个人下定决心通过自我压抑的方式融入社会文明，他的性本能却极有可能成为阻碍。对于社会来说，文明最大的敌

人莫过于性本能的充分释放和回归（Freud, 1973a: 47-8）。①

弗洛伊德对"无意识"的发现在上述理论中发挥了关键作用。他第一次将人的心灵分成两个部分："意识"和"无意识"。前者联结了个体与外部世界，而后者则容纳了人类的种种本能的驱动力和被压抑的欲望。在此基础上，弗洛伊德还提出了"前意识"（preconscious）的概念——当我们在特定时刻无法想起某件事情，但经过冥思苦想又可以回忆起来，那么这件事情就存在于我们的前意识当中。存在于无意识里的东西时刻处于压抑与反抗的张力之中，只能通过扭曲的方式被表达出来，而我们是无法将无意识的内容原封不动地转移到意识里面的。② 最终，弗洛伊德通过三个术语对人类的精神世界做出了划分：自我（ego）、超我（super-ego）和本我（id）。③ 三者间的相互关系请参见图 5.1。

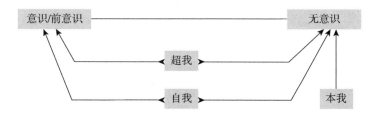

图 5.1　弗洛伊德的心灵结构图

本我是人类存在（being）中最原始的部分，是"我们只遵循自然法则的非人格化的天性"（Freud, 1984: 362），是"我们人性之中最黑暗、最艰于触摸的部分……无比混乱，仿佛是充满刺激性气味

---

① 电影《人性》（*Human Nature*）恰如其分地证实了这一观念。弗洛伊德以公元55年庞贝古城遭遇火山爆发的例子来阐释本能遭遇压抑的过程以及如何化解这一过程：人类心灵中的某些东西会突然变得无法接近，将自己封闭起来，这就形成了压抑；就像庞贝在火山爆发中蒙难，被深埋在地下，只有通过一铲一铲的挖掘才能使其重见天日（Freud, 1985: 65）。此外，弗洛伊德的无意识并非一个事物，而是我们与周围世界的一种关系，随着我们与周围世界关系的发展而变化。

② 我们不妨换一个角度来思考这个问题，那就是，压抑和压迫（suppression）到底有什么区别：前者指的是人的意识屏蔽了一些东西，而后者指的则是一种有意识地不让自己去想某个东西的努力。

③ 这三个词的德语原文分别是 Ich（我）、über-Ich（超我）和 es（它）。

第五章　精神分析

的巨大汽锅……尽管充满了蠢蠢欲动的本能之力，却不服从任何既定规则和集体意愿……它的一切目的就是遵循快乐原则（pleasure principle），想尽办法满足本能的需求"（Freud, 1973b: 106）。

自我是从本我中生发出来的："自我并非从一开始就存在于个体之中，而是后天生发出来的。"（Freud, 1984: 69）弗洛伊德进一步解释道：

> 自我是本我的一个部分，是被外部世界直接影响并加以改造后的本我……更重要的是，自我借助外部世界的力量压抑本我，遏制其发展，并试图使现实原则（reality principle）凌驾于在本我内部滋生、蔓延的快乐原则之上……自我在外部表现为我们常说的理性和常识，这与激情四溢的本我形成了鲜明的对比（363-4）。

弗洛伊德用一个人骑马的例子来描述本我与自我的关系："马是最主要的动力源，而骑马的人则决定了前进的目标并控制着马的活动。但是，正如马不可能在一切情况下都任人摆布一样，我们也不能确保自我能够随时随地地保持对本我的控制。"（Freud, 1973b: 109-10）事实上，在自我头上总共有三个"主子"，分别是"外部世界""本我的力比多"*（libido）以及"超我的严厉性"（Freud, 1984: 397）。

超我是在俄狄浦斯情结（the Oedipus complex）（在后文中会详细讨论）消解的过程中出现的。起初，超我的出现是孩童对父母的权威——尤其是父亲的权威——加以内化（internalization）和内投（introjection）的结果。于是，原初的权威就被其他权威的声音覆盖了，形成了所谓的"超我之心"**（conscience）。尽管超我的形成在很大程度上是文化作用的结果，但超我仍然与本我保持着密切的关系。弗洛伊德如是解释："自我在本质上是外部世界与现实的代表，而超

---

* 力比多是弗洛伊德精神分析理论中的重要概念，意指以性欲和性冲动为主要表现的本能或能量。——译者

** 通译"良心"，本书译者认为不妥。Conscience 这个概念在弗洛伊德的理论体系中指的是超我对自我的一种制约和压抑，译作"超我之心"似乎更妥当。——译者

我则是内部世界与本我的代表；两者之间是对立的关系。"（Freud，1984：366）"因此，超我与本我始终保持着密切的关系，它全权代表着本我，并与自我展开面对面的交锋。由于超我触及最深层次的本我，因此它比自我更加远离意识。"（390）此外，"分析最终表明影响超我的种种因素与自我几乎毫无关系"（392）。

关于弗洛伊德的上述理论，我们需要格外关注两点。第一，本我是与生俱来的，而自我则是在个体与文化的联系中产生的，这种联系又使超我浮出水面。换言之，我们的"天性"是被文化所"管制"的（尽管并不总是成功的）。所谓的"人性"并不是天然存在的，而是在文化对我们的天性加以"管制"的过程中形成的。这就意味着人性既非与生俱来亦非牢不可破；它在一定程度上是由外部世界塑造出来的。由于文化总是历史的和可变的，因此就连文化本身也处于不断的变迁之中。① 第二，人的心灵永远是一个富含冲突的场所——这也许是精神分析学说中更加基本的观点（参见图 5.2）。最主要的冲突基本都发生在本我与自我之间。本我总是不顾文化的约束，义无反顾地满足个体的欲望；而自我则和超我结成了松散的同盟，想方设法遵循社会规范。有时，人们将这种冲突视为"快乐原则"与"现实原则"之间的矛盾。比如说，当本我（由快乐原则支配）说"我想要"（无论要的是什么）的时候，自我则会对本我"想要"的东西仔细考量，思忖应该通过何种方式得到它。

本我 ⟷ 自我（超我）

快乐原则 ⟷ 现实原则

图 5.2　弗洛伊德的人类心灵冲突模式

---

① 弗洛伊德的人性观与卡尔·马克思的十分相似。在《资本论》第一卷中，马克思区分了"人的一般本性"和"在每个时代历史地发生了变化的人的本性"（此处译文参见《马克思恩格斯文集》第 5 卷，北京：人民出版社 2009 年版，第 704 页。——译者）。通常，人性包含特定的需求和能力。这些需求和能力可以分为两类：一类是"自然的"需求和能力，还有一类则是"类存在"（species being）的需求和能力。前者是人和其他动物所共有的（如饮食、住所、繁衍，等等）；而后者则为人类所特有，并且会因历史和社会形态的不同而不同。换言之，关于人性的很多保守论述其实是错误的。人性绝非一成不变的东西，而是始终处于变动之中。当今社会对于人性的理解，与五千或一万年前截然不同。在未来，还有可能出现新的变化。

在弗洛伊德看来,"压抑作用之所以很关键,是因为其总能拒斥一些东西,并让那些东西离意识远远的"(Freud,1984:147)。因此,我们不妨认为压抑作用是一种健忘症,它能够将我们不能处理或不愿处理的所有事情移除掉。但是,诚如弗洛伊德所言,我们也许可以把这些东西赶走,但它们绝不会"走"得很远:"事实上,我们什么都没放弃。我们只是用一些东西换来了另一些东西。表面上看我们似乎做了一番取舍,而实际上我们不过是在找寻相应的替代品。"(Freud,1985:133)而"替代品"的存在使得"被压抑之物"的回归成为可能(Freud,1984:154)。梦境或许是再现被压抑之物的回归的最生动的舞台。① 弗洛伊德就曾声称:"梦的解析是通向无意识的光明大道。"(Freud,1976:769)

梦的首要功能是"使人们的睡眠不受打扰"(Freud,1973a:160)。人的睡眠通常会受到三方面力量的打扰:外部刺激、近期事务以及"那些虎视眈眈、试图伺机爆发的被压抑着的本能冲动"(45);而梦则以讲故事的方式让睡眠中的人免受侵扰。比如说,当一个人睡觉的时候外界突然发出一阵声响,那么很有可能他会在梦的情节中听见这阵声响而不必被吵醒。同样,如果睡眠者的身体机能不太正常(最明显的例子就是消化不良),那么梦就会对其进行调节以确保做梦者的睡眠不被打扰。然而,外部和内部的刺激总是会以各种形式出现。对此,弗洛伊德解释道:"梦并不是简单地对这些刺激物进行再生产,而是对其加以重述、制造幻境,将其纳入某一特定的语境,并用其他事物取而代之。"(125)举例来说,闹钟的声响在睡眠者的梦中也许会变成阳光明媚的礼拜日清晨的教堂钟声,或者变成指引着消防队员冲向火灾现场的警铃声。因此,尽管我们可以感觉到外部刺激是如何被吸收到梦境之中的,却无法解释这一过程的具体机制。此外,梦还与睡眠者近期的经历密切相关,是

---

① 动作倒错(parapraxes)(Freud 1975 and Storey 2014)和陌生感(uncanny)(Freud 1985)也是理解潜抑状态的主要路径。想要进一步了解陌生感与激进乌托邦主义的关系,请参阅 Storey,2021。

"白昼的剩余物"(the day's residues)(Freud，1973a：264)。不过，弗洛伊德坚持认为，尽管睡眠者白天的生活经历在很大程度上决定了梦的内容，但与外界噪音和身体不适的例子相似，白天的生活经历既非构成梦的物质存在，亦非对无意识的愿望的表达。弗洛伊德指出："无意识的冲动才是梦境的真正创造者，它所生产的心灵的能量完成了对梦的建构。"(Freud，1973b：47)

弗洛伊德认为梦始终是一种"妥协结构"(compromise-structure)(48)，即梦是本我所激发的欲望与自我对欲望的压抑之间互相妥协、折中的产物："对我们而言，梦的含义之所以显得暧昧不明，源于梦境之中包含着我们羞于向他人提及的欲望。这些欲望时刻遭受着压抑，只能乖乖地躲在无意识里。被压抑的欲望以及相关的衍生物只能通过非常扭曲的形态实现自我表达。"(Freud，1985：136)压抑作用无所不在，而欲望则竭尽全力想要自我表达，因此，这些欲望就被编码成其他的形态，以躲避来自自我的压抑。对此，弗洛伊德曾有一句著名论断："梦是对（压抑或禁忌的）欲望的（隐蔽性）满足。"(Freud，1976：244)

梦主要活动于两个层面上，分别是潜在的梦幻意念（无意识）与外显的内容（做梦者醒来之后可以记得住的那一部分内容）。对梦进行解析就是要透过外显的内容去发掘梦的"真实意义"。因此，分析者必须对将潜在的梦幻意念转化为外显的内容的种种机制进行释码。弗洛伊德将这些机制称为"梦的运作"(dream-work)(Freud，2019：342)，其中包括四个步骤，分别是凝缩(condensation)、移情(displacement)、象征(symbolization)与次级修正(secondary revision)。这些步骤依次序完成"将意念转化为幻觉经验"的过程（Freud，1973a：250)。

外显的内容所占的分量远比潜在的内容轻，导致这一结果的是凝缩过程。这一过程以三种不同的方式发挥作用：（a）潜在的因素被忽略掉；（b）只有一部分潜在因素体现在外显内容中；（c）若干具有共性的潜在因素被凝缩至"复合结构"(composite structures)之中。

"凝缩的结果就是，外显的梦的内容之中的一个因素也许对应着潜在梦幻意念中的许多因素；反之，梦幻意念中的一个因素也许要通过若干个影像在（外显的）梦境中得以展现。"（Freud，1973b：49）弗洛伊德举了下面这个例子来证明自己的观点：

> 我们可以很轻易地回想起在自己的梦中曾经出现过的好几个人被浓缩成一个人的情景。也就是说，出现在我们梦中的那个人是一个复合体，他也许长得很像 A，却穿着 B 的衣服、做着 C 常做的事情；与此同时，我们却又隐隐感觉他其实是 D。潜在因素还通过一个被弗洛伊德称作"移情"的暗示过程出现在外显的内容之中。这一过程通常以两种方式发挥作用：
>
> 第一，潜在的因素被替换掉了。替换它的并不是其自身的某个成分，而是来自遥远外部的某个事物。这一替换是通过暗示来完成的。第二，原本为心灵所强调的重要因素转变成了另一种无关轻重的因素，故而梦总是显得主题偏离，异常古怪（248）。

上述第一种方式表明，梦的外显内容始终是潜在的梦幻意念的某种暗示和投射。比如，假设我知道某人从事的职业是教师，那么她在我的梦中可能会变成一个书包。通过这种方式，原始的情感（系于某人的强烈感情）就从其来源（她在一所学校供职）转移到与她在学校供职相关联的一些事物上去了。再比如，如果我认识一个人名叫克拉克（Clarke），那么在我的梦中他的身份也许是办公室职员[*]。于是，原始的情感就沿着一个链条从我熟识的某人的名字，转移到与这个名字具有相关性的活动上去了。也许我会梦见一间办公室，在这间办公室内我看见一个人正在伏案工作，但这些只是表象，此梦的"实质"在于我所熟识的一个名叫"克拉克"的人。上述例子以

---

[*] "克拉克"之所以与"办公室职员"产生关联，是因为后者的英文原文为 clerk，与 Clarke 具有读音和字形上的相似性。——译者

换喻（metonymy）的方式将具有相似性的事物加以浓缩，于是整体中的一个部分"挺身而出"，代替了整体。移情过程的第二种方式将焦点汇聚于梦境本身。外显内容"与梦幻意念是围绕着截然不同的中心运作的，两者不仅内容迥异，主旨也大相径庭"（Freud，1976：414）。"移情过程辅助压抑作用创造了某种替代性结构……在这种结构之下，一切都是暗示的结果；人们很难通过梦的内容去追寻生活中的真实的对应物。梦与真实生活之间的关系是一种最古怪、最反常的联想。"（Freud，1973a：272）弗洛伊德用一个笑话来描述移情过程的第二种方式：

> 村子里有一个铁匠，他出了一些经济问题，触犯了法律。法院决定对他的罪行予以惩罚。不过，他同时又是村子里唯一的铁匠，缺了他不行。这时，法官发现，在村子里总共有三个裁缝，于是就干脆从三人中挑出一个吊死了，做了替罪羊（Freud，2019：344-5）。

在这个例子中，原始情感的转移是以一种戏剧性的方式完成的。要想从"裁缝之死"追溯到"铁匠之罪"或许需要我们做出大量的分析，但最关键的问题在于："必须有人受到惩罚，哪怕错杀无辜。"（Freud，1984：386）

我们还可以举出另一个移情的例子，这个笑话也是借由情感链发挥作用的。一名手持步枪的男子试图暗杀特朗普总统。一名新上任的特工走上前，大喊着："米老鼠！"喊声惊动了还没来得及动手的杀手，他被逮捕了。后来特工的上司问他，你为什么喊"米老鼠"？特工红着脸说，"我太紧张了，我本来是想喊'唐老鸭！'"

他还指出："让这个梦变得奇怪且难以理解的并不是梦的运作本身，移情过程发挥了至关重要的作用；它仿佛是一种对梦加以**扭曲**的机制，决定了（潜在的）梦幻意念必须屈服于这种扭曲。"（Freud，1973b：50）

梦的运作的第三个步骤是"象征"。它与前两个步骤同时运行，主要功能就是"将梦幻意念转化为某种浅显易懂的、类似图画的表现形式"（Freud，1973a：267）。在这种新形式中，"潜在的梦幻意念……像戏剧故事一般娓娓道来"（Freud，1973b：47）。因此，象征过程"将文字记录般的潜在（梦幻）意念转化为感官的影像，大多数时候以视觉的方式呈现"（Freud，1973a：215）。但弗洛伊德同时也指出，并非所有意念都以这种方式被转化，有一些因素还是会变作其他形式。不过，不管怎么说，是那些象征的意象"构成了梦的核心要素"（Freud，2009：249）。弗洛伊德还强调："梦境之中出现的绝大多数意象都是性的意象。"（Freud，1973a：187）比如说，我们时常梦到的那些竖立的物体，比如"棍棒、雨伞、柱子、树木"，以及那些具有穿透力的物体，如"刀子、匕首、长矛、马刀……来复枪、子弹和左轮手枪"等（188），就都是男性生殖器的"象征性替代物"。而女性生殖器在梦中的意象往往是一些"包含了洞窟形空间、可以容纳其他东西的事物"，比如"深渊、洞穴……山谷……容器与瓶子……贮藏器、盒子、行李箱、手提箱、柜子、口袋，等等"（189）。

梦境中的象征性替代物始终处于不断的变动之中。弗洛伊德曾指出，梦里出现的那些可以逃脱地心引力的事物就是男性勃起的象征。他在1917年写道，自从齐柏林飞艇*（Zeppelin airship）发明后，它就加入了此类意象的阵营（Freud，1976：188）。尽管种种意象都来源于神话、宗教、童话故事、玩笑和日常用语，但人们无法有意识地选择在梦中使用哪种意象："做梦者对象征机制一无所知……这一机制只存在于精神世界。"①（Freud，1973a：200）

弗洛伊德坚信："要想对梦进行解读，就必须完全掌握做梦者与梦境之间的缔合**（association）机制。"（Freud，1973b：36）通过分

---

* 意指德国发明家齐柏林（1838—1917）发明的世界上第一艘机动的、具有硬式机架的飞艇。——译者

① 我们还可以借助语言来理解精神分析视角下的文化运作方式。患者往往会通过他（她）讲话所用的语言，在两个事物之间建立关联，或限制业已存在的关联。此外，弗洛伊德还发现，词汇在它本来的意思之外究竟还有哪些言外之意，也取决于使用这些词的患者的语言理解能力（Freud，1976）。

** 通译"联想"。本书译者认为"缔合"一词更为妥帖。——译者

析梦中的种种意象，我们或许可以初步解答"这个梦究竟有什么含义"的问题。但这种解答需要得到进一步的证实，即分析者必须去探究做梦者与梦的内容之间是以何种方式缔合的。弗洛伊德称："我要郑重提醒大家，绝不可过分强调意象分析在释梦过程中的重要性，不能将对梦境的阐释简化为对象征符号的分析。要想充分解读梦的含义，就必须深入考察做梦者与梦境之间发生缔合的机制。"（Freud，1973b：477）尤其是，同一个象征符号"往往具有多重含义……要想做出正确的解读，就必须结合情境，做到具体问题具体分析"（Freud，1976：470）；而所谓"情境"则是由做梦者自己构建的。

梦的运作的最后一个步骤是次级修正，即做梦者通过象征机制对梦的内容进行叙述的过程。它包含了两种形式。第一，患者对梦的内容进行口头描述，也就是将梦中的意象转化为语言和叙事，而"我们则会填补空缺、建立关联，不过此举常常导致总体性误读"（Freud，1973b：50）。第二，次级修正是对自我进行的最后的规制与引导策略，在（无意识的）压抑作用下制造意义与连贯性。

除了对梦的解析之外，弗洛伊德最著名的理论或许就是提出俄狄浦斯情结了。这一论断源自索福克勒斯（Sophocles）的名剧《俄狄浦斯王》（*Oedipus the King*，约公元前427年）。在这部悲剧中，主角俄狄浦斯（在不知情的情况下）杀死了自己的父亲并娶了自己的母亲。得知真相以后，俄狄浦斯自眇双目、去国离乡。弗洛伊德概括了两种俄狄浦斯情结，一种适用于男孩，另一种适用于女孩。在3岁至5岁这几年间，母亲（或者象征着母亲角色的其他人）成了男孩欲望的对象，这种欲望导致男孩将父亲（或者象征着父亲角色的其他人）视为争夺母亲的爱与情感的竞争对手。其结果就是，男孩企盼父亲的死亡。然而，在父亲的强大力量所带来的阉割恐惧面前，男孩最终放弃了对母亲的欲望并开始认同父亲的角色，相信自己有一天终将获取父亲的力量，并拥有一个专属于自己的妻子（母亲的象征性替代物）。

弗洛伊德并不能确定俄狄浦斯情结是如何影响女孩的。他指出：

"必须承认……总体上这一过程在女孩身上发挥的作用是极不充分且含混暧昧的。"①（Freud，1977：321）其结果就是，他对女性俄狄浦斯情结的观点进行了不断的修正。其中一个版本指出，女孩起初是对父亲（或者象征着父亲角色的其他人）存有欲望的，而母亲（或者象征着母亲角色的其他人）就成了与她抢夺父亲的爱的竞争对手。因此，女孩希望母亲死掉。当她终于认同母亲的角色时，情结就解开了。女孩开始认为有一天自己会变成母亲的样子。不过这一认同的过程始终伴随着怨恨，原因就在于母亲缺乏父亲那样强大的力量。在另一版本中，弗洛伊德则指出俄狄浦斯情结"甚少促使女性取代母亲的地位并以女性主义态度反抗父亲"（同上）。由于女孩早已意识到自己被阉割过了，因此她始终在寻求补偿："她放弃了对拥有阴茎的渴望，取而代之的则是对生孩子的渴望；正是**出于这一目的**，她才会将父亲视为爱情的对象。"（340）随着时间的推移，女孩渴望为自己的父亲生孩子的欲望渐渐消散："人们开始明白俄狄浦斯情结迟早会消失，原因是这一情结永远无法得到完全的满足。"（321）矛盾之处在于，"在男孩身上，俄狄浦斯情结是被阉割情结摧毁的，而在女孩身上则是先有了阉割情结，俄狄浦斯情结的出现和抵达才成为可能"②（341）。

将弗洛伊德的精神分析学说应用于文本分析，至少可以有两种方式。第一种方式以作者为中心，将文本等同于作者的梦境。弗洛伊德曾经将文本称作"从未出现在梦中的一类梦，是作家们通过编造故事、设立人物等想象性的方式做的一类梦"（Freud，1985：33）。文本的表层（包括词语和影像等）相当于梦的外显内容，而潜在的内容则是作者深藏的欲望。以这种方式来解读文本可以发掘作者的幻

---

① 从弗洛伊德对女性俄狄浦斯情结展开讨论的方式和语气中，不难发现在他看来对女性的研究根本不那么重要。

② 需要指出的是，弗洛伊德认为可以通过两种方式来对俄狄浦斯情结加以引导：一种是"积极的"方式，导致的结果是异性恋；另一种是"消极的"方式，导致的结果则是同性恋。男孩也可能"取代其母亲的位置而成为父亲的爱施予的对象"（Freud，1977：318）。

想,而这些幻想才是文本的真实含义。弗洛伊德指出:

> 艺术家都是……性格内向的人*,跟神经官能征患者差不多。他们时时刻刻忍受着本能需求的强力压迫。他们渴望荣誉,渴望权力,渴望财富,渴望赢得女人的爱慕,但他们缺乏满足这些欲望的手段。因此,就像其他欲求不满的男人一样,艺术家将自己的兴趣和力比多从现实转移到对幻想世界的建构;而这条道路的目的地,就是神经官能征(Freud, 1973a: 423)。

艺术家能够将欲望转化为崇高的艺术形式,并通过此种方式使他人了解自己的幻想,进而"让他们与自己共享快乐"(423-4)。艺术家的作品"使不懂艺术创作的人……也能从难以触及的无意识中获取安慰和愉悦"(424)。于是,文本"减轻了因欲求不满而产生的痛苦……首先是减轻了艺术家自己的痛苦,而后又减轻了受众与观者的痛苦"(Freud, 1986: 53)。弗洛伊德解释道:"艺术家的首要目的是自我释放;然而随着其作品的广泛传播,其他遭受着类似欲望折磨的人也得以获得了解脱。"(同上)

第二种文本分析方式以读者为中心,可以被视为由"作者中心论"衍生出来的分析方法。此种方法主要关注文本是通过何种方式使得读者在阅读过程中对自己的欲望和幻想进行象征性释放的。这一视角将文本视为梦的替代品。弗洛伊德提出了"前快感"(fore-pleasure)的概念,用以解释文本的快感是如何"让潜伏在心灵深处的那些更加巨大的快感得以释放的"(Freud, 1985: 141)。换言之,虚构性文本通过展示幻想的方式,使存在于无意识之中的种种快乐与满足有了释放的可能。诚如弗洛伊德所言:

> 在我看来,创造力卓越的作家带给我们的一切审美愉悦都具有"前快感"的性质……我们之所以喜欢那些幻想

---

* 轻视女性的态度使弗洛伊德的绝大多数论述都是从男性角度出发展开的。他所言的"人",通常仅指男人。——译者

性的作品,是因为这些作品使我们心灵深处的重压得到了释放……于是我们便可以徜徉在白日梦中而不必感到羞愧或自责(Freud, 1985: 141)。

尽管我们可以从文本的美学品质中攫取快感,但整个过程毋宁说是一个让人们得以触摸无意识领域内的深度幻想的机制。

小红帽

从前有一个讨人喜欢、人见人爱的小女孩。她的外婆很疼她,总是想方设法地送她礼物。有一次,外婆送了她一顶红色的天鹅绒小帽。这顶小帽大小正合适,于是,她从那以后只戴这一顶帽子,其他人因此称她为"小红帽"。有一天,小红帽的妈妈对她说:"来,小红帽,把这块蛋糕和这瓶葡萄酒送到外婆家去。她生病了,身体很虚弱,蛋糕和酒都是给她养病用的。趁天气凉爽赶快出发吧!路上小心,要乖乖的,不要四处乱跑,万一你摔了跟头打碎了瓶子,外婆就没得吃喝了。进了外婆的房间后,一定要先问早安,不要满屋子东张西望。"

"别担心,我一定会尽力的!"小红帽信誓旦旦地对妈妈说。外婆住在大森林深处,离村子有半个小时的路程。小红帽走进森林之后,遇见了一只大灰狼。天真的小红帽并不知道大灰狼是一种凶残的动物,所以她半点都没害怕。"早上好,小红帽!"大灰狼对她说。"谢谢你,大灰狼。""大清早的你要去哪里,小红帽?""去外婆家。""你围裙下面是什么东西?""是蛋糕和葡萄酒,是我们昨天做好的。外婆生病了,身体很虚弱,我要把这些东西送给她,让她早日恢复健康。""小红帽,你外婆家住哪里?""她住在森林里。从这里向前再走一刻多钟,有三棵高大的橡树,她的房子就在树下,门前立着淡褐色的篱笆,你肯定知道那个地方的。"小红帽回答。大灰狼暗想:这个水灵灵的小家伙,肯定非常美味,比老太婆的味道好多了。不过我得想办法把两个人都吃了才行。于是,大灰狼跟小红帽并肩向前走了一段路,然后对她说:"小红帽,你看,我们身边这些盛开的花朵多美啊！你为什么不四下里看看呢？估计你甚至连鸟儿悦耳的歌声都没留意到呢！你只顾直挺挺地往前走，仿佛是要去上学一样。要知道，树林里面好玩得很呢！"

小红帽抬起头来，看见明媚的日光在树木间翩然起舞，地上开满了美艳的花朵。她心里想：如果我采一束鲜花送给外婆，她一定很高兴，时间还来得及呢。于是，她离开了林间小路，跑到森林里去采花了。每摘一朵，都会发现稍远处有一朵更漂亮的，于是小红帽越走越远，一直跑到了森林的深处。而此时，大灰狼却敲响了小红帽外婆家的大门。"谁啊？""我是小红帽，我给您送蛋糕和葡萄酒来了，赶快开门啊！""你自己拨一下门闩，门就开了。我现在身体很虚弱，不能下床。"于是，大灰狼自己把门闩拨开，一句话都没说，径直来到床前，一口将小红帽的外婆吞到了肚子里。然后，大灰狼穿上外婆的衣服，戴上她的睡帽，用窗帘遮住窗子，躺在床上。

小红帽一直在四处乱跑，采摘鲜花，直到手中的鲜花已经多到拿不住的时候，才想起外婆来。于是，她立刻动身朝外婆家走去。到了大门口，她惊讶地发现房门居然是敞开的。她走进房间后，发觉周围的一切也都很古怪。小红帽心想：天哪，为什么今天我感觉这么紧张呢？以前每次来外婆家都是非常开心的啊！她高声说："早上好！"但是没有人答话。于是她走到床头，拉开窗帘，看见躺在床上的"外婆"把睡帽拉得很低，盖住了面孔，有种说不出的奇怪。"外婆，你的耳朵怎么这么大？""是为了听你的声音听得更清楚啊！""外婆，你的眼睛怎么这么大？""是为了看你看得更清楚啊！""外婆，你的手怎么这么大？""是为了更好地抓住你啊！""可是外婆，你的嘴巴怎么也这么大？""是为了一口把你吃掉啊！"话音刚落，大灰狼立即从床上跳起来，张开大口，把可怜的小红帽吞到了肚子里。

饱餐之后的大灰狼心满意足，重新躺到床上睡着了，鼾声如雷。这时，恰好有一位猎人从窗外经过，心里想：老太太怎么会打鼾呢？我得去看看她是不是出了什么事。于是，猎人走进了房间，一眼就看到了躺在床上的大灰狼。"原来你躲在这里，恶狼！"他说，"我找你找了很久了！"正要开枪射杀大灰狼的那一刻，猎人突然意识到也许老太太被大灰狼吞掉了，说不定还有的救。于是他取来一把剪刀，把大灰狼的肚皮剪开了。剪了两三下，他就看见了小女孩头上戴的那顶色彩鲜艳的红帽子；又剪了几下，小红帽便跳了出来，大声喊道："天哪，吓死我了，大灰狼的肚子里怎么这么黑！"随后，小红帽的外婆也从狼的肚子里钻了出来，尽管她活着，但已经上气不接下气。小红帽很快捡来一些大石块，塞进了大灰狼的肚子，又把肚皮缝好。大灰狼醒来后想要逃跑，但是肚子里的石头太重了，他立刻跌倒在地，摔死了。

结局皆大欢喜。猎人剥下了狼皮，带回家中；外婆美美地享用了小红帽带来的蛋糕和葡萄酒，感觉身体好多了；而小红帽吸取了一个教训：从今以后我要听妈妈的话，再也不会离开小路，独自一人跑到森林里去了。

上文是格林童话中的一篇，出现于 19 世纪早期。如果我们用精神分析的方法来解读这个故事，就要将其视为梦的替代物（追寻梦的运作的过程），而俄狄浦斯情结就蕴涵在其中。小红帽就是那个对父亲（这一角色最初由大灰狼扮演）存有欲望的女儿。为了除掉母亲（在故事中，这一角色是由妈妈和外婆两人浓缩合成的），她把大灰狼引到外婆的家里。请注意，整个故事讲得都很粗略，而唯一精心刻画的细节就是小红帽对外婆家住址和房子的外观的描述。她是这样对大灰狼说的："她住在森林里。从这里向前再走一刻多钟，有三棵高大的橡树，她的房子就在树下，门前立着淡褐色的篱笆，你肯定知道那个地方的。"这一描述表明大灰狼对于这个地方十分熟悉。

于是，大灰狼就可以先吃掉外婆（对性交的移情），再吃掉小红帽。在故事的末尾，猎人（后俄狄浦斯阶段的父亲）将母亲（外婆）和女儿引领至后俄狄浦斯的世界，在那里，"正常"的家庭关系得以恢复。大灰狼死了，而小红帽承诺："从今以后我要听妈妈的话，再也不会离开小路，独自一人跑到森林里去了。"故事的结局支持了弗洛伊德关于"怨恨式认同"的观点。除了上述种种浓缩和移情的例子外，这则童话中还包含着象征的意象。故事中出现的鲜花、森林、小路、红色天鹅绒小帽、葡萄酒（如果她离开了小路，就会摔跟头打碎酒瓶）等，都使得整个叙事过程充满了象征的意味。

当我们分析读者的行为时，应该时刻考虑到弗洛伊德对梦的解析方法。他曾说过，"要想对梦进行解读，就必须完全掌握做梦者与梦境之间的缔合机制"（Freud，1973b：36），这为我们分析文本的意义提供了一些非常有趣的理论视角，表明文本的意义并不仅仅存在于文本自身之中，也与读者选择何种方式与文本进行缔合密切相关。换言之，读者并非被动地接受文本的意义，而是通过自己与文本相遇时所使用的独特话语，积极主动地对文本的意义进行了生产。比如说，我之所以能够对《小红帽》一文做出上述独特的解读，是因为我对弗洛伊德的精神分析法有一定的了解；抛开这种了解，我对这则童话的阐释会变得截然不同。

将弗洛伊德精神分析学说转化为文本分析的方法，经历了从朴素的心理学传记学（psychobiography）到深奥的意义生成的过程。不过，弗洛伊德关于阅读中的真实性愉悦的理论或许会对精神分析批评家的工作构成阻碍——如果说意义是否存在取决于读者与文本之间缔合的方式，那么用精神分析的方法对文本本身进行解读岂非徒劳？当一位精神分析批评家告诉我们某个文本的真实含义是 X，那么根据弗洛伊德精神分析的逻辑，我们不难得知，该文本只对**你一个人**来说是 X。

拉康精神分析学说

雅克·拉康（Jacques Lacan）采用结构主义方法论对弗洛伊德的理论进行了重新解读，使精神分析学说牢固地根植于文化而非生物学。拉康本人声称，自己的目的就是要"将从头到尾都浸润着文化意蕴的弗洛伊德思想从其坚守的生物学领域转移到文化领域"

(Lacan，1989：116)。他对弗洛伊德的理论框架做出了拓展，并接合了对结构主义的批判性解读，创立了一套后结构主义的精神分析学说。拉康丰富了人类"主体"(subject)概念的内涵，这对文化研究，尤其是电影研究产生了深远的影响。

拉康认为，我们从出生那天起就处于"匮乏"(lack)的状态，而我们终其一生都在不断地想方设法来改变这一状态。我们以不同的方式体验着"匮乏"，但它始终是人类基本存在状态中的一种无法表征的表达。其结果就是，每个人都在孜孜不倦地找寻着幻想中的"充盈"(plenitude)的瞬间，拉康用"小对形 a"*（法文为 *l'objet petit a*，英译作 the object small other）来描述这个令人们始终可望而不可即之物。那是一个失落的客体，意指时光流逝中的一个想象的瞬间。由于我们永远无法抓住这一客体，所以只能通过移情策略和替代品来进行自我安慰。

拉康指出，我们在成长过程中总共经历了三个重要阶段。首先是"镜像阶段"(mirror stage)，之后是"去-来游戏"(fort-da game)，最后才是"俄狄浦斯情结"。我们的生命在一开始是处于拉康所谓的"实在界"(the Real)之内的；在这个领域内，我们对自己最终的归宿和新事物的诞生一无所知。实在界就如同尚未被象征化（以及尚未被归入文化的类别）的"物质界"，既包括外部世界中的"客观现实"，又包括弗洛伊德所谓的内心世界里的本能驱动。因此，实在界指的是尚未被"象征界"(the Symbolic)干预的一切事物。而"象征界"的出现使实在界变得支离破碎。如果可以超越"象征界"，我们便会看见实在界是一个万物聚合为混沌的世界。所谓的"自然灾难"其实就是实在界崩塌的体现，然而我们只能在"象征界"的范畴内对实在界加以归类——即便是我们常说的"自然灾害"，也不过是一种象征性的表述。换言之，小写的"自然"(nature)若想转化为大写的"物质界"(Nature)，就必须与文化进行接合：实在界是客观存在的，但其始终以被文化建构（从不存在到存

---

* 亦译"客体小 a""对象小 a"等。——译者

在)的现实——也就是象征界——的形式存在。诚如拉康所言:"文化的王国"始终凌驾于"自然的王国"之上(Lacan,1989:73),"词的世界……创造了物的世界"(72)。

在实在界的领域内,我们与母亲(或其他象征着母亲角色的人)之间的结合是十全十美的,我们感觉自己和母亲是一个不可分割的整体。我们第一次有意识地察觉到自己是一个独立的个体,发生于拉康所言的"镜像阶段"(参见图5.3)。他指出,所有人都是早产的婴儿,需要花时间学会控制与协调自己的行动。只有当婴儿第一次在镜子中看到自己的影像(大约在出生后6—18个月期间)时,这一过程才算正式完成。① 尽管婴儿"仍然处于行动不便且必须依靠

图 5.3 镜像阶段

① "一位充满智慧的诗人精确地指出,镜子绝不只是让我们看见自己的影像,它还能发挥更大的作用。"(Lacan,1989:152)

哺乳存活的状态"（Lacan，2019：352），但在瞥见镜中影像的那一刻，就会形成某种认同感。镜子象征着婴儿尚未获得的控制力与协调力，因此，婴儿看到的并不仅仅是当下的自己，也是一种未来的更加"完整"的自己。正是在此种"预示"的作用下，"自我"开始浮现。在拉康看来，"镜像阶段仿若一幕戏剧，其内部冲突体现为从匮乏状态到未来展望的急剧转变；这一过程在空间性认同之中激发了主体意识的产生，继之而来的则是一种从支离破碎的身体影像转化为整体性存在的幻想"（353）。在这种认同，或更准确地说，**误认**（错将自己的影像误认为自己本身）的基础上，我们开始将自己视为独立于母体的个体。也就是说，从镜像阶段开始，我们既是主体（镜前人），又是客体（镜中人）。"镜像阶段"预示着我们开始进入主体性的秩序，而拉康将这种被"误认"的主体性称为"想象界"（the Imaginary）：

> 拉康所谓的"想象界"指的是一系列影像的集合。我们一方面通过这些影像来完成身份认同，另一方面不可避免地产生了对自身的误读和误认。一个孩子在长大成人的过程中，会持续不断地对其他客体产生类似的想象性认同，而"自我"也就是在这一过程中被逐步建构出来的。对于拉康而言，自我的产生只不过是一个自恋的过程——我们通过在外部世界中的其他客体的身上寻找认同感，来建构一个想象性与整体性的自我（Eagleton，1983：165）。

每每有新影像出现，我们都会试图重回"匮乏"之前的状态，都会设法在他人身上找到自我，但每一次努力都归于失败。"主体……就是**匮乏**的存身之处，是一个空虚的所在，而我们做出的各种身份认同的努力都旨在填充这一空虚。"（Laclau，1993：436）换言之，我们的一切欲望就是找寻自己缺乏的东西，即我们在与"想象界"和"象征界"相遇之前的那个整体性的自我。我们的一切认同感其实都是误认；我们所认同的对象也并不是我们自身，而仅仅是镜中的一个又一个潜在的影像。"欲望是一种换喻"（Lacan，1989：193）：它让我们找到自己的另一个部分，但我们永远无法发现一个完整的自我。

　　成长的第二个阶段是"去-来游戏"。这个词是弗洛伊德发明的。当时他看到自己的孙子在玩一个缠着棉线的卷轴（reel）——先将它掷出去，再通过手中的棉线将其拉回来。* 弗洛伊德用这个术语来描述儿童在母体缺失状态下做出的一种妥协——卷轴象征着母亲，而儿童则通过抛出去再拉回来的方式实现对卷轴的状态的控制。换言之，儿童通过控制既有状态的方式来对母亲的缺位状况进行自我补偿：先让卷轴消失（去），然后再使其重现（来）。拉康对弗洛伊德的这一比喻进行了重新解读，将这一"去-来"的过程视为儿童开始进入象征界的阶段，尤其是开始**进入**语言的表现："从欲望转变为人性的那一刻起，儿童也就正式进入了语言。"（Lacan，1989：113）正如"去—来"游戏一样，语言是一种"由缺席构成的在场"（71）。一旦我们进入了语言，实在界的完整性也就一去不复返了。语言造成了存在与意义之间的疏离。在进入语言之前，我们只拥有存在（一种自给自足的天性）；而进入语言之后，我们开始同时身兼主体和客体两重角色：每一次我（主体）对我自己（客体）产生任何想法，上述事实就变得更加显著。换言之，"我在语言中对自我进行了认同，但付出的代价就是我像一个客体一样在语言中失去了自我"（94）。当我对你说话的时候，我是第一人称的"我"（I）；而当你对我说话的时候，我又成了第二人称的"你"（you）。对此，拉康解释道："问题并不在于我是否遵照自己本来的样子谈论'我'，而在于我本来的样子是否符合自己言谈中提及的那个'我'。"（182）为了阐述这种差别，拉康将勒内·笛卡儿（Rene Descartes）的名言"我思故我在"改写成了"我思于我不在之处，故我身在我不思之处"（I think where I am not, therefore I am where I do not think）（183）。此处，"我思"成了阐释的主体（"想象界"或"象征界"的主体），而"我在"则是被阐释之物（"实在界"的主体）。因此，在作为言

---

　　* 类似于现在常见的玩具溜溜球。——译者

说者的"我"和作为言说对象的"我"之间始终存在一道鸿沟。拉康将个体进入象征界的过程比喻为阉割：存在的象征性消逝是进入意义的必由之路。为了融入文化，我们必须放弃自我身份，放弃我们的天性。当"我"讲话时，我总是迥异于自己言说中的那个"我"，我总是会滑落到差异和失败中去："当某个个体作为意义出现于某处时，该个体在别处必然会陷入'衰弱'和'消失'。"（Lacan，2001：218）

"象征界"是意义的一种主体间（intersubjective）网络，它作为某种结构存在，我们每个人都必须进入。因此，就产生了一种与后马克思主义文化研究（参见本书第四章）十分相似的文化分析思路。我们经验中的那些事实其实只是实在界的某种象征机制。一旦进入了"象征界"的领域，我们的主体性就会立即被激活（意指我们可以行动、可以制造意义），但同时也受到种种压抑（我们的行动和意义制造行为都是受到限制的）。象征界的法则决定了我的身份，也就是说，无论我认为自己是谁，除非在象征界的机制内获得了自己和他人的认可，否则这种身份认同就是不真实的。比如说，我在获得博士学位后的第一天并不比此前一天水平更高，但在象征的意义上看，有学位的我就是比没学位的我更高明，因为现在我有了一个学位！正是"象征"的法则认可了我的新智力状态，进而使得我本人和其他人共同认可了这一状态。

成长的第三个阶段就是"俄狄浦斯情结"，在此阶段，儿童第一次直面性别的差异。结束俄狄浦斯情结的标志是从虚像到象征的转变。同时，这一过程还会弱化我们对"匮乏"的感觉。既然完全的满足感是绝然无法企及的，于是我们的一切经验就变成了一场从能指（signifier）到能指的运动，永远不可能固定在某一个所指（signified）上。在拉康看来，一切欲望都是对固定所指（"他者""实在界"、充盈的瞬间、母亲的身体）的不可救药的追求，而结果则是从一个能指飘浮到另一个能指。用拉康的话说，就是"所指不断地在能指下方滑落"（Lacan，1989：170）。想要填补自我与"他者"之间的沟壑、填充我们与生俱来的"匮乏"是绝无可能的,而欲望就存在于这种不可能的基础上。我们渴望回归"自然"状态(尚未脱离母体的时期),在那个状态中,万事万物都保持着本来的面目,没有语言的干预,也没有象征的"入侵"。随着生命的叙事向前发展,我们始终在欲望的驱使下坚持不懈地克服着现时的状态;而在回望人生时,我们"坚信"(基本上是一种无意识的过程)脱离母亲(或象征着母亲角色的其他人)身体之前的那段日子才是我们堕入"匮乏"之前所拥有的最后的"充盈"。"俄狄浦斯情结"告诉我们:

> 儿童现在必须直面现实:已经永不可能与……禁忌的母体……产生任何直接的关联了……渡过俄狄浦斯危机之后,我们便永远不能企及这一珍贵的客体了,尽管我们会穷尽一生的光阴不断地寻找它。我们不得不"委身于"种种替代性的客体……想尽办法填补自身存在之中的巨大罅隙,却只能一次又一次地徒劳而返。我们从一个替代物漂向另一个替代物,从一个隐喻漂向另一个隐喻,却永远无法重获纯粹的(哪怕是想象性的)自我认同与自我满足……在拉康的理论体系中,正是"母体"这一元客体的失落驱动着我们生命的叙事,促使我们在欲望的无尽的换喻活动中毕生追寻着失落天堂的替代物(Eagleton,1983:167,168,185)。

比如说,在言情类作品的话语中,"爱"是一切问题的终极解决途径,这一过程就可被视为人类无休止地追寻母体的替代物的例子。言情类艺术作品其实是一种话语的实践(参见本书第六章对福柯的讨论以及第四章对后马克思主义的讨论),这种话语将"爱情"视为完善人类自身存在的终极要素。在这些文本中,爱情行之有效地让我们重返"实在界",让我们回归无比幸福的充盈状态,重新与母亲融为一体。在带有男性浪漫主义色彩的言情电影《德州巴黎》*

---

* 《德州巴黎》是20世纪福克斯于1984年出品的影片,导演为维姆·文德斯(Wim Wenders)。该片于1984年获得戛纳电影节金棕榈奖。——译者

(*Paris, Texas*)中，我们可以清晰地看到这种话语发挥作用的机制。这是一部以"无意识"为主题的公路电影（road movie），具体表现为主角特拉维斯·亨德森（Travis Henderson）注定失败的"重归充盈时刻"的奋斗经历。影片总共展示了三种回归母体的方式。首先，特拉维斯去往墨西哥，想要查明其**母亲**的出身和血统；接下来，他又跑到巴黎，追寻**母亲**身怀六甲的岁月；最后，在"移情"机制的作用下，他把亨特（Hunter）还给了简（Jane）（把儿子还给了他的**母亲**），并以此种象征性的方式认定自己对母体的追寻注定归于失败。

电影的精神分析

劳拉·墨维（Laura Mulvey）的论文《视觉快感与叙事电影》（"Visual Pleasure and Narrative Cinema"）或许是从女性主义精神分析视角对大众电影进行研究的经典之作。在文章中，作者深入考察了大众电影是如何对所谓的"男性凝视"（male gaze）进行生产和再生产的。墨维称自己的研究视角是一种"政治的精神分析"，在她手中，精神分析理论"被当作政治的武器来展示父权社会的无意识对电影形式的结构过程"（Mulvey, 1975: 6）。

在电影中，女性的形象通常具有双重性：（a）男性欲望的对象；（b）阉割恐惧的能指。为了揭露大众电影"操纵视觉快感"的本质，墨维主张"将对快感的解构作为激进的武器"（7）。在这一点上，她的态度十分坚决："人们说，对愉悦之感与美好之物的分析就是为了摧毁它们。没错。这正是本文所要达到的目的。"（8）

那么，究竟哪些"快感"是必须被摧毁的呢？墨维列举了两类。首先是窥视欲（scopophilia），也就是观看的快感。通过援引弗洛伊德，墨维指出：所谓窥视欲绝不仅仅指由观看而产生的快乐，而是一个"将他人当作自己的控制性凝视（controlling gaze）宰制的对象"的过程（同上）。"控制性凝视"这个概念在墨维的论述中具有关键作用，同样重要的还有"性欲客体化"（sexual objectification）：窥视是由性欲驱动的，是一种"通过视觉将其他人变为性刺激对象"的行为（Mulvey, 1975: 10）。尽管大众电影是自我呈现为当下的样子的，但墨维指出，此类影片通常"像是一个密不透风的世界，在神秘状态中被缓缓释放，对观众的在场则毫不关注"（9）。在影院中，朦胧幽暗的观众席与明亮跳跃的大银幕形成鲜明的对比，而观众的窥视欲就在这种明暗对比之间得到满足。

除窥视欲外，大众电影还催生并满足了另一种快感："所谓的窥视欲是在自恋（narcissism）的氛围中滋生出来的。"（同上）此处，墨维援引拉康的"镜像阶段"理论（前文中有介绍），指出由电影制造出来的基于身份认同的快感与儿童的"自我"的形成过程具有高度的相似性。就像婴儿会对镜中自己的影像产生认同和误认一样，观众也会对银幕上的"自我"产生认同和误认。墨维称：

> 对于处在镜像阶段的儿童而言，肉体的野心大大超越了身体的行动能力，其结果就是产生了一种不切实际的想象，认为自己在镜中的影像远比自己切身经验的身体更加完整、更加完美。这一身份认同的过程充满快感，是认同与误认交相混杂的结果：一方面，儿童将镜中的影像认同为对自己身体的反射；另一方面，此影像又超越了自己的身体，仿佛是一个置身事外的理想化的自我。这个理想化的自我如同与主体疏离的另一个主体，除了内投为理想化的自我外，还引发了儿童此后对其他人产生认同感的行为（9-10）。

因此，在墨维看来，大众电影生产了两种互相矛盾的视觉快感。其一是窥视的快感，其二是自恋的快感。两者之间的矛盾体现为："在电影中，前者暗示了充满性欲的观影主体与银幕上出现的种种客体的分离；而后者则通过让观众着迷的方式，使其将银幕上的那些与自己具有相似性的客体认同为另一个理想化的自我。"（10）用弗洛伊德的话来说，前者是一种"窥视的本能"（将他人视为性欲的对象加以观看），而后者则是"自我的力比多"（身份认同的形成过程）（Mulvey，1975：17）。然而，在这个"性别失衡"的世界里，凝视的快感导致了男女角色的分野：男人是观看者，而女人的使命则是展示自身的"**可观赏性**"（to-be-looked-at-ness）——两者共同服务于男性的欲望（11）。因此，女人的存在是（男性）凝视的快感得以形成的关键因素：

> 在传统意义上，作为被展示者的女性在两个层面上发挥作用，她既是电影故事中人物的色欲对象，又是观众席中人物的色欲对象。银幕内外的双向视线之间存在着一种多变的张力（11-2）。

墨维举例指出，电影中的歌舞女郎角色，就同时受到来自银幕内外的双重窥视。当女主角脱下自己衣服的时候，来自影片中男主角和银幕外男性观众的两道性欲的目光同时汇聚在她的身体上。这两种凝视起初是难分彼此的，直到男女主角发生性关系，才在彼此间产生张力。

大众电影是围绕着两个环节被建构出来的，即叙事的环节和展示的环节。在第一个环节中，主动的男性发挥主要作用；在第二个环节中，被动的女性发挥主要作用。男性观众首先通过凝视影片男主角（"观看的承受者"）的方式来进行对自我的建构，再通过男主角的目光去凝视女主角（"色欲的观看"），以满足力比多的欲望。前一种凝视使男性观众回想起当初对自己镜中影像的认同和误认，而后一种凝视则将女性确定为性欲的对象。相较之下，后者远比前者复杂，原因在于：

> 归根结底，女人的全部存在意义就在于她们拥有与男人不同的性别……尽管男性的目光始终停留在女性身上，他们心里却又同时拒斥女性的形象：她们没有阴茎，会给自己带来对阉割的恐惧，进而也就会剥夺快感……于是，女性就成了一种符号，她们被展示在男性面前；男性则是观看行为的主动控制者，他们从对女性的凝视中获取快感。而同

时，没有阴茎的女性又使男性时刻处于阉割焦虑状态，这种焦虑从人类诞生的那一刻起就始终存在着（Mulvey, 1975：13）。

为了挽救快感，也为了逃避原始的阉割情结产生的威胁，男性无意识可以通过两条途径抵达"安全的彼岸"。第一种逃避方式是细致审视创伤发生的原初时刻，这种方式常常导致"对负罪感的贬斥、惩戒与救赎"（同上）。墨维举例指出，黑色电影的叙事方式就是一种典型的焦虑控制方法。第二种逃避方式则是"以偶像崇拜的对象（fetish object）来替代被凝视的女性对象，或者将被凝视的女性对象转化为崇拜的偶像。通过这种方式可以化解阉割焦虑带来的危险，进而也就实现了心安理得"（13-4）。墨维举例："对女明星的疯狂崇拜行为……就是偶像崇拜式的窥视欲试图在内部建立客体肉身之美的过程。经此，被窥视的女性对象变成了本身令人满意的东西，她带给男性观众的阉割焦虑也就不复存在了。"（14）于是，观众对电影中女性的窥视就不必再通过影片中男演员的目光来完成了。大量的镜头开始以观众的第一视角直接拍摄女性身体（常常聚焦于女性身体的某些特殊部位），并通过此种未经他人介入的方式为男性窥视者制造一种纯粹的色欲景观。

墨维得出结论：必须摧毁大众电影的快感，将女性从种种剥削和压迫中解放出来，不再扮演"（主动）男性凝视的（被动）原料"的角色（17）。她赞同布莱希特的电影制作革命的主张①，反对让电影继续"醉心于满足男性自我的神经官能需求"（18）。为了达到这一目的，就必须打破影片的虚幻性，显露摄像机的物质存在，并在观众中营造一种"辩证而富有激情的疏离感"（同上）。更重要的是，"女性自身的形象总是被利用来营造这种疏离感（男性凝视的对象），因此她们只能带着伤感的悔意看待传统电影形式的消亡"（同上）（若想全面了解墨维的女性主义批评理论，参见本书第八章）。

---

① 若想了解布莱希特的美学思想，请参阅 Brecht, 1978。

第五章　精神分析

斯拉沃热·齐泽克与拉康式幻想

特里·伊格尔顿（Terry Eagleton）曾如是盛赞斯洛文尼亚批评家斯拉沃热·齐泽克："他是精神分析学派中最显赫、最杰出的一员，对欧洲近几十年文化理论的发展做出了卓越的贡献。"（转引自Myers，2003：1）伊恩·帕克（Ian Parker）则声称："尽管表面上看齐泽克有很多创新，但他始终未能建立起新的理论体系……他没有对前人的理论做出任何特别的拓展，而只是对他人提出的种种概念进行了接合与混杂。"（Parker，2004：115，157）齐泽克的著作有三个主要的思想来源，分别是黑格尔的哲学、马克思的政治学和拉康的精神分析学说。其中，尤以拉康的影响力为甚——在齐泽克的著作中，黑格尔和马克思的理论是被统摄于精神分析的框架之内的。无论我们是赞同伊格尔顿的观点还是帕克的观点，都不可否认齐泽克是一位非常有趣的文本解读者（具体的例子可参见 Žižek，1991，2019）。限于篇幅，我将仅介绍齐泽克对于拉康所谓的"幻想"（fantasy）这一概念的阐述。

"幻想"与"幻觉"（illusion）是截然不同的。"幻想"的作用是规定我们观看的方式并帮助我们理解现实，仿佛是我们观看世界与感知世界的一个框架。幻想使我们具有独一无二的身份，让我们产生关于外部世界的观念，并引领我们观察与体验周围的世界。流行音乐家贾维斯·考克尔（Jarvis Cocker）［果浆（Pulp）乐队前主唱］在英国广播公司第四电台历史悠久的节目《荒岛唱片》*（Desert Island Discs）（2005年4月24日）中做嘉宾时，发表了下述言论："真实世界里有什么并不重要，使生活趣味盎然的是你脑子里发生的事。"这句话恰如其分地描述了幻想在日常生活中扮演的角色。

齐泽克指出，"'现实'是被幻想建构出来的，这种建构掩盖了

---

* 《荒岛唱片》是英国广播公司第四电台制作播出的广播节目，首播于1942年1月29日。——译者

欲望的实在界"（Žižek，1989：45）。弗洛伊德曾经给我们讲过一个故事。一个男人梦见死去的儿子对自己抱怨："难道您看不见我正在被人焚烧吗？"于是这个男人立刻从梦中惊醒，闻到了真实世界里弥漫的烧焦气味。换言之，外界的刺激（燃烧的气味）被融入了梦境；只不过这种刺激过于强烈，最终超越了梦境所能容纳的极限（Freud，1976）。而齐泽克指出：

> 拉康的解读方法与弗洛伊德截然相反。主体从梦中惊醒并不是因为外界的刺激过于强烈，而是出于截然不同的原因。此人建构了一个梦，他通过这个梦来延续自己的睡眠，竭力避免在现实生活中惊醒。然而，他在梦中不可避免地经历了一些事情、一些关于欲望的现实，也就是拉康所说的"实在界"。在这个例子中，死去的孩子重新来到父亲面前，开口说话："难道您看不见我正在被人焚烧吗？"这并不是对外部现实的简单反映，而是预示着父亲怀有深切的负罪感——从梦中惊醒并不是因为嗅到了浓烈的烧焦气味，而是在试图逃避自身欲望的实在界。从梦境中逃回所谓的现实，是为了以后可以继续安睡，继续在逃避和盲目的状态中与欲望的真实界保持距离（Žižek，1989：45）。

这个梦所揭示的实在界，是父亲因未能将儿子从死亡的关口救回来而深怀的自责。换言之，与醒时面对的现实相比，梦中的那个世界才是真正的实在界。

齐泽克还举过一些大众文化的例子来阐述幻想对现实的建构过程。他指出，幻想的功能并非满足欲望，而是展示欲望。

> 我们的欲望是无法在幻想中得到充分实现与满足的。恰恰相反，幻想的作用仅在于使我们意识到欲望的存在，并直面这些欲望。精神分析的基本观点是：欲望并非先天形成，而是后天被建构出来的；而幻想的使命就在于协调主体的欲望、锁定欲望的对象，以及为主体找到准确的定位。正因幻想的存在，主体才得以被建构为欲望的主体；

也就是说，我们是在幻想中形成欲望的（Žižek，2019：335）。

因此，"幻想就像是一个空白的表面，一面奇特的银幕，随时等待欲望的上演"（336）。他以帕特丽夏·海史密斯*（Patricia Highsmith）的短篇小说《黑房子》（*Black House*）做例子。故事发生在一座美国小镇。镇上的许多老人每天晚上都会聚在一间酒吧里，缅怀过去，不过他们似乎总会以各种方式不约而同地将记忆聚焦于镇外山顶的那幢古老的黑房子。每个人都能回忆起自己在那幢房子里的奇遇，尤其是艳遇。可如今，所有人都感觉那幢房子很危险，谁也不敢再回去。一个刚搬到镇上来的年轻人对那些老人说，自己不怕什么黑房子，于是他真的跑到黑房子里去"探险"了。而他所看见的，只是一片年久失修的废墟。年轻人返回酒吧，告诉老人们那幢黑房子和所有其他荒废的房子没什么不同。闻听此言，老人们勃然大怒，其中一人甚至在年轻人离开酒吧后对他进行攻击，打死了他。为什么年轻人的行为会激怒那些老人？齐泽克做出了如下解释：

> 对于那些老人而言，"黑房子"是一个禁忌。它仿若一个巨大的空间，里面寄存着老人们的怀旧欲望与扭曲的记忆。而那个年轻人竟然公开宣称"黑房子"只不过是一片寻常可见的废墟，这不啻毁灭了老人们幻想的空间，将其拉回了索然无味的日常现实。年轻人打破了现实与幻想之间的界限，阻塞了老人们与自身欲望的接合（337）。

欲望是永不可能得到充分实现、获得完全满足的，它只能在我们的幻想中被持续不断地再生产。"欲望消失的时候，焦虑就会出现。"（336）换言之，当我们离欲望太近，"匮乏"就有可能被消弭，而欲望也就不复存在了。作为结果，焦虑便会登场。不过，欲望是具有回溯性（retroactive）的，这使得情况变得更加复杂。正如齐泽克指出的那样："欲望的自相矛盾性体现为其总能反复回溯自身的诱因，

---

* 帕特丽夏·海史密斯（1921—1995），美国著名侦探小说家。——译者

即'小对形 a'作为一种客体只能为被欲望'扭曲'的凝视所感知——此客体绝不会为某种'客观'的凝视存在。"(Žižek, 2019: 339)换言之,我所欲求之物是由幻想的过程规制的,幻想将我的欲望投射到某个固定的客体身上。表面上看,我是先有了欲望,然后才有欲望的客体;而事实是,直到被投射到固定客体身上的那一刻起,我的欲望才开始存在。这不是一种线性运动,而是始终充满逆向与回溯的色彩。

拓展阅读

Storey, John (ed.), *Cultural Theory and Popular Culture: A Reader*, 5th edition, London: Routledge, 2019. 该书是本书上一版的配套阅读材料。本书及其配套读本得到了互动式网站 www.routledge.com/cw/storey 的支持。该网站中包含许多有用的链接与电子资源。

Balsey, Catherine, *Culture and the Real*, London: Routledge, 2005. 该书对拉康和齐泽克进行了清晰的介绍。

Easthope, Antony, *The Unconscious*, London: Routledge, 1999. 一部极为出色的精神分析学说概述,强力推荐。

Evans, Dylan, *An Introductory Dictionary of Lacanian Psychoanalysis*, London: Routledge, 1996. 关于拉康理论体系的必读书。

Frosh, Stephen, *Key Concepts in Psychoanalysis*, London: British Library, 2002. 一本优秀的导论性著作。

Kay, Sarah, *Žižek: A Critical Introduction*, Cambridge: Polity Press, 2003. 一本优秀的导论性著作。作者在书中称自己根本不知道齐泽克在说些什么,我很欣赏这种态度。

Laplanche, J. and J.-B Pontalis, *The Language of Psychoanalysis*, London: Karnac Books, 1988. 一部精心编著的术语表。

Mitchell, Jullet, *Psychoanalysis and Feminism*, Harmondsworth: Pelican, 1974. 这是一部通过将女性主义和精神分析学说相结合来批

判父权制的经典著作。诚如作者所言："精神分析并不是对父权制社会的维护，而是对它的分析。"

Myers, Tony, *Slavoj Žižek*, London: Routledge, 2003. 介绍齐泽克理论的入门性著作，非常易读。

Parker, Ian, *Slavoj Žižek: A Critical Introduction*, London: Pluto, 2004. 这也是一部关于齐泽克的有趣的著作，也是目前所有同类作品中最富批判色彩的。

Richards, Barry, *What Holds Us Together: Popular Culture and Social Cohesion*, London: Routledge, 2018. 一部尝试将流行文化研究与精神分析结合起来的有趣的作品。

Wright, Elizabeth, *Psychoanalytic Criticism*, London: Methuen, 1984. 该书对精神分析学说的批评方法进行了全面的介绍。

Žižek, Slavoj, *Looking Awry: An Introduction to Jacques Lacan through Popular Culture*, Cambridge, MA: MIT Press, 1991. 该书对拉康和流行文化进行了精彩的介绍。

第六章　结构主义与后结构主义

　　结构主义和前文讨论过的其他"主义"有很大不同。诚如特里·伊格尔顿所言:"结构主义丝毫不关注研究对象的文化价值;人们既可以用它研究《战争与和平》(*War and Peace*),又可以用它解读《战争的呐喊》*(*The War Cry*)。结构主义是一套分析方法,而非评估机制。"(Eagleton,1983:96)作为一种文化分析方法的结构主义肇始于瑞士语言学家费尔迪南·德·索绪尔(Ferdinand de Saussure)的著述。此流派的大多数成员都是法国人,其主要贡献包括:路易·阿尔都塞的马克思主义理论、罗兰·巴尔特的文学与文化研究、米歇尔·福柯(Michel Foucault)的哲学与历史研究、雅克·拉康的精神分析学说、克劳德·列维-施特劳斯(Claude Lévi-Strauss)的人类学研究以及皮埃尔·马施立的文学理论。他们的著作常常关注截然不同的问题,有些亦很艰深晦涩。这些人之所以能够被归入同一"阵营",是因为他们都深受索绪尔的影响,并共享一套由索绪尔创立的术语。鉴于此,在对结构主义文化理论展开讨论之前,有必要先对索绪尔的语言学著作做一个介绍,并引入有助于理解结构主义的一系列关键概念。

---

* 《战争的呐喊》是救世军(The Salvation Army)的宣传出版物。——译者

费尔迪南·德·索绪尔

索绪尔认为语言是由两个部分组成的。当我写下英文单词"dog"的时候，我既在纸上制造出了"dog"这个词的形状，又在心中勾勒出了一个"狗"的概念或图像：长着四条腿的犬科动物。索绪尔将前者（字词）称为"能指"，将后者（概念）称为"所指"。能指和所指是密不可分的（就像硬币或纸张的正反两面），共同构成了"符号"。随后，索绪尔又称能指与所指之间的关系是非常随意的。比如说，"dog"这个词与"狗"这种四足犬科动物之间并无本质上的相似性，所以作为能指的"dog"和作为所指的"四足犬科动物"之间的固定搭配是毫无理由的（在某些语言中，还有可能若干个不同的能指指向同一个所指），两者的关系毋宁说是一种约定俗成，一种文化的契约（参见表6.1）。换言之，就算"dog"这个能指有一天指向"猫"——一种四足猫科动物——也是不足为怪的。

表6.1 不同语言中的"猫"一词

汉语	mao
英语	cat
法语	chat
德语	katze
日语	neiko
西班牙语	gato
俄语	koska

因此，索绪尔提出：意义并不是在能指与所指的互相关联与互相协调中形成的，而是在差异和关系中产生的。换言之，索绪尔提出的是一套语言的关系理论。在世界上，并非每一个词语都有一个固定对应的意义；意义只存在于差异之中。比如说，"母亲"这个词的意义是在与"父亲""女儿"和"儿子"的差异和关系中形成的；

再比如说，交通灯是一个包含四个符号的系统：红灯停，绿灯行，黄灯意味着马上要变红灯，而黄灯加红灯则表明马上要变绿灯。能指"绿灯"与所指"行"之间的关系就是约定俗成的，在"绿"这种颜色和"行"这个动作之间并不存在天然的固定关系。如果我们让"绿灯"指向"停"，而让"红灯"指向"行"，并不会妨碍整个交通灯系统的正常运行。*

因此，不存在**与生俱来的**意义，意义是在差异中体现出来的，而整个系统就是由符号间的差异和相互关系构成的。为了进一步表明意义仅是关系的产物而不具有稳固的基础，索绪尔举出了列车时刻的例子。从波鸿**（Bochum）驶向不来梅***（Bremen）的列车每天 12∶11 准时发车。在我们看来，每一班火车都是一样的（都是"12∶11 从波鸿驶向不来梅的列车"）；但实际上，今天的列车车头、车厢和乘务员与昨天的可能完全不同。因此，这班火车的"身份"并不具有稳固的基础，而仅仅体现在它与其他时间出发、驶向其他城市的其他火车的差异中。索绪尔还举过国际象棋的例子。国际象棋中的"马"（knight）是走"日"字的****，但是如果当初发明者随意将其设计为其他走法，并不会对国际象棋的总体规则造成影响——这表明"马"并非天生就要走"日"字，"马"的意义体现在它与其他棋子的差异之中。

索绪尔还提出意义是在组合（combination）与选择（selection）的过程中形成的，在水平方向上沿着毗邻轴*****（syntagmatic axis），在垂直方向上则沿着聚合轴******（paradigmatic axis）。比如说，在"玛丽安今天煲了鸡汤"这个句子中，意义是在"玛丽安""今天"

---

　　* 可以再举一个类似的例子。在中国的股市中，上涨的股票被标为红色，而下跌的股票则被标为绿色。这与美国股市恰好相反。不过这种差异并不会影响中美两国股市的正常运作。——译者
　　** 波鸿，亦译波克姆，德国中西部城市。——译者
　　*** 不来梅，德国西北部城市。——译者
　　**** 即走水平两格垂直一格，或垂直两格水平一格。——译者
　　***** 亦译"语序轴"等。——译者
　　****** 亦译"置换轴"等。——译者

"煲了""鸡汤"这四个成分组合在一起的基础上产生的；无论缺了哪个成分，全句的意义都不完整。索绪尔将这一机制称为语言的毗邻轴。此外，我们还可以通过添加新成分的方式对意义进行拓展。比如，在"玛丽安今天在思念她的情人的同时煲了鸡汤"之中，"在思念她的情人的同时"这一新添加的成分就在语言的毗邻轴上扩充了原句的意义。当某个句子被插入语——如"我刚想说……""我很清楚路易应该……"和"你答应过会告诉我……"等——打断时，毗邻轴发挥的作用便尤其显著。

用新成分来替换句子中的旧成分也会使意义发生改变。比如说，我可以将原来的那个句子改写为"玛丽安今天在惦记她的新车的同时煲了鸡汤"，这种变形在索绪尔看来就是沿着聚合轴完成的。让我们来举一个颇具政治色彩的例子："恐怖主义者今天对一个军事基地展开了攻击"，聚合轴上的变形会让这个句子的意义发生明显的变化——如果我们用"自由斗士"或"反帝国主义志愿者"替换"恐怖主义者"，那么原句的意义将会彻底改变。上述过程完全是句子内部的形态变化，与外部现实毫无关系。句子的意义是在词语的组合与选择中被生产出来的，这是因为"符号"和"对象"（referent）（在前面的例子中，相当于真实世界里的真实的狗）之间的关系也是约定俗成的。因此，我们所使用的语言并非对物质世界的简单**反映**，而是仿若一张概念版图，为我们对外部世界的观察和体验设定了规范。换言之，语言的重要之处体现为其**构成了**我们眼中现实物质世界的**形态**。

结构主义者认为我们对现实的感知是被语言建构出来的，不同的语言会勾画出不同的现实版图。比如说，当一个欧洲人欣赏雪景的时候，他/她看见的只是雪而已。而在因纽特人（Inuit）眼中，这种景观往往具有更加丰富的意涵，原因在于因纽特语中有超过 50 个词都是指向"雪"这个概念的。因此，若一个欧洲人和一个因纽特人肩并肩站在一起欣赏雪景，他们心中必然会形成截然不同的概念图景。与之类似，澳大利亚原住民的语言中描述沙漠的词也非常多。

在结构主义者看来，上述例子表明：我们对外部世界的概念化（conceptualization）过程需要依赖自己使用的语言，最终也就是要依赖自身所处的文化。语言之所以能够使意义的出现成为可能，是因为语言包孕的组合、选择、相似性与差异性之间的相互关系与相互影响。我们绝无可能在语言范畴之外对意义做出阐释，正如索绪尔指出的那样："语言内部的差异**并不是根本性的**差异……在语言系统确立之前，语言的观念和声响是根本不存在的；语言给我们带来的只不过是概念的差别与声音的相异。"（Saussure，1974：120）不过，此番论断的准确性是很可疑的，因为我们可以从因纽特人的例子中得知，因纽特语中描述雪的词语之所以那么多，在很大程度上是因为因纽特人所处的物质环境及其日常生活。同样，在前文的例子中，用"自由斗士"来替换"恐怖主义者"而导致的意义变形，也并非仅仅由语言本身造成（参见本书第四章）。

索绪尔对结构主义的发展做出的另一个重要贡献是他对**语言**（langue）和**言语**（parole）的区分。**语言**指的是人们借以表达的系统、规范与惯例，是一种社会机制。正如罗兰·巴尔特指出的那样："索绪尔所谓'语言'就是一个人为融入社区而必须接受的集体契约。"（Barthes，1967：14）而**言语**则是个体言说的方式以及对语言的具体运用。为了阐明上述观点，索绪尔再次将总体性的语言比作国际象棋。很显然，我们可以将整个游戏的规则和具体的游戏过程区分开来。离开了规则，游戏的过程便完全无法展开；可若没有一个又一个具体的游戏过程，规则便也无法显现。因此，**语言**和**言语**之间的关系，就是结构（structure）与表现（performance）之间的关系——表现的异质性（heterogeneity）完全是由结构的同质性导致的。

最后，索绪尔划分出语言学的两种研究路径：历时性（diachronic）方法分析既定语言的历史变迁，而共时性（synchronic）方法则对某一特定历史时期的语言加以考察。索绪尔指出，若想建立一门关于"语言的科学"，就必须采用共时性的研究路径。因此，可以说，结构主义的文化研究方法通常是一种共时性的方法。结构主义者普遍认为，若要对文本与实践做出充分的阐释，只需重点关注它们的结构特征。这就不可避免地引发了种种争议——其他流派的理论家对结构主义的批评主要集中于其非历史（ahistorical）的视角。

结构主义的两个基本观点都来自索绪尔的语言学。第一，关注文本与实践之中包含的基本关系，以及使意义得以生成的"语法"；第二，始终认为意义是在词句组合与选择的相互关系和影响中形成的，决定性因素则是潜藏的结构。换言之，结构主义者将文本与实践当作语言来研究。举例来说，假如有外星人应邀从外太空来地球访问，莅临1999年5月巴塞罗那（Barcelona）的欧冠联赛（Champions League）的决赛现场，观看曼联（Manchester United）与拜仁慕尼黑（Bayern Munich）两支球队的对决，那么他们眼中的场景将是怎样的呢？无外是两组男性地球人，身着不同颜色的制服——一组穿红色衣服，一组穿银褐色衣服——以不同的速度在画着白线的绿茵场上东奔西跑；而被大家争来抢去的白色球状抛射物则对人与人之间的合作关系和竞争关系发挥着至关重要的作用；此外，还有一个身穿深绿色服装的男人，通过吹哨子的方式来决定比赛的起讫时间；此人身边还有两个同样身着绿色制服的助手，以挥舞旗帜的方式维持着吹哨绿衣人的有限的权威；最后，外星人会看见在球场两端的网状大门前各站着一个男人，而其他人则一个接一个地与那个白色抛射物相接触。这些来访的外星人固然可以对眼前的情景做出观察并将自己的所见所闻描述出来，但除非有人向他们解释足球联赛的规则即足球联赛的**结构**，除非有人告诉他们曼联队正是在赢得这场比赛后成为史上首支"三冠加冕"——冠军杯、英超联赛（Premier League）和英格兰足总杯（FA Cup）——的球队，否则这些外太空来客绝然不会明白眼前情景的意义所在。结构主义者感兴趣的并不是文化的内容，而是其文本与实践背后潜藏的基本结构——正因结构的存在，文本和实践才有意义。因此，结构主义的使命就在于揭示意义生产过程（**言语行为**）中蕴含的规则与惯例（**结构**）。

克劳德·列维-施特劳斯、威尔·赖特与美国的西部电影

克劳德·列维-施特劳斯利用索绪尔的理论来发掘所谓"原始"社会文化的"无意识基础"(Lévi-Strauss,1968:18)。他将烹饪、礼仪、服饰、审美活动以及其他文化与社会实践当作语言来进行研究,指出每项实践都是一种独特的传播途径与表达形式。诚如泰伦斯·霍克斯(Terence Hawkes)所言:"他(指列维-施特劳斯)的落脚点,简言之,就是整个文化的**语言**及其系统和一般法则;他是通过分析各种**言语**来追踪文化的足迹的。"(Hawkes,1977:39)在研究的过程中,列维-施特劳斯发现了大量"系统"的存在;而他关于神话的种种分析则对大众文化研究产生了影响。他指出,在形形色色的神话背后存在着高度同质化的结构。简言之,每个具体的神话都是一种**言语**,与之接合的则是潜藏的结构——**语言**。只有理解了背后潜藏的结构,我们才能触及每则神话的真实意义,即列维-施特劳斯所言的"操作价值"(operational value)(Lévi-Strauss,1968:209)。

列维-施特劳斯指出,神话的运行方式和语言是一样的。神话是由"神话素"(mythemes)构成的,就像语言是由"词素"(morphemes)和"音素"(phonemes)等单元构成的一样。如词素和音素一般,神话素无法独立生成意义,而必须以某种方式被组合起来。因此,人类学家的任务就是探究神话的潜在"语法",厘清使文化产生意义的机制。此外,列维-施特劳斯还指出,所有神话都具有一种"二元对立"(binary oppositions)结构;世界由此被一分为二,而意义就是在互斥的"两极"之间生成的。常见的对立关系包括文化与自然、男人与女人、黑与白、好与坏、我们与他们,等等。列维-施特劳斯沿用了索绪尔的观点,认为意义的产生是相似性与差异性交互影响的结果。比如,若我们想说某物是"坏的",就必须同时知道

什么是"好的"。同理，要想回答"怎样才算是男人"，必须同时回答"怎样才算是女人"。

列维-施特劳斯声称一切神话都具有相似的结构，而且都对社会发挥着类似的社会文化功能。尽管这并不是他的首要观点，但给文化研究带来了重要启发。神话之所以存在，就是为了让世界变得易于理解，用神秘的力量化解社会中的种种冲突与问题，即如列维-施特劳斯所指出的那样："神话思想对于站在自己对立面的事物总是保持警觉并采取行动……其作用就在于提供一个合理的模型，消弭社会中的矛盾。"（Lévi-Strauss, 1968: 224, 229）于是，神话故事就成了一种文化，这种文化使冲突销声匿迹，让世界变得易懂而宜居，进而也就在人类与其自身、与其存在之间营造了和合的氛围。

威尔·赖特在《六把枪与社会》（*Sixguns and Society*）一书中应用列维-施特劳斯的结构主义方法来分析好莱坞出产的西部影片。他指出，西部片的绝大多数叙事能量（narrative power）源自影片自身的二元对立结构。然而，与列维-施特劳斯不同，赖特关注的问题"并非如何揭示影片的精神结构，而在于神话是如何通过自身的结构向社会成员传播某种观念或秩序的"（Wright, 1975: 17）。简言之，列维-施特劳斯最关心的是人类心灵的结构，而赖特则将注意力集中在西部片怎样"用简单的符号来传达深奥的含义，进而将美国人的社会信仰概念化"（23）。赖特指出，西部片总共经历了三个发展阶段，分别是"经典时期"（其中包括一个被他称为"复仇片"的变种）、"过渡主题时期"和"专业化时期"。尽管每个时期出品的影片类型彼此相异，但其背后均潜藏着一个基本的二元对立结构（参见表6.2）。赖特坚持认为，若想完全理解一则神话的社会意义，不但要分析二元对立结构，还要分析神话自身的叙事结构，即"事件的进展与冲突的化解"（24）。而这正是赖特超越列维-施特劳斯之处。在赖特看来，"经典"西部片可以被分割为16个"功能单元"（function）（参见 Propp, 1968: 165）：

表 6.2　经典西部片的二元对立结构（Wright，1975：49）

内部社会	外部社会
好的	坏的
强大的	羸弱的
文明	野性

　　1. 英雄进入了一个社会群体。

　　2. 英雄在社会中默默无闻。

　　3. 人们发现英雄原来拥有某种超凡的能力。

　　4. 人们认识到自己与英雄之间存在差异，故而赋予英雄特殊地位。

　　5. 社会无法完全接纳英雄。

　　6. 坏人与社会之间发生了利益冲突。

　　7. 坏人比社会强大，社会很弱小。

　　8. 英雄与坏人彼此尊重，惺惺相惜。

　　9. 坏人对社会产生了威胁。

　　10. 英雄避免将自己卷入冲突。

　　11. 坏人威胁到英雄的一位朋友的安全。

　　12. 英雄与坏人决斗。

　　13. 英雄战胜了坏人。

　　14. 社会重新变得安全了。

　　15. 社会接纳了英雄。

　　16. 英雄失去或主动放弃了自己的特殊地位。

1953 年的影片《原野奇侠》*（Shane）或许可以算是经典西部片的典范，影片讲述了一个从荒野中骑马而来的陌生人帮助一群农民战胜了强大的农场主，而后又骑着马消失在荒野之中的故事。在经典西部片中，英雄和主流社会往往能够结成（临时的）同盟，共同对付

---

* 《原野奇侠》系派拉蒙电影公司于 1953 年出品的西部片，导演兼制片人是乔治·史蒂文斯（George Stevens）。该片获得 1954 年奥斯卡"最佳摄像"奖。——译者

游离于社会之外的坏人。

而"过渡主题"式西部片则扮演了搭桥的角色,将盛行于20世纪30年代至50年代的经典西部片和盛行于20世纪六七十年代的"专业化"西部片联系起来。及至"专业化"西部片大行其道,旧有的二元对立格局被颠倒过来,英雄开始游离于主流社会之外,他所抗争的对象则是无比强大却行将就木的社会文明本身(参见表6.3)。许多原有的叙事功能也发生了转变。以前的英雄往往来自社会之外,现在的英雄则从一开始就是一位受人尊重的社会成员。而社会本身则变成了站在英雄对立面的"坏人",时刻威胁着社会和文明之外的人。英雄先是对游离于社会之外的人予以支持,并最终与他们结成同盟,进而使自己脱离了社会文明的束缚,奔向无尽的荒野。不过,社会的力量对于社会之外的人而言实在太强大了,没有人能够将其彻底征服;英雄的最终归宿并不是战胜敌人,而是无奈地遁逃,重归野性世界。

表6.3 专业化西部片的二元对立结构(Wright,1975:48-9)

英雄	社会
外部社会	内部社会
好的	坏的
羸弱的	强大的
野性	文明

尽管赖特认为"过渡主题"时期的收尾之作是1954年的影片《荒漠怪客》*(Johnny Guitar),但若从二元对立结构与叙事功能的角度看,似乎1990年的《与狼共舞》**(Dances with Wolves)才是

---

* 《荒漠怪客》系共和影业(Republic Pictures)于1954年出品的西部片,导演为尼古拉斯·雷(Nicholas Ray)。——译者
** 《与狼共舞》系猎户座制片公司(Orion Pictures)于1990年出品的影片。该片投资仅1900万美金,却最终赢得超过4亿美金的票房收入,并获得包括"最佳影片""最佳导演"在内的七个奥斯卡奖项。凯文·科斯特纳(Kelvin Costner)身兼导演和制片人。——译者

"过渡主题"式西部片的典范之作。影片讲述了一位勇敢的骑兵军官远离东部("文明")而主动要求到西部("野性")工作的故事,如片中旁白所言:"1864年,一个男人动身前往边远蛮荒之地,并最终在那里找到了自我。"除"自我"之外,他还在苏人*(Sioux)那里发现了**社会**。在影片中,"他被慈爱而光荣的苏人部族深深吸引……可最终,他也如所有其他白人定居者一样陷入了是否应当继续以暴虐残忍的方式深入土著人领地的矛盾"(Guid Home Video,1991)。深思熟虑之后,他做出决定:与苏人并肩作战,共同抵抗"文明"的入侵。再后来,一位白人骑兵指责他是叛徒,为了保住性命,他只好离开苏人部落。在最后一幕中,一队骑兵将整个部落团团围住——毫无疑问,一场大屠杀已不可避免;而影片正是以这种方式,象征着英雄的黯然退场。

如果我们赞同《与狼共舞》是一部"过渡主题"式的西部片的观点,那么将该片作为神话来分析就存在一些问题。赖特曾经指出,每一种西部片都与美国当下的经济发展状况"遥相呼应":

> 经典西部片的情节与市场经济下的个人主义观念相呼应……复仇片的情节折射出市场经济变迁的迹象……而专业化西部片的情节则揭示出一种全新的,与计划经济、公司经济体制所内含的价值观密切相关的社会理念(Wright,1975:15)。

每一种影片类型都接合了各自的神话形式,通过不同的方式展示了**美国梦**的实现过程:

> 古典的剧情告诉人们:若想赢得友情、尊敬和荣誉,就必须使自己独立,用自身的力量去帮助他人……而复仇片则淡化了个体与社会之间的兼容性,这类影片往往表明,要想受人尊敬、被人爱慕,一方面必须挺身而出,以一己之力对抗众多强大的敌人,另一方面则要时刻提醒自己,

---

* 苏人,美洲印第安土著中的一支,亦称达科他人(Dakota)。——译者

不要背弃包括追求美满婚姻和塑造谦逊品格等温和的价值观。"过渡主题"式西部片呼唤新的社会价值观，声称若想拥有爱情和友情，必须付出代价，那就是将自己从社会中驱逐出去，坚定地站在正义的立场上，与社会的褊狭无知做无畏的斗争。最后，专业化西部片的情节……告诉我们，要想获得人们的支持和尊重，首先须将自己培养成身怀绝技的技术人员，跻身专业精英人士之列，任劳任怨且只忠于团队，与一切负面的社会及社区价值观划清界限（Wright, 1975：186-7）。

《与狼共舞》既叫好又叫座，取得了巨大的成功（该片总计获得7个奥斯卡奖项，在英美两国有史以来最成功的电影中位列第5，上映首年即分别在两国获得约1090万英镑和约1.225亿美元的票房收入）。这部电影可被视为（如果我们接受赖特提出的过分简化的相关性理论）"过渡主题"式西部片的代表作。此类西部片标志着某种传统文化的回归，让人们重返那个不甚唯利是图的社会价值观盛行的年代——其实，也就是回到了**社会与社区**的年代。

罗兰·巴尔特：《神话学》

罗兰·巴尔特早年的大众文化研究著作主要关注指意（signification）的过程，以及意义的生产和流通机制。《神话学》（*Mythologies*）一书就以法国的大众文化作为考察的对象。在这部著作中，巴尔特对诸多文化形态进行了讨论，包括角斗、肥皂粉与清洁剂、玩具、牛排与薯片、旅游，以及公众对科学的态度，等等。其主要原则就是质疑日常生活中的种种"虚假的显见"（the falsely obvious）（Barthes, 1873：11），将隐藏于大众文化文本与实践中的意涵揭示出来。巴尔特怀有政治意图，他抨击的对象就是所谓的"中产阶级规范"（9）。他在1957年版《神话学》的前言中写道："我讨厌看见人们将自然和历史搞得混乱不堪，我要将那些**隐而未言之物**（what-goes-

without-saying）统统展示在人们面前，拉下意识形态侮虐世人的假面"
（Barthes, 1873：11）。《神话学》是将符号学*（semiology）方法应用于大众文化分析的最重要的著作，而第一个阐释符号学的潜在价值的人是索绪尔：

> 语言是一个用符号来表达观念的系统，因此语言与书写、手语、象征性仪式、礼节规范以及军事信号等系统都具有可比性……于是，我们可以设想一种专门研究社会中符号的存在的科学……我称之为"符号学"（Saussure, 1974：16）。

《神话学》中最为高屋建瓴的一篇文章是《今日神话》①（"Myth Today"）。在此文中，巴尔特勾画了一个解读大众文化的符号学模型。他采纳了索绪尔的"能指+所指=符号"的公式，并在其基础上建立起一个两重指意系统。

我们此前提到过，"dog"这个能指对应着"狗"（四足犬科动物）这个所指。巴尔特指出，这只不过是初级指意系统（primary signification）；在此系统中生成的符号"狗"（包括能指和所指）又变成了次级指意系统（secondary signification）中的能指；在次级指意系统中，"狗"这个能指又指向新的所指，那就是"一个招人讨厌的人"**。表6.4显示了初级指意系统中的符号是如何在次级指意系统中变成能指的。在《符号学的要素》（Elements of Semiology）一书中，巴尔特用大家熟知的术语"外延"（denotation）和"内涵"来分别指称初级指意系统和次级指意系统："前一个系统（外延）成了后一个系统（内涵）的表达面（plane of expression）或能指……内涵系统的

---

* 通常认为符号学的开创者有两位，分别是欧洲的索绪尔和美国的查尔斯·皮尔士（Charles Peirce）。受索绪尔符号学影响的人称符号学为semiology，而接受皮尔士传统的人则使用semiotics这个表述。——译者

① 巴尔特的《今日神话》与威廉斯的《文化分析》并列为英国文化研究的奠基性文献。

** 在英语文化和英语语言中，常用"狗"来喻指卑鄙无耻的小人。——译者

能指……是由外延系统的符号（能指+所指）构成的。"（Barthes, 1967: 89-91）

表 6.4 初级指意系统与次级指意系统

初级指意系统或外延	1，能指　2，所指　3，符号
次级指意系统或内涵	**1，能指　2，所指　3，符号**

巴尔特指出，为人们所消费的神话是在次级指意系统或内涵的层面上被生产出来的。在他看来，神话就是包含了一整套观念与实践的意识形态，其功能在于积极推行统治阶级的利益与价值观，维护既存的社会权力结构。若想深入理解巴尔特的上述观点，需首先认清符号的多义性（polysemic）特征，即一个符号具有指向多重意义的潜能。举例来说，在第一章中我们曾经讨论过英国保守党在政治节目中将红色监狱栅栏用作"社会主义"的意象的例子。此举显然表明保守党试图在次级指意系统（内涵系统）内将"社会主义"这个词固定到限制、囚禁、反自由等意义上。在巴尔特眼中，这一"固定新内涵"的行为是在对神话的生产——对意识形态的生产——过程中完成的，而一切指意形式都遵循上述过程。为了证明自己的观点，巴尔特举出的最著名的次级指意的例子莫过于对出版于 1955 年的一期法国杂志《巴黎竞赛》*（*Paris Match*）的封面的分析（参见图 6.1）。针对这张图片，巴尔特指出：初级指意系统包含一个能指，即一系列色彩与图形；这一能指指向一个所指，即"一位向法国国旗致礼的黑人士兵"。能指和所指相结合，就构成了初级指意系统中的符号，而这一符号在次级指意系统中又扮演了能指的角色，它所指向的所指则是"法兰西帝国的威严"。巴尔特如是描述自己初见该图片时的情景：

> 我坐在理发店里，他们递过来一本《巴黎竞赛》。杂志的封面上是一位黑人青年，身着法国军装，双目上扬，正

---

* 《巴黎竞赛》创刊于 1949 年，是法国发行量较大的综合性周刊。——译者

图 6.1 黑人士兵向国旗致礼

在向什么东西敬礼——很有可能就是一面三色旗*（tricolour）。所有这些元素共同构成了图片的意义。不过，也许是我太天真了，总之，我在图中看到了法兰西帝国的"威严"，看到了帝国的一切子民，无论肤色、不择种族，皆忠心耿耿地效忠于飘扬的国旗；而那些对殖民主义指手画脚的诽谤者也该闭嘴，因为就连黑人都开始热忱地效忠所谓的"暴君"了。故而，陈列在我面前的是一个极为复杂的符号系统，该系统中的能指是在此前的另一个系统（一个黑人士兵向法国国旗致礼）中形成的，而所指则是"受到称颂的'法国性'（Frenchness）掺杂着军事力量"。而最后，所

---

* 指法国国旗，因法国国旗由红、白、蓝三种颜色组成。——译者

第六章 结构主义与后结构主义

指是通过能指将自己展示出来的（Barthes, 2019: 367-8）。

在初级指意系统中，所指是"一个黑人士兵向法国国旗致礼"；而在次级指意系统中，所指则成了"法帝国主义的良好形象"。因此，这期杂志的封面作为一个符号系统旨在展示法兰西帝国的正面形象。随着法国在越南（1946—1954）和安哥拉战场上的失利（1954—1962），该图所传达的意义对很多人来说不啻政治上的当务之急。诚如巴尔特所言："神话具有……双重功能。一方面，它让我们看到了一些事物的存在；另一方面，它又对某些事物做出了解释，并将这种解释强加给我们。"（368）神话之所以可以发挥上述功能，皆因巴尔特和《巴黎竞赛》的其他读者共享了一套文化代码（cultural codes）。故而，图片的内涵并非简单地为影像的制造者所生产，而是被既存的文化传统激活。换言之，图片的意义既来源于文化传统，又同时丰富了文化传统的内容。此外，文化传统也并不是阻滞意义流通的同质性障碍，神话总是要面对来自"反神话"（counter-myth）的挑战。比如说，一张包含了流行音乐文化元素的图片在年轻受众的眼中或许是自由与文化多样化的象征，而到了年长的受众那里，却变成了操纵性文化与同质性文化的符码。人们会应用哪种代码对文本做出解读，取决于三个要素：文本所在的场所、读者所处的历史时期与读者的文化背景。

在《图像的讯息》（"The Photographic Message"）一文中，巴尔特进一步阐述了自己的观点。前文说过，图片所处的情境是很重要的。假如那张黑人士兵向国旗致礼的图片出现在《社会主义评论》（*Socialist Review*）的封面上，那么它所蕴含的意义将会有天壤之别。读者或许会将其视为一种反讽——并不是对法帝国主义的赞美，而是帝国主义剥削和压迫殖民地的象征。而且，当一位社会主义者在《巴黎竞赛》的封面上看到这张图片时，也绝不会认为其传播了帝国主义的良好形象，而会将其视为"法兰西帝国"在相继败军于越南和安哥拉之后做出的垂死挣扎。但无论如何，图片背后深藏的意图是不言自明的：

> 神话具有强制性与专断性色彩……这种色彩同时体现在物质层面与合法性层面上：帝国主义者指责向国旗致礼的黑人除了机械地扮演能指角色外一无是处，而黑人却以法兰西帝国之名向我致意；同时，黑人的敬礼变得更加厚重，若结晶般凝滞为一种永恒的意义，那就是法兰西帝国尊严的确立（Barthes，2019：368）。①

巴尔特设想了三种解读图像的立场（positions）。第一种立场仅仅能够将"向国旗致礼的黑人士兵"视为帝国威严的"例证"或"象征"。神话的生产者常常持有这种立场。第二种立场会将这张图片理解为帝国主义的一种"狡辩"，绝大多数社会主义者持有此种立场。最后一种立场则属于"神话的消费者"（370）；在他们眼中，"向国旗致礼的黑人士兵"既非帝国威严的象征亦非帝国主义的狡辩，而仅仅是一种"对法国帝王之尊本身的**展现**"（同上，黑体为原文所有），即"向国旗致礼的黑人士兵"与"法兰西帝国的威严"之间的结合是**自然而然**的。对此，没有什么可讨论的，因为很显然，某一事物必须通过另一事物才能展现自己。在第三种立场中，"向国旗致礼的黑人士兵"与"法兰西帝国的威严"之间的关系被"自然化"（naturalized）了。诚如巴尔特所言：

> 读者之所以会在浑然不觉的情况下对神话进行消费，皆因他们仅仅将其视为归纳（inductive）系统而非符号系统。在他们眼中，在某一事物与另一事物之间画等号是一个随心所欲的过程，即能指和所指之间的关系是"天生"的。我们不妨换个角度来分析这一问题：一切符号系统都是价值观的系统；由于神话的消费者认为神话中的指意是一种"据实"（factual）的指意，因此他们是将神话作为一个事实的系统加以解读的。然而他们错了——神话自始至

---

① 巴尔特的此番论述与若干年后由路易·阿尔都塞提出的"质询"这一概念非常相似（参见本书第四章的讨论）。

终都是符号的系统（Barthes，2019：371）。

当然，还有第四种解读立场，那就是巴尔特自己的立场——神话学家的立场。这种解读立场生产出巴尔特所谓的"结构性描述"（structural description），深掘影像中包孕的意识形态意义，揭示神话将历史转化为自然的过程。巴尔特指出："是符号学使我们了解到神话的历史意向，及其妄图将政治观念自然化的野心。在当下，这一过程指的就是中产阶级的意识形态。"（同上）在巴尔特眼中，"神话是在历史质地（historical quality）丧失的过程中被建构出来的；在神话中，事物全然失去了自己曾经是'人造之物'的记忆"（同上）。他以"去政治化的演讲"（depoliticized speech）来描述上述过程：

> 在黑人士兵的例子中……被掩盖的显然不是法兰西帝国的雄威（恰恰相反，整个神话都在想方设法对其进行展现），而是偶发于历史中的、人为制造的殖民主义（colonialism）特性。神话从不否认事物的存在，恰恰相反，其功能就在于谈论事物、"净化"事物，将事物装扮成无辜的样子，使事物具有永恒的先天性与合法性——神话从不对事物进行解释，而是直接将事物陈述为事实。如果我直接宣称法兰西帝国的威严是一个事实而不对其加以解释，那么我的观点就会显得无比自然、毋庸置疑。在从历史转向自然的过程中，神话在经济层面上发挥着作用：它弱化了人类行为的复杂性……它使世界变得毫无深度，进而也就消弭了冲突；它让整个世界显得开放而明晰，并通过此种方式营造出一种确切无误的幸福感：世间万物的意义就体现在自身之中（371-2）。①

---

① 神话发挥作用的机制与福柯所谓的"权力"大致相同，两者都是生产性的（参见本章后文）。

图片往往是伴随着语言文本一起出现的。比如，报纸上刊登的新闻图片便往往配有标题、说明性文字、背景故事以及相应的版面设计。而且，一张图片如若刊登在不同的报刊上，往往也会产生不同的效果——《每日电讯报》(*Daily Telegraph*)与《社会主义工作者》(*Socialist Worker*)的读者构成与读者预期是截然不同的。与图片相伴的语言文本控制着内涵的生产过程。

> 以前，人们用图片来解释文字（使文字表达的内容变得更清晰）；可如今，情况颠倒过来了，文字开始被用来为图片赋予文化、道德与想象的意蕴。以前，人们习惯于将文字简化为图片；可如今，从文字到图片的过程反而扩充了意义。现在，内涵仅仅被人们视为与影像类文本构成的基本外延之间产生的共鸣；故而，呈现在我们面前的，只不过是一个将文化自然化的典型过程（Barthes, 1977a: 26）。

换言之，并不是图像让文字变得更清晰，而是文字扩充了图像潜在的内涵。巴尔特称这一过程为"接力"（relay）。当然，图像与文字之间还存在其他关系。有的时候文字并非"扩充了图像原有的含义，而是生产（创造）出一个全新的所指；这个所指对图像产生了强大的反作用，俨然构成了图像的外延"（27）。我们不妨举个例子。一张摄于2019年的照片，展示的是一位表情凝重的摇滚乐明星。该照片最初被用来推广一首名为《宝贝恶作剧》(*My Baby Done Me Wrong*)的情歌。而到了2020年底，一家报纸却重新刊登了这张照片，用以配合该明星的一位挚友因吸毒过量而死的报道。图片下方的说明性文字也变成了"毒品害死了我最好的朋友"。这段新的说明性文字在图片中生产（创造）了新的内涵，那就是失落、绝望以及对毒品在摇滚乐文化中扮演了什么角色的反思。巴尔特将这一过程称为"锚定"（anchorage）。前文曾指出，同一张摇滚乐明星的图片之所以会产生两种不同的意义，正是因为符号天生便具有多义性；也就是说，一个符号具有多重指意的潜能。如果离开了语言文字的说明和介绍，图片的意义就很难确定下来。在这里，文字是通过两种方式发挥作用的。一方面，它使读者获知图片的外延意义，即"这是一位表情凝重的摇滚乐明星"；另一方面，它限制了图像的潜在内涵的"增生"过程，让我们明确知道这位摇滚乐明星之所以表情凝重，是因为他的一位挚友死于过量吸毒，因此，图中人是在深思"毒品在摇滚乐文化中扮演了什么角色"的问题。此外，说明性文字还有一个功能，那就是想方设法使读者相信内涵的意义是在外延的层面上展示出来的。

读者在对图像进行解读时，往往要依赖自己的社会知识（一种文化传统）储备；只有这样，他们才有可能完成从外延到内涵的深入分析。离开了为社会成员所共享的代码（无论是有意识的还是无意识的），内涵将会一无是处。当然，这种知识既是历史的，又是文化的，这就意味着在不同的文化传统下和不同的历史时期内，人们所共享的社会知识体系也是不尽相同的。此外，造成差异的其他因素还包括阶级、种族、性别、代际和性征等。正如巴尔特指出的那样：

> 对文本的解读需紧密依赖我们自身的文化背景与世界观。一张优秀的新闻图片（所有新闻图片都是精挑细选过的，都是优秀的），会与潜在读者群的文化知识结构产生充分的互动，而图片所配备的说明性文字也是经过深思熟虑的，想方设法提供尽可能多的信息，以实现读者的最大限度的阅读满足感（Barthes，1977a：29）。

巴尔特再次强调："解读行为的多样性并不意味着无拘无束，而取决于读者将何种知识——操作性的、民族性的、文化的、审美的——投入文本分析的过程。"（Barthes，1977b：46）因此，需要再次强调影像和语言的相似性——特定的图片仿佛一种**言语**，而共享的代码（文化传统）则如同一种**语言**。我们不妨再举个例子来说明这一观点。

《一只兔子引发的梦》（*A Dream Caused by A Rabbit*）是由中国艺术家戴安娜·陈（Diana Chan）创作的一幅作品。画面全暗，天空低垂一轮黄月，一只兔子从贝壳中钻出，停留在一个仰卧的裸女的双腿之间。正如作品标题所示,这是由一只兔子引发的梦境,我们不清楚这只兔子是在保护这位女性,还是有其他的含义。人们可以尽情畅想这幅画蕴含的意义。巴尔特认为,观众所获得的意义源于他们所拥有的文化代码。精神分析学者与性别主义学者可能以截然不同的方式来解读这幅图。

后结构主义

后结构主义认为意义的背后并不存在任何牢不可破的潜在结构。意义始终处于生成的过程之中,而绝无固定的落脚处;我们眼中的文本的"意义"毋宁说只是永无止境的阐释链上的一个转瞬即逝的停顿。前文曾经介绍过,索绪尔认为语言形成于能指、所指与符号三者的相互关系之中,而后结构主义理论家则认为实际情况较此远为复杂:能指生产出来的并非所指,而是一个又一个新的能指;因此,意义就成了"反复无常"之物,始终处于不稳定的状态。晚年的巴尔特已经从结构主义者转变为后结构主义者,他在《作者之死》("The Death of the Author")一文中指出:文本"是一个多维空间,而各种各样的非原创性书写(writings)就在其中交相混杂、此消彼长。文本仿若一张写满引语的棉纸,从不计其数的文化中心汲取着养分"(Barthes, 1977c:146)。只有解读者才能暂时将一个文本统合为整体。与图书馆架子上和书店里的那些结构完备的著作不同,文本"只能在生产行为中被人们体验"(157)。也就是说,文本与读者的各种积极的解读行为是密不可分的。

雅克·德里达

雅克·德里达(Jacques Derrida)的著述为后结构主义奠定了理论基调。前文介绍过,在索绪尔那里,符号的意义取决于其在差异系统中所处的位置;而德里达补充道:意义又总是延迟的(deferred),

绝不会以完整面目示人，总是既缺席又在场的（参见本书第一章中对大众文化的界定）。德里达专门发明了一个新词来描述符号的这一分裂的特质：**延异**（différance），意指意义的浮现总是既有延迟又具差异（Derrida, 1973）。

索绪尔的差异体系是空间性的，在这一体系中的意义的生成依赖符号与符号之间的关系，而符号又是被牢牢锁定在一个自洽的结构之内的。德里达的**延异**模式则同时考虑到结构因素和时间因素——意义既依赖结构的差异又取决于过去和未来的关系。当我们在词典中查询某个单词的含义时，会发现自己面对的是一个永无止歇的意义的延迟过程。

当我们在《柯林斯英文袖珍词典》（*Collins Pocket Dictionary of the English Language*）中查"letter"这个能指时，会发现它至少对应着5个所指，分别是："手写或打印的信息""字母表中的一个字符""一份协议的准确内容""精确地"（在短语"to the letter"中的含义），以及"在标识上用字母注明"。接下来，我们选择第一个所指中的"message"*一词，再在字典中查询，会发现它又对应着四个新的所指："个人之间与群体之间传递的信息""暗藏的含义""艺术作品中传递的宗教意蕴或政治观念""理解"（在短语"to get the message"中的含义）。

如此一来，查字典的行为将不断进行下去，而意义总是在永无止歇的互文性延迟（intertexual deferment）中若隐若现。"意义就这样暧昧不明地从一个能指漂向另一个能指……永无安身栖命的那一天……总是还没站稳脚跟，就再一次迎来新的指向。"（Derrida, 1978a: 25）只有在特定的话语体系和解读情境之中，这种从能指到能指的无尽漂泊才能稍作停息。举例来说，当我们读到或听到"nothing was delivered"这个表述时，其意义在很大程度上取决于其所处的语境——小说的开篇语、一行诗句、一个借口、某商店店主便

---

* 由于此处作者强调的就是同一文本在不同语境下的不同意义，因此不对原文做出翻译。——译者

笺本上的一条记录、一句歌词、外语手册中的一个例句、话剧中的一句独白、电影中的一段对话,等等——这恰如其分地阐明了**延异**的作用机制。不过,就算我们把握了文本所处的语境,也仍然无法完全控制意义的流动,因为在"nothing was delivered"这个短语上,已经附着了各种语境的"痕迹";假若我知道这是一句鲍勃·迪伦创作的歌词,那么当我在一个商店店主的便笺本上读到同样的内容时,"歌词"的痕迹就会在字里行间产生回响。

在德里达看来,对于结构主义而言至关重要的"二元对立"并非简单的结构性关系,而是一种权力关系,让一种宰制性的词语体系凌驾于其他词语体系之上。而这种"凌驾性"(或者说,优先性、特权性)并非从符号与符号的关系中"自然而然"地产生的,而是在关系的建构过程中被生产出来的。比如说,"黑"与"白"是一种二元对立结构,当我们对"黑"做出界定的时候,总是意味着"白"以缺席的方式存在。然而不难发现,在很多权力话语中,"白"是正面的、积极的,相对于"黑"而言具有优越性。抛开种族主义话语不说,在历史中始终存在着"白"优"黑"劣的思维模式。例如,电视史学者大卫·斯达奇(David Starkey)对英国广播电台第二频道关于 2011 年英国城市骚乱的《新闻之夜》(*Newsnight*)节目(2011 年 8 月 13 日播出)做出的评论,就基于上述逻辑。在对事件进行谴责的时候,他说:"白人的行径像黑人一样。"其后,他又进一步强化了这一逻辑,补充道:"听听大卫·莱米(David Lammy)(伦敦托特纳姆地区的工党议员)怎么说的吧!他是成功黑人的典范!如果你关了电视机,在收音机里听到他的发言,你简直会以为他是一个白人。"在他这两段话中,"白"代表着积极,"黑"代表着消极。即使不考虑种族主义问题,长期以来,人们也习惯了用黑色表达消极的意义,而用白色表达积极的意义(参见本书第九章)。

《一只兔子引发的梦》中包含着德里达所谓的"暴力等级"(violent hierarchy)(Derrida, 1978b:41):兔子和女性。如果德里达来解读这幅作品的话,他可能会提出两组对应关系:兔子/女性,主动

/被动。其中一方的地位压倒了另一方。但也正如德里达指出的那样，它们并不是纯粹的对立关系——每一方都会受到对方的驱使，最终他们本身的意义也由对方所决定。换句话说，兔子的主动性与女性的被动性并不是完全固定的，有时也会被翻转。如果兔子是由女性支配的话，她会主动召唤兔子来引诱自己或保护自己。正如德里达所说，"为了解构对立面……（我们必须）推翻等级"（同上）。与其把这幅画当作蕴含着主动性与被动性的情色作品，解构式阅读更倾向于拆解话语，以证明这幅画只不过是由某种暴力——一组关于女性和性征的关系的可疑假设——来维持。

我们对影片《与狼共舞》也可以做出类似的解构式阅读：与其遵循赖特的分析模式去考察电影的二元对立结构与叙事功能，不如细致分析影片如何对此模式中暗含的等级制度构成了挑战。诚如德里达所言：

> （解构式）阅读必须始终将矛头对准被作者采用的语言和未被作者采用的语言之间的关系。这种关系是隐匿的，就连作者本人也浑然不觉。上述关系是……一种指意结构，是由批判式（解构式）阅读实践生产出来的……由是，阅读的使命便在于揭穿文本中不可见之物的真面目（Derrida, 1976: 158, 163）。[①]

话语与权力：米歇尔·福柯

米歇尔·福柯关注的首要问题是知识与权力之间的关系，及其对话语与话语构型（discursive formations）的操纵。福柯提出的"话语"的概念与阿尔都塞的"问题域"非常相似——两者都表示为人们所组织且本身也具有组织性的知识体；这些知识中包含着相应的法则与规范，在日常生活中支配着人们的特定实践（人的思维方式和行为方式）。

---

① 这一观点与马施立的论述十分相近（参见本书第四章）。

话语通过三种途径发挥作用，分别是赋权、限制和建构。福柯指出，话语是"系统地构成了人类言谈对象的实践"（Foucault, 1989：49）。比如说，语言就是一种话语：它**赋予**我言谈的权利，它对我可说的内容做出了**限制**，它还将我**建构**为一个会言谈的主体（我的主体性是由语言建构和确定的：我在语言中了解自己，在语言中思考，在语言中与自己对话）。"学科"也是一种话语，它像语言一样践行着赋权、限制与建构的功能。表 6.5 列出了电影研究的不同方法，每个学科都会以自己独特的方式谈论电影，进而也就对谈论的内容进行了赋权和限制。然而，这些学科并不仅仅是在"谈论"电影，也是在谈论的过程中将电影建构为一个独特的现实（所谓"电影的真正意义"）。无挡板篮球（netball）比赛也是一种话语：若你想参与比赛（无论个人能力如何），就必须熟悉赛场规则，决不可逾矩——这些规则既赋予你比赛的权利，又对你的行为作出了限制；同时，这些规则还将你这个人建构成一个参加无挡板篮球比赛的主体。换言之，只有在无挡板篮球比赛中，你才是一位篮球赛手；你的这个身份并不是"天生的"（"自然"的表达），而是在话语（"文化"的产物）的赋权、限制和建构机制中生成的。

话语通过上述方式生产了主体的立场（如语言的使用者、电影的研究者和无挡板篮球赛手），并"邀请"我们去占据这些立场。因此，话语是我们亲身参与的社会实践，仿佛是在社会中进行"表演"（包括有意识的"表演"和无意识的"表演"）的"剧本"一般。而所谓"经验"，只不过是我们在特定话语之中的经历，或我们对特定话语的经历而已。更重要的是，我们所认为的"自己"其实只是对多种话语加以内化的产物。换言之，与我们有关的一切，都是在话语的赋权、限制与建构机制中形成的。

表 6.5　作为研究对象的电影

经济学	电影 = 商品
文学研究	电影 = 与文学文本类似的艺术文本
历史学	电影 = 历史档案

（续表）

经济学	电影 = 商品
艺术史	电影 = 视觉文化形式
文化研究	电影 = 大众文化形式
电影研究	电影 = 研究的文本对象
传媒研究	电影 = 一种独特的媒体类型

话语构型则包括特定话语跨越层级的界限彼此交叉的过程。前文讨论过的多种不同的电影研究方式就构成了一种话语构型。在《性史》*（*The History of Sexuality*）一书中，福柯勾勒出性的话语形态的发展历程；通过此种方式，他拒斥了自己所谓的"压抑假说"（Foucault，1981：10），即性观念是维多利亚时代**人们所压抑的"本质"。在此基础上，福柯提出了一系列截然不同的问题：

> 为何性的话题被人们广泛讨论？关于性，人们具体说了些什么？人们所说的内容产生了哪些权力效果？不同的话语、不同的权力效果以及相应而生的不同快感之间有什么联系？在这些联系之中又形成了怎样的知识？（11）

福柯是通过对一系列"话语域"的考察来追踪性话语的痕迹的，包括医学、人口统计学、精神病学、教育学、社会工作、犯罪学和政府管理等。面对"性"这个话题，种种话语并未保持缄默，而是始终"从政治、经济和技术的角度大肆煽动人们参与对性问题的讨论"（22-3）。福柯指出，形形色色的各类话语并非仅仅**谈论**性，还在实际上**建构**了性。换言之，与其说维多利亚时代对性进行了压抑，不如说将性"创造"了出来。当然，这并不意味着性只能存在于话语

---

* 亦译《性经验史》。——译者
** 意指英国维多利亚女王在位（1837—1901）的时代，常常约指英帝国最为辉煌的 19 世纪。这一时代的道德标准、文艺成就和美学风格对后世的英国产生了深远的影响。——译者

之中，而是指我们关于性的"知识"与"权力—知识"关系是在话语中生成的。

话语生产了知识，而知识始终是权力的武器："权力和知识是在话语之中结为一体的。"（Foucault，2019：418）我们说维多利亚时代"创造"了性，并非仅仅意指其生产了关于性的知识，还旨在表明其始终试图让某种权力凌驾于性之上；这些知识被用来规范人的行为，并为各种行为归类，进而做出"正常"与"不可接受"的区分。通过此种方式，"权力生产了知识……两者关系密切，相互依存……若离开了对相关知识领域的建构，权力关系将不复存在……所有的知识都在生成的过程中预示并建构了权力关系"（Foucault，1979：27）。然而，不能就此认为权力是一种消极力量，不能将权力视为否定、压抑和拒绝的代名词。恰恰相反，权力是生产性的。

> 我们必须从现在开始停止用种种消极的词语来描述权力效应；"排斥""抑制""掩饰""隐瞒"，等等，这些表述应统统摒弃。事实上，权力是一种生产性的力量，它生产了现实，生产了客体领域，也生产了关于真理的种种仪式（194）。

权力生产了现实，并通过话语机制生产了我们赖以信仰的"真理"："每个社会都有其独特的'真理政体'（regime of truth）和'一般政治理念'；换言之，某些特定类型的话语为人们所广泛接受并发挥了真理的功能"（Foucault，2002a：131）。福柯对话语展开研究的核心目标，即在于探求"人类是如何通过对真理（指若干严格规定了"何为真、何为假"的确定的领域）的生产来实现（对自身与他人的）规制的"（Foucault，2002b：230）。

福柯所言的"真理政体"并非确凿无疑的"真理"，而仅仅是在人们的思维方式和日常行为中被当作"真理"来遵循的一系列话语。假若人们对某些观念深信不疑，那么这些观念就会确立一个具有合法性的"真理政体"。举例来说，在我们发现地球是圆的之前，"地球是平的"这一观念就是由彼时的科学与神学所建立的真理政体的一部分；如果有人胆敢提出异议，就会遭遇酷刑或被绞死。在第九章中,我们会将东方主义(Orientalism)作为一种权力的真理政体加以讨论。

话语的存在并非仅仅意味着权力的强加。诚如福柯所言:"有权力的地方就有抵抗。"(Foucault,2019:416)

> 话语和权力之间的关系并不是非黑即白的,切不可认为话语要么坚决地屈从于权力,要么挺身而出反抗权力。话语从不保持缄默。我们必须打开视野,认清话语不仅仅是权力的工具和效应,更在权力之路上扮演着障碍物和绊脚石的角色。一切对既有权力结构的抵制行为和反抗策略,都是以话语为立足点和出发点的。这是一个无比复杂且极不稳定的过程。话语生产、传递并强化了权力,却也同时破坏并揭穿了权力,使人们看到了权力的脆弱和反抗的希望(419)。

全景敞视机制

"全景敞视监狱"(panopticon)是杰里米·边沁*(Jeremy Bentham)于1787年设计的一种监狱类型(参见图6.2)。整个建筑是圆形的,犯人被监禁在环绕圆周而建的狭小囚室内;在圆心处,有一幢耸立的高塔,塔上的狱监可以清楚地看见每个犯人的一举一动,而犯人却丝毫不知监视的目光来自何处。在边沁看来,这种监狱是"一种旨在控制人们精神的全新的权力获取模式,无论从规模还是力度上看,都是史无前例的"(Bentham,1995:31)。他还坚信,这种全景敞视机制会"被各类机构组织广泛采用,以将形形色色的人置于监视之下;适用的对象包括贫民区、传染病院、工业区、制造厂、医院、车间、精神病院和学校等"(29)。

---

* 杰里米·边沁(1748—1832),英国法学家、哲学家,功利主义(utilitarianism)的奠基人,毕生致力于立法与司法体系的研究与改革。——译者

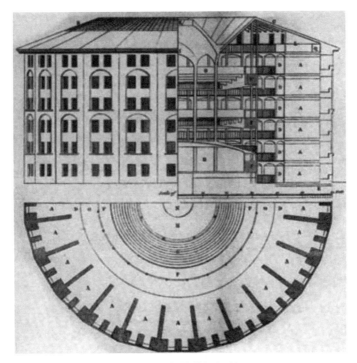

图 6.2 全景敞视机制

在福柯看来:

> 全景敞视监狱的主要作用在于使置身其内的人自己意识到监视的无所不在,从而主动规范自己的行为,确保权力机制的自动运行……哪怕实际的监视行为只是断断续续进行的,也不妨碍在人们的观念中始终存在着监视的效果。一个完美的权力机制无须时时刻刻采取实际行动……置身于权力语境之内的成员会自觉遵守权力的规范……当一个人清楚地知道自己的一举一动都会暴露在别人的视线之下,权力的限制性职责就开始发挥作用了,因为这个人会通过自我约束的方式将权力关系深深镌刻于内心深处。在上述权力关系中,人扮演着双重角色——既是控制者,又是被控制的对象(Foucault, 1979: 201, 202-3)。

换言之,置身于全景敞视机制内的人并不确定是否真的有人在监视自己，但他们还是假定监视是无所不在的，并因此采取了种种自我约束的行为。这就是全景敞视监狱的权力。这一模型被监狱之外的其他社会组织广泛采用，扩展成了时刻监视着社会整体的全景敞视主义（panopticism）。

在福柯看来，边沁的全景敞视监狱是社会控制理念从18世纪发展至今的一个成果。这是一场从惩罚（指通过包括公开绞死或酷刑在内的大规模权力展示活动来强行规范人们的行为）到规训（指通过监视来强行规范人们的行为）的运动，是一种"从特殊纪律到普遍监视的变迁……当整个社会都处于权力的监视之下，我们就可称其为规训社会了"（Foucault, 1979: 209）。福柯称：全景敞视监狱"被推广至整个社会，并以日常生活之名界定了权力的关系……简直就是一张理想权力机制的模式图"（205）。从景观*（spectacle）到监视的变迁将"整个社会体变成了一个感知的领域"（214）。权力的凝视（gaze）在社会体内纵横交错，将越来越多的人类存在方式纳入视觉所及的范畴。不过，权力并非单纯通过凝视来控制我们，而是想方设法让我们自己意识到凝视的存在，进而也就迫使我们进行自我约束。福柯曾以剧院作比来阐述这一论点："我们既非身处古罗马圆形剧场，亦非置身于舞台之上，但我们仍感觉自己正在被人监视……这就是全景敞视机制所产生的权力效应。从我们进入此体系的那一刻起，就已被它牢牢控制住了。"（217）由是，福柯指出，监视成了权力机制发挥作用的首要方式。"全景敞视主义是一种权力形态……它是以规范为中心形成的，通过设定'正常与否''正确与否'的准则，实现对我们的行为的规制。"（Foucault, 2002c, 58-9）这就是福柯所谓的"标准化"（normalisation）的最重要的方面（79）。

监控技术在当代社会中的广泛运用显然证实了福柯的观点。一项调查表明：2013年，总计有600万个闭路摄像头遍布英伦三岛，

---

* 意指旧时动辄将犯人当街施刑或处死的公开展示型权力机制。——译者

大约每 11 个人就对应着一个摄像头。① 这简直就是边沁的全景敞视监狱的翻版。而这种以监视为手段的规训机制对大众文化产生了深远的影响。我至少可以举出四种"监视型"媒体来。最显著的例子莫过于《老大哥》(Big Brother)、《我是名人》(I'm a Celebrity)和《放我出去》*(Get Me Out of Here)这类电视节目了——监视机制在这些节目中发挥着根本性作用。从各方面看,《老大哥》都是一部以高度可见性(visibility)著称的全景敞视型节目;毫无疑问,其主要诉求即在于使我们将自己视为圆形监狱中的那个臆想中的监视者:可以观察别人而不被别人观察,能够以置身事外的方式参与节目,能够对节目中的"真人"指手画脚而不负言责——所有一切都带来了源源不断的快感。然而,福柯的"真理政体"理论使我们明白,能够坐在电视机面前扮演"狱监"角色并不意味着我们真的就置身于由《老大哥》所生成并合法化的种种规范准则之外了。换言之,《老大哥》的凝视是双向的,在观看节目中的竞争者被规训的同时,我们自身也成了规训的对象——其实,我们始终被幽禁在囚室里,从未踏入监视塔半步。

铺天盖地的名人隐私杂志,如《揭幕》(Reveal)、《贴近》(Closer)、《热度》(Heat)和《全新》(New)等,运行的机制也大同小异。关于名人的一切,尤其是与身材尺寸、性行为和社会行为相关的内容成为被人们窥视和细查的对象。我们通过此种方式满足了自己对快感和娱乐的渴求。而同样,那些将名人隐私置于聚光灯下的标准与法则同时也被用来规训我们自身。此外,在"大变身"**("makeover")与"脱口秀"("talk-show")类节目,如《杰里·斯普林格秀》(the Jerry Spinger Show)、《杰里米·凯尔秀》(the Jeremy Kyle Show)、

---

① 英国广播公司在 2013 年 7 月 21 日的《星期日早间直播》(Sunday Morning Live)节目中公布了这些数据。

* 这三个电视节目均属真人秀(reality show);这类节目表面上宣称以真实发生的故事为题材,但实际上从拍摄场所到入镜人物再到故事情节都是精心策划过的。——译者

** 指一类教人通过购衣、化妆、打扮、手术等方式让自己的外表焕然一新、引人注目的电视节目。——译者

《着装指南》(What Not To Wear) 和《返老还童》(Ten Years Younger) 等节目中，建议始终伴随着谩骂与嘲讽。身为"监视主体"的我们，总是以自我感觉良好的傲慢态度和侵略性的目光检视着电视节目中的嘉宾，却在不知不觉间通过自我规训的方式默然顺从了节目所宣扬的美学标准与行为规范。① 尽管我们坐在电视机前而非电视节目中，但这并不意味着我们就能免于规范的束缚——想要安全逃脱全景敞视机制的控制，是绝无可能的。

拓展阅读

Storey, John (ed.), *Cultural Theory and Popular Culture: A Reader*, 5th edition, London: Routledge, 2019. 该书是本书上一版的配套阅读材料。本书及其配套读本得到了互动式网站 www.routledge.com/cw/storey 的支持。该网站中包含许多有用的链接与电子资源。

During, Simon, *Foucault and Literature: Towards a Genealogy of Writing*, London: Routledge, 1992. 尽管该书主要关注文学，但其对福柯的介绍却非常详尽。

Eagleton, Terry, *Literary Theory: An Introduction*, Oxford: Basil Blackwell, 1983. 该书的"后结构主义"一章非常精彩。

Easthope, Antony, *British Post-Structuralism*, London: Routledge, 1988. 作者试图为整个英国后结构主义领域勾勒版图，其中关于电影理论、文化研究、解构和历史研究的章节很有价值。

Hawkes, Terence, *Structuralism and Semiotics*, London: Methuen, 1977. 一本关于结构主义和符号学的导论性著作，很有价值。

McNay, Lois, *Foucault: A Critical Introduction*, Cambridge: Polity Press, 1994. 该书对福柯的理论进行了精彩的介绍。

---

① 如果你在 YouTube 网站的搜索栏里键入关键词"Jeremy Kyle"，会找到乔恩·卡尔肖（Jon Culshaw）对《杰里米·凯尔秀》的恶搞。卡尔肖对此类节目所蕴含的侵略性、阶级话语以及自我感觉良好的傲慢态度深有洞察。

Norris, Christopher, *Derrida*, London: Fontana, 1987. 该书对德里达进行了清晰且趣味盎然的介绍。

Sarup, Madan, *An Introductory Guide to Post-Structuralism and Postmodernism*, 2nd edition, Harlow: Prentice Hall, 1993. 该书对后结构主义进行了精彩的介绍。

Sheridan, Alan, *Michel Foucault: The Will to Truth*, London: Tavistock, 1980. 该书是迄今为止关于福柯的可读性最强的著作。

Silverman, Kaja, *The Subject of Semiotics*, Oxford: Oxford University Press, 1983. 该书对结构主义、符号学、精神分析、女性主义和后结构主义的讨论既有趣又易懂,其中对于巴尔特的介绍尤其有价值。

Sturrock, John (ed.), *Structuralism and Since: From Lévi-Strauss to Derrida*, Oxford: Oxford University Press, 1979. 该文集收录了不少关于列维-施特劳斯、巴尔特、福柯和德里达的介绍性文章。

Thwaites, Tony, Lloyd Davis and Mules Warwick, *Tools for Cultural Studies: An Introduction*, Melbourne: Macmillan, 1994. 该书阐述了符号学在文化研究中的地位,富有启发性。

Weedon, Chris, *Feminist Practice and Poststructuralist Theory*, Oxford: Basil Blackwell, 1987. 该书从女性主义视角出发,对后结构主义做出了有趣的评介,尤其是对福柯进行了有益的讨论。

第七章　阶级与阶级斗争

阶级与大众文化

我们为什么要在一本介绍文化理论和大众文化的书中关注社会阶级问题？阶级一直是本书关注的重要问题，但在第九版中，阶级议题拥有了一个独立的章节。虽然阶级问题一直被视作一个经济领域的议题，但它的表现形式一直归属于文化领域，尤其是大众文化领域。简言之，大众文化是阶级认同和自我认同的关键所在。在大众文化领域内，阶级议题俯拾皆是。在诸如《唐顿庄园》(*Downton Abbey*)等影视剧和《利益街》(*Benefits Street*)等纪录片之中都是如此。如果我们不对阶级问题时刻保有批判性的关注，那我们就难以理解这些影视节目。其他的事物也是如此，如着装风格、度假地、书籍和报纸、食物、音乐、交谈习惯、居住地以及未来的理想。人们一旦开始评价别人的上述选择，那就必然隐含着阶级问题，因为阶级问题始终存在于人们对生活方式的优劣高下的评判之中。

本章将首先介绍阶级问题在文化研究的奠基者（包括雷蒙德·威廉斯、理查德·霍加特和 E. P. 汤普森等）的研究之中的重要性。然后讨论卡尔·马克思和皮埃尔·布尔迪厄两大阶级理论源头对文化研究的阶级研究产生的重要影响。之后将讨论一个案例，以说明阶级与大众文化之间的关联。最后我们将讨论一个常常被用来消弭阶级问题的解释性概念——精英政治（meritocracy）。

文化研究之中的阶级

有许多人认为不应再将阶级问题视作当代文化研究的核心问题。安妮塔·比雷西(Anita Biressi)和希瑟·纳恩(Heather Nunn)的经历就说明了这一点。她们在一本研究文化与阶级问题的著作的序言部分写道:

> 在我们的著作《阶级与当代英国文化》(Class and Contemporary British Culture)出版之前,我们花费了十多年的时间,撰写了不少关注文化与阶级问题的草稿。但是没有一部草稿能够吸引评论家的目光。他们认为探究社会阶级问题,尤其是在英国文化研究领域之中探究阶级问题已经过时了(Biressi and Nunn, 2016: ix)。

对比阶级这一概念在英国文化研究发轫之时的中心地位,比雷西和纳恩的经历看起来有些奇怪。但毫无疑问,在后现代主义的压力下,阶级已经成为一个稍显过时的概念。然而近些年,当我们需要批判性地探讨文化问题时,阶级又逐渐成为一个不可或缺的概念;无论我们探讨的对象高雅还是通俗,无论我们关注生产环节还是消费环节,这一概念都至关重要。虽然后现代主义让阶级概念显得有些不合时宜,去工业化思潮让它匿影藏形,新自由主义意识形态让它不再是一种积极的认同,但是2008年的金融危机及之后的紧缩政策改变了这一切。它们使得阶级成为一种显而易见的、活生生的身份,阶级在当前拥有了新的解释力。

尽管它在学术潮流之中会过时,但阶级始终是文化研究创立的基础。正是出于对阶级问题的关注,文化研究才对青年亚文化、抵抗、霸权与大众文化有兴趣。如果没有了阶级议题,理查德·霍加特、雷蒙德·威廉斯和汤普森的研究将烟消云散。阶级议题明明白白地展露在汤普森的《英国工人阶级的形成》这一标题中。霍加特的《识字的用途》的序言的第一句话就是:"这本书关注的是工人阶级文化的变化。"(Hoggart, 1990: 9)在《文化与社会》中,威廉斯认为,在工业革命过程中,一些词成为常用词,而另一些词则在原本的意义之外,获得了新的含义。阶级就是一个这样的词。正如威廉斯所指出的那样:"现代意义上的阶级一词,对于特定阶级有相对固定的称谓,如下层阶级、中产阶级、上层阶级、工人阶级等。这些称谓基本上源自1770年到1840年之间,这一段时期工业革命开展得如火如荼,这一段时期对社会重组具有决定性意义。"(Williams, 2019: 159)在此之前,人们通常用序列、次序、等级或头衔等词来描述社会分层。这些词语的共同点在于,它们都暗示了社会分层是"自然的",与人们的行为毫无关联。正如威廉斯指出的那样:"阶级能够取代之前的那些词,源于人们意识到社会地位是由人所创造的,而不是继承的。"(同上)越来越多的人意识到,社会分层实际上是由特定的社会制度造就的。(同上)阶级这一概念意味着社会分层是人为的,与社会的组织形式密切相关。卡尔·马克思就坚定地持有这样的观点。

阶级斗争

玛格丽特·撒切尔(Margaret Thatcher)着意于平息那些针对富人和权贵的阶级斗争,她曾声称"阶级是一个共产主义概念"(转引自Biressi and Nunn, 2016: 202)。虽然她经常说大话,但这句话确实语出有据。阶级这一术语很早就出现了,但卡尔·马克思的著作让这一概念最终稳固下来。

正如我们在第四章中看到的,马克思将阶级定义为人们与主导性生产方式之间的关系。他认为,无论是奴隶社会、封建社会还是资本主义社会,每一个历史时期都有着特定的生产方式,这种生产方式就是社会赖以生产食物、住所等生产物质必需品①的方式。一般而言,每种生产方式都会带来:获取生活必需品的方式、工人与控

---

① 当然,什么是必需品,在不同历史阶段和不同社会中是不一样的。

制生产方式的人之间的社会关系，以及特定的社会机构（包括文化机构）。这种分析的核心在于，一个社会的存在方式（经济基础）最终将决定该社会政治的、社会的和文化的形态（上层建筑）。正如马克思所解释的那样，"物质生活的生产方式制约着整个社会生活、政治生活和精神生活的过程"*。

"经济基础"是"生产力"和"生产关系"的结合。生产力是指原材料、生产工具、生产技术、工人及其劳动技能等。生产关系是指生产过程所涉对象的阶级关系。在这个意义上，一个人的阶级地位由一个人与生产方式的关系所决定。每一种生产方式或基于农业或基于工业，它们所采用的生产工具和生产技术也大不相同。它们也带来了不同的生产关系，每一种生产方式之中都存在着对立的阶级关系。奴隶制社会产生了奴隶主与奴隶；封建制社会产生了地主与农民；资本主义社会产生了资本家与工人。虽然名称各不相同，但他们的基础关系在本质上是一致的。阶级就以这样的方式同时存在于"经济基础"与"上层建筑"之中。在"经济基础"之中，它是一种客观的经济关系。而在"上层建筑"之中，它是一种主观的意识或生活经验。

在阶级之前出现的各类对社会分层的表述，其实都在直接或间接地描述这种二元关系。在资本主义生产方式之中，拥有生产资料的人和那些只能出卖劳动力的人之间存在着社会分层。这就是划分资本主义社会阶级的根本逻辑。当我们审视当代资本主义社会时，我们会发现情况远比这条逻辑复杂得多；但无论它有多复杂，最后都将回到这个根本性的对立上来。例如，高级经理可能并不是资本家，但他们的工作要求他们必须管理资产，因此他们无论从思想上还是实质上都在为资本攫取更多利益。旧的阶级关系有时也会残存很久，新的阶级关系也会不断涌现。例如，地主贵族是封建生产方式阶级结构的残余。虽然他们在经济和政治上已经被边缘化了，但

---

* 此处译文参见《马克思恩格斯文集》第 2 卷，北京：人民出版社 2009 年版，第 591 页。——译者

他们充当了一种装饰性的烟雾弹,用来隐藏资本主义社会真正的权力基础。个体经营者(马克思称之为小资产阶级)是另一个例外,他们虽然拥有生产资料,可以被称作资本家,但他们无法剥削任何人。因此,他们是资本主义社会的边缘阶级。马克思认为,这些阶级划分与上述根本逻辑并行不悖,因为它们大多都与之相关,有的甚至是根本逻辑在不同侧面的具体表现。尽管21世纪的阶级问题的表现形式比马克思所处的19世纪丰富得多,但我们用来描述阶级结构的方式却远不如那时充分。对马克思来说,阶级不仅仅是社会差异的标志物,也是一种基于主导性生产方式的基本关系。无论从这种方式出发进行何种尝试,都将证明马克思的阶级分析与阶级斗争路线是行之有效的。

马克思认为,人类的历史就是一部阶级斗争的历史。《共产党宣言》开篇就已表明,

> 至今一切社会的历史(有文字记载的全部历史——恩格斯注)都是阶级斗争的历史。……压迫者和被压迫者,始终处于相互对立的地位,进行不断的、有时隐蔽有时公开的斗争,而每一次斗争的结局都是整个社会受到革命改造或者斗争的各阶级同归于尽。*

如果阶级仅仅是人们与主导性生产方式的关系所衍生出来的一个经济范畴,那么阶级意识和阶级斗争就全无意义了。虽然阶级确实首先是一个经济范畴,但阶级的生活方式和体验方式却归属于文化范畴。正如上文所指出的,阶级总是既是客观的,又是主观的,它同时跨越了经济基础和上层建筑。它始终建基于人们与主导性生产方式的关系,但只有当它反抗另一个阶级时,它的意义才能得到全面彰显。这种区别导致客观的**自在阶级**(class in itself)和主观的**自为阶级**(class for itself)拥有不同的意义指向。前者强调阶级是一种经

---

* 此处译文参见《马克思恩格斯文集》第2卷,北京:人民出版社2009年版,第31页。——译者

济关系，后者强调阶级是一种意识和实践。正如恩斯特·费希尔（Ernst Fischer）所说，"一个阶级只会诞生于阶级斗争之中。只有经历了斗争，它才会发展成为一种历史性的社会力量"（Fischer，1973：73）。马克思也从19世纪法国农民身上观察到，"数百万家庭的经济生活条件使他们的生活方式、利益和教育程度与其他阶级的生活方式、利益和教育程度各不相同并互相敌对，就这一点而言，他们是一个阶级。而各个小农彼此间只存在地域的联系，他们利益的同一性并不使他们彼此间形成共同关系，形成全国性的联系，形成政治组织，就这一点而言，他们又不是一个阶级"*。

阶级既是一个客观的范畴，因为它是人们与主导性生产方式之间关系的产物，也是一个主观的范畴，因为它是人们对这种关系的认识。它始终是汤普森所说的"历史现象"（a historical phenomenon）（Thompson，1980：212）。同一阶级的共同经验"很大程度上取决于人们的出身，或人们不知不觉所进入的生产关系"（9）。而阶级意识，即将生活经验转化为文化的这个过程，是由人们自己定义的，因为他们生活在自己的历史之中（10）。阶级意识不是一个"东西"，它始终是一种事关"相同"与"不同"的历史关系：团结一个与自己相同的阶级来对抗其他与自己不同的阶级。因此，阶级产生的主要过程是，一些人由于继承或分享了共同经历而感受到利益的一致性，而他们与另一些人会因为利益的分歧而互生敌意（8-9）。葛兰西也提出过类似的观点，即一个阶级总是表现出某种"同质性、自我意识和组织性"（Gramsci，1971：181）。一个阶级首先是在拥有某些共同的经济利益的基础上形成的。这些利益将会激发整个阶级普遍追求一些经济利益，进而催生整个阶级一致的政治、经济和文化追求。马克思、汤普森、葛兰西和其他马克思主义者一致认为，阶级始终既是客观的，因为它基于特定的经济关系，又是主观的，因为它主张一种特定的认识世界和生活的方式。

---

* 此处译文参见《马克思恩格斯文集》第2卷，北京：人民出版社2009年版，第566—567页。——译者

消费作为一种阶级区分方式

在马克思之后，皮埃尔·布尔迪厄的著作为阶级研究带来了最有趣的发展，他对文化理论和大众文化研究都产生了重大的影响。布尔迪厄认为，如尼古拉斯·加纳姆（Nicholas Garnham）和雷蒙德·威廉斯所解释的那样：

> 任何群体和阶级都需要最大化他们的利益来保障再生产，这会导致群体与群体之间、阶级与阶级之间的斗争。而社会的特征就由这些斗争定义。一般认为，社会由经济领域、知识领域、教育领域等一系列有等级序列的社会领域构成，人类主动地进行斗争是为了最大限度地控制这些领域内的社会资源。这些领域被等级化地组织在一个社会结构之中，这一社会结构由阶级斗争决定，而非由物质资料的生产与再生产决定。每一个领域的再生产过程都会将阶级斗争逻辑作为它的结构性逻辑（Garnham and Williams, 1980: 215）。

布尔迪厄认为，阶级是"资本"的形式，主要包括三种表现形式：经济的、文化的和社会的。第一种资本与马克思的阶级理论直接相关，而不同阶级的生活方式及对生活的体验则往往由文化和社会资本所决定。布尔迪厄认为，特定的消费模式最终由阶级差异所决定。一种任意的品位和任意的生活方式，总是会转化为某一阶级合法的品位，乃至唯一合法的生活方式。那些"自然而然的差异"最终实际上是由统治阶级的力量决定的；借助这种差异，统治者可以将自身的生活方式定义为"优质的生活"（Bourdieu, 1992: 255）。换句话说，统治阶级试图将他们自身的品位变成普遍的品位，并强加给所有阶级。

布尔迪厄的关注焦点在于，统治地位是一种植根于经济不平等的权力关系，而消费方式则有助于合法化这种统治地位。阶级统治本质上来说是经济关系，但是这种统治采取的是某种文化形式；消费方式能够确保社会差异始终存在，它被用以制造社会差异，标识社会差异，并维持社会差异。社会差异和社会权力的源头看似从经济领域转移到了消费领域，这使得社会权力看似成为某种特定配置的结果。文化空间的生产和再生产助推了社会空间、社会权力和阶级差异的生产和再生产。人们的消费行为不仅使得遍在的区隔和差异更具可见性，也是制造、维持和再生产区隔和差异的手段。

不同的阶级有着不同的消费习惯，布尔迪厄的研究并非为了揭露这一不言自明的关系，而是为了证明对诸如高雅艺术和日常食物等的各种消费方式是如何造就社会区隔的。阶级权力和阶级控制植根于经济不平等，布尔迪厄的研究明确了制造和维持这些区隔最终是为了合法化阶级权力和阶级控制。他感兴趣的并不是差异本身，而是统治阶级如何将这些差异作为社会再生产的手段。

布尔迪厄坚持认为，品位始终不仅是一种审美范畴。他指出，"品位在将不同事物进行分类的同时，也将不同的人进行了分类"（Bourdieu，1992：6）。我们总是按照一定的标准将自己和他人进行分类，这种分类逻辑随处可见。当我们偏好某一个度假胜地，或喜爱某一种着装风格，我们实际上就在遵从这种分类逻辑。当我们热爱威廉·布莱克（William Blake）的诗歌，喜欢鲍勃·迪伦的歌曲，偏爱贝托尔特·布莱希特的戏剧的时候，也同样遵从这种分类逻辑。这种分类绝不是个人品位的问题，消费既能够识别和标记社会差异，也能够维持社会差异。虽然这种分类行为本身并不会导致社会不平等，但它们的形成、标识和维持不断地合法化这种不平等。因此，品位就成了一种深刻的意识形态话语，它是阶级的标志，能够同时标识经济水平和品质差异。因此，布尔迪厄认为消费从本质上来说是"有倾向的……它必须履行合法化社会差异的功能"（7）。

布尔迪厄的消费研究是以他的教育观为基础的。消费不能减少不平等，反而能够合法化不平等。他认为，教育系统履行了一项社会和政治功能，即推动社会不平等的合法化。它通过将社会差异转化为理论差异，并让这些差异看起来"源于自然"（387），进而推动社会不平等的合法化（387）。统治阶级为文化品位赋予了一种制度化的地位，然后通过狡猾的意识形态手段，将其文化品位视为一种文化优越性，并最终显示其社会优越性。在这种情况下，社会差异由消费模式产生，这些消费模式是一种内在的、"自然的"文化偏好，并被解读为一种"自然的"文化能力，最终被用来显示阶级统治的正当性。文化和社会资本能够通过文化等级和社会等级的再生产来掩饰和合法化统治阶级的经济优势地位。

社会学家通常认为布尔迪厄的阶级研究推进了马克思主义理论，是一种马克思主义理论的进步。但在我看来，布尔迪厄仍然是在阐述马克思的思想，从根本上来说，他的思想依赖马克思主义思想的连贯性，他的分析是建立在马克思所奠定的基础之上的。他认为，隐藏在文化和社会资本等概念背后的是经济资本，即马克思所说的作为经济范畴的阶级。当然，马克思并没有就此止步，他继续指出，作为经济范畴的阶级总是以社会的和文化的形式被表达出来。阶级本质上与人们在生产关系中的地位有关，但需要大量文化和社会要素才能使其显得"自然"。布尔迪厄高明地展示了作为一种经济关系的阶级如何在文化层面上发挥作用，即它如何在日常生活经验中将自己表现出来。

阶级与大众文化

我们可以通过许多案例来说明阶级与大众文化之间的关联。我相信本书的读者不会觉得理解这种联系有多困难。我最近探索了如何运用这种关联来解释传统的英国圣诞节的发轫、民谣复兴运动（the Folk Revival）和英国足球协会的发展（Storey, 2016）。在每一种关联中，我们都发现中产阶级像其他主导阶级一样，"不得不把自己的利益说成是社会全体成员的共同利益……赋予自己的思想以普遍性的形式，把它们描绘成唯一合乎理性的、有普遍意义的思想"*。基于统治阶级和被统治阶级的关系而建立文化共识的尝试，与后来葛兰西的霸权概念有些相似（Gramsci, 1971, 2019）。在每种情况中，我们都能看到霸权的身影，因为中产阶级试图寻求建立一种共识，以确保自己在工人阶级中处于优势地位。用马克思和恩格斯的原话来说，那就是中产阶级始终"把自己的利益说成是社会全体成员的共同利益"**。

一般来说，英国足球的历史发展包括四个阶段（Dunning, 1971）。第一阶段，从14世纪到19世纪，所有社会阶层都认为足球是一种野蛮且不守规矩的游戏。"足球"一词泛指所有能够用脚和用手参与的球类运动，也被用来描述用脚踢的球类运动和马背上的球类运动。这些球类运动的共同点是，比赛中都有一个球，并以进球为目标，但这些运动的规则都是口头规则，而且规则之间千差万别。球队规模可以从20人到2000人不等，比赛场地可以是整个村庄，也可以是两个村庄之间的空间。一场比赛可以持续一整天，而且经常在节庆活动期间进行，例如忏悔星期二（Shrove Tuesday）、乡村集市或节日等。

第二阶段，大约从1750年到1840年，在工业革命的压力下，这些球类运动逐渐消失了。因为圈地运动（the enclosure movement）和城市化让这些运动失去了场地，工业化给人们带来了更严格的工作纪律，新的警察系统更有效地施行法律。这些球类运动只能在大学和公立学校之中幸存下来。但即使在这些地方，这些球类运动也不被鼓励，因为它们跟以往的那些运动一样野蛮、粗鲁。

第三阶段，大约从1840年到1860年，体育运动的地位开始发生变化：它被视为一种"精英"男性的特征。以足球为代表的团队运动能够塑造性格、增强体魄、强化纪律观念以及培养道德责任感。

---

* 此处译文参见《马克思恩格斯文集》第1卷，北京：人民出版社2009年版，第552页。——译者

** 同上。——译者

1864年以调查公立学校为宗旨的克拉伦登委员会（The Clarendon Commission）认为体育运动的好处包括：

> 板球场和足球场……不仅仅是娱乐场所，它们还有助于男性形成优秀的社会品质和男子气概，并且如同教室和寄宿公寓一样，在公立学校的教育中占有独特而重要的地位（转引自 Walton and Walvin, 1988：299）。

在此期间，公立学校推动了体育运动的文明化和规范化。

最后阶段，大约从1850年到1890年，那些上过公立学校的人在1863年成立了足球协会，在1871年成立了英格兰足总杯，然后像殖民传教士一样逐渐将改良过的足球运动介绍给工人阶级。在一篇写于1906年的足球运动简介中，作者非常清楚地说明了伊顿公学（Eton）、哈罗公学（Harrow）、西敏公学（Westminster）和查特豪斯公学（Charterhouse）等学校所扮演的角色："现代足球完全是……各种公立学校比赛的产物。"（转引自 Taylor, 2013：22）流浪者队（the Wanderers）是英格兰足总杯的初代冠军。这支球队的社会构成可以告诉我们很多英格兰足总杯初创时期的比赛信息。该球队包括四名哈罗公学的毕业生，三名伊顿公学的毕业生，以及西敏公学、查特豪斯公学、牛津大学和剑桥大学的毕业生各一名。

足球似乎是为中产阶级准备的运动。尽管如此，它还是很快发展成为詹姆斯·沃尔文（James Walvin）所谓的"人民运动"（Walvin, 2000）。最先挑战中产阶级霸权的队伍来自兰开夏郡（Lancashire）的布莱克本市（Blackburn）。1882年，布莱克本流浪者队（Blackburn Rovers）打入英格兰足总杯决赛，但以0：1负于老伊顿队（Old Etonians）。然而第二年，布莱克本奥林匹克队（Blackburn Olympic）不仅打进了决赛，还以2：1击败了老伊顿队，最终夺得了冠军。《布莱克本时报》（*The Blackburn Times*，1883）非常了解布莱克本奥林匹克队的胜利是如何与社会阶层纠缠在一起的：

> 这场激烈的对垒和大捷，代表的是由王国上层家庭的儿子组成的俱乐部，即老伊顿俱乐部，被一个由手工工人

阶级的兰开夏郡小伙子以及小商人、工匠和手艺人的儿子组成的乡下俱乐部击败了（转引自 Walton and Walvin, 1988: 299）。

布莱克本奥林匹克队由三名织布工、一名牙科助理、一名烫金工、一名水管工、一名文员、一名织机工、一名食品商和两名铸铁工组成。自那以后，那些由公立学校的毕业生所组成的球队再也没能赢得英格兰足总杯。

从 19 世纪 70 年代开始，足球作为一项有组织的社会运动在英国中部和北部（尤其是兰开夏郡）的工人阶级中迅速发展。足球俱乐部的组建方式不同：有的由原有的体育俱乐部组建［例如，伯恩利足球俱乐部（Burnley）、谢菲尔德星期三足球俱乐部（Sheffield Wednesday）、普雷斯顿足球俱乐部（Preston North End）、德比郡足球俱乐部（Derby County）、诺茨郡足球俱乐部（Notts County）］；有的由宗教组织组建［例如，阿斯顿维拉足球俱乐部（Aston Villa）、巴恩斯利足球俱乐部（Barnsley）、布莱克浦足球俱乐部（Blackpool）、博尔顿漫游者足球俱乐部（Bolton Wanders）、埃弗顿足球俱乐部（Everton）、曼彻斯特城足球俱乐部（Manchester City）、伯明翰城足球俱乐部（Birmingham City）］；有的由不同的工作地组织［例如，斯托克城足球俱乐部（Stoke City）、西布罗姆维奇足球俱乐部（West Bromwich Albion）、曼彻斯特联队足球俱乐部（Manchester United）、考文垂足球俱乐部（Coventry City）、克鲁亚历山德拉足球俱乐部（Crewe Alexandra）］；有的由老师和学生组成［例如，布莱克本流浪者足球俱乐部（Blackburn Rovers）、莱斯特城足球俱乐部（Leicester City）、桑德兰足球俱乐部（Sunderland）］。

1888 年足球联盟（the Football League）的成立是足球运动职业化发展的必然结果。为了给球员支付工资，俱乐部需要可靠的运行机制。1884 年，普雷斯顿足球俱乐部被开除出英格兰足总杯，因为据称其使用了职业球员。普雷斯顿足球俱乐部的做法得到了来自英国北部和中部地区的 40 家俱乐部的支持。它们威胁要重新组建英国足球协会（British FA）。1885年1月，职业球员被合法化。1888年，足球联盟成立。11家创始俱乐部中有6家来自兰开夏郡（普雷斯顿足球俱乐部、布莱克本流浪者足球俱乐部、博尔顿漫游者足球俱乐部、艾宁顿足球俱乐部（Accrington）、埃弗顿足球俱乐部、伯恩利足球俱乐部），5家来自中部地区［阿斯顿维拉足球俱乐部、伍尔弗汉普顿流浪者足球俱乐部（Wolverhampton Wanderers）、德比郡足球俱乐部、诺茨郡足球俱乐部、斯托克城足球俱乐部］。

为什么足球运动在英国北部和中部地区等工业地区发展得如此之快？最具信服力的答案是它从未真正消失过。如我们之前提到的，根据一般的说法，前工业时代的足球运动在工业革命的压力下消失了。但公立学校将这项运动保留了下来，对其进行规范化和文明化，并借助英格兰足球队和英格兰足总杯将其介绍给全世界。但还存在另一种可能性：它并没有消失，而是在新的工业城镇和工业城市中不断发展着。公立学校中的足球运动只是足球运动的版本之一，但它能够推动自己成为足球运动的官方组织形式，并将自己写进足球运动的历史。但事实上，除了这个官方版本之外，还存在工人阶级的足球运动。这个版本的存在能够解释为什么一项公立学校的运动能够在工业化地区获得如此迅速的发展。

虽然据称足球运动作为一项大众运动在工业革命后消失了，但《贝尔在伦敦的生活》（*Bell's Life in London*）杂志于1838年发表的一篇文章表明，足球运动确实长期存在着一个工人阶级版本：

> 下一个耶稣受难日（Good Friday）将在莱斯特的板球场上进行一场足球比赛，来自德比郡的11名球员（基本上是印刷商）将和11名莱斯特郡球员进行对抗。获胜者将欢迎英格兰任何城市的球队前来挑战，最终获胜者将获得至多25英镑的奖金（转引自Walton and Walvin, 1988: 299）。

146　　1842年，一名受英国国会指派前往英格兰北部矿区调查工人阶级儿童状况的证人写道：

> 虽然圣诞节和耶稣受难日是约克郡矿区仅有的固定假期，但孩子们每周至少会休息一天，晚上也有相当长的空闲时间。他们常常在附近的荒地上运动。他们常玩的游戏包括板球、北方魔咒（一种打击球类游戏）和足球（转引自 Harvey，2005：59）。

尽管孩子们能够在结束了矿区的长时间工作之后，找到一片荒地玩耍，这件事本身并没有什么值得庆祝的，但它确实证明了足球运动存在于大学和公立学校之外。虽然中产阶级建立了英格兰足球队和英格兰足总杯，但足球运动从 19 世纪 70 年代开始在英国北部和中部地区的快速发展表明，这一运动并没有在工业化地区消失；相反，它只是以一种与公立学校中的足球运动不同的版本存在着。如果不将社会阶级作为重要的阐释维度，我们就不可能完全理解足球运动的复杂历史，以及这段历史是如何被书写的。

精英政治的意识形态工作

精英政治也许是关于阶级不平等的最大谎言。正如乔·利特勒（Jo littler）指出的那样，它是"一种使得社会和文化不平等永久存续的机制，也是一种创造社会和文化不平等的机制"（Littler，2019：202）。与其将精英政治视为一种显而易见的好处，

> 我们更应该密切关注它，因为它已成为一种重要的意识形态手段。富豪阶级与充斥着精英的政府部门借助新自由主义文化使这种意识形态手段得以长期延续。我们生活在一个精英时代，在这个时代中较低的社会流动性和世袭利益的延续能够共存。这并非一个巧合（201-2）。

利特勒认为我们应当关注关于精英政治的五种主要论调。第一，"智慧"和"才能"是与生俱来的品质。昂贵的教育对人的才能和智慧没有什么影响。第二种论调与第一种紧密相关：天赋的智慧、天生的才能只有与个人努力相结合才能带来成功。因此，精英社

会是一个由后天的努力和天生的智慧不平等所共同构成的社会。这就导致虽然社会机制已经提供了平等竞争的可能性，但并非所有具有才能和智慧的人都能登上社会的顶峰。如果一个人处于社会的底层，这要么是因为他缺乏成功所必需的才能与智慧，要么是因为他缺乏足够的竞争力。一个社会如果存在成功者，那就必须同时存在失败者。这完全符合资本主义的主导思想——竞争是终极的善。

第三种论调可能是最关键的部分，它由前两种论调所引发，并为前两种论调提供支撑。这种论调认为，天赋智慧加上后天努力所造就的品质在政治生活中更重要，出生环境和社会结构与个人的社会成就和经济成就毫无关联。资本主义社会的一大神话是每个人都有攀登成功阶梯的自由。社会流动性能够确保最优秀的人物进入社会的最高层，每个人最终所处的社会阶级都将是自己应得的。这种论调坚称，个人品质最终将决定个人的社会地位。即使我们拒绝承认这种观点，我们仍然承认社会流动性存在于精英社会之中。但这种流动性常常被夸大以捍卫强大而稳定的阶级结构。正是这一阶级结构将最终决定我们的社会地位，这一阶级结构并不在乎我们的天赋智慧和后天努力。举个例子，比如我是一名工人阶层出身的教授，我的父亲是一名普通工人，母亲是一名清洁工。我的经历或许说明社会流动性是存在的。但事实上，绝大多数教授都出身于上流社会。这就清楚地表明，社会流动性是极其有限的。尽管这个社会或多或少地存在着流动性，但它对阶级结构的影响却被大大高估了。对于社会的最上层和最底层来说，社会流动性基本失效了。几乎没有人能从最底层爬上来，也几乎没有人能从最高层跌落。

第四种论调关乎到底什么是个人品质。如果我们实施一场调查，就会很快知道，个人品质往往是由"市场"决定的。在市场之中，某些品质总是能够吸引更多的金钱和更高的地位。这就导致那些娱乐大众的职业足球运动员的收入远高于那些拯救生命的护士或医生。

第五种论调是，处于社会顶层比处于社会底层更好。尽管人们可能认为这是理所应当的，但是，这种观念背后的逻辑是褒扬上层阶级的生活方式，同时贬低工人阶级的生活方式。

这五种论调共同巩固、支撑和合法化了当前的精英社会。如果一个社会信奉精英主义，那么这表明人们相信社会存在分层和不平等是由于人们的天赋智慧和努力程度有差别，而不是因为阶级结构及其对经济不平等的再生产。精英国家的作用是使"最好的人物"能够进入上流社会。但当我们去探究那些进入上流社会的人的社会背景时，我们就会发现其中存在问题。英国只有7%的人口能够上得起独立学校（昂贵的收费学校①），而71%的高级法官、62%的高级军官、55%的公务常任秘书和53%的外交官都来自这些独立学校（Acred，2016：16）。这似乎很难证明我们的阶级地位是由个人品质决定的，而与个人所继承的特权和不平等的社会结构无关。这些统计数据表明，阶级地位似乎远比天赋、智力和个人努力更加重要。这并不是说上流社会的人没有才华和智慧，并且怠懒懈怠，而是说他们的社会地位并不仅仅是由所谓的天赋智慧和个人努力造就的。如果精英政治的神话是真实的，那就意味着工人阶级缺乏智慧和才能，也不努力工作。但我们很容易就能意识到，虽然许多工人对艺术、科学和政治事业都作出了巨大的贡献，但阶级差异和社会不平等一直阻碍着人们正确认识他们的贡献。正如恩斯特·布洛赫（Ernst Bloch）所说，"历史中充溢着恶劣的环境，这些恶劣的环境阻碍那些伟大的人物体认自身，并获得成就"（Bloch，1995：460）。或者正如诗人托马斯·格雷（Thomas Gray）所写的那样："世界上多少花吐艳而无人知晓，把芳香白白地散发给荒凉的空气。"（Gray，1997）

在精英政治的神话之下，阶级差异变成了一种结构。个人的天

---

① 一些名为公立的学校也可能非常昂贵。例如，伊顿公学、哈罗公学和西敏公学的学费分别为每年42 501英镑、41 775英镑和41 607英镑。英国人的平均年薪约为26 500英镑。将这两者进行比较，我们可以获知很多精英政治概念所需要的意识形态工作。

赋智慧和个人努力决定了自己处于这一结构的上流、中流还是末流。社会不平等是天赋智慧的多寡和个人努力的差异导致的后果。在精英社会中，人们总是会获得自己应得的社会地位。那些出身于统治阶级的人通常持有这种观点。虽然这听起来似乎合乎逻辑，也显得很公平，但实际上它只不过是一道意识形态屏障，用来掩盖阶级差异和社会不平等的真实原因。

拓展阅读

Storey, John (ed.), *Cultural Theory and Popular Culture: A Reader*, 5th edition, London: Routledge, 2019. 该书是本书上一版的配套阅读材料。本书及其配套读本得到了互动式网站 www.routledge.com/cw/storey 的支持。该网站中包含许多有用的链接与电子资源。

Atkinson, Will, *Class*, Cambridge: Polity, 2015. 撇开该书对马克思主义简单化的理解不谈，它是关于阶级和阶级斗争的争论的极好的介绍。

Biressi, Anita, and Nunn, Heather, *Class and Contemporary British Culture*, Basingstoke: Palgrave Macmillan, 2016. 该书是对阶级与当代文化的纠葛的精彩诠释。

Clarke, John, et al., *Working Class Culture*, Centre for Contemporary Cultural Studies, Hutchinson University Library: London, 1979. 来自文化研究之家的关于阶级研究的一部有趣的论文集。

Edge, Sarah, *The Extraordinary Archive of Arthur J Munby: Photography, Class and Gender in the Nineteenth Century*, London: IB Tauris, 2017. 该书以引人入胜的方式描绘了19世纪的阶级状况。

Littler, Jo, *Against Meritocracy*, Abingdon: Routledge, 2017. 理解精英政治概念相关的意识形态工作的关键之作。

Munt, Sally, *Cultural Studies and the Working Class*, London: Continuum, 2000. 该书明确地说明了为何文化研究应回归阶级这一基础问题。

Skeggs, Beverley, *Formations of Class & Gender*, London: Sage, 1997. 文化研究领域中将阶级作为解释性概念的最重要的尝试。

Storey, John (ed.), *The Making of English Popular Culture*, Abingdon: Routledge, 2016. 将阶级作为解释性概念的优秀论文集。

第八章 性别与性征

女性主义

"性别分析的崛起是20世纪80年代人文科学领域最引人注目的巨变之一。"(Showalter, 1990: 1) 这句话是伊莲·肖沃特(Elaine Showalter)的某部性别与文学研究导论的开篇语。毫无疑问,若无肇始于20世纪70年代早期的第二波女性主义(feminism)浪潮,肖沃特绝然说不出此番话来。性别问题得以进入学术议程,皆系女性主义之功。不过,种种议题的特质亦于女性主义内部引发了激烈争论。由是,女性主义作为一个研究、写作和行为的整体性思潮如今已不复存在,而是发生了分裂并产生了若干变种。今日我们所要讨论的,与其说是单数的女性主义,不如说是复数的**女性诸主义**(feminisms)。

今日的女性主义至少包括四个截然不同的流派,分别是激进女性主义、马克思主义女性主义、自由主义女性主义,以及西尔维娅·沃尔比(Sylvia Walby)所言的"双重系统理论"(dual-systems theory)。每一流派都从特定的角度揭示了女性所受的社会压迫,并根据不同的原因提出了相应的解决方案。激进女性主义认为造成女性受压迫地位的首恶是父权制,在这一社会系统内,男性群体得以将自己的权力凌驾于女性群体之上。马克思主义女性主义则将矛头指向资本主义,认为男性统治女性只不过是资本统治劳动力的结果。自由主义女性主义与前两者的不同之处在于其未将问题归咎于任何制度——父权制或资本主义制度——而倾向于在具体形式中探讨男性对女性的偏见，如在法律制度或日常表达中有意无意地将女性排除在特定生活领域之外，等等。"双重系统理论"则体现了激进女性主义和马克思主义女性主义的融合，指出女性所受的压迫是父权制和资本主义互相勾结的产物。当然，女性主义流派不止上述四种，罗丝玛丽·佟恩（Rosemary Tong）就曾罗列出下述七种：自由主义、马克思主义、激进主义、精神分析、社会主义、存在主义以及后现代主义。本章稍后也会讨论交叉的女性主义。

如马克思主义（第四章中曾经讨论过）一般，女性主义绝不仅仅是一系列学术文本和行为实践的集合，也是一种在本质上关注女性受压迫地位、为女性争取社会权力的政治运动和思想工具。正如非裔美国批评家钟镰*（bell hooks）所描述的那样，女性主义"获得了发言权"。

> 作为一种自我改造的隐喻……"获得发言权"……对于那些从未在公众面前发表过言论的女性群体而言至关重要。女性第一次拥有了说话和写作的权利，不择肤色。尽管女性主义对"发言权"的关注有时或显迂腐，但对于处于被压迫地位的女性而言，能够发出自己的声音本身就是一种抵抗行为。争取发言权的过程既是一种自我改造的积极行动，又是将自身从客体变为主体的必由之路——只有主体才有发言的权利（hooks，1989：12）。

因此，女性主义绝不仅仅是一种文本解读方法，也是一种令人震惊的生产性解读行为。诚如肖沃特所言：

> 有一张极易引发错觉的图，这张图既可以被视为一支高脚杯，又可以被看作两张相对的侧脸。整个图片就在这两个视像的张力间左右振荡。高脚杯和侧脸轮番僭越对方，并想方设法将对方变作毫无意义的背景。与之相似，最纯

---

* 钟镰系美国女性主义批评家格洛丽亚·沃特金斯（Gloria Watkins）的笔名。——译者

粹的女性主义文学理论即努力对我们眼中的幻觉进行激进的转换，让我们在原本空洞无物的空间中看到意义所在。由是，"正统"的情节消退了，一度藏匿于背景之中的另一套情节则凸显出来，如拇指指纹一般醒目（转引自 Modleski，1982：25）。

肖沃特对女性主义文学批评的描述同样适用于女性主义大众文化分析。女性主义者将大众文化视为分析对象，进行了大量的阐释和解读。米雪儿·巴雷特（Michèle Barrett）指出："文化政治对当下的女性主义而言至关重要，因其关乎对**意义**的争夺。"（Barrett, 1982：37）拉娜·莱考（Lana Rakow）也发表过类似的观点："在分析大众文化时，女性主义者往往从各自不同的理论立场出发，关注社会层面的深度剖析并带有明确的政治意图。"（Rakow, 2019：240）此外，莱考还指出：

> 尽管当代女性主义理论家对大众文化的观点不尽相同，但她们均提出两个主要假设：第一，在与大众文化的关系问题上，女性和男性截然不同……第二，女性若要掌控自己的身份、改变旧有的社会意识形态和社会关系，就必须充分理解大众文化在女性文化和父权制文化领域内所发挥的不同功能……女性主义者声称大众文化在父权制社会扮演了重要角色，只有对这一角色进行深入剖析才能确保自身在讨论的持续进行中站稳立场（231）。

电影中的女性形象

在第五章中，我们对墨维关于"女性窥视者"的重要论断进行了讨论。尽管墨维的文章只有不足 13 页的篇幅，其通篇分析却极具力道、令人难忘，并对后世的研究产生了深远的影响。[①] 但我们同时

[①] 墨维的文章被结集出版过 10 次以上。

也须指出,尽管该文对"问题"进行了深入细致的分析,却并未提出令人信服的"解决方案"。墨维认为,取代大众电影的应当是一种先锋性质的电影,此类电影"带有激进的政治色彩和美学意蕴,并对主流电影的基本假设构成挑战"(Mulvey,1975:7—8)。而包括洛琳·加曼(Lorraine Gamman)和玛格丽特·马什门特(Margaret Marshment)在内的女性主义理论家则质疑墨维观点的"普遍性"(Gamman and Marshment,1988:5),反问"凝视总是男性的吗?"以及这种凝视"是否仅仅是'宰制性'的?"(同上)毕竟,观看的方式多种多样,其中自然也应包括女性的凝视。二人坚持认为:

> 仅仅将大众文化视为资本主义和父权制社会的辅助系统是不够的。大众文化并非只是向愚氓的群氓兜售"虚假意识"的工具,它同时还是对意义展开争夺和对宰制性意识形态进行破坏的场所(1)。

鉴于此,她们主张采取一种干预性的文化政治理念:"我们决不能以'事不关己'的姿态拒斥大众文化。"(2)

社会中的绝大多数人是从大众文化中获得信息和娱乐的。无论男人还是女人,都在大众文化中获悉关于自身文化的宰制性定义。因此,为使女性主义的意义成为我们所撷取的快感的一部分,就必须想方设法对大众文化形式加以干预。故而,弄清楚这种干预的优劣得失就显得至关重要(1)。

克莉丝汀·格莱德希尔(Christine Gledhill)发表过类似的观点。她认为女性主义文化研究"应当将广受鄙夷的大众文化形式与具体的文化消费环境相结合,并将其受众视为由社会历史建构的产物"(Gledhill,2019:82)。她声称:"只有如此,对女性电影和肥皂剧的女性主义分析才能跳出电影精神分析的窠臼,不再仅仅将注意力集中于男性的窥视,超越女性被征服、被孤立、被凌虐的身份立场。"(83)

杰姬·斯戴西(Jackie Stacey)在《凝视明星:好莱坞与女性窥视》("Star Gazing: Hollywood and Female Spectatorship")一文中指出,大多数关于女性受众的精神分析著作所宣扬的"文本决定论"并具有普遍性。她将分析的重点集中于"电影院里的受众"而非"被文本建构的观众",此举使得分析的视角从电影研究传统(墨维所据之立场)转换至文化研究的理论关注。表 8.1 对上述两种范式的相异之处做了对比(Stacey, 1994: 24):

表 8.1 作为研究对象的电影之于电影研究和文化研究

电影研究	文化研究
观众定位	受众解读
文本分析	民族志方法
生产导向的意义	消费导向的意义
被动的观看者	主动的观看者
无意识	有意识
悲观	乐观

斯戴西对一组年龄多为 60 岁以上的工人阶级白人妇女进行了接受分析,这些人在 20 世纪 40 年代和 50 年代都是狂热的电影迷。在通信和问卷调查的基础上,斯戴西将她们对电影的反应区分为三种话语类型,分别是**逃避现实**(escapism)、**身份认同**(identification)和**消费主义**(consumption)。

逃避现实是人们在解释女性观看电影的原因时最常使用的理由。斯戴西竭力摈弃"逃避现实"这一表述的贬义内涵,转而援引理查德·戴尔关于大众娱乐乌托邦性质的精彩论述(Dyer, 1999),揭示出 20 世纪 40 年代和 50 年代好莱坞电影得以为英国女性建构乌托邦的巨大潜能。戴尔通过一系列二元对立结构来展现受众所经历的社会问题与大众娱乐对这些问题的文本式解决方案(textual solutions)之间的关系(表 8.2)。

表 8.2 大众文本与乌托邦式解决方案

社会问题	文本式解决
贫瘠	丰裕
精疲力竭	精力旺盛

（续表）

社会问题	文本式解决
阴郁	浓烈
操纵	透明
碎片化	共同体①

对戴尔来说，娱乐的乌托邦色彩是文本的特有属性。斯戴西拓展了这一论断，将人们体验娱乐的社会情境也囊括至讨论的范畴。相关的通信内容和问卷调查显示，工人阶级女性从电影中获取的绝不仅仅是视觉愉悦和听觉快感，她们同时还体验到一种"共映"的仪式，分享着一个专属于电影观众的"想象的共同体"，并享受影院建筑的美妙与奢华。这可不是"沉醉于好莱坞的魔力"这样简单。诚如斯戴西所言：

> 影院的物理空间成了影院之外的日常生活和即将上映的好莱坞电影的梦幻世界之间的过渡领域。从设计风格到装潢程度，都竭力使女性观众更加轻而易举地逃避现实。由是，影院仿若梦的宫殿，不但时刻上演着来自好莱坞的幻景，更以其独特的设计装潢营造出女性化的、似梦似真的氛围，为好莱坞电影的文化消费提供了沃土（Stacey, 1994: 99）。

逃避现实始终是一个历史性的双向过程。在斯戴西看来，女性并非仅仅从现实生活逃避至上映着好莱坞幻景的奢华影院中，更是将自己从战时与战后英国的艰难时日中解放出来。由是，好莱坞的幻景融合了影院的奢华，在战争所致的物资短缺和巨大牺牲这一社会情境中为人们所经历与体验，最终导致了"逃避现实的多重含义"（97）。

身份认同是斯戴西做出的第二类分析。她深谙精神分析学说将电影文本视为女性观众深受父权制利益压迫的产物，并在此基础上

---

① 来自 Dyer, 1999: 376 中的表格。

提出"身份认同"是女性观众同气连枝、携手对抗压迫的利器。不过,斯戴西将分析的对象从电影文本中的女性形象转移至影院中的女性观众身上,进而声称身份认同机制常有多种迥异的运作方式。从受访者的反馈中可以看出,女性观众往往持续不断地将电影明星视为权力的象征,这些电影明星胸有成竹、自信满满;观看他们的表演仿佛为日常生活注入了新鲜的活力。

斯戴西的第三类分析是**消费主义**。她再一次反对将消费视为纠缠于某种关系之中且总能成功实现宰制、剥削和操控的片面论点,进而提出:"消费是诸种意义彼此协商的场所,既包含了奴役与剥削,又预示着争夺与抵抗。"(Stacey, 1994: 187)她声称,电影研究的绝大多数理论都是生产导向(production-led)的,仅将批判的视线投射至"电影工业如何将观众生产为同时消费着电影文本和其他相关工业的相关产品的消费者"(188),这种分析方式无法从理论上(遑论从细节上)剖明受众如何使用自己消费的商品,并从中获取意义。斯戴西还指出,从那些受访者的言谈表述中,不难察觉在受众及其所消费的商品之间存在着矛盾冲突,其激烈程度远远超过预想。比如,她曾在书中强调"美国女性的观念显然与英国女性所受之种种约束相抵触,进而为英国女性提供了某种抵抗的策略"(198)。从受访者的来信和调查问卷中可以看出许多女性观众认为好莱坞明星代表着一种标新立异的女性气质,带有令人兴奋的反抗精神。于是,英国女性便通过消费这些明星及相关商品的方式,与保守的英国女性观念相抗衡,大大拓宽了"英国女性气质"的疆域。当然,斯戴西既未言称英国女性可以毫无拘束地通过消费建构新的女性身份,亦未否认女性电影的消费模式可能吸引父权制社会凝视的目光。其论述的关键概念是**剩余**(excess)。由消费好莱坞明星及相关商品而产生的自我形象的转化可以生产出足够多的身份和实践,在满足了父权文化的需求后,仍会有剩余。斯戴西主张:

> 尽管20世纪50年代中后期英国女性观众对电影的消费导致其自身被生产为欲望的对象,却也为深陷于社会所

预期的主妇身份与母性角色的英国妇女开辟了遁逃的路径。由此，女性通过消费的方式与 20 世纪 50 年代英国主流社会所期许的"为婚姻和子女而自我牺牲"的精神展开抗争，并于此过程中坚守着自我（Stacey, 1994：238）。

斯戴西的观点谴责了大多数电影精神分析的普遍主义论调。经由细致的受众研究，"女性的观影行为理应被视作与好莱坞电影宰制性意义进行的协商，而非仅仅被动地受制于后者的过程"（12）。由此视角出发，一度牢不可破、天衣无缝的好莱坞父权力量开始动摇，其意识形态上的成功亦绝非天经地义。

解读言情小说

在《仇恋》（*Loving with a Vengeance*）一书中，塔尼娅·莫德莱斯基（Tania Modleski）指出，那些撰写"女性叙事"的女性往往倾向于采据下列三种立场中的一种："轻蔑、主要针对叙事文学的消费者的敌视，以及最为常见的无礼的嘲弄。"（Modleski, 1982：14）为与之对抗，她声称："是时候对女性阅读进行女性主义解读了。"（34）所谓"大众化生产的女性幻景"（包括言情小说）"体现着女性生活中种种真实的问题与张力"（14），而对于"现代女性主义者"而言，这些通过叙事来解决问题、缓和冲突的方式"绝难取得成功"（25）。不过，言情小说的读者和女性主义读者的确存有共同之处，那就是她们都对女性生活的现状心存不满。莫德莱斯基曾举出禾林小说*（Harlequin Romances）为例，指出"马克思所言的宗教苦难同样适用于描述'罗曼司苦难'：阅读言情小说的过程既包含了对真实困境的表达，又体现着对真实困境的**抗争**"（47）。

莫德莱斯基并未谴责言情小说及其女性读者，而是质疑"使言

---

* 禾林小说意指加拿大出版公司禾林（Harlequin）推出的风靡西方世界的女性言情小说系列。禾林公司成立于 1949 年，是目前全世界最具影响力的言情小说出版集团。——译者

情小说成为女性生活必需品的社会环境"。其结论是:"与其说是禾林导致了女性生活中的矛盾冲突,不如说是女性生活中的矛盾冲突催生了禾林。"(Modleski,1982:57)她对马克思关于宗教的观点先扬后弃,尽管提出了异于常人的论断,却也险些重弹群氓文化理论家视大众文化为致幻剂的旧调。不过,她也指出:"当学生们时不时地逃掉女性研究课程去追看心爱的肥皂剧的情节进展时,也许我们也该终止对肥皂剧的一味反对,而要想方设法将一干大众化生产的幻景纳入女性研究的范畴。"(113-4)

罗莎琳德·考沃德(Rosalind Coward)所著的《女性欲望》(*Female Desire*)对女性在大众文化中获取的快感进行了分析,其考察对象广涉时尚、言情小说、流行音乐、星座算命、肥皂剧、食品、烹饪、女性杂志等文化文本与实践,并指明女性是如何被卷入快感和自责的轮回的:"自责,是我们的专利。"(Coward,1984:14)考沃德并非站在"局外人"的立场对分析对象指手画脚。相反,她声称:"对于女性的快感与自责……我再熟悉不过。我对自己所描述的快感有切身体会……在那些东西面前,我不是一个遥不可及的批评家,我始终在对自己的行为作出解释,在显微镜下检视自己的生活。"(同上)考沃德的立场与"文化与文明"传统以及法兰克福学派的视角针锋相对,她从未面带失望的表情高高在上地俯视大众文化,而是将其视为可感可触的"他人的文化"加以观察。这是一种"我们的"文化话语。此外,她也拒绝将大众文化("女性欲望"的话语)的实践与表征视为"粗暴灌输的、虚假的、约束性的刻板成见"(16)。

> 我所考察的,是由这些表征而生的欲望,那些对女性主义者和非女性主义者一视同仁的欲望。不过,我从未将女性欲望视为由生存环境所导致的牢固堡垒。相反,在我看来,是女性快感和欲望的种种表征生产并维持着女性的社会地位。此种地位既非遥远的外力强加于我们身上从而极易一脚踢开,亦非女性气质滋生的核心要素,而是作为

对快感的回应被生产出来的。我们的主体性和身份都是在对我们置身其内的欲望的界定中形成的。这些经验使得任何改变都难上加难，因为诱发女性欲望的那些话语时刻维系着男性的特权（Coward, 1984: 16）。

考沃德之所以对言情小说产生兴趣，在很大程度上缘于"过去十年间（20世纪70年代），女性主义和雨后春笋般风靡的言情小说几乎是同步发展的"[①]。关于言情小说，她提出了两个观点。第一，"所有小说必定满足了某些特定的需求"；第二，这些小说为"某个无比强大的共同幻景"提供佐证、做出贡献（190）。言情小说中展现的幻象"带有前青春期性质，几乎属于前意识范畴"（191-2），这些幻象从两个关键方面实现了"回归"：一方面，它们在对早年儿童与父亲关系的回忆中憧憬着男性的力量；另一方面，它们又对女性的性欲采取了一种特殊的态度，认定女性在性欲上是被动且无知的，于是性欲的责任就不可避免地落在男人肩上。换言之，性欲是男人的专利，而女人往往对其无动于衷。故而，言情小说重现了女孩的俄狄浦斯情结，不同之处在于小说不会以女性的无力作结——在小说中，女孩真的取母亲而代之，嫁给了父亲。这就完成了从被宰制地位到权力地位（象征性地取代了母亲的地位）的转变。不过，考沃德也指出：

> 言情小说之所以流行，皆因其……再现了童年世界的性关系，并抑制着对男性气质匮乏、令人窒息的家庭以及父权所致伤害的批评。同时，它还小心翼翼地回避着来自童年世界的内疚感与恐惧感。性被严格界定为父亲的责任，而鉴于女性角色在言情小说中获得了某种权力，故对窒息感的恐惧也不复存在。言情小说呈现了一个稳固的世界，规划了某种安全的依赖关系，承诺女性在受到约束的同时

[①] 这番言论的作者是夏洛特·莱姆（Charlotte Lamb），最初发表于1982年9月13日的《卫报》（*Guardian*）（转引自Coward, 1984: 190）。

第八章　性别与性征

还拥有权力（Coward，1984：196）。

詹妮丝·莱德威（Janice Radway）在其研究的一开始就指出言情小说之所以广受欢迎，在一定程度上是由于"图书的生产、发行、广告及市场策略发生了重大改变"（Radway，1987：13）。她对前人的论述提出疑问，指出言情小说的商业成功一方面当然是由于女性日益增加的阅读需求，另一方面也源自出版商日臻娴熟的推销技巧，两者具有同等的重要性。若无出版商使小说变得更具可视性与接近性，女性对浪漫幻景的消费需求绝然无法满足。

莱德威在史密斯顿*（Smithton）展开了自己的调查研究，访问对象是一组总计四十二人的女性言情小说阅读者（绝大多数是已婚已育妇女）。这些女性读者大多是"多萝西·伊文斯"**（Dorothy Evans）工作过的书店的常客。事实上，正是大名鼎鼎的多萝西吸引莱德威到史密斯顿来的。出于对言情小说的热爱，多萝西出版了一系列名为"多萝西言情小说阅读手记"的新闻信，并在其中根据小说的"浪漫价值"为其设级排位。新闻信连同多萝西为读者提出的阅读建议共同导致了一个规模不大却极具象征意义的言情小说阅读共同体的出现，而莱德威分析的焦点就集中在这个象征性的共同体上。她通过调查问卷、开放式小组讨论、面对面采访、非正式讨论以及在书店观察多萝西与普通消费者现场互动的方式收集了大量一手材料。此外，史密斯顿女性所读的书目也吸引了她的注意力，她将对这些书目的解读作为一种补充性材料加以利用。

多萝西的新闻信对读者购书的类型极具影响力，这使莱德威意识到仅从当前书目的样本分析中得出结论是远远不够的。为了理解言情小说阅读的文化意义，必须对大众的辨识力予以足够的重视，考察读者对书目的取舍过程，研究哪些书能够满足读者的需求、哪些不能。此外，她还对阅读的**程度**做出了观察：她所采访的绝大多

---

* 史密斯顿是美国宾夕法尼亚州一座享有自治权的市镇。——译者

** 多萝西·伊文斯是20世纪80年代活跃于史密斯顿的言情小说专家，曾广泛呼吁镇上的女性阅读言情小说。——译者

数女性每天都读书，每周花费在读书上的时间大约是 11 至 15 小时。至少四分之一的受访者表示，若非家庭事务打扰，她们更愿意一气呵成地将一部小说读完。每周购书量则有较大差异，最少的每周买一本书，最多的则买 15 本。甚至有四位受访者声称自己每周阅读言情小说的数量多达 15 至 25 本。①

在史密斯顿女性的心目中，理想的言情小说的情节应当是这样的：一位独立且富有幽默感的知识女性，在经历了种种怀疑、猜忌，乃至残忍、暴力之后，终于被一个男子的爱情征服；在恋爱过程中，该男子由轻率粗鄙而日渐成熟，直至成长为一个**关心**女性、甘愿**供养**女性的好男人——这也正是传统意义上女性对男性的期许。莱德威如是解释："浪漫幻景……并非关于发现一位格外有趣的生活伴侣的幻想，而是一种期望被关怀、被热爱、被肯定的特殊仪式。"（Radway，1987：83）这是一种"回报式"的幻想：男人对女人施予关注与爱护，而女人亦应投桃报李。不过，言情小说带来的幻景远不止这些。通过阅读这些小说，女性读者会忆起往昔的幸福时光，重返被"母性"之爱包容的年代。

莱德威援引南茜·乔多罗（Nancy Chodorow），指出言情小说营造的幻景是一种形式独特的回归，让读者在想象上和情感上重返"自己仍是某位供养者关注的焦点"的年代（84）。不过，这种回归并非如考沃德所言是以父亲为中心，而是以母亲为中心的。由是，言情小说就成了女性手中的工具，她们通过阅读书中男女主人公的恋情故事而汲取了一种替代性的情感援助，补偿自己在日常生活中付出太多而回报太少的现实。

莱德威还沿用了乔多罗对"自我"的界定，认为女性自我是一种时刻处于和"他者"关系之中的自我，而男性自我则是独立而自洽的自我。乔多罗曾指出，男性自我与女性自我的不同源于两者与母亲的关系不同，而莱德威则在乔多罗所言的心理学因素与理想言情小说的叙事类型之间建立了关联：在从身份危机到身份重建的旅

---

① 詹妮丝·莱德威认为这个数字是难以置信的。

程中,"女主角最终成功建立起理想化的叙事……建立起我们都熟悉的女性自我,即与他人关系中的自我"(Radway,1987:139)。此外,莱德威还赞同乔多罗的另一观点,认为女性只要在俄狄浦斯情结中浮现,便会立即身陷某种"牢固的三角形心理结构",这意味着女性"既需与异性打交道,又要持续不断地与以母性身份供养及保护自己的人,维系情感"(140)。为了体验这种母性情感完满的回归,女性有三种选择:同性恋、与男人建立两性关系,以及通过其他方式获取满足。我们文化的恐同性(homophobic)特征制约着第一种选择,男性气质制约着第二种,而阅读言情小说则隶属于第三种选择。莱德威指出:

> 言情小说营造的幻景一方面来自渴望爱与被爱的俄狄浦斯情结,另一方面则源于持续不断的前俄狄浦斯情结,该情结是女性内容体构成(inner-object configuration)的一部分,具体体现为期望重获母亲之爱,以及与之相关的一系列暗示——色欲的快感、共生的圆满,以及身份的确证(146)。

理想的言情小说为上述三角形结构提供了完美的解决方案:"父亲式的保护、母亲式的关怀,以及激情洋溢的成人之爱。"(149)

失败的言情小说则无法满足读者的情感需求,要么由于其内容太过血腥,要么因其以悲剧或令人难以信服的喜剧结尾。这就以一种令人不悦的方式凸显出所有言情小说的两类结构性焦虑。第一种焦虑是对男性暴力的恐惧。在理想的言情小说中,暴力的危害性往往受到情节的抑制,被展现为错觉或无害之物。第二种焦虑则是对"女性性意识的觉醒及其对男性的影响的恐惧"(169)。在失败的言情小说中,女性的性意识往往无法被限定在天长地久的恋爱关系之中,而男性的暴虐也处于失控状态;两者结合起来,就构成了一种独特的表达形式——用男性的暴力去惩罚女性的滥交。简言之,失败的言情小说无法使读者从女主人公的经历之中获取情感满足,无法分享在某位伟岸男性的臂弯中完成从身份危机到身份重建的转变时产生的快感。一部言情小说成功与否,最终取决于读者与女主人公之间会建立起何种关系。

> 假若女主人公的故事激发了读者的某种激烈的情绪,如对男性的愤怒、对强奸和暴力的恐惧、对女性性意识的隐忧、对枯燥感情生活的担心等,那么这部言情小说就会被认定为失败或糟糕。相反,如果读者在女主人公身上体验到了兴奋、满足、安心、自信、荣耀或力量,那么情节如何设置就显得无足轻重了。归根结底,最重要的是让读者在短时间内想象着自己成为另一个人,置身于另一处更好的所在。她合上书本,闭目回想,会心悦诚服地认为男人和婚姻就是女性最好的归宿。当饱享了精神食粮的她重返日常起居,再度负起家庭的责任时,则能以更加自信的姿态面对生活,坚信自己凭能力可以解决生活中种种无法回避的问题(Radway, 1987:184)。

通过此种方式,史密斯顿的女性"在一定程度上使言情小说的父权制形式为我所用"(同上)。阅读言情小说的首要"心理收益"源自"单一的不变的文化神话的仪式性循环"(198, 199)。60%的史密斯顿女性会在自己认为必要的时候预先翻阅小说的结尾,以确定其情节不会与基本神话带来的满足感相抵触。这一事实强烈地表明,对于史密斯顿的言情小说读者而言,"供养女人的伟男子"这一基本神话才是最终极、最重要的元素。

在听取了史密斯顿女性读者所做的一系列评述之后,莱德威终于得出结论:若想充分理解她们阅读言情小说的视角,必须放弃对文本的执迷而将注意力集中于阅读**行为**本身。她发现,当被访者在谈话中使用"逃避"这个词来描述阅读带来的快感时,该词其实身兼两重彼此相关之意。如我所见,它可以被用来形容读者对男女主角两性关系的身份认同过程,也可以"作为一种文学性的表述来传达对现实的否定。每当读者开始阅读一部小说,她都会逃离现实,沉沦在故事里"(90)。多萝西对莱德威说,对于男性而言,女性的阅读行为是极具威胁性的。对家庭责任的反复强调恰如其分地证明了这一点。史密斯顿的许多女性将阅读言情小说视为给自己的"特殊礼物"。对此，莱德威援引乔多罗关于父权制家庭的观点，指出"在日常的再生产之中，存在一个失衡的基本结构……在社会及心理意义上，男性是被女性再生产出来的，而女性在很大程度上却无法对其自身进行再生产"（Radway, 1987: 91, 94）。因此，阅读言情小说就成了一种虽渺小却绝非微不足道的情感再生产方式，是"一种虽转瞬即逝却脚踏实地的抵制方式，拒斥了将女性认定为妻子和母亲角色的整体性需求"（97）。诚如莱德威所言："尽管阅读小说是一种替代性经验，但由其生发的种种快感是真实可触的。"（100）

> 我想，下述结论应当是合乎逻辑的：史密斯顿的女性之所以重视阅读言情小说，是因为小说带给她们的体验迥异于日常生活。读书不仅使女性从生计问题和家庭责任中获得放松与解脱，更为女性开创了一个专属自己的时空，让她们得以专注于自身的需求、欲望和快感。此外，阅读言情小说还是一种转换或逃避的途径，女性读者可以从中获得异乎寻常的生活体验（61）。

《解读言情小说》（*Reading the Romance*）一书的最终结论是：想就当下阅读言情小说的文化意义得出绝对化的结论是非常难的。将注意力集中于阅读行为和将注意力集中于文本的叙事幻景往往会得出截然相反的结论。前者主张"阅读言情小说是一种抵抗行为，因为女性读者在其中暂时拒斥了社会强加于己的角色定位"（210），而后者则声称"言情小说的叙事结构承载着对父权制社会实践与意识形态的重述与推崇"（同上）。研究者必须关注"行为之意与文本之意"（同上）之间的差异，只有如此方能对阅读言情小说的文化意义予以充分的理解。

不过，莱德威在一个问题上态度鲜明，那就是女人绝非怀着对父权制的满足之情阅读言情小说。读书的过程包孕着乌托邦式的抵抗，激发着女性读者对一个更好的世界的热望。不过，言情小说的叙事结构却往往传达相反的意蕴，暗示男性的暴力和冷漠其实都是爱意的表达，只待合适的女性出面释码，最终赢得男性之爱。这表明一旦女性学会了如何正确理解，父权制就不再是个问题。上述问题错综复杂且互相矛盾，莱德威既未对此视而不见，亦未提出似是而非的解决方案。唯一切实的结论是：将阅读言情小说视为父权制社会秩序下的意识形态行为还为时尚早。

> 有必要指出……及至今日，包括本课题在内的一切相关研究都未能提供切实的证据，对上述问题进行充分的讨论。当女性合上书本，重返平淡无奇的日常生活时，那些周而复始的阅读究竟对其行为产生了何种影响，仍未可知（Radway, 1987: 217）。

因此，我们务必坚持关注读者的阅读行为——他们选择什么书、买什么书、如何理解小说的情节、如何将故事"为我所用"等。这对于理解日常生活中活文化的运行过程及其错综复杂的表意实践至关重要。只有如此，才能更好地"接合意识形态压迫和反抗性实践之间的差异。尽管这种反抗在规模和效果上均极有限，却也对意识形态控制构成了挑战"（221-2）。言情小说蕴含的意识形态力量或许很强大，但哪里有压迫哪里就有反抗。也许这种反抗仅仅局限于选择性消费行为——对现实生活的不满在接合有限抵制及乌托邦热望的过程中获得暂时性的化解——但作为女性主义者：

> 我们不但应对其来源及其乌托邦仪式予以充分的理解，更需学会对此类阅读行为大加鼓励以获取丰硕成果。若仅纸上谈兵，则已然败下阵来；至少在言情小说的案例中，纸上谈兵意味着由阅读产生的种种替代性快感皆是徒劳，而开创新世界的热望更是天方夜谭（222）。

夏洛特·布伦斯顿（Charlotte Brunsdon）盛赞《解读言情小说》一书是"对阅读行为进行的最广泛的学术调查"，并褒扬莱德威，认为其在教室里建构起"普通女性的形象"（Brunsdon, 1991: 372）。此著在英国出版后，洪美恩（Ien Ang）做出了整体上赞许式的评价。不过同时，她也对莱德威的研究方法提出了一系列批评。比如，她反对莱德威将女性主义和言情小说阅读对立起来的观点，声称："研究者莱德威是一位女性主义者而非言情小说迷，而被研究者史密斯顿的妇女则是言情小说迷**而非女性主义者**。"（Ang, 2019: 631）洪美恩认为此举无异于将女性主义的政治意图强加于"他者"，在"她们"和"我们"之间架设屏障，并将不信奉女性主义的女性视为异类，处心积虑将其"收编"。在洪美恩看来，女性主义者不应扮演高高在上的引路人的角色，而莱德威就犯了这样的错误——她坚持认为"只有读者放弃自己心爱的言情小说并摇身变为女性主义活动家，'真正'的社会变迁才会来临"（632），而洪美恩在其本人所著的《观看〈豪门恩怨〉》（*Watching Dallas*）中就明确表明两者（阅读言情小说和女性主义）并非互斥关系。对此，我们将在后文展开讨论。莱德威的"先锋女权政治"只会导致"一种政治上的道德主义，处心积虑地让'他们'向'我们'靠近"。对此，洪美恩指出，莱德威的分析所缺乏的就是将快感视为快感的单纯性。她讨论了快感，却总是将注意力集中于其非现实性上——快感是替代性的，发挥着精神补偿的功能，是一种虚假的体验。而在洪美恩看来，莱德威的方法过分关注由快感而生的效果，却忽视了快感得以形成的机制，最终完全沦为一个关于"快感的**意识形态功能**"的问题。与之相反，洪美恩更倾向于认为快感可以"赋予"女性力量，并非总是"与她们的'真实'利益相悖"（635）。詹妮丝·莱德威也对自己的研究做出如下总结性的自省：

> 尽管我竭力设身处地地为史密斯顿的女性着想，想方设法将其言情小说阅读行为理解为对日常生活的积极回应，却又总是不由自主地受控于脑中根深蒂固的男权至上主义假设，进而对言情小说做出了负面的评论。及至如今，我仍坚信应当有人为女性读者所受到的来自幻景的蛊惑而担忧……纵使此举势必导致分析者在自知状态下与浑然不觉

的分析对象背道而驰……抛开我以女性主义视角解读言情小说的企图不谈，单是人们熟知的"盲目幻想"与"颖悟自知"之间的对立，就足以左右我的讨论风格。由是，我愿将拙作与塔尼娅·莫德莱斯基的《仇恋》同视为最早考察言情小说风格变迁中的大众文学样式的作品——两者共同搭建了一座争辩的舞台，而讨论的基调，在我看来，就建立在对戏梦人生之幻景的深切怀疑之上（Radway，1994：19）。

她援引艾莉森·莱特（Alison Light）的观点来支撑自己的结论，声称女性主义的"文化政治既不应成为'焚书之立法机构'"，也不该掉入"顺我者昌、逆我者亡"的道德主义窠臼。"不难想象……芭芭拉·卡特兰*（Barbara Cartland）有本事将你变成女性主义者。阅读从来不是一种简单的欺骗性活动，而是一个……充满活力且变化多端的过程。"①（转引自 Radway，1994：220）

《观看〈豪门恩怨〉》

洪美恩所著的《观看〈豪门恩怨〉》于 1982 年初版于荷兰，而下面我们将要讨论的则是于 1985 年问世的英译修订版。该书写作之时，恰逢 20 世纪 80 年代早期美国"黄金档肥皂剧"（prime time soap）《豪门恩怨》风靡全球（总计在 90 多个国家的电视台播放）。而在彼时之荷兰，约有 52% 的人追看该剧。收视成功使《豪门恩怨》迅速建立起一套以剧情为中心的行动话语——大到频频在大众传媒上露面，小至兜售印着"我恨 JR"**字样的帽子等衍生产品。此外，

---

* 芭芭拉·卡特兰（1901—2000），20 世纪英国最著名的言情小说家之一，被英国媒体誉为"言情小说天后"，总计出版过 664 部言情小说。——译者

① 与之类似，我在儿时曾读过埃尼德·布赖顿（Enid Blyton）的《神秘七人团》（Secret Seven）系列童话，深受书中人物集体行动的影响，这为我成长为社会主义者铺平了道路。

** JR 系剧中主人公 John Ross Ewing Jr. 的简称。——译者

该剧还吸引了著名评论家、法国文化部部长雅克·朗恩*（Jack Lang）的注意，他甚至将其视为"美国文化帝国主义"的最后一个典范（转引自 Ang, 1958: 2）。有人认为《豪门恩怨》为观众带来了快感，有人批判其对"民族身份"构成了威胁。无论如何，有一点不容否认，那就是此剧在 20 世纪 80 年代早期产生了世界性的巨大影响。正是在这样的背景之下，洪美恩才在荷兰女性杂志《欢腾》（Viva）上登出了下面这则广告："我喜欢看《豪门恩怨》，但常常对其产生奇怪的感觉。你愿意写信告诉我你爱看或不爱看这部电视剧的理由吗？通过对这些答案的分析，我将撰写一篇学术论文。来信请致……"(10)

广告刊出后，洪美恩总计收到 42 封观众来信（39 封来自女性），其中既有爱看《豪门恩怨》的，也有不爱看的。这些观众来信构成了她对该剧给女性观众带来的巨大快感进行经验性研究的基础。洪美恩并不关心该剧究竟满足了女性观众的哪些既存需求，而将注意力集中于"快感是通过何种机制被激起的"(9)。换言之，她并未讨论"收视快感产生了哪些效果"，而浓墨重彩于"快感是如何被生产出来又如何发挥作用的"。

作为研究者的洪美恩兼具双重身份，她既是一位"女性主义知识分子"，又是"《豪门恩怨》等肥皂剧的忠实观众"(12)。再次强调，我们需先摒弃那种**自上而下**的文化观，方能对文化理论与大众文化之间的关系做出正确的理解。

> 只有先承认（我自身）快感的现实性……才能展开此项研究。首要任务是对收视带来的快感加以诠释，而非从政治、社会或美学角度做出《豪门恩怨》是优是劣的判断。在我看来，必须强调：臧否一部剧集远非易事。假若承认"快感"是一个处于危险中的概念，便绝不应贸然地借助某种激进的文化政治对其大加挞伐（同上）。

---

* 雅克·朗恩（1939— ），社会党籍法国政治家，历任法国文化部部长、教育部部长、布卢瓦市市长等职。——译者

对于写信给洪美恩的人来说，无论《豪门恩怨》带来的是快感还是不悦，都不可避免地牵扯到一个概念，那就是"现实主义"。在观众眼中，"现实"的节目就是"好"的节目，而"不现实"的节目则是糟糕的节目。洪美恩同时对"经验现实主义"（基于文本对外部世界加以反映的程度来判断其现实与否）和"经典现实主义"（声称现实主义就是文本得以在多大程度上掩盖自身被建构的事实）提出批评（Ang, 1985: 38-41），宣称只有采用所谓的"情感现实主义"才能对《豪门恩怨》做出充分的理解。在她看来，可以从两个层面解读该剧，一是外延层面，二是内涵层面（见第六章）。前者意指节目的内容，如故事线索、人物关系，等等；后者则包括基于故事线索和人物关系产生的种种联想与暗示。

> 真是令人震惊呵。在外延层面上，无论人物关系还是故事情节都显得如此荒谬；可在内涵层面，所有一切竟都变得无比现实，令人感同身受。显然，发生于内涵层面的解读行为将文本的外延之意统括起来了（put in brackets）(42)。

无论是观看《豪门恩怨》还是观看其他节目，都是某种选择的过程；观众通过从外延层面到内涵层面的文本解读行为，使自我意识穿行于叙事内外。诚如一位来信者所称："知道我为什么爱看《豪门恩怨》吗？我想是因为剧中的那些问题和阴谋，还有大大小小的快感与麻烦，在我们的真实生活中也一样存在……我就认识一个像 JR 那样的讨厌鬼，尽管他只是个普通的建筑工人而已。"(43) 正因电视观众有能力将自己的日常生活与屏幕上那个德克萨斯州的豪门联系起来，我们才可言称《豪门恩怨》一剧体现了"情感现实主义"。也许我们并不是有钱人，但我们和剧中的富家子弟之间存在着共通之处：悲欢离合，生老病死，诸如此类。那些认为该剧现实的观众，有的将注意力集中在叙事的独特性上（"外延"），有的则关心剧情主题的普遍性（"内涵"）。

洪美恩用"感觉的悲剧结构"（tragic structure of feeling）(46) 这

个概念来描述《豪门恩怨》是如何在亦欢亦苦的乐章中把玩观众的情感的。一位观众在来信中写道:"有些时候我真的很享受和剧中人物一起痛哭的感觉。这没什么丢人的。通过这种方式,尘封在心底的情感总算有了释放的出口。"(Ang,1985:49)以此方法"逃避现实"的观众"与其说是否定现实,不如说是在把玩现实……仿佛是场游戏,人们得以自行划定虚构与真实之间的界限,让两者流动起来。此外,观众还通过想象的方式参与剧情中的虚构世界,并从中汲取快感"(同上)。

不管怎么说,《豪门恩怨》带来的一部分收视快感显然与观众得以在虚构情节与实际经验之间游刃有余密切相关。若要激活《豪门恩怨》的"感觉的悲剧结构",观众须据有获取某种"解读形式"[①]的文化资本,即洪美恩援引彼得·布鲁克斯(Peter Brooks)所言的"戏剧式想象"(melodramatic imagination)(Brooks,1976)。此表述意指某种特定的、观察并接合日常经验的解读方式。在这种方式下,现实世界里的痛楚与欢愉、失败与成功,乃至全部意义与重要性,莫不是对古典悲剧的一种效仿。当宗教无法为世界带来确定性,戏剧式想象却成为人们用以在意义的差异和冲突之中规划现实的工具。作为一种强调差异、冲突和情感盈余的戏剧式叙事形式,《豪门恩怨》成功维系并彰显了戏剧式想象的力量。对那些以上述方式看待世界的人而言(洪美恩认为这是一种常为女性所共享的文化能力),"《豪门恩怨》所携之快感……既非对预想中的枯燥乏味的日常生活的**补偿**,亦非对平淡现实的**抗拒**,而是日常生活的一个**维度**"(Ang,1985:83)。是人们的戏剧式想象激活了《豪门恩怨》一剧的"感觉的悲剧结构",进而生产出情感现实主义的快感。不过,由于戏剧式想象是特定解读形式的产物,因此绝非所有观众都会以同样的方式来激活文本。

在洪美恩的分析中,一个关键概念即其所谓的"群氓文化意识形态"(the ideology of mass culture)(15)。此意识形态接合着(以第

---

① 参见 Bennett,1983 和 Storey,1992,2010a。

四章中所讨论的葛兰西的方式）下述观念：大众文化是资本主义商业的产品，因而必须遵循资本主义市场经济的法则；造成的结果便是大众文化陷入每况愈下的恶性循环，其唯一使命即在于为生产者赚取利润。洪美恩正确地指出了此番论调的片面之处，批判将"交换价值"凌驾于"使用价值"之上的观点，称其为对马克思的资本主义商品生产分析的歪曲（参见本书第十二章）。与之相反，她坚持认为仅从生产方式入手是绝然无法对商品的消费过程做出解读的。因此，"群氓文化意识形态"观点本身也如同其他意识形态话语一般，试图将个体质询为特定的对象（参见本书第四章对阿尔都塞的讨论）。从读者来信中不难看出观众在消费《豪门恩怨》的过程中总计持有四种立场：厌恶的、讽刺的、喜爱的，以及民粹式的（populists）。

那些在来信中宣称自己厌恶《豪门恩怨》的人大多认同"群氓文化意识形态"，这集中体现在两个方面：第一，该剧被认为是群氓文化消极性的一个案例；第二，他们用上述意识形态的相关表述来支撑自己厌恶此剧的论点。诚如洪美恩所言："他们的理由，归结来，无非是'《豪门恩怨》显然很糟糕，因为它是群氓文化，正因如此我才厌恶它'。"（Ang，1985：95-6）意识形态正是通过此种方式为人们提供慰藉和确信的："它所需要的只是那些多余、细致且个人化的解释作为补充，因为其自身已经为人们提供了一个貌似合理合法、有说服力的阐释模型。"（96）当然，这并不意味着厌恶《豪门恩怨》是错误的，而仅仅表示人们做出"厌恶"这个判断时往往是下意识的，体现了一种毫无批判性的思维方式和盲目的自信。

持"讽刺"立场的观众大多表示《豪门恩怨》有值得喜爱之处，却也同时深受群氓文化意识形态的影响。他们化解上述观念冲突的方式就是"冷嘲热讽"（97）。由是，《豪门恩怨》成了遭人讥刺的对象，"从严肃的情节剧变成了引人发笑的喜剧。因此，惯于讽刺的观众并未对文本内容'照单全收'，而是借由反讽性评论，以自己更加青睐的方式对文本的意义做出理解"（98）。这种"讽刺的快感"源于一个预设的前提：《豪门恩怨》**先天**便是糟糕的，快感正与垃圾般的群氓文化在此剧中"联袂演出"。正如一位观众在信中所写:"毫无疑问,《豪门恩怨》是群氓文化并因此而糟糕透顶;但正因我清楚这一点,才能够坦然观看此剧并从中找乐子。"(Ang,1985:100)对于"厌恶的"观众和"讽刺的"观众而言,群氓文化意识形态是看待此类问题的共同基础,支撑着他们做出"自然而然"且"不言自明"的结论。不过,这两类观众之间还是存在差别的,那就是他们对"快感"问题的不同认识。一方面,"讽刺的"观众在对"群氓文化有害论"了然于胸的前提下仍可问心无愧地享受收视的快感;另一方面,"厌恶的"观众却无法让自己"身陷感觉的冲突,以防沦陷于《豪门恩怨》的诱惑"(101)。

第三类观众是喜爱《豪门恩怨》的人。在前两类人眼中,这些真心实意爱看《豪门恩怨》的观众都是群氓文化的受害者。诚如一封来信指出的:"拍电视剧就是为了赚钱,赚大笔的钱。为了达到这一目的,人们不惜一切手段,将俊男靓女、性挑逗和财富的象征堆满银屏,而总是会有人掉入这个陷阱。"(103)此番言论就是在群氓文化意识形态话语的支持下发表的。洪美恩指出,那些喜爱《豪门恩怨》的观众常常要有意无意地采用不同的策略来应对这种居高临下的论调。第一种策略是将意识形态"内化",即在承认《豪门恩怨》的危害性的同时指出个体具有对其做出正确判断并从中"安全"获取快感的能力。这与 20 世纪 90 年代早期英国"毒品清醒运动"(drugs awareness campaign)中的海洛因吸食者很相似——他们深知成瘾性的危害,却又声称"我搞得定"。第二种策略是与群氓文化的意识形态正面对抗,正像一封来信所言:"很多人批评《豪门恩怨》一无是处、空洞无物,我却认为此剧极富意蕴。"(105)不过,洪美恩也指出,持这一观点的人仍未摆脱旧式的"有意义—无意义""好—坏"的二元对立结构,而只不过在群氓文化意识形态的话语体系中为《豪门恩怨》觅得了一个新的位置。"这位观众只是在群氓文化意识形态的话语空间之内展开了一番'协商'而已,并未挣脱此意识形态的束缚,更不可能采取对抗性的立场。"(106)第三种应对群氓文化意识形态的策略是讽刺。不过，这里的讽刺与前文提到的"讽刺的"观众不可混为一谈，因为此处的讽刺只是一种"故作姿态"，旨在为那些"非反讽"的快感提供合理性，并不讽刺文本自身。在这种策略之下，观众用讽刺的语气去谴责那些"令人生厌"的角色，同时炫耀自己对剧情进展和人物关系的熟知。这些观众显然身处倨傲的意识形态与因收视而生的快感的夹缝中，左右为难。其中一位观众在信中承认，自己在与朋友一起观看《豪门恩怨》时，往往服膺于群氓文化的意识形态；而在独自一人观看时，则只沉浸于剧情带来的快感（也许在与朋友一起观看时，此人内心深处也秘密地倾向于后者）。洪美恩解释道："对这位观众而言，讽刺仿若某种防御机制，被用以满足群氓文化意识形态所要求的社会规范；然而在内心深处，她却'真心实意地'喜爱着《豪门恩怨》。"（Ang，1985：109）

诚如洪美恩所分析的那样，《豪门恩怨》的拥护者往往认为有必要在自己与群氓文化意识形态的关系之中为观看的快感找到合适的位置，故而他们要么"内化"此意识形态，要么与之"协商"，抑或采用"故作讽刺"的方式护卫自己的快感免受意识形态侵犯。上述三种策略表明："目前尚无一种明确的替代性意识形态可与群氓文化意识形态相抗衡，至少没有一种意识形态可以消解后者强大的评判力量和黏合功能。"（109-10）因此，就目前的讨论来看，厌恶《豪门恩怨》者和喜爱《豪门恩怨》者之间的斗争是不平等的，原因在于前者有群氓文化意识形态的强势话语为后盾，而后者则需在此强势话语内部的种种严苛限定之内做出有限的抵抗。"简言之，《豪门恩怨》的'粉丝'似乎无法占据强有力的意识形态立场，无法形成共同的身份，自然也无法以积极独立的姿态面对群氓文化的意识形态……他们无法光明正大地宣称：'我喜爱《豪门恩怨》，因为……。'"（同上）

最后一类观众所持的立场是一种民粹主义的意识形态，或许能为《豪门恩怨》的拥护者提供些许帮助。该意识形态的核心观念在于坚信世界上每一个人的审美趣味都是平等的。诚如一封来信所言："我觉得那些神经过敏的人真是可笑——他们哪有本事去改变他人的审美趣味？而且，他们自己喜欢的东西在别人看来或许根本不忍卒读。"（Ang，1985：113）由于"品位"是一个自给自足、"众生平等"的领域，因此对他人的审美倾向指手画脚是毫无意义的。然而，既然民粹主义为《豪门恩怨》的拥护者提供了一套如此完美的捍卫快感的话语，为何来信者中甚少有人采取这一立场呢？对此，洪美恩将矛头指向此意识形态极为有限的批判性语汇——事实上，除了翻来覆去地强调"审美平等"之外，民粹主义者实在讲不出其他高论了；而与之相对的群氓文化意识形态则包含了一系列丰富、细致的争鸣与理论。因此，形形色色的来信者在阐述自己对《豪门恩怨》的看法时始终难于挣脱后者规制性话语的束缚，也就不难理解了。

尽管如此，洪美恩指出，仍然存在逃脱的方式。由于宰制性意识形态话语先天具有"理论化"而非实践性的特质，因此其对"人民"的观念和理性的影响只能局限于对文化的**谈论**。换言之，此意识形态的种种思想戒条对人们的文化**实践**是缺乏约束力的（115）。一些观众曾经受困于"群氓文化意识形态的精神统治和'自发的'民粹主义意识形态的行动魅力"之间，左右矛盾，而上述观点在一定程度上对此做出了解释。之所以很难将民粹主义意识形态作为大众文化激进政治的武器，是因为文化工业早已将其收编并吸纳至"利益最大化"的经济体系之内了。不过，洪美恩引述布尔迪厄的观点指出，民粹主义与"大众化审美"（popular aesthetic）密切相关，主要强调以多样性文化、大众性文化，尤其是以"快感"的文化来替代中产阶级审美趣味的道德洁癖（参见本书第十二章）。在洪美恩看来，"快感"是女性主义文化政治使自身得以改观的核心概念。"群氓文化意识形态罔顾快感的存在，一味将女性视为受肥皂剧蒙蔽的受害者，而女性主义必须与此家长制作风彻底决裂。"（118-9）。就算快感有时被纳入讨论的范畴，却也多被视为女性自我解放之路上的障碍。对此，洪美恩提问：那些对"苦情戏"（women's weepies）

中的女性角色产生身份认同的快感,以及对肥皂剧中情感受虐的女性角色产生身份认同的快感,"对于具有相对独立政治态度的女性而言,究竟有无意义?"(Ang, 1985: 133)而答案是肯定的:

> (幻想和虚构)并不会替代生活的维度(社会实践、道德意识、政治观念等),而是与之共生。它……是快感的源泉,因为它将"现实"放在了括号里。在幻想和虚构中,现实世界的烦闷与压抑,盘根错节的宰制与压迫,统统变得简单明了;而文本正是通过此种方式为真实的社会冲突建构了想象性的解决方案(135)。

当然,这并不是说女性的表征无关紧要,我们仍可在前行的文化政治中批判其反动特质。而从中汲取快感却是一个截然不同的问题:"毫无疑问,我们是在与爱人、朋友、工作以及政治理想等的关系之中采取这一立场的。"(同上)

> 因此,尽管虚构与幻想为当下的生活带来愉悦,至少使生活"过得下去",却并不意味着激进的政治理念与实践就被抛在脑后了。没人规定女性主义者不能生产快感并为之争取合法地位……不过,有一点是确凿的:在我们讨论文化消费的问题时,绝无一种既存标准可以衡量幻想的"进步性"。一个人可能具有自己的政治观念,但个性和政治观念并非总是齐头并进的(135-6)。

达纳·蒲兰(Dana Polan)曾对《观看〈豪门恩怨〉》一书做出在今天看来毫无道理的批判。他指责洪美恩摒弃了精神分析的方法,进而导致其对快感的论述过分简化。此外,他还声称,洪美恩对群氓文化意识形态的攻击只不过是把"高雅文化—大众文化"二元对立体系中或隐或显的价值观颠倒过来了而已。通常,高雅文化的消费者会认为"高雅的审美趣味作为一种主体的自由表达总是面临着被粗俗的习性腐蚀的危险",而洪美恩则恰恰相反,坚信"大众文化的拥护者作为自由个体时常遭遇虚假、势利且居高临下的价值观的威胁，无法顺利获取即刻的快感"（Polan，1988：198）。蒲兰指出，洪美恩抨击的是一种"过时的大众文化观"；她对方兴未艾的后现代理论置若罔闻，固守着"文化是悲剧，文化是意义"的神话式论调（202）。在美国的精神分析文化批评界的幻想中，群氓文化意识形态或许已是明日黄花；而在现实中，该意识形态始终存在于每一种文化的意识与无意识的世界里。虽然文化的内涵可能远超意义（见第四章），但它始终与意义的生产有关。

解读女性杂志

在《深掘女性杂志》（*Inside Women's Magazines*）一书的前言中，作者詹妮丝·文希普（Janice Winship）对自己从 1969 年开始运用的女性杂志研究的方法进行了详尽的介绍，并声称正是在从事女性杂志研究的过程中她开始将自己定性为女性主义者。研究者和女性主义者的双重身份有时会带来困扰，暗示她去研究"在政治上更重要的东西"（Winship，1987：xiii）。但同时，她也坚信，要想充分理解女性杂志，研究者必须持有女性主义立场："将女性杂志一概否定的做法无异于否定成百上千万忠实读者的全部生活。更重要的是，尽管我是一位女性主义者，但我仍然享受阅读杂志的过程，从中获取益处并实现某种逃避。而且，我很清楚，和我一样的'隐蔽型'的女性主义者还有很多。"（同上）当然，这并不意味着文希普对女性杂志持毫无批判性的态度。女性主义文化政治的关键所在，体现为一套"吸引与拒斥"的辩证法（同上）。

> 女性杂志中俯仰皆是的华美服装维护着女性在社会中居于次者地位的事实，而我们的使命正是要将自身从其中解放出来。一方面，这些服装是女性气质的象征，是女人之为女人而非男人的快感之源；另一方面，一切阴柔的表征在某种程度上也成为女性主义未来图景的原始资料……因此，对女性主义者而言，研究女性杂志的一个重要意义

>在于将其营造的阴柔氛围改造成"为我所用"的、自由的影像（Winship，1987：xiii-xiv）。

由是，《深掘女性杂志》一书的创作意图即在于"对女性杂志形态的种种诉求做出批判性诠释，发掘其局限性并寻求变革"（8）。

自诞生于18世纪晚期起，女性杂志便始终是获取娱乐和建议的场所。忽略政治问题不谈，女性杂志总是扮演着"生存指南"的角色，为其读者提供种种切实可行的建议，使之得以在父权制横行的社会中生存下去。有些杂志会采用明晰无误的女性主义政治的形式，如《余肋》*（Spare Rib）；有些则会大量讲述逆境中女性的成功故事，如《女性专刊》**（Woman's Own）。也许两者体现了不同的政治诉求，但在原则上是别无二致的。

女性杂志通过提供娱乐和实用建议的方式取悦读者。这一过程，如文希普所言，是围绕着一系列"虚构"组织起来的。其中包括广告的视觉虚构，以及与时尚、烹饪、家庭起居相关的内容。当然，还有那些实实在在的虚构之物，如言情小说系列、五分钟故事（five-minute stories）等。此外，名人隐私和"世俗男女"的日常生活报道，也在其内。上述种种，殊途同归，都旨在将读者诱入杂志营造的世界，进而身陷消费主义的汪洋。于是，女人们"只能通过花钱的方式来为自己的女性气质寻求确信，别无他途"（39）。然而，购买商品并非快感的唯一来源。文希普回忆自己在七月盛夏写作《深掘女性杂志》一书时的情景，称当时她并无任何消费欲求，单单是看着广告中一位美女不可思议地从浴缸的水龙头端直接跳入蔚蓝深海的画面，就已获取大量的视觉愉悦了。她解释道：

>我们从广告中汲取梦幻般的感觉，喜不自胜；我们坠
>入广告的虚构世界，义无反顾；但同时，我们也很清楚，

---

* 《余肋》，英国著名女性主义杂志，创刊于第二波女性主义运动方兴未艾的1972年，1993年停刊。在整个20世纪70年代，该杂志始终是女性主义诸流派会聚和争鸣的焦点。——译者

** 《女性专刊》，英国著名生活类杂志，创刊于1932年。——译者

商品并不能使梦想成真。这无所谓。我们完全可以通过观看广告图片的方式"过上好日子",获取一种替代性的快感。由是,那些无从获取的经验得到了补偿(Winship, 1987:56)。

故而,杂志广告与杂志本身一样,提供了一片梦想的圣土。如此一来,便滋生出一种满足的欲求(经由消费的方式)。矛盾之处在于,此过程之所以充满快感,**皆因**其全不否认日常劳动的存在。

不过,就算女性读者并不奢望广告就美容、烹饪和家具展现丰富多彩的劳动形式,广告所激发的快感也绝不会彼此雷同。应用视觉图像的广告一方面承认劳动过程的存在,另一方面又使读者在免于亲自劳动的情况下攫取成果。女性于日常生活中必须通过劳动才能获得的"快感"在广告的图像里变得唾手可得,虽只是转瞬即逝的替代品,却仍不失为捷径(56-7)。

欲望通常来自日常生活之外,可对于大多数女性而言却只能通过一种日常生活行为获得满足,那就是购物。女性杂志、文章广告、时尚信息、家居装饰、烹饪化妆……上述种种所竭力兜售的,是一种既成功又**怡人**的女性气质。只有采纳了**某些**建议,或购买了**某些**东西,才能成为一个更好的恋人、更好的母亲、更好的妻子以及更好的女人。从女性主义的视角来看,上述状况的问题在于其始终是围绕着一个虚无缥缈的女性**个体**被建构出来的,完全置身于社会权力与文化结构束缚的影像之外。

女性杂志所提供的"个体化解决方案"往往是通过建构女性的"虚设集体"(fictional collectivity)实现的(67),一个显著的例证即杂志的社论坚持采用"我们"这个人称行文。此外,"读者来信"栏目中的编读交流也起到了一定的作用。在研究中,我们常常发现很多女性是通过乐观主义和宿命论的方式从日常生活中汲取意义的。文希普认为,由于女性"被意识形态捆束在相对无力的私人领域之内,对公共事务缺乏发言权",因此她们亟待通过某些途径实现表达或宣泄。如宣扬女性"逆境生存"的故事一般，杂志上的"编读往来"栏目通常也强调女性应当以自己的力量解决生活中的问题，"教导"其读者通过个人的努力去战胜一切困难。而女性读者则被"质询"为心怀赞赏的对象（参见本书第四章对阿尔都塞的讨论），将艰难的处境置于社会情境之中，进而鞭策自己在生活中努力前行。短篇故事所起的作用也大同小异。上述种种不同的"虚构"之所以能够联为一体，是因为它们都展现了"人类在情感领域而非物质领域所取获的成功"（Winship，1987：76）。这一点对于维系女性杂志的"想象的共同体"至关重要，因为从情感领域到物质领域的转变有可能带来阶级、性别、残疾、年龄、族裔或"种族"分裂的危险。

由是，种种关于"我们女人"的感觉涵盖了许多不同的文化群体，而杂志所建构的"我们"和"我们的世界"的概念则在持续不断地消弭着群体间的差异，竭力在杂志内部营造整体感。尽管，当读者阅读完毕，合上杂志，她便不再是埃丝特·兰岑*（Esther Rantzen）等女星的朋友，可阅读的感受却仿若一场愉悦之梦，令人心安理得，久久挥之不去（77）。

"有问必答"栏目或许是更为有力的例证。尽管写信求教的读者提出的都是"私人"问题，文希普却指出："除非这些女性有能力用社会的语言来解释自己的私人问题……否则，坚持让'你'来解决'你自己的'问题就有可能危损或破坏最终的'解决方案'。"（80）她以一封来信为例。信的内容是关于一位有"前科"的丈夫始终无法忘记或原谅其妻子的"前科"。文希普指出，只有认同社会和文化规范中关于夫妻关系的双向标准，才能够为这个问题提供"私人的"解决方案，罔顾社会文化语境则势必导向误区。

栏目主持人（以及杂志）扮演着"妇女之友"的角色，一方面以杂志为中心将女性读者团结起来，同时却并不提

---

* 埃丝特·兰岑（1940— ），英国记者、著名电视节目主持人、女性政治家。——译者

第八章　性别与性征

供必需的知识，使读者得以看清女性共同的社会状况的历史。于是，整个过程充满讽刺意味，令人感慨——杂志在女性读者中周旋，期待并鼓励她们靠个体的力量去解决总体性的问题（Winship，1987：80）。

文希普著作中最重要的三个章节依次讨论了《女性专刊》中的个人及家庭价值观、《时尚》*（*Cosmopolitan*）所传达的（异性恋的）性解放意识形态，以及《余肋》的女性主义政治理念。限于篇幅，我们仅做扼要的讨论。在分析《余肋》上刊载的大众影评与剧评时，文希普对方兴未艾的"后女性主义"（post-feminist）（参见本章的讨论）的大众文化理论做出了回应：

> 这些评论文章……支撑着评论者的立场，将女性主义和女性主义者置于高高在上、"一览众山小"的地位，全然罔顾与之相关的一系列文化事件，以及为女性观众带来诸多快感与趣味的观看经验。故而，无论有意与否，女性主义者都把自己与其他女性隔绝开来：明辨是非的"我们"坚持拒绝大多数大众文化形式（包括女性杂志），而愚昧无知的"她们"依然痴迷于《女性专刊》和《豪门恩怨》。不过，讽刺的是，"我们"中的许多人和"她们"在本质上没什么区别，只不过是将自己对大众文化的喜爱掩藏起来了而已（140）。

约克·赫米斯（Joke Hermes）的《解读女性杂志》（*Reading Women's Magazines*）一书以对前辈女性主义学者所做的女性杂志研究的综述开篇。"我始终有种强烈的感觉，即女性主义的抗争应当以赢得尊敬为最终目标。或许正因如此，前人所做的绝大多数女性杂志研究都令我感觉极不舒服。这些研究仅仅表达了对女性杂志读者的**关注**而非**尊敬**。"（Hermes，1995：1）赫米斯指出，上述研究方法（我们可

---

* 《时尚》，1886年创刊于美国。起初是一本家庭杂志，20世纪60年代完成了向时尚杂志的转型。——译者

称之为"现代主义的女性主义")源自一种将女性主义学者视为"预言家和驱魔者"的媒介批评形式;她解释道:"采用现代性话语的女性主义者潜在地认为自己的使命在于让那些无力看清女性杂志等媒介文本的危害性的芸芸众生开窍。她们需要被启蒙,需要优质的女性主义文本将自身从虚假意识的泥淖中解救出来,从此远离女性杂志,过上毫无欺骗的生活。只有在这种生活里,女性才可能找到真正的幸福。"(Hermes,1995:1)

与之相反,赫米斯主张采用其所谓的"更加后现代的视角,将'尊敬'——或者,用后现代理论中更常用的表述:'狂欢'(celebration)——而非'关注'置于研究的中心地位"(同上)。她深知,"所有读者(包括批评家)都会在某些情境下喜欢一个文本,而在其他情境下厌恶该文本"(2),因此,她将研究的目的确定为"在接受被访者个人倾向的前提下理解其阅读女性杂志的行为过程"(同上)。站在此种"后现代女性主义立场"之上,赫米斯坚持主张"读者是意义的生产者而非受传媒机构操纵的文化白痴"以及"重视读者在不同情境之下对文本做出的不同解读",须知"为了适应这个浸润在媒介影像与文本(包括女性杂志)之中的多面性社会,任何一个个体都可能具有若干种不同的身份"(同上)。尤其是,她竭力从中观层面展开自己的研究,并不关注具体文本的意义生成机制(例如 Ang,1985;Radway,1987)和媒介消费的宏观情境(例如 Gray,1992;Morley,1986),而是在两者之间另辟蹊径。换言之,她既未从某一个特定文本入手,考察人们是如何从中生产意义的,亦未立足于消费情境的研究,展现宏观社会因素对意义生产的约束作用,而是"试图对女性杂志这种文本类型进行重新建构,发掘读者从中攫取独特意义的原因"(Hermes,1995:6)。她将自己的这种研究视角称为"日常情境中意义生产的理论化"(同上)。如此一来,赫米斯便避免了文本分析策略对"清晰可辨"的"正确意义"的追求,以及强调读者可能无法激活某些意义的风险。她如是说:"我的视角强调文本只有在与读者的互动关系之中才有意义,仅分析文本本身而罔顾读者的行为则永不可能推想出真正的意义来。"(Hermes, 1995: 10)为此,她引入了"解读策略"(repertoires)这个概念来喻指"言谈者反复求助和指涉的文化资源","读者据有的文化资本不同,其所倚赖的文化资源也不尽相同"(8)。而且,"文本并不直接拥有意义,是为读者所用的各种解读策略使文本变得有意义"(40)。

在研究中,赫米斯进行了80次访谈,对象既有女性也有男性。起初,她失望地发现受访者大多不愿谈论自己是如何在阅读女性杂志的过程中生产意义的;就算有人愿意讨论这个问题,也往往明确表示自己的阅读行为是毫无意义的。这不符合大多数媒介与文化理论的"常识"。然而,经历过"失望期"之后,赫米斯渐渐意识到存在着一个所谓的"意义误区"(the fallacy of meaningfulness)阶段(16),并开始认为在主流媒介与文化研究中被视作天经地义的孤立的"意义生产模式"是有问题的,应当予以否定。也就是说,充分理解读者和文本之间的关系并非只能通过对意义生产过程的考察来实现。之所以出现上述误解,一方面源于此前的大多数具有影响力的研究无不将文本的"喜爱者"作为考察对象,进而忽视了对普通人消费行为的关注;另一方面也因前人学者显然未能在日常生活的程式中把握人类的消费行为。作为反拨,赫米斯呼吁通过批判的方法"重新为媒介文本定位,以此发掘读者对日常生活的体悟"(148)。诚如她所言:"为了从理论上把握日常媒介使用问题,必须以更加成熟的视野看待意义生产机制,绝不能漠视读者的心理投入、情感责任与客观反应。"(16)

赫米斯对访谈所得资料中反复出现的主题和要点进行了细致的批判性分析,竭力还原受访者在消费女性杂志的过程中所倚赖的种种"解读策略"。她指出,总共存在四种解读策略,分别是"拿得起放得下"(easily put down)、"消遣娱乐"(relaxation)、"实践知识"(practical knowledge)以及"情感习得与关联获知"(emotional learning and connected knowing)(31)。第一种解读策略,也是最易理解的一种,将女性杂志视为一种对读者做出有限要求的文本类型。读者对杂志"拿得起放得下",自然也更易将其融入日常生活的程式。

第二种解读策略与第一种有明显的联系,亦同样广受读者的"青睐"。此种策略将阅读女性杂志视为一种"消遣娱乐"的形式。不过,赫米斯也指出,"消遣娱乐"(与前文讨论过的"逃避现实"类似)并不是一个单纯的、不言自明的概念,而是"承载着意识形态的意蕴"(Hermes, 1995:36)。一方面,我们可将其简单视为对某种特定行为的描述;另一方面,它仿佛是一种阻滞机制,抵抗大众文化对私人领域的入侵。鉴于女性杂志"等而下之"的文化地位,读者将"消遣娱乐"当作守卫私人领域的武器是完全可以理解的。换言之,"我正在读这本杂志"其实是在向他人表达"此刻我没空做其他事",而非"这本杂志很好,是我生活的一部分"。

第三种解读策略是"实践知识",其适用范围包含从菜谱到电影和书评的丰富内容,不过这种策略在实践应用中的定位是极具欺骗性的。"实践知识"提供给读者的可不仅仅是关于"怎样学做印度菜"或"哪部影片更值得看"的提示。赫米斯声称,借助这些极具操作性的提示,读者得以在想象中构造出一个"理想化的自我……既实用又善于解决问题,同时还是一个具有决策权的无拘无束的消费者;尤其重要的是,这个想象中的自我拥有自我控制的能力"(39)。

最后一种解读策略是"情感习得与关联获知",这是一个学习的过程。不过这种学习并不仅仅是一系列实践性提示,而是通过自我认知来获取知识的方法。读者在杂志上读到别人的故事和文章时,应当清醒地反思自己的生活方式和潜在问题。一位受访者告诉赫米斯她喜欢读"关于人们如何遇上问题,又如何解决问题的短文"(41)。另一位受访者则声称:"我喜欢读那些关于人们处理事情的内容。"(42)在讨论"有问必答"栏目时,还有一位受访者表示:"通过了解别人提出的问题和杂志给出的建议,你能学到很多东西。"(43)与第三种策略一样,第四种策略也旨在建构一个理想的自我,一个做好准备直面日常生活和社会实践中的一切情感危机和生存困境的自我。诚如赫米斯所言:"后两种策略都可以帮助读者(暂时性及想象性地)获取自信心和认同感,让她们认为自己具有自我控制的能力并可与生活和平相处。她们打开杂志,上述感觉就会滋生;她们合上杂志,一切都烟消云散(不同于操作性提示)。"(Hermes, 1995: 48)

赫米斯研究的独创性体现为她与旧式女性主义文化分析的彻底决裂。以往的研究者大多认为必须确定文本自身存在着一个可感可触的意义,再去分析受众如何通过阅读文本来将这一意义生产出来。赫米斯则反其道而行之,指出:"读者通过种种解读策略为女性杂志赋予意义;在很大程度上,这种行为是独立于文本的。读者在梦幻和想象'新的'自我的过程中建构出新的文本,这意味着包括女性杂志研究在内的'类型研究'可以完全建立在解读行为分析的基础之上,而全然不必考虑文本的(叙事)结构或内容。"(146)

此外,赫米斯还反对关于女性与消费关系的主流理论。她所提出的"解读策略"理论拒绝将女性阅读杂志的行为不加拒斥地视为一种赋权形式。相反,她声称,我们应当仅仅将对女性杂志的消费理解为女性"获取权力的短暂瞬间"(51)。

后女性主义

后女性主义是一个复杂的概念,它既可用于描述女性主义的一个分支,也可以指女性主义内部的一种理论立场,还可以代表当代大众文化的一种趋势。在詹妮丝·文希普看来,"如果说后女性主义这个字眼的确有实用价值的话……那么它主要揭示了女性主义者和非女性主义者之间的边界早已模糊不清这一事实"(Winship, 1987: 149)。在很大程度上,出现上述情况是由于"女性主义是如此成功,以至于它的一些基本观点早已没有反对者,女性主义不再是少数人的特权,而成为多数人信奉的常识"(同上)。当然,这并不等于说女性主义的全部需求都得到了满足(差远了),也并不意味着女性主义已经是一套多余的理论。恰恰相反，这一现象"表明女性主义不再只是围绕着一系列简单原则形成的某种统一观念……而是演变成了一种比20世纪70年代更加细腻、更加多元，也更加复杂的混合体"（Winship，1987：149）。

安吉拉·麦克罗比（Angela McRobbie）对于女性主义所取得的"成功"可没这么乐观。她认为，当代大众文化对女性主义在20世纪70—80年代取得的成就构成了破坏（McRobbie，2004）。不过，这并不意味着大众文化拖了女性主义的后腿。大众文化对女性主义的破坏主要体现为它在承认女性主义价值的同时，却又强调在当下这个女性已有充分自由塑造个人生活的世界里，这种"主义"其实已无存在的必要。在后女性主义的大众文化里，"女性主义"是老古董的代名词：过时、土气、累赘。因此，所谓的"承认"，其实是变相宣告了女性主义的无足轻重。在后女性主义运动中，我们更多看到的是成功女性作为个体的存在，她们的实践既表明作为一种集体价值观的女性主义的不合时宜，又强调了个人奋斗的必要性。这种对女性主义既承认，又贬低的双重行为，在后女性主义大众文化的很多层面得以彰显。麦克罗比就给我们举了魔术胸罩（Wonderbra）广告的例子。

> 20世纪90年代中期，全英国的高速公路旁都立着魔术胸罩的巨大平面广告牌。在广告中，模特伊娃·赫兹戈瓦（Eva Herzigova）低着头，心醉神迷地欣赏着蕾丝魔术胸罩在自己胸前挤出的乳沟。该广告的构图简直是性别主义的典范，就算一个人分别从文化研究和女性主义批评的角度对其做出殊途同归的解读，也没什么不正常的。在某种意义上，这幅广告通过把女性主义展现为"旧物"的方式，将其纳入了自己的考量。创作者刻意对性别主义进行展演，以玩世不恭的姿态看待批评"物化女性"的电影理论（参见第五章和本章关于劳拉·墨维的讨论）乃至女性欲望理论（参见本章关于罗莎琳德·考沃德的讨论）……这幅广

告刻意去"挑衅"那些熟悉女性主义媒介理论的观众,其营销策略是:通过激发女性主义者的愤怒和谴责来赢取社会关注。这样一来,认知差异在不同代际的女性主义中得以彰显,年轻一代的观众(既有男性也有女性)由于十分熟悉反讽及视觉修辞这一套,所以根本不会被这样刻意为之的广告激怒。他们可以鉴别出广告的多重意涵,他们听懂了创作者讲的笑话(McRobbie, 2004: 258-9)。

在魔术胸罩的广告画面中,女性主义不再是一套对性别歧视现象加以批评的理论,而是作为一种构成元素被纳入了文本自身,从而让文本具有了否定色彩和去政治化意图。在这类文本中,女性主义不过是一种历史话语,其唯一的功能在于加深文本的符号深度,并使之表现为反讽和无害。只有在 20 世纪 70 年代那些"顽固"的女性主义者眼中,这幅作品才是冒犯性的(当然,今天也还会有一些人因为没搞懂创作者的意图而对其大加挞伐)。换言之,后女性主义大众文化并非主张重返前女性主义时代,而毋宁说是对于女性主义做出的回应:它充分认可女性主义的价值,却也同时将其描述为老朽、过时的理论,并声称这套理论已不适用于已完成个性解放的现代女性。

只有将后女性主义放在与"去传统化"(de-traditionalization)以及以"选择"和"个人主义"的新自由话语("市场是解决一切问题的终极方案")的关系中,我们才能对其实现真正的理解(Giddens, 1992; Beck and Beck-Gernsheim, 2002)。去传统化认为女性如今已从传统女性身份中解放出来,因此完全有能力通过自省(self-reflexively)的方式创造出新的角色;而新自由主义话语则强调建基于消费者选择行为的自由市场才是女性建构新身份的充分保障。不过,一如维姬·鲍尔(Vicky Ball)所言,与其说这是一个去传统化的过程,不如说我们正在经历"重新传统化",因为那些旨在界定何为正常、何为自然的传统观念重新得到了强调(参见 Ball, 2012a, 2012b)。这场运动的本质在一个对演员凯莉·雷利（Kelly Reilly）的访谈中得到淋漓尽致的体现——她在琳达·拉·普兰提（Lynda La Plante）创作的电视剧《毋庸置疑》(*Above Suspicion*)中饰演治安长官安娜·特莱维斯（Anna Travis）。在被问及她所饰演的角色是否为拉·普兰提早期作品《头号疑犯》(*Prime Suspect*)中侦探长简·滕尼森（Jane Tennison）的翻版时，她答道：

> 并非如此。我饰演的角色治安长官安娜·特莱维斯刚刚开始她的警察生涯，而简·滕尼森在警署中的职位要高阶得多。而且，简那一代的女性必须要竭尽全力证明自己和男人一样出色，而安娜则成长于一个更加"当下"的时代，在这个时代里，性别政治已经过时了。安娜本身就是一个强大、自洽、完全女性化的女人（转引自 Ball, 2012b）。

雷利上面这番话带有鲜明的后女性主义症候色彩（Gill, 2007），她先是承认了女性主义的价值，而后又将其弃之一旁。她的姿态再一次表明女性主义只是一场存在于历史中的运动，对于当下的女性而言不再重要。

将女性主义纳入后女性主义大众文化是霸权的一种典型的运作方式。除此之外，我们也可以将这一过程视为一种马尔库塞所强调的"单向度生产"机制（参见本书第四章对这两种观点的讨论）。

男性研究与男性气质

女性主义有很多衍生的范畴，男性研究（men's studies）就是其中之一。而女性主义者却始终对其大加否定。尽管彼得·什温格（Peter Schwenger）曾指出"一个男人对男性气质问题考虑得越多，其自身的男性气质就越弱……真正的男人关心的是实际的问题而非抽象的概念，而且绝不会忧心忡忡于自身的性取向（sexuality）"（转引自 Showalter, 1990: 7），但还是有很多男人曾经对男性气质问题做出过思考、发表过言论。诚如安东尼·伊索普①（Antony Easthope）在《男人将做》（*What a Man's Gotta Do*）一书中所写："是时候讨论男性气质问题了——讨论其究竟为何物、又发挥着何种作用。"（Easthope, 1986: 1）伊索普关注的焦点是他所谓的"宰制性男性气质"（将异性恋的男性气质视为不言自明的核心之物，认为其坚强、有决断力、泰然自若、无所不知，且始终具有自我控制的能力，等等）。从一开始，他就指出男性气质是文化建构的结果，绝非"自然""正常"或"普遍"之物。宰制性的异性恋男性气质如同一套性别规范，任何与之相抵的"活的男性气质"（包括同性恋男性气质）都不得不依照其标准来自我约束。为证实上述观点，伊索普分析了宰制性男性气质是如何通过一系列大众文化文本得以表征的。这些大众文化文本包括流行音乐、通俗小说、电影、电视和报纸。其结论是：

> 显然，男人并非被动无助地困身于为宰制性文化的故事和影像所自上而下灌输的男性气质神话之内。不过，他们也无法完全置身事外，因为异性恋男性气质的规范已然遍布文化的每一个角落。其强制性力量简直无所不在——不仅仅存在于荧屏和广告板上，更扎根在我们的头脑里（167）。

肖恩·尼克森（Sean Nixon）持有与伊索普相似的视角，指出"新男性"的男性气质仿若某种"表征的政体"（regime of representation）。他将自己的分析聚焦于"文化流通的四个关键场所：电视广告、报刊广告、男装商场与男性杂志"（4）。

尽管女性主义者时常鼓励男人检视自身的男性气质，却甚少有人对男性研究产生兴趣。诚如乔伊丝·卡南（Joyce Canaan）和克莉丝汀·格里芬（Christine Griffin）所指明的那样：

---

① 安东尼于1999年12月过世。起初我们是师生，后来成了同事。尽管我经常与他意见相左，但他对我的研究（当然还有其他人的研究）产生了极大的影响。在安东尼去世的那一年，我成为一名教授。要是很多年前安东尼没有说服我将博士论文选题与皮埃尔·马克莱里（Pieere Macherey）联系起来的话，这一切都不会发生。

毫无疑问，通过获知男人对于父权制如何被建构和转化为两性关系的宰制性系统的理解，女性主义者可以极大地拓宽自己的视野。但是，我们也担心女性对男性和男性气质的体验会因男性研究的存在而遭到歪曲、蔑视甚至否定。因此，随着越来越多的男人投身于可与女性主义"分庭抗礼"的研究，女性主义者必须更加坚定地将男性和男性气质研究进行下去（Canaan and Griffin, 1990: 207-8）。

酷儿理论

诚如保罗·伯斯顿（Paul Burston）和柯林·理查德森（Colin Richardson）所言，酷儿理论*（queer theory）"作为一个研究领域，努力探索男女同性恋者与无所不在且持续排他的异性恋文化之间的关系"（Burston and Richardson, 1995: 1）。尤其是，"该理论体系将注意力从'在异性恋文化中做一个同性恋者意味着什么'转移到'文化是如何创造出异性恋的种种表现形式的'，旨在于一向严苛的异性恋文化中为'反常性'（queerness）找到相应的位置"（同上）。由是，二人宣称："酷儿理论并非仅仅'关于'同性恋者，正如女性研究也并非仅仅'关于'女人一样。事实上，酷儿理论所要攻击的是……性别之分的'理所当然性'，及其所竭力维护的异性恋霸权。"（同上）艾伦·辛菲尔德（Alan Sinfield）提供了一个极好的案例：

> 那些同性恋的作家、画家和编舞家的作品经常呈现出一种异性恋的视角，否则他们的作品就无法被出版、被展览或被表演。他们也会被规劝，异性恋视角是一种普遍的状态，他们的作品应当重视这种普遍性（Sinfield, 1992: 296）。

辛菲尔德明确地指出，将异性恋作为一种既定的普遍状态是荒谬的。

---

* 英文 queer 一词原指"反常""怪异"，在性别研究中则通常指非异性恋人群。在汉语中常常译为"酷儿"。——译者

若想对"自然而然的"性别和异性恋霸权的虚构意识形态展开讨论，最佳方式莫过于从酷儿理论的奠基之作——茱迪丝·巴特勒（Judith Butler）的那部影响深远的《性别麻烦》（Gender Trouble）——入手。巴特勒首先援引西蒙娜·德·波伏娃（Simone de Beauvoir）的名言："女人并非生为女人，而是后天变成女人的。"（Beauvoir, 1984：12）波伏娃将人的性别划分为生物性别（sex）（"自然的"）和社会性别（gender）（"文化的"）两种，进而指出：尽管生物性别是天生稳定的，但后天却始终存在各种各样相互竞争的（因历史和社会的不同而异）女性气质和男性气质的"版本"（参见图8.1）。波伏娃理论的卓越之处在于其提出社会性别是文化建构的结果——"（社会性别是）生物性别所承载的文化意义"（Butler, 1999：10）——而非自然之物。不过，在巴特勒看来，上述观念的局限之处在于此种"生物性别—社会性别"的二分法有一个基本前提，即世界上只存在两种生物性别（男性和女性），而社会性别也便相应地被规划为一个二元对立系统。为解决这个问题，巴特勒指出：其实就连生物性别也是文化的产物，正是"生物男性"和"生物女性"的二元对立分别确保了某一种而非全部"社会男性"和"社会女性"的"合法性"。因此，生物性别和社会性别的差别并非自然和文化的差别，"'性别'这个领域本身就是**社会性**的，从头到尾浸染着政治意味，并始终被非自然的因素自然化"（143）。换言之，在"性别"这个概念的核心并不存在什么生物学意义上的"真相"，生物性别和社会性别都隶属于文化范畴。

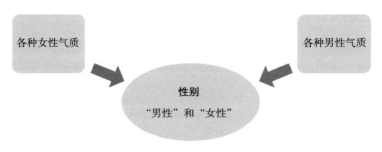

图8.1 二元性别系统

此外，"社会性别和文化的关系，与生物性别和自然的关系并非一回事；社会性别始终作为一种话语/文化的工具将'自然的性别'生产为某种先于文化存在的'前话语'（prediscourse），而文化正是在其'自然的'表面上发挥作用的。通过此种方式，性别二元对立结构的内在稳定性获得了有效的保障"（Butler，1999：11）。诚如巴特勒所言："将人类的身体先天区分为男女两种性别其实毫无必要。这种生硬的划分只是为了满足异性恋意识形态的经济需求，并为异性恋机制蒙上一层'天然'的面纱。"（143）因此，在波伏娃名言的基础上，巴特勒做出如下论断："女人并非生为女人，而是后天变成女人的；同样，女性并非身为女性，而是后天**变成**女性的；而更加激进的说法是，人人都有选择权，完全可以将自己变得既非女性亦非男性、既非女人亦非男人。"（33）

在巴特勒看来，社会性别并非对生物性别的表达，而是文化建构的产物。由此看来，"性别是对身体进行反复风格化（stylization）的过程，这一过程始终处于某一极度严苛的规范框架之内，亘古不变地生产着本体（substance）的外在形式，即存在的某种自然状态"（43-4）。换言之，"性别身份"这个概念坚信外部世界的积累物（文化）其实是对内部世界（自然）的表达，而结果就是"'人'只有与通行且易解的性别划分标准保持一致，才可被理解和把握"①（22）。无论女性气质还是男性气质都不是"自然"的表达，而是"文化的表演"，"其'自然性''原初性'和'注定性'的效果皆是在文化话语所限定的'操演'*（performativity）行为中被创造出来的"（xxviii-xxix）。然而，我们所谓的"性别是文化建构的产物"并不是

---

① 巴特勒用"异性恋基质"（heterosexual matrix）这个概念来"描述身体、性别和欲望被人们以自然的方式加以把握的文化系统……这是一个关于性别的话语/认知模式，是一种霸权；它假定稳定的生物性别是通过稳定的社会性别表达的（男性气质表达男性，女性气质表达女性），而人的身体只有在这一体系之内才有意义。这一系统完全由异性恋意识形态的强制性实践所界定"（Butler，1999：194）。

* 通常认为 performativity 的内涵比 performance 丰富。后者仅指与"表演"密切相关的含义，而前者则包含了"行动"的意味。此处沿用《性别麻烦》一书中译本译者、中山大学宋素凤教授的译法，译为"操演"。——译者

说性别参与建构了人们的物质身体。性总是由人们的生物学基础所决定的，性别话语所建构的并非一种"天然身体"（the prediscursive body），而是身体的性征。

巴特勒的"操演理论"是对约翰·朗肖·奥斯汀[*]（John Langshaw Austin）的"施为语言"（performative language）理论的拓展。奥斯汀将语言分为两种类型，分别是"施命语言"（constative language）和施为语言。前者是描述性语言，如"天空是蓝色的"；而后者并非仅仅展示既存现实，还创造了新的事物，最显著的例子就是证婚牧师常说的"予现宣布汝等结为合法夫妻"——这句话从适当的人（牧师）口中说出，并不是对现实状况进行描述，而是将两个单身的男女转化为一对已婚夫妇（Austin，1962），即创造了一种新的状况。巴特勒认为，性别机制运作的方式与施为语言非常相似。她指出："在性别表达的背后其实并无任何坚固的实体；性别身份是被'表达'行为本身所'操演'出来的。并非性别身份催生了表达，而是表达创造了性别身份。"（Butler，1999：33）我们在生命中首次遭遇施为语言是在刚刚出生时接产护士说的话："是个男孩！"或"是个女孩！"通过使用"男孩"或"女孩"这样的名词，"前人类"阶段的"它"被转化成了有性别的主体。这就是一切操演行为的开端：通过对儿童的身体进行塑造，使之"在文化上可被理解"（culturally intelligible）。其结果是，无论男孩还是女孩都将面临一系列束缚，被迫遵守一系列规范，正如人们总是说："小男孩应该这样！小女孩不该这样！"换言之，这些话语表面上看只是一种"宣称"，但实际上是对主体的构造：原本那个"它"被塑造成了一个（男性或女性的）主体，进而也就开始了永无止境的主体化过程；在这一过程中，"它"必须接受"男性"或"女性"的身份设定，始终服膺"在文化上可被理解"（其实也就是可以被社会接受）的法则。这样一来，我们的性别身份就不可能僭越操演机制；恰恰相反，性别身份其实

---

[*] 约翰·朗肖·奥斯汀（1911—1960），英国著名语言哲学家，曾任牛津大学教授。他认为语言并不是对既定现实的被动描述，而是发明、创造现实的积极行动者。——译者

只是操演的结果。所以说，称我为"男孩"并非"揭示"了我的性别身份，而是"生产"出我的性别身份，将我变成了一个主体，而我则必须屈从于这一身份。正是在这种主体生产的过程中，我的社会"命运"的关键部分被预先设定。

不过，若要"是个女孩"或"是个男孩"这样的表述有意义，有一个前提条件，那就是一套关于"在文化上可被理解"的结构预先存在，而上述表述则需服从这套结构（也就是说，我们预先知道"是个女孩"或"是个男孩"这两句话是什么意思）。更重要的是，这套结构必须认可如下事实：在我们生存的这个世界上，人类是因自己的生理差异而被划分为"男性"和"女性"两个群体的。所有这些表述和结构环环相扣，彼此证明对方的有效性和权威性，这就是巴特勒所说的"累积引证"（citational accumulation）（Butler, 1993: 2）。

巴特勒的上述观点建立在雅克·德里达对奥斯汀的施为语言理论的拓展之上。正如德里达所质疑的："若不能重复某个业已存在的加码（coded）或迭述（iterable）的表达，那么施为表达还能成功实现'施为'吗？换言之，如果我出于召开会议、启航船舶或结婚的目的发表的言论由于未能遵循业已存在的迭述模型而未能被人们理解，那么我的目标还能通过我的语言来达成吗？"（Derrida, 1982: 18）也就是说，表达的一切权力，包括它为什么有意义、为什么具有权威性和有效性、为什么要求其他表达与自己保持一致，等等，都依赖其对业已存在的结构的引证。尤其是，最初的那个引证其实是一系列连绵不断的深入引证的开端，例如，"它"这个无性别的代词就是后续一系列关于性别身份分配的社会规范的开端。对此，巴特勒解释道："在最初阶段，操演不应被理解为一种单数的（singular）或故意的'行为'；恰恰相反，这种操演是对既有结构的引述和迭述实践，正是在这种实践中，话语生产出了自己所表达的意义。"（Butler, 1993: 2）。因此，我们的性别身份根本不是"选择的结果"，而是"对于规范的一种强迫性引述"，其"错综复杂的历史性与规训、规范和惩罚机制保持着密不可分的关系"（232）。来自父母、时代潮流、教育机构以及媒体的话语将彼此结合,共同确保我们服从性别规范的引述和迭述要求。在话语对性别的操演中,我们产生了一种幻觉,那就是这个世上预先存在着一个由生理结构决定的性别化的自我。

切不可将巴特勒的"操演"和"表演"混为一谈。后者原指一种戏剧式的表现行为,通过展现某种虚假身份的方式来掩盖更为基本的、真实的身份。而"性别操演"则非自发行为,而是一个持续不断、周而复始,且近乎规训(disciplinary)式的过程:"唯有洞察性别暴政(sexual regime)的强制性和反复性,才能从理论上对性别操演机制加以把握……作为主体的人其实别无选择。"(Butler,1993:15)萨拉·琪恩(Sarah Chinn)对此过程进行了准确的概述:

> 我们可以认识到性别是强制性的。我们对此很熟悉,这种事就发生在我们身上。性别的"自然化"效果意味着在我们的感觉中,性别是"天经地义"的——就算了解了操演机制及其对主体性的建构,我们还是无法放弃"性别是天然的"这一直觉。身份的确认基于性别的成功"表演",而书籍、电影、电视、广告、家长禁令和同龄人监督等"文化火药库"则时刻为性别操演"保驾护航",确保该过程在(理想的)无意识状态下成功运行(Chinn,1997:306-7)。

巴特勒以"扮装"*(drag)喻指性别操演的模式,进而对其机制做出解释,并非如某些批评家所揣测的那样是因为"'扮装'是颠覆性别的范例"(Butler,1993:xxii),而是因为"'扮装'过程使指意的模式戏剧化,进而确立了'性别'自身"(xxviii)。经由"扮装"作用,社会性别的异性恋规范所维护的表面的统一性和虚构的连贯性得以昭示天下。诚如巴特勒所言:"在模拟性别的过程中,'扮装'于

---

* "扮装"一词来自英文表述 drag queen 和 drag king。前者意指穿着女性服装、扮演女性的男性,而后者则指穿着男性服装、扮演男性的女性。此处,巴特勒用 drag 一词来形容性别操演机制对性别主体的粉饰和戏剧化。——译者

不知不觉间揭示出性别自身的模拟式结构,同时也展露了性别归属的偶然性。"(Butler, 1993: 175)扮装并非对"原始"或"自然"性别身份的复制,而是对"原初性神话(myth of originality)本身的模拟"①(176)。如她所言:

> 假如性别划分……并不是表达性(expressive)而是操演性(performative)的,那么此种划分行为与其说是揭露了性别身份,不如说是建构了性别身份。"表达"和"操演"之间存在天壤之别。如果说与性别相关的属性和行为——人类展现身体或生产文化意义的种种方式——全系"操演"出来的话,那便意味着根本不存在什么先天的性别身份,对性别属性与行为的衡量更是无从谈起,无所谓真假,无所谓正曲,而所谓"真正的"性身份只不过是一系列虚构出来的行为规范。关于性别的一切"事实"都是在"社会表演"(social performances)中被"创造"出来的,无论"原初"的生理性别还是本真且永恒的两性气质都只不过是悲剧一场,一面掩盖了性别操演机制的本来面目,一面压抑了"另类"性别操演对异性恋意识形态的男性气质霸权的反抗(180)。②

巴特勒以艾瑞莎・弗兰克林*(Aretha Franklin)高唱"你让我感觉自己像天生的女人"为例③:

---

① 巴特勒的"拖曳理论"源自伊瑟・牛顿(Eather Newton)。后者曾指出:"儿童对性别角色身份的习得远远早于对性对象选择的习得。换言之,我认为,儿童首先需明白自己是男孩还是女孩,而后才会理解男孩只爱女孩,女孩也只爱男孩。"(Newton, 1999: 108)哈罗德・彼弗(Harold Beaver)也曾写道:"真正'自然'的既非异性恋欲望亦非同性恋欲望,而仅仅是欲望本身……欲望就像地心引力一般,让人与人的身体互相吸引、互相结合。"(Beaver, 1999: 161)

② 诚如伊瑟・牛顿所言:"如果说性别角色行为可以被'错误的'性别完成,那么在现实生活中,它只能被'正确的'性别'完成',而非'继承'的。"(Newton, 1972: 103)

* 艾瑞莎・弗兰克林(1942—2018),美国著名音乐家、歌唱家、钢琴家,享有"灵魂音乐女王"(the Queen of Soul)之誉。——译者

③ 这首歌的作者是盖瑞・戈芬(Gerry Goffin)、卡罗尔・金(Carole King)和杰瑞・韦克斯勒(Jerry Wexler)。卡罗尔・金演唱的版本收录于其专辑《挂毯》(*Tapestry*),而艾瑞莎・弗兰克林演唱的版本则收录于其专辑《主打》(*Greatest Hits*)。

起初,她似乎表示自己生物性别的自然潜力是在异性恋的认同之中成为现实的,即她以一个异性恋'女人'的身份获取了某种文化身份,进而印证了自己"生为女人"的事实。因此,"生物性别"中的某些内容是在被异性恋者奉为圭臬的"社会性别"中得到表达的。性别的特征与本质之间的结合是天衣无缝的;同样,性别和性取向之间的关系也是浑然天成的。尽管艾瑞莎欣然得见自己作为女人的"天然性"得到了证实,却也不无忧虑地深知此种证实根基不牢,因为"自然性"的效果只有在异性恋意识形态的认同之中方能体现。毕竟,艾瑞莎唱的是"你让我感觉自己**像**天生的女人",这个"像"字意味着存在某种隐喻式的替代过程,存在着某种欺瞒行为,意味着所有一切只不过是我们在异性恋意识形态的"扮装"之下遭遇的本体性幻觉——美则美矣,却转瞬即逝、艰于触摸(Butler, 2019: 279)。

巴特勒还指出,如果说"关于性别的现实是在'社会表演'中被创造出来的",那么完成这场"表演"的最主要"剧场"莫过于消费(Butler, 1999: 180)。迈克尔·华纳(Michael Warner)曾经对同性恋文化与特定消费类型之间的关系做出考察,进而提出必须对文化的政治经济学(参见本书第十二章)进行重新思考。如他所说,

> 消费文化和最显著的那一部分同性恋文化——酒吧、舞厅、广告、时尚、品牌标识、大众文化以及"滥交"——之间存在密切的关联。这些文化形态完全隶属于高级资本主义范畴,尽管许多左翼人士对此予以激烈的否认。"后石墙*时代"的都市男同性恋者无不散发着商品化的腐气,因此我们需要抛弃陈旧不堪的旧资本主义,辩证地创造一套人们梦寐以求的、崭新的资本主义理论(Warner, 1993: xxxi)。

---

* 石墙骚乱(Stonewall riots),1969 年发生于纽约的大规模社会冲突,是同性恋者对抗警察、维护自身合法权利的斗争的起点。——译者

与之类似，柯雷·克里柯穆尔（Corey Creekmur）与亚历山大·多提（Alexander Doty）指出："我们对**同性恋**性别身份的规划与资本主义消费文化的发展如影随形。"（Creekmur and Doty，1995：1）他们注意到，无论男女同性恋者都与大众文化保持着密切的关系："经由协商或选择，他们与大众文化的产品和信息之间建立起一种并非完全是颠覆性的关系。我们想知道，他们是如何在既不丧失也不否认对抗性身份的同时做到与主流文化'和睦相处'的？他们是怎样做到既积极参与主流文化又不将其吸收到自身的文化之内的？他们又究竟通过何种方式从本不会提供同性恋愉悦和意义的文化中汲取到快感、生产出意义的？"（1-2）换言之，"关键问题在于如何'既身在其中又置身事外'，即怎样既在大众文化中占据一个属于自己的位置，却又对该文化的恐同性（homophobic）及种种'异性恋中心主义'（heterocentrist）的概念、影像和思维方式加以拒斥"（2）。

亚历山大·多提指出："'反常性'作为一种大众文化的接受实践……为各种各样的人所共享。"（Doty，1995：73）对大众文化做出"反常解读"（queer reading）并不是男女同性恋者的专利，"异性恋者，以及认同异性恋身份的人也会经历'酷儿'的时刻"（同上）。在多提看来，"酷儿"一词意指某个灵活可变的空间，为各种各样非异性恋、逆异性恋或反异性恋的文化提供了生产和接受的场所。由是，"**任何人**在生产文化和接受文化的过程中都有可能采取'反常'的立场；这一立场的多样性和变动性莫不归属'酷儿空间'的势力范围"（同上）。多提所谓的"酷儿空间"，"与其说是一个坚决的'反异性恋'（antistraight）空间，不如说是一个'逆异性恋'（contrastraight）空间*"（83）。

> 反常的立场、反常的解读，还有反常的快感都隶属于某个独特的接受空间（reception space）；该空间既与异性

---

* 前缀 contra-比前缀 anti-程度弱些。故前者译为"逆"，表示"不同意""不赞成"；后者译为"反"，表示"反抗""对抗"。——译者

恋空间分庭抗礼，又被后者吸纳、包容。然而，对文化的"酷儿式接受"（queer reception）常常无视为大多数人所践行的、非黑即白的核心性别身份门类，使解读者得以置身俗世之外。无论你将自己认同为女同性恋者还是女异性恋者，都不妨碍你"反常地"体验《红河》*（Red River）与《虎豹小霸王》**（Butch Cassidy and the Sundance Kid）等兄弟片***（buddy films）中蕴含的男男情欲意味；同样，如果你是一位男同性恋者，也可以"反常地"喜爱《拉文与雪莉》****（Laverne and Shirley）、《凯特和艾莉》*****（Kate and Allie）以及《黄金女郎》******（The Golden Girls）中女性角色之间的爱恋关系——这与异性恋意识形态所言的"跨性别身份"无关，而仅仅是对美好的人类情感的接合。"酷儿式"解读既非替代性解读、有意为之的误读，亦非"过度解读"。此种解读中蕴含的"反常性"纵然错综复杂，却时时刻刻存在于大众文化的文本与受众之中；而"酷儿"的使命就是对上述"反常性"展开充分的认识与接合（Doty，1995：83-4）。

所以说，反常解读与一个人的性取向几乎没什么关系。

---

* 《红河》，出品于1948年的美国电影，讲述了一位男性牧场老板及其男性助手将牲畜从德克萨斯州迁至堪萨斯州的故事。——译者

** 《虎豹小霸王》，出品于1969年的美国影片，讲述两个男性劫犯的故事。该片获得四项奥斯卡奖和六项英国学院奖，位列美国电影学会（AFI）"百年百片"评选第50位。——译者

*** 兄弟片，亦译"搭档片""伙伴片"等，是20世纪70年代兴起于西方的电影类型。此类影片通常以两个男性角色的冒险经历为主线，强调男人之间的兄弟之情，而将传统影片叙事中的男女情感结构置于次要位置。学界普遍认为该类型片的出现是西方男性社会对女性主义平权运动的反应。——译者

**** 《拉文与雪莉》，美国情景喜剧，1976—1983年间在美国广播公司播出，以一对女性好友的生活为主线。——译者

***** 《凯特和艾莉》，美国情景喜剧，1984—1989年间在美国哥伦比亚广播公司播出。叙事结构与《拉文与雪莉》类似。——译者

****** 《黄金女郎》，美国情景喜剧，1985—1992年间在美国全国广播公司播出，讲述了四位同居于迈阿密一幢公寓中的成熟女性的生活。——译者

交叉性

交叉性（intersectionality）这一概念主要来自黑人女性主义者的研究。薇薇安·梅（Vivian May）认为，它是"黑人和有色人种女性理论研究和政治行动"中的一个关键概念（May，2015：ix）。该概念由非裔美国人、法律学者金伯莉·克伦肖（Kimberlé Crenshaw，1989，1991）所创造，其源流可以追溯至19世纪黑人女性的著作。

交叉性是一个极其复杂的概念，它有着丰富的发展史。鉴于我们在这里所要讨论的是文化理论与大众文化，我们将对这一概念的复杂性和发展史存而不论。但就如同马克思主义和女性主义领域中的其他概念一样，交叉性这一概念的应用并不局限在学术界。虽然它起源于19世纪的黑人女性主义，但它与酷儿理论十分类似——它的批判焦点在于每个个体。与精神分析一样，交叉性并非一种文化分析的手段，而是与弗洛伊德的作品一样，为研究者提供了一种考察文本与实践的新视角。

根据帕特里夏·希尔·柯林斯（Patricia Hill Collins）和西尔玛·毕尔治（Sirma Bilge）的观点，交叉性的定义为：

> 一种理解和分析世界、人类和人类经验的复杂性的方法。……当我们用交叉性来分析社会不平等时，我们不应当认为人们的生活与社会中的权力组织由种族、性别或阶级这类单一的社会轴向（axis）所形塑。这些轴向互相影响、共同作用（Collins and Bilge，2016：2）。

借由这种方法，交叉性的概念质疑了那些专注于探讨导致单一轴向的理论和政治立场。这类立场在文化理论之中并不鲜见：马克思主义专注于探讨社会阶级、精神分析专注于探讨无意识、女性主义专注于探讨性别、酷儿理论专注于探讨性征、反种族主义专注于探讨"种族"。

交叉性这一概念的关键之处在于，诸如"种族"、社会阶级、性别、年龄、性征、残疾、族群等身份或社会分类并非连续的，因此它们不能被按照某种顺序叠加起来。交叉性概念坚持认为人们的身份的不同侧面是共存的，单一轴向的研究进路始终无法充分解释社会身份的复杂性（参见 May，2015）。这一概念成立的前提是，人们不会永远仅从属于某一性别，或某一社会阶级，或某一种族。恰恰相反，人们由复杂的身份组合而成。例如，我是一个白人，一名男性，一个异性恋，一个英国人，我最初来自工人阶级，我也没有明显的残疾。在特定的语境中，我的不同身份有着不同的重要性，但并没有哪个是基础性的；我的身份并不仅仅是哪个单一的维度，我是由这些身份交叉而成的人。

文化研究领域一直存在着交叉性的视角，但诸如阶级、族群、"种族"、性别、残疾、年龄等社会类别之间也一直存在着某种变动不居的次序。在《消费理论》（*Theories of Consumption*）这本书中，我认为，在自我形成的过程之中，人们的不同身份总是在不同的时刻以不同的方式接合在一起（Storey，2017a）。这是一种变动不居的次序，在某一刻我是曼联的球迷，而在另一刻我就成为一名大学教授，在某一刻我是一个足球前锋，而在另一刻我就成为一名示威者。每一种时刻都会有特定的语境，根据语境的不同，我的身份总是由特定的次序所决定。一种语境中我的主导性身份与另一种语境中我的主导性身份可能迥然相异。而且我的非主导性身份也总是伺机而动，准备在我的身份转变的过程中发挥作用。因此，当我是一名示威者时，我作为大学教授的身份也始终在制约我的行为（参见 Storey，2003）。

当我们进行文化分析时，交叉性可以提醒我们关注那些被主导性身份所掩盖的社会维度。尤其是当我们讨论意识形态和话语的时候，被掩盖的社会维度对于揭露那些被隐藏的事物具有非凡的意义。如果我们仅将目光置于一个社会类别之上，我们就会对很多其他的权力不平等视而不见，这会让它们显得自然而毋庸置疑：一部反种族主义的电影同时在宣扬异性恋；一部女性主义小说却始终将女性运动描绘为中产阶级白人的运动；一部社会主义戏剧却没有意识到性别问题与种族问题是与阶级问题交织在一起的。

《唱歌的巴特勒》(The Singing Butler)(图 8.2)是苏格兰艺术家杰克·维特里亚诺(Jack Vettriano)创作的一幅画。它被印制成海报、贺卡、餐垫、明信片等形式,成为英国最畅销的图片之一。如果要解释这幅画为何如此受欢迎,我认为是它表现了爱情的浪漫。画面上是一对年轻的夫妇,他们带着浪漫离开了舞厅,穿着晚礼服,来到月光下的海滩。我不想评价那些买过这幅画的人,我认为他们大多看到的就是这样的画面。画面中围绕着舞者的还有两个人,他们显然是仆人,他们这种好仆人不仅对舞者来说是隐身的,而且大多数观众也注意不到他们。然而,我们一旦注意到仆人,这幅画就不再浪漫,反而充满了社会阶级的意味,因为我们意识到仆人的存在是为了服务舞者的浪漫。这种批判性的观点引发了阶级关系和剥削的问题。《唱歌的巴特勒》就成了一幅不稳定的画,它的意义在浪漫爱情和阶级关系之间反复腾挪。

图 8.2 唱歌的巴特勒

在"单轴思维"里（May, 2015: 49），《唱歌的巴特勒》是一幅有关爱情与阶级的画。那交叉分析（intersectional analysis）如何能够拓宽我们的批判焦点呢？第一，我们必须拒绝将社会阶级与浪漫爱情相区隔，然后将这两者视作两个简单相加的维度的做法。第二，当我们分析这幅画时，不能仅看到社会阶级与浪漫爱情的交叉，还必须具备一个意识，那就是性别、种族、性征、年龄和残疾始终是交叉的。在这幅画中，一个浪漫的男人在月光下引领着一位女性跳舞，仆人之间也存在着男性—女性的层级关系，跳舞的人有特定的年龄，浪漫关系理所当然地存在于异性之间；画面中的四个人都是白色人种，他们也都身体健康，没有残疾。这些不同因素的交叉让一部规范的浪漫剧得以上演，这部浪漫剧不仅仅是一种呈现，也是一种表演行为。在其中，浪漫被定义为发生在白人身上，由男性所主导，为中产阶级所享有，为年轻人所享有，发生在异性之间，发生在身体健全的人身上。通过这种呈现，这幅画不断生产出一种现实，尽管这种呈现就是它的全部意图。绘画与电影之间似乎总是存在着相同的交叉性，如果我们将《唱歌的巴特勒》视作一部浪漫喜剧电影，不难看出两者之间存在很强的相似性。因此我认为，这两者都为浪漫爱情的意识形态（the ideology of romantic love）做出了重要贡献（Storey and McDonald, 2014a）。

拓展阅读

Storey, John (ed.), *Cultural Theory and Popular Culture: A Reader*, 5th edition, London: Routledge, 2019. 该书是本书上一版的配套阅读材料。本书及其配套读本得到了互动式网站 www.routledge.com/cw/storey 的支持。该网站中包含许多有用的链接与电子资源。

Ang, Ien, *Living Room Wars: Rethinking Media Audiences for a Postmodern World*, London: Routledge, 1995. 该领域内顶级学者洪美恩的论文集，十分精彩。

Barrett, Michèle, *Women's Oppression Today: Problems in Marxist Feminist Analysis*, London: Verson, 1980. 该书的作者试图将马克思主义与女性主义的分析方法结合起来, 为大众文化研究者提供了有用的参考。其第三章"意识形态与性别的文化产品"("Ideology and the cultural production of gender")尤其有价值。

Brunt, Rosalind and Caroline Rowan (eds), *Feminism, Culture and Politics*, London: Lawrence & Wishart, 1982. 该书收录了一系列关于女性主义分析模式的论文。请重点阅读《女性主义与文化政治的定义》("Feminism and the definition of cultural politics")一文。

Burston, Paul and Colin Richardson (eds), *A Queer Romance: Lesbians, Gay Men and Popular Culture*, London: Routledge, 1995. 该书是一部有趣的论文集。其收录的文章大多从酷儿理论的视角来看待大众文化问题。

Creekmur, Corey K. and Alexander Doty (eds), *Out in Culture: Gay, Lesbian, and Queer Essays on Popular Culture*, London: Cassell, 1995. 该书是一部出色的论文集, 站在"反恐同"和"反异性恋中心主义"的立场考察当代大众文化。

Dosekun, Simidele, *Fashioning Postfeminism: Spectacular Femininity and Transnational Culture*, Illinois: University of Illinois Press, 2020. 该书对尼日利亚拉各斯市的女性如何实践极其女性化的黑人美进行了批判性分析。

Easthope, Antony, *What a Man's Gotta Do: The Masculine Myth in Popular Culture*, London: Paladin, 1986. 该书对男性气质在当代大众文化中的表征机制做出了一番有益且趣味盎然的论述。

Franklin, Sarah, Celia Lury and Jackie Stacy (eds), *Off Centre: Feminism and Cultural Studies*, London: HarperCollins, 1991. 该书收录了若干基于女性主义理论进行文化研究的论文。

Geraghty, Christine, *Women and Soap Opera: A Study of Prime Time Soaps*, Cambridge: Polity Press, 1991. 该书对女性主义肥皂剧分析做

出了全面的介绍。

Jeffords, Susan, *The Remasculinization of America: Gender and the Vietnam War*, Bloomington and Indianapolis: Indiana University Press, 1989. 该书对一系列大众文本中的男性气质表征进行考察，揭示了越南战争失利之后的美国文化如何走上艰难重重的"重拾男子气质"之路。

Macdonald, Myra, *Representing Women: Myths of Femininity in Popular Media*, London: Edward Arnold, 1995. 该书论述了女性在大众传媒的言谈和视像中被建构的过程。

McRobbie, Angela, *Feminism and Youth Culture*, London: Macmillan, 1991. 该书的作者是女性主义大众文化研究领域的佼佼者。该书收录了她的若干重要论文。

Pribram, Deidre E. (ed.), *Female Spectators: Looking at Film and Television*, London: Verso, 1988. 该书收录了一系列文章，从不同的视角对电影及电视大众文化进行了考察。

Sinfield, Alan, *Cultural Politics-Queer Reading*, 2nd edition, Routledge: London, 2005. 一如辛菲尔德的其他作品，这是一部介于文学和文化研究之间的优秀作品。

Thornham, Sue, *Passionate Detachments: An Introduction to Feminist Film Theory*, London: Edward Arnold, 1997. 关于女性主义对电影研究做出的贡献，该书进行了精彩的介绍。

第九章 "种族"、种族主义与表征

在本章中,我将对"种族"这个概念,以及种族主义在英国的历史变迁进行一番考察。此外,我还会就一种特殊的种族表征政体,即爱德华·萨义德(Edward Said)的东方主义*展开论述。作为大众文化中的东方主义案例,我将分析好莱坞关于越南战争的种种表述及其对第一次海湾战争中的征兵活动产生的潜在影响。本章将以对文化研究、反种族主义和"黑命贵"(Black Lives Matter)的扼要讨论作结。

"种族"与种族主义

在展开对"种族"问题的讨论之前,须首先强调一点:世界上只存在一个"种族",那就是"人种"①(human race)。人类生物学从未将人类划分为不同的"种族",只有种族主义(以及反种族主

---

* 亦译"东方学"。——译者

① 人类的早期始祖("原人")最早出现在非洲大陆,距今已有250万年。大约10万年以前,一小群**智人**(Homo sapiens),也就是我们的直系祖先,向非洲大陆之外迁徙。正是这个小群体的后代,逐渐在世界各地繁衍生息,成为今天的人类。在某一时期,非洲大陆之外的早期人类至少与两个其他的类人种群共存,分别是尼安德塔人(Neanderthals)和丹尼索瓦人(Denisovans),但这两个种群后来相继灭绝。在现代人类的基因中,还能够找到我们的祖先曾经与这两个种群生育的证据。不过,当今世界上的人类要么是那一小群从非洲迁徙出来的智人的后代,要么是留在非洲的**智人**的后代,没有其他可能。尽管整个人类其实只包含一个种族,那就是"人种",但我们还是可以把人类划分为相互叠合的、具有不同生物—地理特征的群体,这种分类标准被称为"世系"(ancestry groups)(分类的依据就是看人们在过去几万年里形成的饮食习惯和生活环境的气候是否存在差异)。

义）才坚持强调人种间的差异。换言之，"种族"是一个文化与历史的范畴，是依肤色不同而制造指意**差异**的机制。关键之处并不在于肤色差异本身，而在于这种差异如何被用来指意，以及该过程通过何种方式建构出社会与政治的等级制度（参见本书第四章和第六章）。我不否认人与人之间存在肤色和体质的差别，但这些差别本身并不能生产意义，其"意义"只能是人为的结果。此外，亦无任何理由认定肤色比发色、瞳色更加重要。换言之，种族主义是一个指意系统而非生物系统，诚如保罗·吉尔罗伊（Paul Gilroy）所言：

> 须首先认识到肤色（一个毫无意义的概念）仅具极其有限的生物学基础，方能借助指意理论对"种族"能指的可塑性和空幻性，以及种种从一开始即将"种族"概念转变为能指的意识形态进行分析。该视角强调应将"种族"视为一个开放的政治范畴内的概念，原因在于哪一种界定得以占据主流地位、在何种环境下"种族主义"方可生存或消亡，皆是权力斗争的结果（Gilroy, 2002: 36）。

切不可将上述观点误认为一种理想主义。无论被用来指意与否，差异都是客观存在的。但差异被用来指意的机制，始终是政治与权力的结果，与生物学无关。正像吉尔罗伊指出的那样："'种族'只能为社会与政治所建构，而精心设计的意识形态系统则时刻维护着各种形式的'种族化'（racialization），原因在于后者是资本主义发展的重要特征。更重要的是，我们须对不同历史情境下的'种族'概念进行比较分析，考察其与政治之间密不可分的关系。"（35）黑泽尔·罗斯·马库斯（Hazel Rose Markus）和宝拉·M. L. 莫亚（Paula M. L. Moya）也提出了类似的观点：

> 种族并非人或群体天然**拥有**或**存在**的属性，而毋宁说是一系列行为的集合，是"做"（do）出来的。具体而言，种族是一套包括观念和实践的动态系统，这些观念和实践源于历史，而且在历史中被建制化。可以确定的是，"做"种族这一行为在不同时间和场合有着不同的形式，但一切

形式建立在共同的基础上，那就是以可被感知的物理和行为特征为标准，对"群体"进行创造和划分，同时赋予某些群体更大的权力和更多的特权，再对这种不平等状况进行合理化（Markus and Moya, 2010: x）。

我们"做"种族的方式既有个人化的也有机制化的。这一行为的实质，在于将一个人简化为他的生物属性所"规定"的那些一成不变的"本质性"特征。我的妻子是中国人。在刻板印象中，中国人是神秘莫测的（无法被理解或阐释）。所以，如果我们仅仅因为她在生物学意义上是一个中国人就认定"神秘莫测"必然是她的本质特征，那么这种行为就属于"做"种族。在上述逻辑中，我们对她的性格或行为进行自以为是的理解，仿佛这一切都已经在她的**中国性**的生物属性中被预先决定了一样。

故而，若要在大众文化研究领域内对"种族"问题进行考察，就必须研究其被用来指意的各种不同的方式，也就是说，要弄清楚个人和机构如何去"做"种族。

斯图亚特·霍尔指出，在西方社会的历史上，"种族"概念的发展经历了三个关键时刻，分别是奴隶制与奴隶贸易、殖民主义与帝国主义，以及伴随着20世纪50年代去殖民化的移民浪潮。在后文，我将集中考察奴隶制与奴隶贸易是如何最早导致对"种族"和种族主义问题的全面公开讨论的，而关于"种族"和种族主义的种种基本假设和理论术语正是在这场讨论中初次成形的。必须指出，"种族"与种族主义现象既非自然而然亦非命中注定，而具有深刻的历史渊源，是人类行为与互动的结果。表面上，一个人属于哪个"种族"是天生的、注定的，是一种自然状态；可实际上，一切都是人类文化的产物，而真相始终被掩盖。再次转述保罗·吉尔罗伊的观点：

> 对那些羞怯的灵魂而言，将自身所属的"种族"和难于驾驭的种族主义视为一种原罪般的绝对状态加以默然接受，远比积极行动起来设想并建立一个消灭了种族等级制

的公正世界更加容易……我们切不可对种族主义的强权采取纵容态度,更不能将其视为先于政治存在的不可抗拒的自然之力。尽管种族主义以纯粹政治力所不及的能量塑造着人类的意识形态与行为方式,我们仍须坚持不懈地将"种族"和种族主义现象置于社会与政治的框架内来评析(Hall,1997b:xx)。

吉尔罗伊认为,需将"种族差异的夸张维度"弱化为"某种具有解放潜力的平常性",并坚称"'种族'无甚稀奇,不过是承载着'种族主义'容忍限度内的有限意义的虚拟现实(virtual reality)"(xxii)。换言之,离开了种族主义,"种族"这个概念将变得毫无意义,是种族主义这种意识形态让"种族"的概念保持生命力的。我们需要认清"这个国家(指英国)的快乐文化(convivial cultures)中包蕴着杂糅的腐朽性与有害的平凡性;正是在此种文化之内,'种族'的意义被剥夺,而种族主义则仅仅被视为早已消逝的帝国主义历史的副作用"(xxxviii)。

种族主义意识形态的历史渊源

源于无知与恐惧的"仇外情绪"(xenophobia)由来已久,仿佛从不同族裔开始共存的那天起便始终存在。而"种族"和种族主义的历史,却是极为特殊的。在英国,种族主义最早是为维护奴隶制与奴隶贸易的合法性而出现的。彼得·弗莱尔(Peter Fryer)指出:"当英国的奴隶贸易、英国的种植园奴隶制和英国的制造业三者开始联手追逐高额利润,那些古老的神话碎片与人种偏见便有了强悍的经济基础,逐渐转化为一套牢固的种族主义意识形态,也就是一系列关于种族的神话。"(Fryer,1984:134)换言之,种族主义起初是一种防御性意识形态,其传播意图在于维护奴隶制与奴隶贸易所带来的经济利益。

具有法官与种植园主双重身份的爱德华·朗恩（Edward Long）是种族主义意识形态发展历程中的关键人物。他在《牙买加史》（*History of Jamaica*）一书中大肆宣扬黑种人劣于白种人的理论，进而确言奴隶制和奴隶贸易为完美无缺的社会制度。其理论的出发点是，在黑种人和白种人之间存在绝对的种族界限：

> 我认为，有充分的理由相信白人与黑人是两种截然不同的物种……当我们注意到黑人与其他人类有诸多不同的时候，难道还不明白他们跟我们不属于一类人吗？……（转引自 Fryer，1984：158-9）。

查尔斯·怀特（Charles White）在1795年发表过类似的评论："白种的欧洲人……因距离蛮荒世界最遥远而被认为是最优秀的人种。没人怀疑白种人在智力上的优越性。我坚信白种人的各项能力天生便强于其他人种。"（168）

爱德华·朗恩的种族主义观显然与性焦虑相关。他在1772年出版了一本小册子，同时宣扬种族主义和对工人阶级妇女的贬斥，声称：

> 英国低等阶级的妇女格外青睐黑人，往往出于不可告人的原因。有这些妇女的生育繁衍，不出几代，英国人的血统将会变得不堪。而且，随着上下层社会之间的流动，血统污染可能会发生扩散，甚至祸及中产阶级和上流社会，最终导致整个国家挤满了葡萄牙人和摩里斯科人*（Moriscos）的后代，肤色混乱，心灵卑劣（157）。

与之相似，塞缪尔·埃斯特维克（Samuel Estwick）在《关于黑人问题的几点思考》（*Considerations on the Negroe Cause*）中指出，应当禁止黑人进入英国，以确保"不列颠种族免受污染"（Estwick，1772：156）。菲利普·西克尼斯（Philip Thicknesse）也在1778年写道：

---

* 摩里斯科人指生活在西班牙和葡萄牙的穆斯林后裔。——译者

> 近几个世纪以来，我们的国家里充斥着劣等人……伦敦的情况尤其糟糕，到处都是黑人……此外，在每一座乡镇，不，准确地说是在每一个村落里都能时不时地看见黑白混血人种……白人与黑人结合势必给国家带来极大的危害（Thicknesse, 1778: 162）。

约翰·斯盖特古德（John Scattergood）将对血统的关注与奴隶制的存废问题结合起来。他在 1792 写道：一旦允许废除奴隶制，"世界各地的黑人都会跑到我们的国家来，聚众扎堆，与本地人杂居，进而玷污我们普通人的血统，导致犯罪率和罪犯人数的飙升"(164)。

出版于 1764 年的《伦敦编年史》（London Chronicle）上登载了一封来信，讨论了与当代移民问题非常相似的话题（也使用了相似的话语），指出涌入英国的黑人奴仆实在太多了：

> 他们（黑人）占据了很多本应属于我们（白人）的位置，这无异于使很多同胞丧失了谋生的手段，进而导致本国人口的锐减。而那些得益者（黑人），却仍然恬不知耻地与白人杂居通婚，他们永不可能像白人一样对这个世界发挥各种各样的关键作用……绝不可将黑人视为"人民"的一分子。让他们住到我们的社区里无异于引狼入室，其结果只能是将许多更优秀、更具主体性的人排挤掉……是时候……治疗此种邪恶状况造成的创伤了。我们必须行动起来，坚决抵制"进口"黑人（155）。

由于那些从奴隶制与奴隶贸易活动中攫取高额利润的人并未直接参与上述讨论，因此种族主义的新意识形态只能在并未通过奴隶制和奴隶贸易获益的人群中迅速传播。例如，苏格兰哲学家大卫·休谟（David Hume）就对白人和非白人做出了清晰的区分。在 1753 年，他如是写道：

> 我认为，包括黑人在内的所有其他人种（总计有四五种）天生就比白种人低劣。其他人种从未像白种人一样建

立起高度文明的国家……（这表现了休谟对历史的无知）若非从降生起就天然存在优劣之分，此种整体性和持续性的差异绝不至在如此多的国家和年代内同时发生……在牙买加，大家都在谈论一个黑人①，将其视为偶像和知识的象征。不过，人们对他的爱慕似乎只是基于他的极其微小的成就——他就像一只鹦鹉，只会说有限的简单词语（Thicknesse，1778：152）。

及至19世纪，"白种人优越论"已经成为整个西方世界的广泛共识。如此一来，欧洲白人的全球殖民行为也就显得再合理不过了。此外，弗莱尔还指出："种族主义并不是一小撮极端分子的专利。事实上，在19世纪的英国，每一位科学家和每一个知识分子都理所当然地认为只有白种人才拥有思考和管理的能力。"（Fryer，1984：169）在科学上对种族主义予以否定，则是晚至第二次世界大战之后的事。

在19世纪的种族主义思潮下，欧洲人甚至认为对殖民地的征服是上帝的旨意。托马斯·卡莱尔在1867年写道："是万能的造物主指定黑人做仆人的。"（172）曾在南非和乌干达担任殖民管理者的哈里·强斯顿（Harry Johnston）爵士也声称"总体上，黑人是生而为奴隶的"，因为他们"天生就可以在炎热酷暑的恶劣气候之下辛勤劳作"（173）。这样一来，就连"炎热酷暑"和"恶劣气候"都成了让欧洲白人免于身体受苦和不公待遇的证据。曾被菲利普·柯顿*（Philip Curtin）形容为"西方伪科学种族主义代表人物之一"（Curtin，1964：377）的罗伯特·诺克斯（Robert Knox）博士坚决赞同上述观点，他指出："那些皮肤黝黑的种族对我们来说意味着什么？……越早灭绝越好……"（175）。

诺克斯的种族主义思想过于极端。相比之下，主张通过向黑人

---

① 指弗朗西斯·威廉斯（Francis Williams）。他毕业于剑桥大学，拥有数学学位。

* 菲利普·柯顿（1922—2009），美国历史学家，约翰斯·霍普金斯大学教授，因对殖民主义时期奴隶贸易状况的研究而著称。——译者

世界"播撒文明"以支持帝国主义的詹姆斯·亨特（James Hunt）温和得多。他在1863年创建了伦敦人类学研究会，并宣称："黑人在智力上劣于欧洲人，只有确保黑人从属于欧洲人，才能使前者变得更加文明。"（Fryer，1984：177）总而言之，"黑人只能在白人的帮助下获得人性与文明"（同上）。① 殖民长官约瑟夫·张伯伦（Joseph Chamberlain）对上述观念做出了总体性概括："我认为英国人是全世界最优秀的统治者种族。这可不是凭空捏造的，光是我们在全世界范围内成功管理广袤领土的成就，就足以证明这一点……而且，我坚信，英国的未来必定光明一片，不可限量。"② （Chamberlain，1895：183）

东方主义

爱德华·萨义德的《东方主义》是后殖民理论的奠基之作。在这部著作中，他深入考察了西方世界利用一种东方的话语来建构关于东方的"知识"的过程，探索相应而生的"权力—知识"体系如何在西方强权的利益中得到接合。在萨义德看来，"'东方'完全是被欧洲人发明出来的"（Said，1985：1）。他用"东方主义"* 这个表述来形容欧洲与东方的关系，尤其是"东方如何在影像、观念、性格和经验领域将欧洲（西方）界定为自己的对立面"（1-2）。此外，他还"竭力展现欧洲文化如何将自己乔装打扮成东方代理人，乃至东

---

① "种族"与种族主义并不仅仅通过再现、社会行动和社会互动得以彰显，更根植于我们深邃的内心世界。参见弗朗兹·法农（Franz Fanon）在《黑皮肤，白面具》（*Black Skin, White Masks*）中展开的讨论。

② 张伯伦的演讲与托尼·布莱尔（Tony Blair）在辞去首相一职时所做的演讲有异曲同工之妙。布莱尔说："英国是一个幸运的国家。英国人是很特别的，全世界都这样认为。在英国人内心深处，其实也这样认为。英国是地球上最伟大的国家。"（转引自 Storey，2010b：22）几乎所有支持英国脱欧的演讲中都存在类似的情绪。

* 通常，orientalism 一词至少有两重含义，一是以"东方"为研究对象的学科，二是一种关于东方的思维方式。在第一种情况下，通常将其译为"东方学"；在第二种情况下，则译为"东方主义"。因本书将 orientalism 视为与种族主义相关的一种理论范式加以讨论，故译为"东方主义"。不过读者仍需根据语境的不同加以理解。——译者

方的潜在自我，并从中汲取力量与认同的机制"（Said，1985：3）。

> 在讨论及分析东方主义时，可将其视为"处理"东方问题的某种组织机制（corporate institution），其具体方式包括：制造对东方的叙述、赋予某些关于东方的观点以权威性、描绘东方、教授东方的知识、对东方进行殖民、统治东方，等等。简言之，东方主义就是西方对东方加以宰制和重构，进而凌驾于东方之上的一种方式（同上）。

换言之，作为"意识形态虚构系统"（321）的东方主义其实与权力问题密切相关，是西方维系对东方霸权的诸多机制之一。在一定程度上，这种霸权是通过强调西方与东方的"绝对差异"实现的："西方……理性、发达且优秀，而东方则……古怪、落后且贫瘠。"（300）

上述观点在总体上与大众文化研究有什么关系？如果采用萨义德的方法，就不难对描述帝国的虚构类文艺作品做出解读了。基本上，这类作品通常包含两种情节结构。第一类故事往往讲述白人殖民者被原始丛林的野性力量征服，用种族主义的神话来说，就是"回归自然"。小说《黑暗之心》* 和电影《现代启示录》**（*Apocalypse Now*）中的人物库尔茨（Kurtz）就属于这种类型。第二类故事则强调拥有"种族优越性"的白人对丛林及丛林栖息者的利用与征服。小说、电影和神话故事中常常出现的角色"人猿泰山"（Tarzan）则是此类结构最典型的代表。在东方主义的视角下，上述两种叙事结构均包蕴着帝国主义文化的欲望和焦虑，而不仅仅是对其他种族和异域土地的征服。由是，人们的注意力便从叙事结构中的时间

---

* 《黑暗之心》是波兰裔英国小说家约瑟夫·康拉德的代表作，初版于1902年，讲述了英国白人船长马尔洛（Marlow）带领比利时商船在刚果河从事象牙贸易的故事。这部小说被认为是20世纪英语文学最重要的作品之一。——译者

** 《现代启示录》改编自康拉德的小说《黑暗之心》，只不过将故事的背景改为越战时期的越南。其导演兼制片人弗朗西斯·科波拉（Francis Coppola）是当代最著名的电影艺术大师之一。该片最早于1979年上映，并于1987年及2001年先后推出新的剪辑版。1979年，该片获得法国戛纳电影节金棕榈奖。——译者

和地点因素转移到此类故事对其生产者和消费者发挥的"功能"上来,进而免于坠入天真的现实主义的陷阱:故事的主旨并非告知读者非洲和非洲人发生了什么事,而是使读者通过故事中的各类表征来了解欧美人的本质。因此,关键并不在于"怎样"而在于"为何",并不在于"谁的故事"而在于"谁在讲述并消费这些故事"。

很多以越南战争为题材的好莱坞电影都可被视为东方主义叙事的经典案例。"刺激"好莱坞拍摄越战影片的并非美军在战场上的惨败,而是"另有企图"——用商业性的话语来说,这场为美国人唾弃的战争俨然开始大受欢迎。尽管美国早已丧失了对越南的"统治权",但美国电影却始终牢牢把握着西方世界对越南战争进行叙述的话语权。作为"组织机制"的好莱坞通过"制造对越南的叙述、赋予某些关于越南的观点以权威性、描绘越南以及教授关于越南的知识"等方式对越南进行了"处理"和"加工",进而将越南"发明"为与美国"对立的影像"、美国的"代理人与……潜在自我"。通过上述方式,好莱坞联合其他话语实践——如流行歌曲、小说、电视系列剧等——成功生产出一系列关于越南的权力话语,告知美国和全世界在越南究竟发生了什么事,而这些事之所以发生皆是越南咎由自取。上述话语并非仅仅**关于**越南,而是持续不断地**构成**了许多美国人的越南**经验**——话语本身就是一场战争。

东方主义理论认为,探讨好莱坞的表征是"真"是"假"(是否符合历史事实)毫无意义,关键在于其将何种"真相政体"(regime of truth)(参见本书第六章对米歇尔·福柯的讨论)公诸于世。好莱坞的东方主义叙事并非消极、压抑、拒斥或否定的力量,而是极具生产性的。福柯关于权力问题的一般观点也适用于解释好莱坞的话语权:

> 我们必须从现在开始停止用种种消极的词语来描述权力效应;"排斥""抑制""掩饰""隐瞒",等等,这些表述

应统统摒弃。事实上,权力是一种生产性的力量,它生产了现实,生产了客体领域,也生产了关于真理的种种仪式(Foucault,1979:194)。

此外,福柯还指出:"每个社会都有其独特的'真理政体'和'一般政治理念';换言之,某些特定类型的话语为人们所广泛接受并发挥了真理的功能。"(Foucault,2002a:131)在此基础上,我将对20世纪80年代好莱坞越战影片的三种叙事范式进行扼要的总结,探讨对其加以理解的方式以及"真理政体"的运作过程。①

第一种叙事范式可以概括为"作为背叛的战争"(the war as betrayal)。这首先是一种关于糟糕的领导者的话语。在《长驱直入》*(Uncommon Valor)、《越战先锋》系列**(Missing in Action Ⅰ, Missing in Action Ⅱ: The Beginning 和 Braddock: Missing in Action Ⅲ)与《第一滴血 Ⅱ》***(Rambo: First Blood Part Ⅱ)等影片中,美国兵败越南的责任被完全归咎于政治家。当约翰·兰博(John Rambo)〔希尔威斯特·史泰龙(Sylvester Stallone)饰〕接到命令重返越南以营救在军事行动中失踪的美国士兵时,竟咬牙切齿地反问:"这次我们可以赢吗?"其潜台词就是:"那些政治家这次会让我们赢吗?"此外,该话语还将矛头对准羸弱的军事指挥。例如,在《野战排》****

---

① 若想了解对这一问题的全面讨论,请参见 Storey,2002b,2010a。
* 《长驱直入》,亦译《八蛟龙》,是派拉蒙影业于 1983 年出品的影片,讲述了一位海军军官在越南战争结束后组队身赴老挝营救自己被囚禁的儿子的故事。——译者
** 《越战先锋》是加农影业(Cannon Films)于 20 世纪 80 年代出品的越战题材系列影片,总共包括三部,分别首映于 1984 年、1985 年和 1988 年。——译者
*** 《第一滴血Ⅱ》是越战题材"兰博"系列电影的第二部,由三星影业(TriStar Pictures)于 1985 年出品。尽管"兰博"系列影片在主流评论界口碑极恶,却取得了惊人的票房收入。《第一滴血Ⅱ》以 4400 万美金的拍摄成本竟收获了超过 4.5 亿美金的全球票房,主人公兰博更是成为 20 世纪 80 年代风靡全球的战争英雄偶像。——译者
**** 《野战排》是猎户座制片公司于 1986 年出品的越战题材影片,讲述了一位具有反战情绪的美国士兵在越战中的心路历程。该片于 1986 年荣获四个奥斯卡奖项,包括分量最重的"最佳影片奖"和"最佳导演奖",并以 650 万美金的制作成本赢得 1.36 亿美金的票房收入。——译者

（*Platoon*）和《越战创伤》*（*Casualties of War*）等影片中，美军战败的罪魁祸首公然指向"军事指挥不力"。最后，越战还是"平民的背叛"。《终极手段》**（*Cutter's Way*）和《第一滴血》（*First Blood*）等影片暗示，是身在美国国内的"自己人"背叛了美国军队在越南战场上的种种努力。对此，约翰·兰博的一番评论很具代表性。当特劳特曼上校（Colonel Trautman）对他说"一切都结束了"时，他如是回答：

> 一切远未结束。哪能你说结束就结束？这可不是我一个人的战争。我对你言听计从，想方设法取得胜利，但总有一些人不想让我们赢！

有趣的是，所有越战影片都不约而同地围绕着"迷失"这个概念展开叙事。在《长驱直入》《越战先锋》系列和《第一滴血Ⅱ》中，迷失的是战俘；在《终极手段》《第一滴血》和《生于七月四日》***（*Born on the Fourth of July*）中，迷失的是尊严；而在《野战排》和《越战创伤》中，迷失的则是纯真。显然，上述浅尝辄止的"迷失"象征性地掩饰了某种更深层次的迷失，那就是无法言表的战败的伤痛。"美国战俘"这一表征在上述"替换策略"中的大量运用显然带有鲜明的意识形态色彩，似乎为三种权力政治效应的出现提供了可能性。第一，如若接受了"仍有美国人被囚禁在越南"的神话，就回过头来意味着美国最初的入侵是合法的，因为既然野蛮的越南人在战争结束后仍然关押着大批美国士兵不放，那么美国人也便没有任何理由忏悔自己的入侵行为——越南活该被美军入侵。第二，

---

* 《越战创伤》是哥伦比亚电影公司于1989年出品的越战题材影片。——译者

** 《终极手段》是联美影业（United Artists）和米高梅（MGM）于1981年联合出品的影片，讲述了一位越战退伍老兵为拯救遭遇陷害的好友挺身而出、与恶势力斗争的故事。——译者

*** 《生于七月四日》是环球影业于1989年出品的影片，改编自越战退伍军人罗恩·科维克（Ron Kovic）的畅销自传。该片获得两个奥斯卡奖项，并以1400万美金的成本收获了超过2.3亿美金的全球票房。——译者

苏珊·杰弗兹（Susan Jeffords）所言的"失落的女性化"（femininization of loss）（Jeffords, 1989: 145），即所有被指应对美军战败负责的人——包括不爱国的抗议者、心不在焉的政府、羸弱不堪的军事指挥，以及腐败的政治家——统统在影片中被表征为典型的女性化形象："在美国的主流文化中，脆弱、犹疑、依赖性、情绪化、非暴力、妥协、喜怒无常以及容易上当是典型的女性化特征。"（同上）杰弗兹的观点在《越战先锋》系列影片中得到淋漓尽致的体现：在这些影片中，妥协求和的政治家被视为仅有"妇人之仁"，而那些从战场归来的士兵则不苟言笑，充满"阳刚之气"——前者在后者面前几乎无地自容。由是，影片传达了这样的观点："男性"的强力与忠诚势必赢得战争，而"女性"的羸弱与不贞则是兵败的祸首。第三点，也是最重要的一点，越战影片通过各种方式将战争带来的"失落"（lost）转变成了"遗落"（missing），弱化了兵败的伤痛。战后寻找与营救战俘的"胜利"替代了美军在战争中的"失败"。在1983年，《纽约时报》（The New York Times）困惑于《长驱直入》所取得的不期而至的票房成功，遂派记者去采访该片的"受众"。其中有一位观影者表示自己很清楚个中原因："我们无论如何得打赢越南战争！"（转引自Franklin, 1993: 141）

第二种叙事范式可被归纳为"黑白颠倒综合征"（the inverted firepower syndrome）。在此叙事范式下，美国科技与军队的压倒性优势被"颠倒"了过来。影片甚少展示美国军队大规模的杀伤力，反而有无数镜头呈现形单影只的美国兵与人山人海（且时常隐蔽）的北越士兵激战的情景。民族解放阵线*（National Liberation Front），即"越共"（Viet Cong）的成员也大多被刻画为魑魅魍魉，阴魂不散地纠缠着越战"英雄"。在《越战先锋》《第一滴血Ⅱ》和《野战排》中，均充斥着美国人以寡敌众、与潮水般的越南人决战的场面。仅

---

* 民族解放阵线是越南战争时期北越政权在南越境内创立的游击队组织，成立于1960年12月20日，领导人是阮友寿（Nguyễn Hữu Thọ），西方世界通常将该组织称为"越共"。南北越统一后，民族解放阵线并入新兴的越南社会主义政权。——译者

第九章 "种族"、种族主义与表征

凭弓箭击溃越南人的约翰·兰博是最为臭名昭著的例子。《野战排》尤其将这一叙事风格发挥到了极致。其中一幕展现了"好人"伊莱亚斯中士（Sergeant Elias）被一群北越士兵追赶的情景。那些人朝他持续开火，直到他双膝跪倒，无法起身。最终，他张开双臂，仿佛面临苦难与背叛的耶稣基督一样，离开了人世。影片通过慢摇镜头的方式来表现大限将至的哀婉与痛楚。该片在英国的宣传海报上展示了伊莱亚斯"十字架受难"的惨状，图片上方则写着这样一句话："战争的第一受害者是纯真。"在此，纯真的迷失既是通过对现代战争的残酷性的感悟来体现的，又是美国与野蛮无状的敌人"公平战斗"的结果。其间的意识形态意蕴再明确不过：如果说美国的失败是做了"善人"的缘故，那么很"显然"，在未来的所有战斗中，美国必须开始扮演"恶人"的角色以求取胜利。

第三种叙事范式是"战争的美国化"（the Americanization of the war）。这一表述的意味是：在好莱坞越战影片（当然还有其他美国文化产品）中，越南战争已经演变成一个纯粹的美国现象，与越南无关——我们可称之为"帝国式自恋"（imperial narcissism）。因此种情结作祟，美国成了世界的中心，越南和越南人民只不过作为美国悲剧的语境而存在，而越南人的粗蛮则最终导致美国式纯真的迷失。而且，如所有悲剧一样，美国的悲剧也是从一开始就注定了惨烈的结局，越南战争就是一出行将落幕的悲剧。好莱坞叙事中的越南展现了琳达·迪特马尔（Linda Dittmar）和吉恩·米肖德（Gene Michaud）所谓的"难以理解的神秘感"（mystique of unintelligibility）（Dittmar and Michaud，1990：13）。其中最具说服力的例子莫过于《野战排》在美国国内发行的录影带版本的开场：首先是彼时的克莱斯勒集团（Chrysler Corporation）主席签写的几行字，而后我们看到主席本人穿越丛林，走向一辆越野车，在车旁驻足，将身体靠在车上，对着镜头娓娓道来：

> 这辆越野车可算是老古董了，它亲历过多场战争：诺曼底（Normandy）战役、安济奥（Anzio）战役、瓜达尔卡纳

尔（Guadalcanal）战争、朝鲜战争，还有越南战争。我真希望以后无须再为战争生产越野车。《野战排》这部影片所要纪念的并非战争，而是所有在某时、某地投入战斗却**始终不被人理解的**男男女女。国家召唤他们去战斗，他们便义无反顾地出发，从湄公河三角洲（Mekong Delta）打响第一枪开始，始终坚守自己的职责。这才是货真价实的美国精神。只有对他们报以崇高的敬意，我们才能让美国精神保持鲜活（转引自 Harry W. Haines, 1990: 81）。

毫无疑问，这是一种关于美国式生存的话语，主要强调的是"重返世界"。在这出悲剧中，美国和美国人是**唯一的**受害者。在影片末尾，克里斯·泰勒（Chris Taylor）［查理·西恩（Charlie Sheen）饰］的一系列个人叙事精确传达了上述神话的意涵。泰勒站在一架冉冉升空的直升机上，回首尸横遍野的战场，伴随着塞缪尔·巴伯*（Samuel Barber）的那曲美妙而伤感的《弦乐柔板》，回想着那场导致 200 万越南人丧命的战争。他喃喃低语："我想，现在看来，与我们战斗的并不是什么敌人，而是我们自己。敌人就在我们心中。"1987 年 1 月 26 日的《时代周刊》（Time magazine）刊载了一篇影评，对上述观念做出了回应和阐释：

> 正是这场战争在 20 年前让美国患上了精神分裂症。一夜之间，我们的国家陷入无尽的矛盾与冲突：左派与右派、黑人与白人、冒进与保守、父亲与母亲、家长与子女……美国的战争史仿若一部约翰·韦恩**（John Wayne）主演的战争电影——"好人"逞强，偏要与"坏人"公平竞争，

---

* 塞缪尔·巴伯（1910—1981），美国作曲家，创作领域包括交响乐、歌剧、钢琴曲等。曾两次荣获普利策音乐奖。其作品风格通常被认为是前现代的，带有显著的浪漫主义色彩。电影《野战排》的插曲《弦乐柔板》（*Adagio for Strings*）是其最著名的作品。——译者

** 约翰·韦恩（1907—1979），美国著名电影演员，以饰演西部片和战争片中的硬汉著称，于 1966 年获奥斯卡"最佳男主角"奖。代表作品包括《双虎屠龙》（*The Man Who Shot Liberty Valance*）、《搜索者》（*The Searchers*）等。约翰·韦恩被美国电影学会评为一百年来最伟大的男性影星第 13 位。——译者

结果必是一败涂地。冰火两重天,实在令人辛酸。美国人正在与自己战斗,最终竟是两败俱伤。

因此,《野战排》这类影片的使命便是治愈全体美国人的"精神分裂症",其对战争的重述不仅将越南人民排除在外,也对国内反战运动进行了"篡改"。战争的支持者与反对者之间的冲突被转化为关于"如何以最佳方式赢得战争"的不同立场之间的争论——一边是为荣誉和尊严而战的"好人"[以爱听杰斐逊飞机乐队的《白兔子》(White Rabbit) 且爱抽大麻的伊莱亚斯中士为代表],另一边则是为取得胜利而不择手段的"坏人"[以爱听梅尔·哈格德*(Merle Haggard)的《穆斯科基雇农》(Okie from Muskogee) 且爱喝啤酒的巴恩斯中士 (Sergeant Barnes) 为代表]。由是,反战的不谐之音被消弭,影片使观众相信让美国陷入"精神分裂"的矛盾双方并非"好战"与"反战",而是"应当如何以最佳方式赢得战争"。诚如迈克尔·克莱恩(Michael Klein)所言:"战争被去情境化(decontextualized),被神秘化(mystified)为一个'悲剧性的错误'、一场存在主义的历险,或是美国的白人英雄认清自己的身份的仪式。"(Klein, 1990: 10)

尽管我对好莱坞越战题材影片的三种叙事范式做出了归纳总结,却并不意味着美国及全世界的观众会对此"照单全收"。我所要表达的仅仅是:好莱坞生产出一种特殊的"真理政体"。然而,赋予电影(如其他文化文本与实践)以意义的必然是人(参见本书第十二章),若想充分发掘好莱坞在何种程度生产了"真理",就必须对观众的消费过程加以细致的考察。由是,我们的注意力不应集中于文本的**意义**,而要探究意义在文本话语与"消费者"话语的"交锋"中得以生成的机制。其实,对于《野战排》一类的影片而言,**真正的意义**是永远无法(被受众)确定或证实的,唯有对消费过程(可被理解为"使用过程中的生产")加以考察,方能对影片的政治效果(或其他

---

* 梅尔·哈格德(1937—2016),20 世纪 60—70 年代美国最著名的乡村音乐家之一,于 1984 年荣获格莱美奖。——译者

效果）加以准确把握。若要使某文化文本产生效果（无论政治效果还是其他效果），则必须将其与人们的日常生活联系起来，把该文本转化为"活文化"的一部分。对好莱坞越战影片的文本分析或许有助于我们了解电影工业如何将越南战争接合为一幕关于勇气与背叛的美国悲剧，却无法预测观众是否会按照好莱坞预设的"真理"来消费这些影片。

在缺乏对影片观众的民族志研究的前提下，我想提供两个证据来帮助大家理解这些影片的影响力与政治效应：第一个是美国总统乔治·布什（George Bush）在为第一次海湾战争作鼓动宣传时的演讲，第二个则是越战老兵如何评述好莱坞以及其他文化产品关于越战的种种表征。不过，需要澄清的是，无论这些证据本身多么具有说服力，我们都不能得出"好莱坞对战争的叙述已成霸权"这一草率的结论——无论什么文本，只有融入日常生活的"活的"实践方有意义。

在第一次海湾战争开始前的几周，《新闻周刊》（*Newsweek*）（1990 年 12 月 10 日）在封面刊出了一张老布什总统表情严肃的特写照片。照片上方印着一行大标题："这绝不会成为另一场越战。"该标题源自布什此前所做的一次演讲，原话是："我知道，国民担心越南战争的悲剧重演。我向大家保证……这绝不会成为另一场越战。"在另一场演讲中，布什重申："这绝不会成为另一场越战。"不过这次他给出了理由："我们的军队将会获得全世界的支持，他们在战斗的时候绝不会束手束脚。"（转引自 *Daily Telegraph*，January 1991）

布什试图通过上述演讲驱赶萦绕在美国政治与军队形象中的幽灵，即前总统理查德·尼克松（Richard Nixon）所言的"越南综合征"（Vietnam Syndrome）（Nixon，1986）。在尼克松看来，美国对外交政策的制定始终处于"怪诞的扭曲状态"，总是不愿"用武力捍卫国家利益"（13）。出于对"越战重现"的恐惧，美国始终"以自己的强大力量……为耻"（19）。

布什的演讲内容多数大同小异，折射出 20 世纪 80 年代美国主流话语对越战意义的解读:"越南战争是一个崇高的理想,却遭到了背叛,最后竟变成美国的悲剧。"例如,为了遏制越南综合征对美国政治的影响,罗纳德·里根(Ronald Reagan)在1980年的总统竞选中公开声称:"从今以后,我们应深刻地认识到越南战争是一个崇高的理想。"(转引自 Rowe and Berg,1991:10)此外,他还坚称:"让我们告诉那些参加过战争的人:假若我们的政府害怕赢得战争,就决不该将成批的有为青年推到战场上送死。"(转引自 Vlastos,1991:69)1982年(最后一批美军撤离越南约10年之后),越战纪念碑在华盛顿落成①,里根发现美国人"开始认识到越战的合理性了"(转引自 Zelizer,1995:220)。1984年(最后一批美军撤离越南11年之后),越战纪念碑正式奠基。在奠基仪式上,里根宣称:"一位美国英雄终于回到了祖国的怀抱……他接受了任务并完成了使命,其忠贞爱国的精神时刻感召着我们。"(转引自 Rowe and Berg,1991:10)1985年(最后一批美军撤离越南12年后),纽约举办了主题为"欢迎回家"的盛大游行,欢迎越战老兵。上述政治修辞行为和全民缅怀活动表明某种关于越战意义的新"共识"正在形成。这一过程从1980年里根在总统选举中大获全胜开始,至1991年布什在海湾战争中大获全胜而宣告完成。正因如此,布什才会在为战争做动员时号召美国人牢记越南战争——因为彼时的美国人已经将"作为勇气与背叛之战"的越南战争成功地内化为自己的"经验",而好莱坞的越战影片则于其中扮演了关键角色——它们通过排演、详述、阐释和重叙等方式为美国民众提供了翔实的资料,最终建构了主流话语对越南战争的记忆与理解。

上述对越战的"回忆"其实与关于战争的"真实"情况无甚关联。不客气地说,美国在越南战场上投入的军事火力是人类社会有史以来强度最大的一次。在好莱坞的叙事中,我们绝然看不到美军

---

① "白人性"的合法性依据并非仅仅来自社会阶级和性别(以及其他标识社会差异的标准)等维度。即使在"白人性"这个概念内部,也存在着观念的分野——在不同的历史时期,对于哪些人有资格被"划归"白人这个问题,往往有着截然不同的答案。请参阅第六章末尾的关于"交叉性"的论述。

对越南广大区域展开的计划周密的袭击，看不到汽油弹轰炸和地毯式搜寻，更看不到对停火区的利用以及大规模的炸弹空袭。在1972年的"圣诞炮轰"*（Christmas Bombing）战役中，美国"向河内（Hanoi）与海防（Haiphong）投掷的炸弹比德国在1940—1945年间向英国投掷的还要多"（Franklin, 1993：79）。另据统计，在越战期间，美军向越南国土投掷炸弹的总数大约是整个第二次世界大战中投掷炸弹总数的三倍（Pilger, 1990）。1967年，时任国防部部长罗伯特·迈克纳马拉（Robert McNamara）在写给林登·约翰逊（Lyndon Johnson）总统的备忘录中如是记载："如今，每个星期都有约1000名平民（这是迈克纳马拉对美军轰炸造成的人员损失的估计数）或死于轰炸，或遭受重创。美军调用全世界最强大的火力狠狠打击落后的越南，试图使之屈服。无奈国内民怨鼎沸，此举的价值与意义广遭质疑，这可真是不妙。"（转引自 Martin, 1993：19-20）由此得见，布什那番"美军将士束手束脚"的论调显然不攻自破。

第二个证据来自退役老兵自己的评述。玛丽塔·斯特尔肯（Marita Sturken）观察到："一些越战老兵声称完全不记得自己对战争的记忆究竟是从哪里来的。是亲身经历、纪实照片，还是好莱坞电影？"（Sturken, 1997：20）例如，一位名叫威廉·亚当斯（William Adams）的越战老兵就曾发表过如下言论：

> 《野战排》上映之后，很多人跑来问我："越南战争真的像电影里演的那样吗？"我始终不知该如何回答。一方面，或许因为无论多么栩栩如生、多么惟妙惟肖，电影终究只是电影，而真正的战争是不可再现的；另一方面，在我的脑海中，关于战争的"真实"情况早已与人们对战争的谈论纠缠在一起，不再是纯粹的记忆。这真是一件怪事。在某些方面看来，这令我十分痛苦。不过，我们的记忆机

---

* "圣诞炮轰"是越南战争结束前夕美国空军对北越展开的一次大规模空袭行动，从1972年12月18日持续到12月29日。这次空袭行动对北越的铁路、车辆、发电厂、医院等基础设施造成了巨大破坏。——译者

制也借此得到了检验。越南战争不再是一个确定的事件，而仿若一个具有流动性的集体剧本，我们对自身的时而自相矛盾、时而变幻莫测的看法便于其中遭到随意的涂写、删减与篡改（转引自 Sturken，1997：86）。

与之类似，身为学者的越战老兵迈克尔·克拉克（Michael Clark）在回忆 1985 年那场在纽约举办的盛大欢迎仪式时称：媒体报道与好莱坞电影似乎为整个事件提供了情境，"协力"制造出一种特殊的战争记忆，其中潜藏着巨大的政治效应：

> 这些东西构成了我们对战争的全部记忆……（它们）以缅怀为药剂，治愈了那些十年未合的伤口，并将愧疚与怀疑转化为责任和荣耀。借由对胜利的炫耀，（它们）向我们展示了一件最成功的作品。而当下一场战争来临之时，那些退伍的老兵会再一次义无反顾地冲上战场（Clark，1991：180）。

此外，克拉克还痛心地指出："越战记忆一度是对帝国主义野心的抗拒，而今却成了让帝国主义卷土重来的催化剂。"（206）布什指挥的美国军队在第一次海湾战争中的大获全胜则为上述信念提供了合法性。或许，在他看来，发动这场战争的根本目的便在于"治愈关于越战的记忆创伤"。他曾如是吹嘘："在上帝的指引下，我们彻底赶走了越南综合征。"（转引自 Franklin，1993：177）与之遥相呼应，1993 年 12 月 2 日的《纽约时报》刊出一篇特写报道，题为"越南综合征已死？令人高兴的是，它已葬身波斯湾"（"Is the Vietnam Syndrome Dead? Happily, It's Buried in the Gulf."）。越南，这个象征着美国的失落与分裂的不祥之物终于永远深埋在波斯湾的黄沙之下了。在好莱坞的帮助下赶走了越南综合征的美国终于可以忘却充满阴暗和怀疑的过去，重获坚强，万众一心，随时做好准备投入新的战斗。

然而，"被压抑的记忆总会回归"（见第四章）。2020 年 4 月 28 日，当新冠肺炎疫情导致的死亡人数达到 58 365 时，美国媒体立即重返战争话语。各家媒体的头条大多改编自《华盛顿邮报》（The

Washington Post)的表述:"美国在新冠肺炎疫情中的死亡人数超过了在越南战争中丧生的人数。"前几任美国总统为掩盖越南综合征所做的一切努力,都因特朗普总统的法西斯主义行径、不称职和不作为而化为乌有。

白人性

从人口比例上看,白种人在世界上并不具有什么特殊的重要性。不过,从权力和特权的角度看,白色显然是一种宰制性的肤色。当然,这并不意味着所有白种人都拥有权力和特权(所谓的"白人性"总是与社会阶级、性别、性征这类维度接合的)。①

白种人的权力在一定程度上源于这种肤色的人通常被视为外在于"种族"和族裔的存在。人们划分种族的标准,往往只适用于除白种人之外的其他人种。白人性仿佛是人类社会的一种规范,而其他肤色的种族或族裔不过是对这种规范的偏离而已。这表明白种人占据着特权地位。一如理查德·戴尔所言:

> 我们每个人都"仅仅是人"而已,没有谁有什么天然的权力。掌握了权力,就意味着可以代表"全人类"的"共同利益"发声。被划归某个"种族"的人是做不到这一点的——他们只能代表自己的种族。但是,那些存在于种族体系之外的人可以这样做,因为他们代表的并不是某个特定种族的利益,而是"所有人"的利益。之所以要将白种人也视为不同种族中的一个,就是要剥夺其权力,让所有的不平等、压迫、特权和苦难统统见鬼去,让他们/我们明白自己在这个世界上所拥有的"权威"到底是怎么一回事(Dyer,1997:2)。

---

① 有关特朗普法西斯主义的讨论,请参阅 Storey,2019。

若要理解白人性的宰制性权力，就得抛开生物学，而将其视为一种文化建构，即所谓的白人性其实是一种被人为再现为"自然""正常"和"普遍"的属性。白人性之所以占据特权地位，是因为其凌驾于其他肤色之上，变成了一套不言自明的"标准"，而其他族群必须使用这套"标准"来衡量自身。简言之，白种人很少被界定为"拥有白色皮肤的人"，而常常被简单地视为没有种族特征的"正常人"。例如，如果一位作家是白种人，那么我们通常就称其为"作家"；可若一位作家是黑种人，我们在提及他的时候，通常会强调他是一位"**黑人作家**"。在这里，黑色是人种的标志，而白色只是一种正常的人类特征。同理，当一个黑人发言的时候，人们通常认为其代表了其他黑人；可当一个白人发言的时候，人们会认为他可以代表自己或全人类。人们讨论黑人的时候，黑人只是黑人；可人们讨论白人的时候，白人就成了"人类"的代名词。白种人的种族特性被置于不可见的状态，从而确保其始终占据"正常人类的标准"这一特权地位。再次引用戴尔的观点："在种族再现的层面上……白种人从来不是一个特定的种族，而根本就是全人类的代名词。"（Dyer，1997：3）

很多白种人认为自己就是最自然、最正常的种族。他们会去强调其他人的种族来源，却对自己的种族来源视而不见、避而不谈。当一个英国白人看到有人将英国白人的时尚"民族风时尚"或将英国白人的饮食归为"民族风味餐"时，他一定会感到匪夷所思。正因游离于"种族系统"之外，白种人才成了"人类种族"。要想终结白种人的特权地位，就必须将"白人性"视为一个正常的种族特征。关注人与人之间的差异并不是什么问题，为这些差异赋予什么意义才有可能带来问题。

因此，任何关于"种族"和族裔的讨论，若不首先厘清"白人性"这个概念的内涵，就都有可能在无形、无意之中默许白种人的特权地位，因为这种特权地位正是以一种无形无色的姿态存在于人的观念之中，并将自身伪装成普遍人性和一般标准的。简言之，"白色"只不过是表面上"自然"与"正常"而已。除非在广泛意义上将白色视为一种普通的种族特征,否则情况就不会有什么改变。

反种族主义与文化研究

女性主义与马克思主义的大众文化理论对"种族"与表征问题的关注要求我们务必对野蛮的种族主义话语予以坚决的道德谴责。鉴于此,我将用两段引文、一番简短的讨论和另一段引文来结束讨论。两段引文分别来自斯图亚特·霍尔和保罗·吉尔罗伊。

> 文化研究的使命即在于将种种精神资源调动起来,帮助我们理解生活的构成与所处的社会,理解因差异的存在而显得极度惨无人道的世界。幸运的是,文化研究不仅仅是学者与知识分子的研究领域,也是广大人民群众的武器……种族问题始终困扰着我们的世界,对此视而不见的知识分子绝不值得尊敬,对此漠然置之的学术机构也绝然无法昂首挺胸踏入 21 世纪。对此,我深信不疑(Hall,1996e:343)。

> 社会的差异性日益显著,个体的焦虑感与日俱增,我们究竟该以何种姿态面对人们对陌生事物的恐惧与敌视,又该借由什么方式迎接相应而生的种种挑战?我们需弄清楚衡量相似性与差异性的标准是否已经发生有益的转变,进而淡化了人与人之间的疏离感、强化了人们对亲缘性的认识与重视。此外,还应明白,对 20 世纪种族迫害史的亲历可以让我们深刻理解"他者"的遭遇与痛楚,进而在普遍人性的基础上缔造和平……总而言之,人与人之间的共同之处远远多于相异之处,我们有能力互相对话、互相尊重。如果我们不想再犯错误,就必须在普遍人性的规范下约束自己的行为(Gilroy,2004:3-4)。

如所有肩负重任的学术传统一样,文化研究的一个重要使命就是通过理论探索与案例剖析的方式来战胜种族主义，开创一个新的世界。在这个世界里，"种族"只不过是一个早已废止的历史概念，除却描述人与人的身体差异之外别无其他附加的意涵。不过，不幸的是，直到三十多年后的今天，种族主义的话语依旧盘亘在许多人的思维方式中。诚如吉尔罗伊在1987年所言：

> 在胜利的时刻到来之前，我们须始终对"种族"问题予以充分重视，进行坚持不懈的分析。这并非因为"种族"具有任何生物学或认识论上的实在性，而是缘于人们从传统的源泉中获取集体身份的力量始终与"种族"问题密切相关。此种集体身份既包括白种人至上的种族主义，又包括黑人的抵制与抗争运动，它们共同构成了当今英国最为巨测的政治力场（Gilroy, 2002: 339）。

黑命贵

乔治·弗洛伊德（George Floyd）被残忍地杀害了。一名警察跪压在他的脖子上近九分钟，其他三名警察在旁边看着，这导致了在世界各地迅速蔓延的抗议活动。在"黑命贵"的旗帜之下，成千上万的黑人和白人在英国街头示威，而政府却试图假装认为这些示威仅针对美国的种族主义问题。乔治·弗洛伊德的死亡无疑是催化剂，但这些示威活动也与英国的种族主义问题息息相关，因为在英国也存在拘留期间的黑人死亡事件，以及奴隶贸易和种族灭绝行为。在布里斯托，示威者推倒了17世纪保守党议员和奴隶贩子爱德华·科尔斯顿（Edward Colston）的铜像，并将其扔进布里斯托港（见图9.1）。科尔斯顿的公司——皇家非洲公司（the Royal Africa Company）——曾经将公司的首字母印在奴隶的身体上。这家公司贩卖了8万多名非洲的男女老少，其中约四分之一死于前往美洲的轮船上，他们的尸体就像受损的商品一样被扔进海里。

在雕像被推倒后的几天内，大量的全国性讨论如潮水般涌现，

图 9.1　抗议者拆除了布里斯托的科尔斯顿雕像

讨论关于英国文化古迹之中的种族主义问题。讨论的结果是，人们将重新评估哪些文化古迹适合继续存在于公共空间。英国首相鲍里斯·约翰逊（Boris Johnson）——他曾在一系列推文中向特朗普致敬，他也是以前的"文化战争"的老兵（也许他需要一个新的议题来转移人们对其他失败的关注）——抱怨说，从公共场所移除雕像是"对历史撒谎"。按照他的说法，好像历史只包括那些伟大的白人的丰功伟绩。约翰逊还声称，"雕像能让我们了解过去"，因此将它们从公众的视野中移除会"让后代的精神世界变得贫瘠"。但这根本不是真的，因为雕像并不是历史。它们的存在不是为了传授历史，而是为了纪念和赞美那些伟大的白人的生活，通常它们的存在是一种粉饰和误导。这些人所经历的历史包含更复杂的内容，正是这些针对雕像的示威才让这些内容变得可见；这些内容正是我们国家所拒绝承认的奴隶制历史和帝国主义历史。只有把雕像搬到博物馆里，或者让他们辞职，我们才能更好地理解历史。将奴隶贩子的雕像树立在公共场所，却没有只言片语说明他们依靠人类的苦难来发财，这才是对历史真正的谎言。

203　　在这场运动之后，涉及种族主义的电影和电视节目已从播放列表之中被删除；字典中对种族主义的定义已被修改；博物馆也正在审查相关表述；曾参与奴隶贸易的公司在考虑进行赔偿；其他公司和机构正在道歉；公共建筑和街道正在被重新命名；黑人作家所撰写的那些关于黑人历史的书籍的销量大幅提升；《辛普森一家》(*The Simpsons*)将不再使用白人演员来为有色人种配音；越来越多的人呼吁修改中小学和大学的课程表，以帮助学生全面了解英国在奴隶制和帝国主义中的作用；另一项全国范围内针对种族主义的调查也已经开展。这些变化当然不意味着种族主义的终结，远非如此，但它们可能是瓦解种族主义文化的开端。

204　拓展阅读

　　Storey, John (ed.), *Cultural Theory and Popular Culture：A Reader*, 5th edition, London：Routledge, 2019. 该书是本书上一版的配套阅读材料。本书及其配套读本得到了互动式网站 www.routledge.com/cw/storey 的支持。该网站中包含许多有用的链接与电子资源。

　　Baker, Houston A. Jr, Manthis Diawara and Ruth H. Lindeborg (eds), *Black British Cultural Studies：A Reader*, Chicago：University of Chicago Press, 1996. 一部很有趣的论文集。

　　Dent, Gina (ed.), *Black Popular Culture*, Seattle：Bay Press, 1992. 一部非常有用的论文集。

　　Dittmar, Linda and Gene Michaud (eds), *From Hanoi to Hollywood：The Vietnam War in American Film*, New Brunswick and London：Rutgers University Press, 1990. 该书是关于好莱坞越战影片的最出色的论文集。

　　Dyer, Richard, *White：Essays on Race and Culture*, London：Routledge, 1997. 关于白人性和文化的经典论著。

　　Fryer, Peter, *Staying Power：The History of Black People in Britain*,

London: Pluto, 1984. 这本书很精彩。

Gandhi, Leela, *Postcolonial Theory: A Critical Introduction*, Edinburgh: Edinburgh University Press, 1998. 一部优秀的后殖民主义概论性著作。

Gilroy, Paul, *There Ain't No Black in the Union Jack*, London: Routledge, 1987/2002. 该书是对"种族"问题进行文化研究的经典之作。

Gilroy, Paul, *The Black Atlantic*, London: Verso, 1993. 该书对"文化专制主义"做出了深刻的批判。

Markus, Hazel Rose and Paula M. L. Moya, *Doing Race: 21 Essays for the 21st Century*, New York: Norton, 2010. 一部关于"做种族"的精彩论文集。

Pitcher, Ben, *Consuming Race*, London: Routledge, 2014. 该书对"种族"在日常生活中扮演的角色展开了有趣的讨论。

Williams, Patrick and Laura Chrisman (eds), *Colonial Discourse and Post-Colonial Theory: A Reader*, Harlow: Prentice Hall, 1993. 该书收录了若干关于后殖民理论的论文,值得关注。

第十章　后现代主义

后现代状况

近年来，后现代主义与大众文化研究之间始终保持着若即若离的关系。在某些领域，如流行音乐研究以及马克思主义对晚期资本主义（或跨国资本主义）文化状况的论述中，后现代主义已经成为主流话语的一部分。诚如安吉拉·麦克罗比所言：

> 后现代主义进入各类学术语汇的速度远远超过了其他思潮，其影响力最初仅局限于艺术史领域，随后扩张至政治理论范畴，最后，就连青年文化杂志、唱片封套以及《服饰与美容》（*Vogue*）的时尚版都被纳入了后现代理论的视野。因此，在我看来，后现代主义绝不仅仅是一种关于品位的妄想（McRobbie，1994：13）。

此外，她还认为："近年来，关于后现代主义的种种讨论不但对大众文化分析产生了浓厚的兴趣，也为该领域的研究提供了一系列积极、有效的帮助。"（15）"后现代主义"这个概念正以殖民式的速度急遽扩张且毫无放缓的迹象。请见迪克·海布迪奇对该表述在各个领域内的使用情况的总结：

> 室内装饰与建筑设计风格、电影叙事与唱片生产的构成、电视广告与文艺纪录片的"互文性"、时尚杂志与时政

期刊的版面设计、反目的论的认识论倾向、对"在场的形而上学"的攻击、感觉的衰减、战后"婴儿潮一代"*（baby boomers）面对中年危机时的病态与幻灭感、反思的"困境"、一系列修辞转喻、表层的增殖、商品拜物教的新阶段、对视觉影像的执迷、代码与风格、文化政治过程、存在主义的碎裂与危机、主体的"去中心化"、"对元叙事（metanarratives）的怀疑"、多元权力话语对单一权力轴心的取代、"意义的内爆"、文化阶层的崩溃、核武器的自我毁灭性对人类世界构成的威胁、大学的衰落、新式微型技术的功能与效果、"传媒社会"、"消费社会"、"跨国资本主义社会"、"非地域"（placelessness）感的滋生与被摒弃（"批判的地域主义"）、旧有时空坐标的改换——当上述领域都被贴上"后现代"的标签……"后现代主义"显然已经成为一个时髦的口号（Hebdige，2009：429）。

在本章中，除了对后现代主义的重要理论进行必需的介绍之外，我还将对该思潮与大众文化研究的关系加以考察。后现代理论在英美两国滥觞于 20 世纪 50 年代至 60 年代初期，是通过让-弗朗索瓦·利奥塔（Jean-François Lyotard）、让·鲍德里亚（Jean Baudrillard）与弗雷德里克·詹明信等学者的作品实现理论化的。在本章末尾，我将对后现代主义的两个主要方面进行评述，分别是绝对价值标准的崩溃与文化全球化。

20 世纪 60 年代的后现代主义

尽管"后现代"一词早在 19 世纪 70 年代便出现于文化传播之中（Best and Kellner, 1991），但直到 20 世纪 50 年代晚期与 60 年代，我们今天所理解的"后现代主义"才正式出现。在苏珊·桑塔格

---

* "婴儿潮一代"，指出生于 1946—1964 年间美国人口生育高峰时期的一代人。——译者

(Susan Sontag)与莱斯利·菲德勒的作品中,不难得见其对桑塔格所谓的"新意识"(Sontag, 1966: 296)的"欢庆"。这种"新意识"是对被现代主义奉为圭臬的"先锋革命"的反叛,全面攻击现代主义的主流地位,猛烈冲撞其在现代资本主义世界的博物馆与学院中占据的"高雅文化"宝座。后现代主义哀叹于现代主义早已丧失社会批判的波希米亚式的力量,无法像从前一般令粗鄙的中产阶级"既恨且怕";那些曾在中产社会的边缘角落奋起发力的文艺作品——如巴勃罗·毕加索(Pablo Picasso)、詹姆斯·乔伊斯(James Joyce)、T. S. 艾略特(T. S. Elliot)、弗吉尼亚·伍尔夫(Virginia Woolf)、贝托尔特·布莱希特、伊戈尔·斯特拉文斯基(Igor Stravinsky)等人的作品——俨然已被奉为"经典",其原初的震撼力与批判力早已消丧殆尽。换言之,现代主义文化已经蜕变为中产阶级文化,其颠覆性力量则被形形色色的学院与博物馆消弭。因此,当下的先锋文化应当将矛头对准现代主义,诚如詹明信所言:

> 这显然是解释后现代主义得以"横空出世"的最令人信服的理由,因为在20世纪60年代的年轻人眼中,一度站在"反抗者"立场上的现代主义俨然已成为槁木死灰般的"经典"。一如马克思在另一语境下所做的比喻:宛若生活的头脑中挥之不去的梦魇(Jameson, 1984: 56)。

此外,詹明信还指出:

> 后现代主义是在经典现代主义从反抗者立场向霸权者立场蜕变的过程中诞生的。现代主义发展至高级阶段,早已不若父辈眼中那样震人心魄、惹人厌烦、奇丑无比、如芒在背、伤风败俗乃至离经叛道——它占领了大学、博物馆、美术馆和基金会,俨然成为主流,具有强大的同化力量(Jameson, 1988: 299)。

对于大众文化研究者而言,后现代主义摒弃了"无论从历史角度看还是从人性角度看都已过时的马修·阿诺德的文化观"(Sontag,

1966：299），其最重要的理念莫过于强调"'高雅'文化与'低俗'文化之间的界限正日益变得毫无意义"（302）。因此，后现代主义是一种旨在对抗现代主义的文化精英主义的思想观念。大众文化经常从现代主义中汲取成分，现代主义却始终对与大众有关的一切事物持深刻的怀疑态度。虽其始终自称与"俗不可耐的中产阶级"无法共处戴天，但毫无疑问，唯有诉诸阶级社会的精英主义文化观，现代主义才能"顺理成章"地"攻占"各大学院与博物馆。故而，在20世纪50年代晚期及60年代，后现代主义隶属于民粹主义阵营，主要使命是对现代主义的精英主义展开猛烈进攻。后现代主义的出现预示着对安德里亚斯·胡伊森（Andreas Huyssen）所言的"壁垒"的拒斥，即坚决反对"将高雅艺术与群氓文化对立起来的话语"（Huyssen，1986：viii）。此外，胡伊森还指出："在很大程度上，我们愈是远离群氓文化与现代主义之间的'壁垒'，我们自身的'后现代性'就愈深刻。"（57）

在20世纪50年代和60年代，盛行于英美的波普艺术*（pop art）体现出对"壁垒"的明确拒斥。波普艺术家鄙夷阿诺德将文化视为"世人所思、所表的最好之物"的观点（参见本书第二章），转而拥护威廉斯的"文化是一种特定的生活方式"的社会定义（参见本书第三章）。在20世纪50年代的大萧条中，英国大众艺术家无不对美国（美国被视为大众文化的发源地）心驰神往。这场运动的第一位理论家劳伦斯·艾洛维（Lawrence Alloway）曾如是说：

> 我们感兴趣的是大众化生产的都市文化，包括电影、广告、科幻小说和流行音乐。我们感觉到大多数知识分子非但未对商业文化标准产生抵触情绪，反而能够坦然接受现实、讨论细节，并成为商业文化的狂热消费者。这场运动的一个成果即是将波普文化与"逃避现实""纯粹娱乐"

---

* 波普艺术，盛行于20世纪50—60年代的国际性艺术运动。Pop art本来指广告、电影、宣传海报等大众文化形式，后来演变成一种赋予商业文化以严肃艺术和政治诉求的思潮。波普艺术对当代室内设计、建筑设计和时装设计等领域产生了巨大的影响。——译者

以及"消遣放松"分离开来,进而赋予其艺术的严肃性(转引自 Frith and Horne,1987:104)。

安迪·沃霍尔*(Andy Warhol)是波普艺术理论化过程中的另一位关键人物。他像艾洛维一样藐视商业艺术与非商业艺术之间的分野,进而"将商业视为当之无愧的真正艺术"(109)。他声称:"所谓的'真正艺术'其实是由各个时期统治阶级的审美趣味(以及财富)所界定的。这也就意味着商业艺术并不比其他艺术低等,而仅仅是代表着其他社会群体及消费类型的价值观,丝毫不逊色于统治阶级所标榜的'真正艺术'。"(同上)当然,沃霍将高雅文化与大众文化混为一谈的做法也有不妥之处,因为无论一件艺术品的观念和素材来自哪里,只要将其置于美术馆之中,它就会被定位为高雅艺术。约翰·洛克威尔(John Rockwell)就指出,破坏高雅文化与大众文化的界限并非波普运动的主要意图和必然结果。他声称,艺术只有在被受众接受的时候方能成为艺术:"沃霍将一摞子布瑞罗**(Brillo)包装盒摆在博物馆里,并不意味着这些盒子就成了艺术品。然而,假若你在博物馆中看到这些时常在超市中见到的物什,你在下次逛超市的时候就会感觉自己是在经历一场艺术的冒险,于是你的生活得到了升华——这才是使盒子变成艺术品的关键过程。只要愿意,每个人都是艺术家。"(120)

胡伊森认为,若想全面了解波普艺术与大众文化之间的关系及其影响力,必须考察美国反传统文化与英国地下音乐的宏观文化情境:"广义上看,波普艺术是后现代主义概念的雏形得以形成的语境,从诞生之日起就一直在挑战现代主义对大众文化的残忍与敌视。"(Huyssen,1986:188)这样看来,不妨认为后现代主义思潮之所以能够出现,在一定程度上是因为整整一代人已经对根深蒂固的高级现代主义产生了深切的反感,而高雅文化与大众文化之间的绝

---

* 安迪·沃霍尔(1928—1987),美国艺术家,波普艺术的领军人物之一,创作领域广涉油画、版画、音乐制作、电影,等等。——译者

** 布瑞罗,一个清洁用钢丝球品牌。——译者

对界线亦被视为老一辈人因循守旧的象征。文化壁垒大崩溃的一个重要标志是波普艺术与流行音乐的融合。例如，彼得·布莱克*（Peter Blake）曾为甲壳虫乐队的唱片《胡椒军曹寂寞芳心俱乐部乐团》（*Sergeant Pepper's Lonely Hearts Club Band*）设计封套，理查德·汉密尔顿**（Richard Hamilton）为其规划装帧，安迪·沃霍则一手打造了滚石乐队的唱片《黏手指》（*Sticky Fingers*）。此外，这一时期的流行音乐本身也开始具有严肃的文化政治意蕴，最具代表性的就是鲍勃·迪伦和甲壳虫乐队的作品——不但作品本身传达了严肃的意义，受众亦"严肃地"接受了这些作品——这在流行音乐领域是史无前例的。

此外，胡伊森还发现，在 20 世纪 60 年代，美国的后现代主义思潮与早年欧洲的先锋艺术之间存在着密切的关系，而美国的反传统文化——反越战运动、黑人民权运动、反现代主义精英主义运动、第二波女性主义运动、同性恋解放运动、文化实验主义运动、迷幻摇滚运动以及"迷幻视角主义"（acid perspectivism）（Hebdige，2019）——则成了"先锋主义传统的结束章"（Huyssen，1986：195）。

及至 20 世纪 70 年代晚期，关于后现代主义的争论跨越了大西洋，成为欧洲和美国的共同文化现象。接下来，我将首先考察两位法国文化理论家对"新意识"的论述，继而将目光转向美国，讨论弗雷德里克·詹明信关于后现代主义是晚期资本主义的文化统治的观点。

让-弗朗索瓦·利奥塔

让-弗朗索瓦·利奥塔对后现代主义最重要的理论贡献是其初版于 1979 年的《后现代状况》（*The Postmodern Condition*）一书。该书

---

* 彼得·布莱克（1932— ），英国著名波普艺术家，曾为许多知名乐队的唱片设计封套。——译者

** 理查德·汉密尔顿（1922—2011），英国著名油画家、拼贴艺术家（collage artist），被公认为早期波普艺术最重要的代表人物。——译者

在1984年被翻译成英文,并对英语世界的后现代理论产生了深远的影响。在很大程度上,正是该著作将"后现代主义"这一表述引入了学术研究领域。

利奥塔认为,所谓"后现代状况"指的是西方社会出现的一种知识地位的危机,具体体现为"对元叙事的怀疑"以及"元叙事合法性机制的衰落"(Lyotard,1984:xxiv)。在他看来,那些无远弗届的框架("元叙事")——如马克思主义、自由主义、基督教神学等——都已在当下社会中土崩瓦解,逐渐为人们所抛弃。元叙事是一种同化性力量,其运作机制既包含"吸收"过程又包含"排斥"过程——将异质性话语纳入秩序的范畴并对其"论资排辈",对于反抗的话语和声音则以"普遍规律"与"总体目标"之名坚决予以涤除。由是,后现代主义被视为元叙事与普遍真理的掘墓者,必将开启一个尊重差异、文化多元的新时代。在其中,各种各样的声音都得以呈现,而"边缘"也取得了与"中央"同等的地位。总而言之,这是一个异质性压倒同质性的时代。①

利奥塔格外关注科学话语与知识的地位与功能。科学的重要性是从启蒙运动时期就确立下来的②,其使命在于借由科学知识的不断积累以逐步实现全人类的解放。由是,作为一种元叙事的科学在人类追求终极自由的坦途中扮演着中心角色,不但组织着其他话语的运作,也有权决定其他话语的合法性。然而,从第二次世界大战起,科学作为一种元叙事的合法性力量始终处于衰损状态,人们也不再将其视为引领自身逐步走向纯粹知识与绝对自由的使者。科学迷失了方向,其"目标不再是'真理',而蜕变为一种'操演'"(46)。相应地,高等教育的"使命是传授技能,而非追求理想"(48),知识本身不再是终极归宿,而成了找寻最终归宿的一种工具。与科学一样,教育的价值也取决于其"操演"的效果,进而也便日复一日为权力

---

① 利奥塔的"后现代状况"理论体系很难解释宗教原教旨主义(religious fundamentalism)的崛起。
② 若要了解对启蒙运动的批判性介绍,请参阅 Porter,1990。

的需求所塑造。没有人再提类似"这是真的吗?"这种问题,我们只能听见"这有什么用?""这值多少钱?"以及"这个有无销路?"(Lyotard,1984:51)而后现代式教学法则教育学生将知识当作一种文化与经济资本,既无须依靠外力,又不必思虑所学之物是真是伪。

在结束对利奥塔的讨论之前,有必要介绍其对于文化地位变迁所持的不甚赞许的观点。在利奥塔看来,后现代状况下的大众文化("当代一般文化")是一种"无所谓"的文化、一种"松弛懈怠"的文化。对于这种文化而言,品位是无足轻重的,金钱才是价值的唯一体现(79)。令人稍感解脱的是,后现代主义文化并不是高级现代主义文化的终结者,而是预示着一种新型现代主义的来临。因此,后现代主义打破了旧的现代主义并形成了新的现代主义:"无论什么作品都须首先是后现代的,而后才是现代的。由是,切不可将后现代主义理解为现代主义的掘墓者——恰恰相反,后现代主义是焕然一新的现代主义,如春芽出土一般欣欣向荣。"(同上)

史蒂文·康纳(Steven Connor)认为,《后现代状况》可被视为"对学术知识与学术机构在当下世界中的状况的隐秘寓言"(Connor,1989:41)。在某种意义上,利奥塔"'诊断'的并非所谓的后现代状况,而是徒劳无益的当代知识分子"(同上)。在他看来,当代知识分子身上充满了"消极英雄主义"的色彩。"整个20世纪60年代对学术界的粗暴攻击和猛烈批评"导致知识分子丧失了原本的权威性(同上)。诚如伊恩·钱伯斯(Iain Chambers)所言:

> 关于后现代主义的种种争论……可被解读为大众文化开始"大举进攻"的标志。至此,大众文化的美学及其包孕的潜能迅速攻陷了特权者的领土。文化产品与知识的大众化网络既粗狂又凌乱,却对科学理论与学术话语构成了尖锐的挑战。知识分子诠释知识、传播知识的特权地位岌岌可危,其权威性亦遭遇重新洗牌。这在一定程度上解释了近年来现代主义诸流派的自我辩护行为,以及某些臭名昭著的后现代主义分支对冷酷的虚无主义(nihilism)的信奉(Chambers,1988:216)。

安吉拉·麦克罗比则认为后现代主义催生了一个全新的知识分子群体："那些在历史中轮番遭受（现代主义的）父权制与帝国主义元叙事压迫的人终于发出了自己的声音。"（McRobbie，1994：15）此外，考比娜·莫瑟（Kobena Mercer）也曾指出：

> 当文化领域吵嚷着要"改天换地"时，分散在非洲、加勒比地区和亚洲的人们的声音、实践与身份却在后帝国主义英国的边缘地带冉冉上升，试图对确凿无疑的"常识"和世所共知的"真理"进行重新定位，进而为这个暮气沉沉、群龙无首、"旧去新不来"（Gramsci，1971）的历史时期开创观察世界、理解世界的新方法（Mercer，1994：2）。

让·鲍德里亚

让·鲍德里亚"俨然已是英语世界里的大师级人物，并跻身顶级后现代理论家之列"（Best and Kellner，1991：109，111），其影响力不仅局限于学术界，还通过杂志文章与个人访谈等形式遍及普通大众。

鲍德里亚声称，人类社会与经济的发展已经步入了一个全新的阶段，"经济生产领域已经与意识形态或文化领域融为一体；文化的产品、影像、表征，乃至感觉与心理结构都变成了经济世界的组成部分"（Connor，1989：51）。之所以出现此种状况，一部分缘于西方社会所经历的一场重大变迁，即从基于物品生产到基于信息生产的转化。在《符号政治经济学批判》（*For a Critique of the Political Economy of the Sign*）一书中，鲍德里亚将此转化过程描述为"从冶金术（metallurgic）社会向符号创衍术（semiurgic）社会的过渡"（Baudrillard，1981：185）。不过，在鲍德里亚看来，后现代主义与其说是简单的符号文化，不如说是一种关于"拟像"（simulacrum）的文化。

所谓"拟像"，指的是与原本（original）一模一样的复制品，而原本自身并不存在。在第四章中我们对本雅明的观点进行了介绍，他认为机械复制技术的出现摧毁了艺术作品的"灵韵";而鲍德里亚走得更远,直接宣称原本与复制品之间的界限早已不复存在——他将这一过程称为"仿真"(simulation)。我们可以以 CD 唱片与电影为例来对上述观点做出解释。例如,假若某人买了一张鲍勃·迪伦的专辑 CD《坎坷之路》(*Rough and Rowdy Ways*),你很难说这个"复制品"与"原本"有什么区别。与之相似,对于《哈莉特》(*Harriet*)这部影片来说,想分辨在纽卡斯尔(Newcastle)观影的观众和在上海或柏林观影的观众之间谁看到的是原本、谁看到的是复制品,是毫无意义的。事实上,每个人看到的都是复制品,原本根本不存在,无论 CD 唱片还是电影拷贝,概莫能外。电影中的成百上千个镜头大多是在不同时间、不同地点分别拍摄,再通过编辑、剪接等手段组合制作为一个整体的;同样,音乐唱片也是对在异时异地采集的录音资料加以编纂、整合形成的文化产品。两者都是被建构出来的。

鲍德里亚称,仿真是"在真实或原本缺席的情况下对真实模型的衍生,是一种超级真实*(hyperreal)"(Baudrillard, 1983: 2);而"超级真实主义"(hyperrealism)则是后现代性的典型运作机制。在超级真实的领域内,仿真与"真实"之间的界限毁于"内爆"(implosion),"真实界"与"想象界"也在相互作用之中不断坍塌。其结果便是:真实与仿真带给人们的体验别无二致,就像过山车一样连续运行,毫无差异。而且,仿真有时甚至比真实本身显得更加真实——"比实实在在的东西还棒"。我们不妨回头想想那部名为《现代启示录》的越战影片——它已经变成关于衡量表征的现实主义的标杆了。在观众眼中,越南战争只有"像"《现代启示录》中展现的那样,才可被称为一场真实的战争(参见本书第九章)。

超级真实主义是无所不在的。例如,在我们的社会中就有人会

---

* 国内对 hyperreal 的通常译法是"超现实"或"超级现实",本书译者认为不甚准确,因其极易与文学艺术领域的"超现实主义"(surrealism)相混淆,故统一译为"超级真实"。——译者

给肥皂剧中的虚构角色写信，他们同情剧中角色的困境，或想为其提供新的住处，或干脆要求与其结婚，或只是简单询问其生活近况。在电视剧中扮演"坏蛋"的演员则时常在大街上被人拦下，并遭到"若不改邪归正必有好果子吃"的威胁。另外，电视上的医生、律师和侦探也经常收到来自观众的咨询和请求。我曾在电视上看到一位美国游客惊叹于英国湖区（Lake District）的迷人风光，绞尽脑汁找寻合适的词后，竟蹦出一句："真像迪斯尼乐园！"20 世纪 90 年代早期，诺森伯兰*（Northumbria）的警署曾用纸壳做的警车来"吓唬"路上的司机，使其遵守交通法规。2019 年，我在中国前往西安的机场时，也见到相似的情况。最近，我在莫尔佩斯**（Morpeth）的一家意大利餐馆内看见一幅油画，是马龙·白兰度（Marlon Brando）在电影《教父》（The Godfather）中的形象——该餐馆的真实的"意大利性"便由这个虚构的电影角色所"全权代表"了。身在纽约的游客可以乘坐旅行巴士观光，路线沿途展示的却并非"本来的"纽约城，而是电视剧《欲望都市》（Sex and the City）呈现的那个纽约城。两份英国报纸在报道 1992 年洛杉矶暴动***（1992 Los Angeles Riots）时使用的标题是"洛杉矶无法无天"（"L. A. Lawless"）和"洛杉矶之战"（"L. A. War"）（参见本书第九章关于"黑命贵"的讨论）。很显然，编辑在制作标题的时候既未联系与该新闻事件性质相似的 1965 年沃茨暴动****（1965 Watts Riots），亦未考虑游行示威者在暴乱中喊出的口号"无正义毋宁战"，而是借鉴了美国电视剧

---

* 诺森伯兰，位于英格兰东北部的一个郡。——译者
** 莫尔佩斯，英格兰东北部城镇，位于诺森伯兰郡。——译者
*** 1992 年洛杉矶暴动，亦称"罗德尼·金起义"（The Rodney King Uprising），是于 1992 年爆发于美国洛杉矶地区的少数族裔暴乱活动，主要参与者为非洲裔与拉丁裔。事件的起因是四名位警察在执法过程中对黑人交通违规者罗德尼·金进行殴打行为，加州地方法院却在 4 月 29 日的裁决中宣判四人无罪。暴乱从 4 月 29 日持续到 5 月 2 日，总计造成 53 人死亡，600 余处纵火。该事件通过全球媒体的报道而引起全世界的瞩目。——译者
**** 1965 年沃茨暴动，是于 1965 年爆发于美国洛杉矶南部沃茨地区的种族暴动。暴动总计持续 6 天，造成 34 人死亡。——译者

《洛城法网》*（L. A. Law）（一部于1986年到1994年间流行的美国电视剧）的名字，完全在虚构的世界里寻找对新闻故事的诠释方法。鲍德里亚称此为"电视溶解于生活，生活亦溶解于电视"（Baudrillard, 1983：55）。政治家们亦渐渐深谙此道，开始频繁利用媒体出镜，发起"电波声线攻势"，想方设法赢得投票选民的青睐。

最极端的出镜案例可能发生在2020年6月1日的华盛顿特区。当时特朗普总统下令要求国民警卫队和武装防暴警察使用催泪瓦斯、胡椒喷雾和橡皮子弹来驱散"黑命贵"的示威者，以便让他能够在圣约翰大教堂（St John's Episcopal Church）前与《圣经》合影。

图10.1 在圣约翰大教堂前的特朗普总统

20世纪80年代中期，纽约城市艺术联盟（The New York City Arts Coalition）曾委派一批艺术家在一片废弃街区的建筑墙壁上作画。经咨询附近居民，艺术家们最终描绘了社区所缺乏的一系列建

---

* 《洛城法网》，美国著名法律题材电视剧，广泛讨论了美国当代社会文化的焦点问题，如堕胎、同性恋人权、种族歧视、性骚扰和艾滋病传播，等等。——译者

筑——杂货店、报刊亭、洗衣房与唱片店（Frith and Horne，1987：7）。这个故事与前文提到的诺森伯兰警署和我在中国看到的例子大同小异，均强调影像对实物的僭越：幻想中的警车取代了真实的警车，幻想中的商店取代了真实的商店。西蒙·弗里斯与霍华德·霍恩（Howard Horne）曾对工人阶级青年的周末活动做过一番居高临下的论述，大致表达了相同的观点：

> 对他们来说什么才是最真实的？古铜色肌肤。日光浴床*（sun bed）照出来的古铜色肌肤。他们可没闲工夫休假，只能通过理发店、美容院与健身房把自己"装扮"成正在休假的样子。每个周末，他们都结伴前往凄冷多雨的约克（York）、伯明翰（Bermingham）或克鲁（Crewe），仿佛自己并非休假，而是置身于一个关于假期的广告片中。颤抖着。这是一种模拟，却又无比真实（182）。

1998年，在肥皂剧《加冕街》**（*Coronation Street*）中，虚构人物迪尔德丽·拉希德（Deirdre Rachid）被捕入狱。全英国的小报不但报道了这一消息，更积极呼吁将其释放，仿佛这不是一部虚构的电视剧的虚构情节，而是一起"真实生活"中的事件。这或可算是超级真实主义的经典案例了（参见图10.2）。《每日星报》***（*Daily Star*）发起了一场名为"释放威瑟菲尔德****（Weatherfield）人"的抗议运动，鼓动读者通过电话或传真的方式联名抗议。除此之外，该小报还设计了一张海报，供人免费领取并贴在自己的车窗上。《太阳报》则号召读者签署吁请书并购买印有抗议标语的运动衫。小报还声称议员们对迪尔德丽的处境亦十分同情。《每日星报》援引工党议员弗雷泽·坎普（Fraser Kemp）的言论："我会告知内政大臣杰克·斯特

---

* 日光浴床，一种可以让人不必去海滨晒太阳就将皮肤变为古铜色的机器。——译者
** 《加冕街》，英国著名黄金档肥皂剧，从1960年播出至今，是英国有史以来播出时间最长、观看人数最多的电视剧。——译者
*** 《每日星报》，创刊于1978年11月2日的英国小报，以明星花边新闻和体育娱乐报道著称。——译者
**** 威瑟菲尔德是肥皂剧《加冕街》中虚构的故事发生地。——译者

劳（Jack Straw）发生了一个骇人听闻的司法不公案件，而内政大臣应当立刻介入，维护社会正义，确保迪尔德丽早日获释。"甚至有记者在国会提出了这一问题，其间转述各小报评论的印单亦广泛传播。

图10.2 一个"超级真实主义"的案例

尽管如此，我想我们仍可毋庸置疑地认为绝大多数愤怒于迪尔德丽被捕事件并为其获释奔走呼号的人并未将迪尔德丽当作一个因司法不公而被捕入狱的"真实的人"。他们很清楚迪尔德丽只是一个"角色"，不过这个"角色"二十五年如一日地出现在一部真实的肥皂剧中（1972年到2014年间），以每周三次的频率与成百上千万观众见面，早已变成一个"真实的"角色。正因如此，虚构的迪尔德丽才得以成为一个引人瞩目的文化形象（具有重要的文化真实性）。假若超级真实主义真有道理，那也绝不像许多鲍德里亚主义者妄图表明的那样，意味着人们已经失去分辨虚构世界与真实世界的能力——事实是，在很大程度上，虚构与真实之间的界限已经变得越来越无关轻重了。为何会出现此种状况？这本身就是个耐人寻味的问题。不过我认为，单凭"超级真实主义"这个概念，我们很难找到答案。

约翰·费斯克的观点似乎给我们带来了一些启示。他认为，"后现代传媒"不再提供"关于现实的次级表征（secondary representation），而是在介入现实的过程中对现实进行着生产"（Fiske，1994：xv）。他深知，单凭传媒的力量绝无可能将普通事件转化为传媒事件，一切传媒事件都是传媒与公众合力作用的结果（参见本书第四章)。传媒与公众的关系错综复杂,不过有一点是确定的,那就是在"后现代世界"里,除却传媒事件,其他一切都是无关紧要的。费斯克举出了辛普森(Simpson)案*的例子:"很多在电视上看到追踪报道的观众专门跑到辛普森家去'直击现场',但他们的口袋里大多揣着便携式电视机——在他们看来,'现场'无法取代电视直播,而只不过是对后者的补充。当他们在电视镜头中看见自己的身影,会对自己挥手致意。在后现代社会里,面对真实的自己与媒介化的自己同生共存、真假难辨,人们早已能够坦然接受。"(Fiske,1994:xxii)毫无疑问,坐在电视机前观看转播的观众很清楚传媒并非简单地报道并传播新闻,而是参与了对新闻的生产。身在现场并不足以表明自己亲历了对辛普森的逮捕,必须让自己的影像出现在电视机的屏幕上才作数。这表明,"真实"事件与其传媒表征之间的边界早已模糊不清。对辛普森案的审理过程也绝然无法与电视将其作为传媒事件的报道完全区分开来。电视机前的每一个人心里都很清楚,法院对案件的审理过程既是给身在法庭的人看的,又是专门为成百上千万电视观众准备的,两者同等重要。若无摄像机的存在,该事件的性质将与现在截然不同。

关于超级真实主义,鲍德里亚自己则举出了迪斯尼乐园的例子。他将迪斯尼乐园称为"纠结的仿真规则的完美范例"(Baudrillard,1983:23),并声称迪斯尼乐园的成功之处并不在于为美国人提供了逃避现实的幻想,而在于以难于察觉的方式使游览者体验了一个浓缩的"真实"的美国。

> 迪斯尼乐园之所以存在,就是为了掩饰其自身正是"真实的"美国这一事实;而所谓"真实的"美国,其实就是迪斯尼乐园(正如监狱之存在就是为了掩饰其自身就

---

* 辛普森杀妻案是1994—1995年间轰动一时的刑事案件。此案源于美国著名橄榄球运动员辛普森被指控谋杀其前妻及前妻的朋友。历经长达一年的法庭审理程序,辛普森最终被判无罪释放。该案因涉及名人生活、谋杀与种族问题,从一开始便广受媒体关注。——译者

是整个社会一样,而陈腐不堪且无所不在的社会,其实就是监狱本身)。迪斯尼乐园以虚构的面貌呈现在我们面前,其实意在使我们相信乐园之外的世界是真实的。可实际上,包裹着迪斯尼乐园的洛杉矶乃至整个美国都已不再真实,早已变作"超级真实"与仿真的产物。对于现实的虚假表征(意识形态)早已不是问题,问题在于"真实"本身已然不再"真实"(Baudrillard,1983:25)。

鲍德里亚如是界定迪斯尼乐园的社会"功能":"它被设计成一个天真无邪的世界,进而使我们相信成人世界存在于迪斯尼乐园之外的'真实'世界里,而'天真的孩子气无所不在'这一真正的'事实'就被巧妙地掩盖了。"(同上)此外,他还声称传媒对水门事件的报道也遵循相似的法则——水门事件必须被当作丑闻来报道,进而掩饰丑闻在美国的政治生活中无所不在的真相——"通过对丑闻的模拟而为濒死之物赋予新生"(30)。报道者竭力"通过模拟丑闻的方式来挽救行将就木的政治操守……通过虚构的方式来标榜'真实'的存在,进而也就等于通过丑闻来提供事实"(36)。照此逻辑,近期媒体对某些商人操纵伦敦金融市场的丑闻的揭露性报道也旨在掩饰鲍德里亚所谓的"资本主义无处不在的残忍、难以理解的凶悍与根深蒂固的无德"(28-9)。

总体上,鲍德里亚的分析支持了利奥塔关于后现代主义的观点,如确定性的崩溃,以及关于"真理"的元叙事的消解,等等。上帝、自然、科学、工人阶级等,均已丧失其作为确凿无疑的真理中心的权威性,再也无法成为个体安身立命的佐证。在鲍德里亚看来,这并非意味着"真实"的坍塌,而是一个"真实"隐退至"超级真实"之中的过程。他声称:"当'真实'变得面目全非,'怀旧'便肩负起表达'真实'的使命。于是,起源神话与现实符号大量增殖……这些关于现实与指涉的衍生产品令人既恐慌又忧虑。"(12-13)上述过程构成了鲍德里亚所言的"第二次历史变迁"。在保罗·利科(Paul Ricoeur)看来,现代主义是一个"怀疑的解释学"

的时代①,强调透过表面对深层事实的意义进行探索。马克思与弗洛伊德显然是现代主义思维方式的典范(参见本书第四章和第五章);而"超级真实"则将注意力集中于政治表征与文化表征的问题——假若在表面之下并不存在任何确凿无疑的"真实",那么表征的有效性又体现在何处?例如,按照后现代的逻辑,"约翰·兰博"并非**代表着**美国关于越南问题的一种思维方式,而**根本就是**一种思维方式;表征并非与"真实"泾渭分明,更未对"真实"加以掩藏或扭曲,表征就是**事实本身**。当然,在很多情况下,我们会认为由鲍德里亚的理论引发的思想革命将斗争的矛头对准了一切潜在的意义(意义的存在是一切意识形态分析的先决条件),不过,假如我们重新审视鲍德里亚关于迪斯尼乐园和水门事件的相关论述,难道不也能发现其所做的工作只不过是一种更加复杂的意识形态分析,即发掘表面之下的"真相"吗?

鲍德里亚对自己所讨论的社会与文化变迁过程持有一种复杂的观点。一方面,他很"欢迎"后现代的到来;另一方面,他也担忧文化会在永无止境的复制与表征中渐趋枯竭。我认为鲍德里亚的立场基本上是一种"顺从的接受",劳伦斯·格罗斯伯格(Lawrence Grossberg)则称其"在不可逆转的现实面前束手就擒,毫无保留地拥抱虚无主义,皆因斗争的可能性早已荡然无存"(Grossberg, 1988: 175)。约翰·道克尔(John Docker)的评论则更加尖锐:

> 鲍德里亚的理论是一种典型的现代主义叙事——历史是线性的,衰亡过程是单向的。然而,20世纪早期的高级现代主义尚且梦想着通过先锋文艺与文化精英来保存旧文化的价值,以图在未来实现振兴,鲍德里亚却只为我们描绘了一幅行将就木且希望渺茫的世界图景。在他看来,事实如此,没什么道理可讲,因为"道理"本身便意味着理性仍然存在(Docker, 1994: 105)。

---

① 参见 Ricoeur, 1981。

弗雷德里克·詹明信

弗雷德里克·詹明信是一位美国马克思主义文化批评家，曾撰写过大量关于后现代主义的著述，影响深远。他与其他理论家的不同之处在于其强调在马克思主义或新马克思主义（neo-Marxist）的理论框架之下诠释后现代主义。

在詹明信看来，后现代主义绝不仅仅是一种独特的文化风格，而首先是一个"分期概念"（Jameson，1985：113），是晚期资本主义或跨国资本主义的"文化统治"。这种观念来自欧内斯特·曼德尔（Ernest Mandel）对资本主义发展过程的三个阶段的划分："市场资本主义""垄断资本主义"以及"晚期或跨国资本主义"（Mandel，1978）。上述三个阶段"构成了……资本侵入非商品化领域的最纯粹的形式"（Jameson，1984：78）。詹明信以文化发展的三种类型——"现实主义""现代主义"和"后现代主义"——来对应曼德尔提出的线性模式（同上）。此外，他还借用了威廉斯对既定文化形态的三种类型的区分（"宰制性文化""新兴文化"与"剩余文化"）（Williams，1980）。在威廉斯看来，人类社会从一个历史时期过渡到另一个历史时期并不意味着旧文化的必然崩溃和新文化的必然崛起，而往往只是改变原有文化之间的相互关系。因此，在既定的文化形态之内，各种各样的文化完全可以共存，不过其中只有一种可以成为宰制性文化。正是基于这一思路，詹明信提出了后现代主义是晚期资本主义或跨国资本主义的"文化统治"的观点（现代主义是"剩余文化"，至于什么是"新兴文化"，尚未可知）。

在确定了后现代主义是西方资本主义社会的"文化统治"之后，詹明信的下一个任务是勾勒出后现代主义的基本特征。后现代主义是一种"混仿"*（pastiche）的文化，其最重要的标志是"历史暗示的自鸣得意的表演"（Jameson，1988：105）。"混仿"不同于"戏仿"（parody），尽管两者都意指对某物的仿效与拟态，但后者往往包含

---

* 亦译"恣仿""拼贴"等。——译者

"隐秘的动机",从特定的惯例或准则出发对分歧予以嘲弄,向前者只是一种"空白的戏仿""空洞的复制",拒绝承认任何惯例或准则的存在,自然也便谈不上什么分歧。詹明信如是解释:

> 与"戏仿"一样,"混仿"也是对某种独特假面或某种僵化语言的模拟,不过这种模拟是一种中立的实践,并不似"戏仿"一般基于某种隐秘的动机。"混仿"既无讽刺挖苦之意,又无诱人发笑之功;它认为人们偶然说出的反常言语中并不隐含任何既定的惯例,而某些正常的语言规范依旧存在。故而,"混仿"是一种空白的戏仿(Jameson, 1984: 65)。

后现代文化并非一种质朴的原创性文化,而是一种引用的文化,意即后现代主义的文化产品是从以前的文化产品中生成的。[①] 因此,后现代文化呈现出"平面化、无深度"的特征,"是一种新型的、名副其实的表面文章"(60)。基于影像和外表的后现代文化拒斥"深度",其对自身的阐释力来自其他影像和其他外表,是在无穷无尽的互文(intertextuality)机制中完成的。在后现代的"混仿"世界里"绝无可能产生风格的革新,我们所见的一切都是对旧风格的模仿;文化在想象的博物馆中找寻风格、穿破面具并发出声音"(Jameson, 1985: 115)。

关于后现代混仿文化,詹明信举出的最典型的案例即其所谓的"怀旧电影"(nostalgia film)。这一类型涵盖了20世纪80年代至90年代的许多影片,如《回到未来》*(Back to the Future)系列、《佩姬·苏要出嫁》**(Peggy Sue Got Married)、《斗鱼》***(Rumble Fish)、

---

① 在18世纪的歌剧中,混仿是一种极为常见的表现形式,参见 Storey, 2006, 2010a。关于媒介化的讨论,参见 Storey, 2017a。有关这本书中的后现代示例,请参考 'High Definition' by the Granite Countertops。

* 《回到未来》,环球影业出品的以时间旅行为题材的科幻影片系列,总计三部,分别于1985年、1989年和1990年推出。——译者

** 《佩姬·苏要出嫁》,三星影业于1986年出品的喜剧影片。该片讲述了一位处于离婚边缘的妇女"重返"高中年代的故事。——译者

*** 《斗鱼》,环球影业于1983年出品的青春影片。——译者

《天使心》*（Angel Heart）和《蓝丝绒》**（Blue Velvet）等。在詹明信看来，这些怀旧气息浓郁的影片都旨在重现20世纪50年代美国的文化风格与社会氛围。他声称："至少对于美国人来说，20世纪50年代始终是欲望迷失的首要对象——那个年代并不仅仅象征着**美国治下的**和平、稳定与繁荣，也包含反传统文化的原初动力，如早期摇滚乐与青年团体，等等。"（Jameson，1984：67）。此外，詹明信还强调不可将怀旧影片与历史影片混为一谈，他将《星球大战》（Star Wars）也归为"怀旧影片"便证明了这一点。在我们看来，一部描绘未来世界的科幻影片居然被贴上"怀旧"的标签，实在不可思议，但詹明信如是解释："《星球大战》蕴含着某种怀旧的……隐喻……它并未直接描绘关于过去的总体性图景，却通过塑构特有的艺术对象的感觉与形态，为我们营造出古老的、'过去'的氛围。"（Jameson，1985：116）

此外，如《夺宝奇兵》***（Raiders of the Lost Ark，1981）系列、《盗侠王子罗宾汉》****（Robin Hood：Prince of Thieves，1991）、《盗墓迷城》*****（The Mummy Returns，2001）系列和《指环王》（Lord of the Rings，2001，2002，2003）系列等影片也与《星球大战》大同小异，都通过隐喻的方式呼唤着属于过去的确定性叙事。由是，"怀旧影片"通常以两种方式发挥作用：要么重现过去的风格特征与社会氛围，要么重现某种赏鉴过去的方式。不过，在詹明信看来，有一点是至关重要的，那就是这些影片绝对无意重现"真实的"过去，而始终只是对关于过去的现成神话与刻板印象"权且加以利用"，

---

* 《天使心》，三星影业于1987年出品的惊悚侦探影片。——译者
** 《蓝丝绒》，德·劳伦提斯娱乐集团（De Laurentiis Entertainment Group）于1986年出品的影片，被誉为黑色电影与超现实主义电影的经典之作。——译者
*** 《夺宝奇兵》，由美国著名导演史蒂文·斯皮尔伯格（Steven Spielberg）执导的动作冒险影片系列。从1981年推出首部开始，至今已有四部面世。——译者
**** 《盗侠王子罗宾汉》，华纳兄弟（Warner Bros.）于1991年出品的冒险类影片。——译者
***** 《盗墓迷城》，由环球影业出品的冒险类影片系列，从1999年《盗墓迷城Ⅰ》开始，目前总计推出了四部作品。——译者

进而呈现一种"虚假的现实主义",是关于其他电影的电影、对其他表征进行的再表征(前文讨论过的鲍德里亚的"拟像");换言之,在这些影片中,"审美风格的历史取代了'真实的'历史"(Jameson, 1984: 67),而历史自身则被"随意混杂着过去的所有风格的历史决定论"擦除掉了(65-6)。电影《真实罗曼史》*(*True Romance*)、《低俗小说》**(*Pulp Fiction*)、《杀死比尔》***(*Kill Bill*)、《被解放的姜戈》(*Django Unchained*)、《八恶人》(*The Hateful Eight*)、《好莱坞往事》(*Once Upon A Time in Hollywood*)等就是典型的例子。

后现代文化之所以尽失历史性,与詹明信所归纳的第二种风格特征密切相关,即"精神分裂症"(schizophrenia)。这一表述来自拉康(参见本书第五章),意指语言的失序与能指之间的时态关系的错乱。在"精神分裂症"的作用下,时间并非不间断的连续体,而是一个周而复始的在场,只有在被过去或某种未来的可能性侵入之后,方可显现自身。人类失去了时间连续体中的自我的意义,却也同时得到了"奖赏",即强化了关于"现时"的感受。詹明信如是说明:

> 请注意,尽管时间的连续性被打破,但我们对"现时"的体验却变得更加强大、更富生机、更可感可触;在精神分裂症的作用下,世界的紧张感大大强化,承载着神秘且急迫的职责与影像,并因幻觉的能量而容光焕发。不过,那些我们更为期许的经验,如洞察力的增强、对刺激的渴望、改变现状的幻想、冲破藩篱的欲求,等等,已皆尽丧失,因为它们都已变得"不真实"(Jameson, 1985: 120)。

之所以给后现代文化冠以"精神分裂症"之名,皆因其早已丧失

---

* 《真实罗曼史》,华纳兄弟于1993年出品的犯罪题材影片。——译者
** 《低俗小说》是著名导演昆汀·塔伦蒂诺的成名作,被誉为后现代主义电影的代表作。该片出品于1994年,制片方为米拉麦克斯影业(Miramax Films)。——译者
*** 《杀死比尔》,米拉麦克斯影业于2003年和2004年出品的动作题材影片,分上下两部,由昆汀·塔伦蒂诺执导。——译者

了历史感（而且其未来感也迥异于现代感）。这种文化患上了"历史健忘症"，困身于永久在场且时断时续的细流之中。由是，现代主义的"时间"（temporal）文化便让位给后现代主义的"空间"（spatial）文化了。

吉姆·柯林斯（Jim Collins）在近年来的电影发展史中发现了一股类似的风潮，他称之为"新式泛型"（emergent type of genericity）（Collins，2019：557），即电影创作者在自己的作品中有意识地"引用"、提及甚至"照搬"其他电影中的元素。柯林斯的观点比詹明信的观点更具说服力，原因在于其对"能动性"的强调。他声称，此类电影吸引并建构了一个"混搭爱好者"的受众群体，这些受众从电影的混搭风格中获取了无穷的快感。詹明信曾指出此类电影缺乏"货真价实"的历史感，而彼得·布鲁克尔（Peter Brooker）和威尔·布鲁克尔（Will Brooker）则支持柯林斯的观点，认为在这些影片中存在"一种全新的历史感……孕育着共享的快感与互文性认同，对叙事传统、特征以及文化成见的批判性把玩，以及积极自信的怀旧的力量"（Brooker and Brooker，1997a：7）。他们以昆汀·塔伦蒂诺*的影片为例：

> 其作品为行将就木的传统和千篇一律的受众带来了勃勃生机，使更为积极的怀旧与互文性的探索成为可能，大大超越了简单的、除了被埋入"循环工厂"再无他处容身的"混仿"。因此，与其说昆汀·塔伦蒂诺的影片是"混仿"，不如说是"改写"或"重顾"，它们完全基于观影者的切身经验，在"更富流动性与多样性的历史语境下"对既定的"感觉结构"加以"激活"与"重构"（同上）。

他们指出，昆汀·塔伦蒂诺的作品展现了一种"循环利用的美学……一种'回归生活'的赞许态度，一种'创新'"（Brooker and

---

* 昆汀·塔伦蒂诺（1963— ），美国著名电影导演、制片人、编剧、演员，后现代主义电影的代表人物之一。其影片因大量运用非线性叙事结构及对暴力美学的大力推崇而著称。——译者

Brooker, 1997b: 56)。

在柯林斯看来,西方后现代社会的特征并不在于旧事物简单地被新事物取代,而在于旧事物被循环利用,与新事物共同构成文化的流通。他还解释道:"文本数量与技术发展的不断膨胀既是对'循环'的反映,又行之有效地构成'循环'的组成部分;而正是符号的永无止境的循环构成了后现代文化生活的基本特征。"(Collins, 2019:544)"这一至关重要且格外敏感的互文性折射出受众的能力与叙事技巧的变迁,而构成娱乐与文化素养的种种因素亦在后现代文化的图景中变得面目全非。"(547)其结果就是"叙事行为如今在两个层面上同时运作:一是人物的历险,二是文本的历险。两者共同构成了当代文化产品的循环系统"(550)。

安伯托·艾柯(Umberto Eco)认为在"既存言语"(already said)之中存在一种后现代感。例如,一个男人不能告诉他的爱人"我疯狂地爱你",而是会说:"正如芭芭拉·卡特兰所说,我疯狂地爱你。"(Eco, 1984:39)鉴于当前的世界是一个媒体信息日益饱和的世界,如柯林斯所观察到的,"那些已经被表达过的言语仍然在被述说着"(Collins, 1992:348)。例如,为了填补由卫星电视和有线频道的飞速发展所开辟的空间,人们将既存的所有电视、电影和广播内容与那些新的节目内容放在一起炒冷饭。这并不意味着我们在面对詹明信所说的后现代"结构"时必定感到绝望,相反,我们必须同时考量"能动性"和"结构",这在本质上是一个"接合"的问题(参见本书第四章)。柯林斯提供了不同的接合策略:

> 基督教广播网(The Christian Broadcasting Network)和尼克儿童频道(Nickelodeon)两者都放送了美国20世纪50年代末60年代初的电视剧,但前者将这些电视剧作为一种家庭娱乐曾经存在的模式来呈现,后者则将这些电视剧作为当代家庭的一种娱乐形式,用滑稽的画外音、变形的图像和重新剪辑的画面来嘲弄电视中的美国家庭生活。虽然我们也知道,即使在20世纪这些家庭生活也从来没有存在过(334)。

这些事情也普遍发生在音乐、戏剧、广告、时尚等诸多不同的日常生活的活文化之中。

非裔美国文化理论家康乃尔·韦斯特（Cornel West）认为，黑人的文化表达方式包括两种，即"音乐和传教"。他解释道：

> 说唱是独一无二的，因为它结合了黑人传教传统和黑人音乐传统，用非洲街头的多节奏音乐取代了礼拜式的教会环境。非洲鼓声伴着放克音乐，让清晰的吐字声成为美国后现代主义的产物。这种音乐没有想要疾呼的主题，表达的是一个支离破碎的主题，歌手从过去和现在汲取灵感，富有创造性地生产出复杂的作品。口语、文字和音乐的结合堪称典范。它是黑人下层阶级青年颠覆性能量的一部分。由于美国社会政治的腐朽、堕落，这种能量被迫采取了一种文化的表达模式（West，2019：483）。

说唱内容的互文演唱（intertextual play）不是模仿，也不是审美疲劳的产物；它们不是延缓审美堕落和文化衰落的现代主义碎片，而是一种组合在一起、在敌对文化之中发出响亮声音的文化碎片：这是一种从拒绝到蔑视的转变。

詹明信强调后现代主义是晚期资本主义或跨国资本主义的"文化统治"，意在引出如下结论，即后现代主义是一种毫无希望的商业文化。现代主义对商业文化极尽讥刺之能事，而后现代主义则干脆放弃抵抗，只是不断进行着"复制与再生产，进而也就强化了商业资本主义的逻辑"（Jameson，1985：125）。在"美学产品……逐渐与商业产品融为一体"的过程中，后现代文化发挥了关键作用（Jameson，1984：56）。文化不再是掩盖资本主义社会经济行为的意识形态，其本身已然变成一种经济行为，甚至是所有经济行为中最重要的一种。文化所经历的上述地位变迁对文化政治产生了深远的影响。如今，我们不能再将文化视作意识形态表征以及对牢固的经济现实的非物质反映。呈现在我们面前的也不仅仅是高雅文化与大众文化之间界限的消亡，还有文化领域与经济行为领域之间壁垒的坍塌。

詹明信认为，与"'高雅严肃'的高级现代主义乌托邦"相比，后现代文化不但在总体上呈现出"平凡"的特征（Jameson，1985：85），还尤其阻滞了"社会的社会主义转型"的进程（同上）。尽管詹明信将道德评判视为不合时宜之举（"一个分类错误"）并加以拒斥，尽管他在论述中广泛采用马克思的辩证法并因此得出后现代文化既积极又消极的结论，但其论调仍然与法兰克福学派大众文化批判的冷酷风格不谋而合。高雅文化与大众文化之间的界限的确瓦解了，但代价就是现代主义"批判空间"的消匿。批判空间的解构并非文化灭绝的产物；恰恰相反，这是詹明信所谓的"爆炸"（explosion）的结果：

> 文化横扫社会领域，极速扩张着自己的地盘。可以说，我们社会生活中的一切，从经济价值和国家权力，到各种实践，再到自我的心理结构，都已在某种既原始又非权威的意义上被纳入了"文化"的范畴（89）。

日常生活的彻底"文化化"（culturalization）与"美学化"（aestheticization）标志着后现代主义与此前的一切社会文化运动都截然不同。作为一种文化，后现代主义并未预留任何"评论的空间"，它声称什么"收编""推举"都是毫无意义的概念，因为"收编"与"推举"赖以生存的批判空间早已不复存在。这无异于将法兰克福学派的悲观主义推向了极致（参见本书第四章）。对此，格罗斯伯格发表了简明扼要的批判性评论：

> 在詹明信看来……一方面我们需要采用新的"版图"来帮助理解晚期资本主义的空间组织。可另一方面，广大受众始终处于被动与失语的状态，依然扮演着被宰制性意识形态所欺瞒的"文化白痴"的角色。不仅如此，他们还心甘情愿地接受着批评家的领导，因为批评家是唯一有能力对意识形态进行解读并为抵抗行为架桥铺路的人。至多，大众得以成功表现出自己无力对批评家的领导权做出回应的样子。然而，假若没有了批评家，大众甚至连自己发出

的绝望的呐喊都无法听见。大众是毫无希望的,且将持续毫无希望下去。或许直到有人为他们提供了必要的可"理解"的版图以及抵抗的批判模式,情况才会改变(Grossberg, 1988:174)。

尽管詹明信的思路可被归入法兰克福学派的悲观主义传统,但其"后现代程度"似乎尚不及法兰克福学派的一位领军人物,即赫伯特·马尔库塞。在马尔库塞对"肯定性文化"(affirmative culture)(伴随着"文化"与"文明"的分裂而出现的文化或文化空间,参见本书第二章)的论述中,便看不到詹明信关于文化已然历史地成为独立领域的狂热态度。诚如马尔库塞所言:

> 肯定性文化是一种在资产阶级时代兴起的文化。在这一时代里,心灵与精神世界的"文明"逐渐同物质世界的文明分离开来,成为一个独立的价值领域,并最终凌驾于物质文明之上。肯定性文化最重要的特征是强调人们必须无条件地维护一个普遍强制的、更好且更有价值的世界。这个世界与终日为稻粱谋的事实世界(factual world)截然不同,"身在其内"的个体无须经历任何事实状况的转变,就能对该世界加以把握和认识(Marcuse, 1968b:95)。

我们进入肯定性文化领域,消除疲劳、更新换代,以图维系千篇一律的日常生活。由是,"肯定性"文化创造了一种新的现实,"在文化内部营造出一种表面的统一与表面的自由,而种种异见与反抗则在'安抚政策'之下噤声。总之,文化既维护又掩盖了社会生活的新状况"(96)。资本主义战胜封建主义之后的种种承诺,如社会平等、社会正义与社会进步等,都从日常生活世界退缩至"肯定性文化"的领域内。与马克思、恩格斯对宗教的看法类似,马尔库塞也指出:文化通过缓解存在之痛使原本不堪忍受的情况变得可以忍受:

> 肯定性文化的一个最重要的社会使命是化解难以容忍的恶劣状况与对幸福快乐的需求之间的冲突,其目的便是

使"难以容忍"的状况变得可以忍受。在这种状况下，唯一的解决方式就是制造幻觉，即将艺术的美感以幻觉的方式精确地呈现在人们面前……不过，即便是幻觉，也仍然发挥着实际的功效，即在维持现状的前提下……生产出人们的满足感（Marcuse, 1986b：118-24）。

对于那些在维持现状的前提下生产着满足感的文化，马克思主义者是绝对不惜将其送入坟墓的。不过，诚如詹明信所言，现代主义文化的毁灭真的会阻滞社会的社会主义转型吗？事实上，情况或许恰恰相反。

欧内斯托·拉克劳与尚塔尔·墨菲在一定程度上接受了詹明信对后现代主义的分析。二者与詹明信的不同之处，在于他们认识到了行动者的重要性：

> 如今，个人并不仅仅以出卖劳动力的方式屈从于资本的统治，而是融入了许多其他的社会关系，如文化、业余时间、疾病、教育、性，甚至死亡。尽管无论个人经验还是集体生活都无法挣脱资本主义生产关系的束缚，但"消费社会"既不会如丹尼尔·贝尔（Daniel Bell）所言，导致意识形态的终结，也不会像马尔库塞所担心的那样，创造出"单向度的人"。恰恰相反，已经有不计其数的新型斗争对新型的压迫和剥削进行了抵抗，而这些抵抗大多来自新型社会的心脏部位（Laclau and Mouffe, 2001：161）。

此外，拉克劳和墨菲还指出："新的文化形态与大众传播的扩张有密切关联。大众传播……导致了新兴大众文化的出现，进而极大地撼动了传统的深厚根基。不过，关于大众传播的效果也很难一言以蔽之，因其既带来了无可置疑的大众化与一致化，又蕴含着足以颠覆社会不平等的力量强大的元素。"（163）尽管这并不意味着社会"物质"的分配已经变得更加平等，但是：

> 作为传媒发展所带来的必然结果，文化民主化（cultural

democratization）包孕着对基于旧社会形态的种种特权的质疑。传媒将受众质询为平等的消费者，赋予其行动的能力，激励他们奋起反抗持续存在的、真实的不平等现象。毫无疑问，此种"民主消费文化"促进了新兴斗争形式的诞生，鼓励人们反抗各种形式的剥削和压迫，而肇始于美国的黑人民权运动就是一个绝佳的案例。青年文化现象的崛起亦很耐人寻味，年轻人将毋庸置疑地在抵抗运动中扮演中流砥柱的角色。为获取新的生存必需品，他们被日益建构为一种特殊的消费人群；他们渴望并追寻经济上的自主权，而这一切是当下的社会所无法给予的（Laclau and Mouffe, 2001：164）。

后现代主义与价值多元主义

后现代主义的出现令文化价值问题原有的确定性出现了紊乱。对于哪些文本可以跻身经典之列，哪些文本只能消失无痕，后现代主义亦质疑道：为何只有某些文本可以"历久弥新"，其他则不能？这个问题有很多种答案。不妨认定那些被奉为经典、归入威廉斯所谓的"选择性传统"（参见本书第三章）的文本均蕴含着多义性，进而使多重与持续的解读成为可能。[①] 不过，上述说法或许忽略了权力问题：究竟是谁在规定价值标准？情境如何？产生了何种权力效果？没有答案。简言之，仅仅关注文本的多义性特征不啻一叶蔽目，绝难对构成文本与实践的权威性再生产机制加以准确的把握。

文化研究从权力而非文本自身的多义性入手。一言以蔽之，任何文本必须首先满足文化权力所有者的需求和欲望方有可能"历久弥新"，而只有"历久弥新"的文本才有可能持续不断地满足其他年代的文化权力所有者的需求和欲望。所谓"选择性传统"，在威廉

[①] 参见 Easthope, 1991、Connor, 1992, 以及 *Textual Practice*, 4（3）, 1990 与 5（3）, 1991 关于价值问题的讨论。亦可参见 Flow, 1995。

斯看来,"受控于包括阶级利益在内的各种各样的利益",因此,切不可将文化简单地视为阿诺德所谓的"所思、所表的最好之物"(参见本书第二章)的大仓库,而需"在**当代的**利益与价值观系统内把握文化的意涵,因为文化绝非牢不可破的'经典作品',而是一个持续不断的选择与阐释的过程"(Williams,2019:38-9)。选择性传统是特殊利益在特定社会与历史情境下被接合的产物,其形成过程既包括对知识的管辖与规控,又涵盖了批判性领域的组织与整合。

考察选择性传统如何在构成与重构之中对文化权力所有者的社会与政治利益做出回应,并非难事。只需想想女性主义、酷儿理论与后殖民理论对文学研究的影响——女性作家、同性恋作家,以及来自所谓殖民地国家的作家,已然成为文学传统不可或缺的组成部分,这并非由于其价值在"一夜之间"得到了"公正无私"的文学领域的认可,而是因为这些作家和作品对文化权力做出了抵抗。就算"选择性文本"始终存在,人们对其价值的估量,以及将其奉为经典的原因也因时而异。因此,某个文本经历了从一个历史时期到另一个历史时期的发展后,或许早已变得面目全非了。① 诚如"四杰乐队"*(Four Tops)在一首歌中所唱:"仍是那首老歌/却因你的离去而变成另一番模样。"② 换种更为正式的说法,即文本无力决定自身价值的高低,它仅仅是人们建构价值——各种各样的价值——的场所。

当然,当我们为某个文本或某种实践赋予价值时,并不会(甚至绝不会)声称该价值仅对自己本人有效,而总是暗含着一个观念,即该价值对其他人也同样有效。这就带来了麻烦:我们对"他人"的设想往往带有理想化的色彩,实质上就是将自己的文化权威凌驾于其他人的价值评判体系之上了。当然,这并不意味着"我们"坚

---

① 参见 Thomkins, 1985 与 Smith, 1988。
* 四杰乐队,美国著名流行音乐组合,于 1954 年成立于底特律。——译者
② The Four Tops, "It's the Same Old Song," *Four Tops Motown Greatest Hits*, Motown Record Company. 原句为"It's the same old song / But with a different meaning since you've been gone"。

持认为"他们"应当消费我们认为有价值的东西（通常，若他们不消费这些东西，"价值"反而能够得到更好的保存），而是"我们"坚持认为"他们"必须对我们进行价值判断的文化权威予以绝对的认可（参见本书第二章对于"文化与文明"传统的讨论）。①

后现代主义在价值问题上的回归使皮埃尔·布尔迪厄的著作日渐引起人们的关注。我们在第一章中曾讨论过，布尔迪厄指出："文化"（无论是文本、实践还是生活方式）的区隔是社会中的统治阶级与被统治阶级之间斗争的重要方面，而统治阶级专断跋扈的审美趣味与生活方式则被持续不断地转化为唯一"合法"的审美趣味与生活方式。因此，文化的消费就成了生产社会差异并将其合法化的工具，而统治阶级便借此维系着被统治阶级对自己的顺从（Bourdieu, 1984）。

布尔迪厄努力在日常生活的经验世界中对"价值"进行（重新）定位，他试图表明：我们为某个休假目的地或某种着装风格"赋予价值"所产生的效果，丝毫不亚于我们为艾略特的诗作、保罗·罗伯逊*（Paul Robeson）的歌曲、辛迪·舍曼**（Cindy Sherman）的摄影作品以及加文·布莱亚斯***（Gavin Bryars）的音乐赋予价值所产生的效果。价值评判从来就不是简单的个人品位问题，文化价值不但标榜社会差异的存在，也维系并支持着社会差异。文化间的区隔源自后天习得的消费模式，并被人们内化为"自然而然"的倾向、质询及动员为某种"自然而然"的能力，而所有一切只有一个最终目标：捍卫社会统治的合法性。统治阶级的文化品位被赋予制度化的形式，并在巧妙的意识形态操纵下将制度化的文化（统治阶级的文化）装裱成统治阶级文化优越性及社会优越性的佐证。总之，文

---

① 参见 Storey，2003。

* 保罗·罗伯逊（1898—1976），美国著名音乐家、舞台剧演员、电影演员，因其文化成就和政治立场而闻名。——译者

** 辛迪·舍曼（1954—　），美国著名摄影家、女性主义艺术家、电影导演，其摄影作品广泛涉及性别与权力的关系问题。——译者

*** 加文·布莱亚斯（1943—　），英国著名作曲家、低音提琴演奏家。——译者

化区隔对社会区隔、社会疏离以及社会等级进行着生产与再生产，成为维护统治阶级与被统治阶级之间社会差异的工具。由是，文化空间的生产与再生产便导致了社会空间的生产与再生产。

布尔迪厄的目标并不在于证实那些"不言自明"的东西。不同的阶级固然拥有不同的生活方式和不同的文化品位，但更重要的是文化区隔的构成如何维系权力与控制的形态并将其合法化。这一切都深深根植于经济的不平等。布尔迪厄对业已存在的差异不感兴趣，而更关注统治阶级如何利用差异来进行社会再生产。标准的崩溃几乎以每周一次的频率在"严肃"媒体上反复展演，这或许表明将文化视为社会区隔标志的做法正变得越来越难实现，经典调频（Classic FM）的广播节目与杂志在持续模糊高雅文化与流行文化之间曾经坚固的界限；又如，在很多时候英超联赛的门票与芭蕾舞、歌剧表演的入场券一样昂贵。

对于大众文化研究者而言，后现代主义所带来的最重要的影响莫过于人们开始认识到高雅文化与大众文化之间并不存在绝对的界限。尽管人们会认为某些文化比其他文化"更好"（至于对谁而言、好在哪里，则另当别论），但若想找一个简单明了的评判标准供我们参考、自动帮我们"去芜存真"，却已是难上加难了。有些人不无惶恐地惊呼"标准已死"，甚至描绘出一幅世界末日般的景象。可是，既然我们已经无法对价值的类别做出简单归类，那就更需要确立一套严格的新标准，帮助我们分辨好坏、去粗取精，让我们在进步与反动之间做出正确的抉择。诚如约翰·费克特（John Fekete）所言：

> 与现代主义相比，后现代主义终于准备好（或即将准备好）完成人类社会价值标准的转换过程。这一过程与神经官能征无关，它摈弃了道德、宗教和金钱的价值，对所有大写的"标准"嗤之以鼻，转而在小写的"标准"的指导下在前人存留的文化遗产中充实自我……我们需坚信，即使价值多元主义时代已经来临，人们的生活方式仍然存在优劣之分；而对所有事物不加辨析、一视同仁，则必然

导致生活方向的迷失。但是，如若我们学会适应有限的保障，学会以负责的态度落实这些保障，并确保自己不会在前人的保障下自鸣得意，那么我们或许真的可以建立一种更加活力四射、更加绚烂多彩、更加小心翼翼以及更加宽宏大量的文化，并从意义与价值的斑驳关联中寻求快乐（Fekete, 1987: 17）。

费克特的观点与苏珊·桑塔格对于后现代"新意识"的论述不谋而合，后者曾指出：

> "新意识"是一种桀骜不驯的多元主义，既献身于某种痛苦的严肃性，又伴随着快乐、智慧与怀旧的意味。此外，它还具有高度的历史意识，贪婪地执迷于各种狂热情绪（包括不同狂热情绪的交次更迭），在高速运转中为人们带来惊心动魄的体验。一旦"新意识"占据了优势地位，机器与修理机器所催生的美感便与贾斯培·琼斯*（Jasper Johns）的绘画、让-吕克·戈达尔**（Jean-Luc Godard）的电影以及甲壳虫乐队的音乐与人格魅力所催生的美感别无二致了（Sontag, 1966: 304）。

全球性的后现代

所谓"全球化"，是后现代主义在全世界范围内扩张的变相说法。在对全球化，尤其是全球化与文化之间关系的探讨中，最主流的说法莫过于强调整个世界都已化约为美国式的"地球村"。在"地球村"里，人人都讲美式英语，身穿"李维斯"牌牛仔裤与"牧马人"牌（Wrangler）衬衫，喝可口可乐，吃麦当劳快餐，用装

---

* 贾斯培·琼斯（1930— ），美国当代著名艺术家，新达达主义（Neo-Dadaism）的代表人物。——译者

** 让-吕克·戈达尔（1930—2022），法国著名电影导演，"新浪潮"运动的领军人物之一。——译者

有微软操作系统的电脑上网"冲浪",听摇滚乐或乡村音乐,看音乐电视网(MTV)与美国有线电视新闻网(CNN)的电视节目以及好莱坞电影,痴迷《豪门恩怨》,一边装模作样地预言着世界大势,一边猛喝百威(Budweiser)啤酒、猛抽万宝路(Marlboro)香烟。照此看来,所谓全球化不过是将美国文化强加给全世界的过程。在此过程中,美国资本主义经济的巨大成功在文化领域得到强化,美国的文化产品亦以风卷残云之势"摧枯拉朽"地冲击着世界各地的本土文化,进而使美国人的生活方式在"本土"大行其道。图10.3就是上述论断的一个缩影。在图中,人们鱼贯进入"可乐屋",出来的时候竟全部变成了"可乐人"。然而,这种论调至少存在三个问题。

图 10.3 被可口可乐"殖民"的人

首先,将全球化等同于文化的美国化秉持了一种过分简单的还原论(reductionism),即认为"经济"上的成功必然导致文化的扩张。换言之,美国企业生产的商品在全球绝大多数市场的风靡被误解为一种不言自明且毋庸置疑的"文化"成功。例如,美国社会主义学者赫伯特·席勒(Herbert Schiller)便声称美国企业成功地将商品销往全球的能力生产出了一种美国式的全球资本主义文化。在他看来,传媒企业制作的节目"身兼信息性与虚幻性,为人们提供了信仰与视角,进而创造并强化了受众对整个系统的依附性"(Schiller,1979:33)。

席勒的观点中存在两个纠缠不清的问题。第一，他简单地将商品等同于文化，声称商品体系的确立必然决定着文化领域的细节。然而，诚如约翰·汤林森（John Tomlinson）所指出的那样："假若认定商品在全球范围的存在**本身**势必导致资本主义单一文化的集中，那么我们对文化的理解就过于苍白肤浅了——文化毕竟不是物质商品。"（Tomlinson，1999：83）也许人们在对某些商品的使用过程中创造了意义与价值并进而促进了美国资本主义生活方式的扩张，但绝不可将市场的渗透与文化同化混为一谈。

此外，席勒的理论认定商品自身包含着天然的价值与独一无二的意义，可以强行灌输给被动无力的消费者。换言之，该论断对影响力的流动性抱持一种不足信的态度，只是悲观地认定宰制性全球文化必然会被成功植入羸弱的"本土"文化——文化意义从商品中"直截了当"地流出，而人类只不过是这些意义的被动消费者。在我看来，将经济上的成功等同于文化上的成功源于"生产决定论模式"的影响，即坚信产品的生产过程决定了产品的意义与价值（比如类似"就是好莱坞嘛，你还能指望什么？"的论调）。此类分析往往强调"结构"的力量远远大于"行动者"的力量，消费过程只不过是生产过程的附属，而受众与文本的"协商"纯属虚无缥缈，不过是经济权力游戏中的小动作罢了。不仅如此，"生产决定论模式"还往往自我标榜为一种激进的文化政治形式，然而其对权力阶级的批判除了反复强调"其他人"是"文化白痴"之外，再无新意（参见本书第四章和第十二章）。

第二，库勒对"外来"（foreign）的理解过于褊狭。其一"外来"的含义常常被理解为本国与外国的差异，其实这一表述亦可用来形容阶级、种族、性别、性取向、代际等其他领域内的社会差异（参见表10.1）。事实上，两个国家之间存在的文化差异或许还不如一个国家内部存在的种族或代际差异显著；况且，"异质"文化在很多时候还可被用来对抗"本土"既存的权力关系（参见图10.4，图10.5）。

第十章　后现代主义

图 10.4 "假如没有国家之分"

图 10.5 "假如没有国家之分"

嘻哈音乐的"出口"就是一个很好的例子：我们应当如何理解"嘻哈"在全球范围内的成功？难道南非、法国、中国与英国的嘻哈音乐人（包括嘻哈音乐的业余爱好者）都是美国文化帝国主义的受害者？抑或跨国音乐工业治下的文化白痴？我们不妨换个思路，去考察南非、法国、中国与英国的年轻人如何对嘻哈音乐进行"改造"，并借之满足"本土"的需求与欲望。换言之，与其锱铢必较地揣测外来文化对消费者产生了哪些影响,不如将目光转向消费者如何对外来文化进行改造与重塑。在这些能动的消费者手中,外来的美国文化得以在本土继续发展,并在宰制性的国家文化内部开辟空间。

其二,人们常常将"本土的"等同于"国家的",却不知即使在一个国家内部也会存在许多个本土文化(参见表 10.1)。而且,本土文化之间及其与宰制性文化("国家文化")之间还存在着不容忽视的矛盾和冲突。因此,全球化既能强化本土文化,又可破坏本土文化;既能让个体安于某地,又可使之产生远离某地的感觉。例如,在 1946 年召开的一次西班牙神职人员大会上,托莱多*(Toledo)大主教提出了应当"如何处理"所谓的"因美国风俗的入侵而导致的女性道德日渐沦丧"的问题。他声称:"美国服装与美国电影诱使年轻女性追求独立,破坏了传统的家庭关系。在外来文化的冲击下,女性传统美德日渐式微,女人不再是称职的妻子与慈爱的母亲,家庭关系亦陷入混乱状态。"(转引自 Tomlinson,1997:123)对此,西班牙妇女或许持有截然不同的观点。

表 10.1 关于"外来"

本土的	本土文化
国家的	阶级
	族裔
	性别
	代际
	"种族"
	性取向,等等

最后,将全球化等同于文化美国化的第三个问题在于其认定美国文化是单一的。即便是某些更加谨慎的全球化理论也均强调存在一个单数的美国文化。例如,乔治·瑞泽尔(George Ritzer)就曾声称:"尽管全球多样化持续发展,但许多文化、绝大多数文化,甚至

---

* 托莱多,西班牙中部城市,历史文化名城,1088—1561 年为西班牙首都。1986 年,整座城市被联合国教科文组织授予"世界遗产"称号。——译者

所有文化，都终将置身于美国文化的影响之下——美国文化将变成每个人的名副其实的'第二文化'。"（Ritzer，1999：89）

上述观点认为所有文化都是清晰可鉴的单一体，在全球化到来之前始终处于老死不相往来的密封状态。与之相反，皮埃特斯（Pieterse）指出：

> 将全球化等同于文化美国化的观点不但忽视了逆流（countercurrent）现象的存在，即非西方文化对西方产生的影响，还对全球化动量的自相矛盾性以及西方文化的本土性吸收过程视而不见。实际上，很多国家和地区都对西方文化的元素进行了本土化的改造。此外，上述观点还忽略了非西方文化对彼此产生的影响，完全未给交叉型文化（crossover culture）——如世界音乐*（world music）一般的"第三种文化"——预留空间。这种观点还过分高估了西方文化的同质性，进而忽视了即使在西方文化工业内部也存在多种输出标准——对西方文化的谱系稍加考察，便不难发现其内在复杂性（Pieterse，1995：53）。

此外，将全球化视为单一的美国文化（一种中产阶级的白人文化）的观念正在变淡，变得不那么单一。原因是多种多样的，例如，美国拥有全世界第三多的西班牙裔人口。另据推算，及至2076年，即美国建国三百周年时，印第安裔、非洲裔、亚洲裔以及拉丁裔将成为美国人口的主体。

霍尔曾宣称，所谓后现代主义"不过是全世界的美国梦"（Hall，1996b：132）。若真如此，那我们每个人的梦也是各不相同的，会梦到什么取决于我们选择美国的哪些部分进行消费。假如梦的原料来自美国流行音乐，则地理学与几何学、价值观、影像、神话与风格等将因其属于不同的类别，比如蓝调音乐、乡村音乐、舞曲、民歌、

---

* 世界音乐，广义上指世界各国的民族音乐，狭义上指民族音乐、传统音乐与流行音乐相结合的混合体。自20世纪80年代以来，世界音乐的概念在流行音乐中不断得到强调，已然演变为国际流行音乐的重要发展趋势。——译者

重金属、爵士乐、说唱音乐、摇滚、60年代摇滚或灵魂乐等而截然不同。归根结底，每种音乐类型都会因阶级、性别、种族、族裔、性取向与代际的差异而生产出相应的政治接合。理解了这一点，才能认识到一切文化——包括无比强大的美国文化——都不是单一的。诚如萨义德所言："文化与文化总是彼此牵连的，谁都不能'独善其身'。一切文化都是混血的、异质的、独特的、多元的。"（Said，1993：xxix）此外，

> 如今，没有一个人是单一纯粹的。类似"印度人""女性""穆斯林"或"美国人"等标签只不过是一个出发点，一旦进入了实际经验阶段便立刻烟消云散。帝国主义在全球范围内巩固了文化与身份的混合，而其带来的最恶劣、最荒谬的结果就是让人们产生了排外感，深信自己只是白人或黑人、西方人或东方人（407-8）。

全球化比简单的"美国化"复杂得多，也矛盾得多。当然，无论我们走到世界哪个地方都会遇见美国商品，这是不争的事实，但商品并不等于文化。全球化过程蕴含着同质性与异质性的潮起潮落，包孕着"本土"与"全球"势力的此消彼长。我们不妨这样理解：那些从美国销往世界各地的商品只能在业已存在的情境中发挥作用。洪美恩曾谈及功夫电影为每况愈下的香港电影工业重注活力的例子——那些影片融合了"西方"的叙事风格与中国的传统价值。如她所言：

> 从文化的角度看，很难厘清哪一部分是"外来的"，哪一部分是"本土的"，哪一部分是"帝国主义的"，以及哪一部分是"本真的"。呈现在我们面前的，是一种在经济上行之有效，又极具独特性的混血文化形式。其中，"全球"与"本土"难分难舍、互相杂糅，并借此促进了所谓的"广东话"在现代化意义上的复兴。换言之，无论"本土"文化还是"本真"文化都不是"板上钉钉"的固定内容，而始终依外来文化产品的本土化过程而发生着不断的改进与变形（Ang，1996：154-5）。

或许全球化的确让世界变得更小,并催生了各种混杂的文化形式,但全球化也在关于世界的不同解释方式之间制造了矛盾与冲突。当某些人为崭新的全球化"路线"的开辟而欢欣鼓舞时,另一些人或许正在以"追根溯源"为名抵制全球化的到来,这集中体现为宗教原教旨主义(基督教、印度教、伊斯兰教与犹太教)的崛起与民族主义的复兴。另一个相对温和的抵制现象则是欧美各国家族史研究的骤然升温。上述事例表明,全球化有可能成为人们追根溯源的驱动力,促使人们通过对"更可靠"的过去的探索来加固自己在当下的身份。

全球化是一个复杂的过程,产生了矛盾重重的后果,并导致了文化与权力关系的变迁。我们可以借用葛兰西的霸权理论对全球化机制加以把握。从后马克思主义文化研究的霸权理论出发,文化既非"本真文化"(从"底层"自然生发出来),亦非"自上而下"强加给人民的欺骗性文化,而是两者之间的"均势妥协"(Gramsci, 1971: 161)。因此,文化既是"自下而上的",又是"自上而下的";既是"商业的",又是"本真的";既是"本土的",又是"全球的"。文化同时包含着"抵抗"与"收编",兼顾"结构"与"行动"。全球化也如此。诚如霍尔所言:

> 所谓全球化并非一个席卷万物、消弭一切差异的系统性过程,而是通过"特殊性"来发挥作用的——缅怀某些特殊的空间、特殊的族裔,想方设法唤醒自己的特殊身份,诸如此类。因此,我们应坚持用辩证的目光看待"本土"与"全球"的关系(Hall, 1991: 62)。

霸权是一个错综复杂且自相矛盾的过程,并非向人民灌输"虚假意识"那么简单。霸权可不是"在洛杉矶打好包装,海运至地球村港口,再于天真无邪的心灵之中缓缓展开的"(Liebes and Katz, 1993: xi)。理解全球化过程的更好方式是对全球驱动力与本土驱动力给予同等的重视。我们须在承认权力存在的前提下,认清将"本土"人民视为其自身无力理解的某些过程中的沉默被动的受害者的政治策略。这种政治策略认为个体在宏大总体面前是虚弱无力的，至多只能承认受众的某些行为带有"行动者"的色彩；其存在的目的，则是维护既存的宰制性全球权力。

结语

后现代主义的出现为大众文化研究的理论与文化基础带来了重大改变。很多问题应运而生，最重要的一个就是大众文化研究者的角色问题：我们与我们的研究对象之间究竟是什么关系？我们的权威性体现在何处？我们的研究为谁服务？我们能发出自己的声音吗？诚如弗里斯与霍恩所言：

> 归根结底，关于后现代主义的争论所关注的还是意义的来源问题，其落脚点并不在于与快感（以及快感的来源）之间的关系，而在于与权力之间的关系。意义由谁决定？谁有权做出阐释？对詹明信这样的悲观主义者兼理性主义者而言，"罪魁祸首"是跨国资本——唱片、服装、电影与电视剧等都是市场与营销决策的结果。对鲍德里亚这样的悲观主义者兼非理性主义者来说，则根本不存在什么"罪魁祸首"——紧紧包裹着我们的符号掌握着生杀大权。而在伊恩·钱伯斯和莱瑞·格罗斯伯格（Larry Grossberg）这种乐观主义者看来，力量掌握在消费者、设计师与亚文化践行者手中——正是这些人对唾手可得的商品加以改造，并最终为其刻上自我的烙印（Frith and Horne, 1987: 169）。

在第十二章中，我们将努力为上述问题寻找答案。

拓展阅读

Storey, John (ed.), *Cultural Theory and Popular Culture: A Reader*, 5th edition, London: Routledge, 2019. 该书是本书上一版的配套阅读

材料。本书及其配套读本得到了互动式网站 www.routledge.com/cw/storey 的支持。该网站中包含许多有用的链接与电子资源。

Appignansesi, Lisa (ed.), *Postmodernism*, London: ICA, 1986. 该书是一部关于后现代主义哲学的论文集。推荐阅读麦克罗比的那篇《后现代主义与大众文化》("Postmodernism and Popular Culture")。

Best, Steven, and Douglas Kellner, *Postmodern Theory: Critical Interrogations*, London: Macmillan, 1991. 该书是关于后现代主义的优秀导论性著作。

Boyne, Roy and Ali Rattansi (eds), *Postmodernism and Society*, London: Macmillan, 1990. 一部很有帮助的论文集,其导论部分对后现代主义的主要问题进行了精妙的介绍。

Brooker, Peter and Will Brooker (eds), *Postmodern After-Images: A Reader in Film, Television and Video*, London: Edward Arnold, 1997. 该书是一部精彩的论文集,导论部分亦很出色。

Champbell, Neil, Jude Davies, and George McKay, *Issues in Americanization*, Edinburgh: Edinburgh University Press, 2004. 该书收录了一系列与美国化相关的优秀文章。导论部分相当精彩。

Collins, Jim, *Uncommon Cultures: Popular Culture and Postmodernism*, London: Routledge, 1989. 该书非常有趣,将大众文化置于对后现代主义的讨论之中加以考察。

Connor, Steven, *Postmodernist Culture: An Introduction to Theories of Contemporary*, Oxford: Basil Blackwell, 1989. 该书对后现代主义进行了全面的介绍,并对大众文化做出了有益的讨论。

Docker, John, *Postmodernism and Popular Culture: A Cultural History*, Cambridge: Cambridge University Press, 1994. 该书旨在挑战持续了一个世纪的现代主义理论对 20 世纪大众文化的理解,兼具学术性、思辨性与可读性。

Featherstone, Mike, *Consumer Culture and Postmodernism*, London: Sage, 1991. 该书从社会主义视角对消费文化与后现代主义进行讨论,

推荐阅读。

Hebdige, Dick, *Hiding in the Light*, London: Comedia, 1988. 该书收录了一系列关于后现代主义与大众文化问题的论文，推荐阅读。

Morris, Meaghan, *The Pirate's Fiancée: Feminism, Reading, Postmodernism*, London: Verso, 1988. 该书收录的论文既有理论观照，又有案例分析，推荐阅读。

Ross, Andrew (eds), *Universal Abandon: The Politic of Postmodernism*, Minneapolis: University of Minnesota Press, 1988. 该书是关于后现代主义的论文集，非常有帮助。其中涉及对大众文化的讨论。

Woods, Tim, *Beginning Postmodernism*, Manchester: Manchester University Press, 1999. 该书或许是关于后现代主义的最佳导论性著作。

第十一章　大众文化的物质性

物质性

在本章中，我们将会考察作为物质文化（material culture）的大众文化。无论我们如何定义大众文化，其中的相当一部分都拥有物质形式。例子俯仰皆是：手机、服装、婚戒、贺卡、玩具、单车、CD（含光盘和播放机）、DVD（含光盘和播放机）、汽车、游戏机、电视、广播、运动器械、电脑、平板电脑（包括 iPad）、杂志、书籍、影院、足球场、夜店，等等。青年亚文化就是一种十分典型的物质文化，我们往往就是通过青年亚文化的消费的物质性来对其加以认识的。在这种亚文化里，总是存在着某一种首选的药物、某一类着装风格、某些被占领的社会空间，以及某一系列能够给人带来特定听觉体验的音乐。正是上述不同形式的物质存在的集合体，使青年亚文化得以在更广泛的社会范围内处于可见状态。不过，青年亚文化并不是唯一的物质文化；其实，我们绝大多数人的生活中都充斥着物质。我们以多种方式与物质进行交流：我们生产并消费物质，我们交换物质，我们谈论并仰慕物质，我们通过物质来实现自我表达。我在自己的电脑中写下这些文字，而你是通过一本实实在在的书读到这些文字的。这些不同形式的物质使我们的交流行为成为可能。如果我们彼此熟识，那么我有可能会通过自己的笔记本电脑给你发送电子邮件，而你则有可能用你的手机给我回复一条短信。

而后，我们可能会乘公交车、火车或出租车去酒吧喝上几瓶啤酒或一两瓶葡萄酒。在上述情境下，环绕着我们的物质环境既是我们交往行为的保障，又限定了交往的程度和范围。

有些时候，有些物体（object）的物质力量大到可以改变我们的行为。汽车就是一个明显的例子，它的诞生使"购物"这种大众文化发生了根本性的转变，不仅影响了人类购物的方式，也限定了哪些人可以购物以及人们在哪儿购物。汽车重塑了"购物"这种社会实践，也再造了城镇购物区里建筑的物质性。如果没有汽车的普及，我们很难想象购物中心会大量出现于城郊地区——那里停车位的数量更加充足，商店和购物者也有更加宽敞的活动空间。另一个例子是手机，它对日常生活的改变体现在方方面面。如今，我们走在任何一座城镇的街道上，都一定会看到有人在使用手机通话、发短信、拍照片或听音乐。此外，手机短信还极大地影响了人类恋爱关系的发展模式（参见 Storey and McDonald, 2014a, 2014b, and Storey, 2014）；而手机自带的便携摄像头则导致了自我肖像的"民主化"，即使得"自拍"这种文化成为可能。

我们可以从不同的理论视角去思索大众文化的物质性。接下来，我会对以下三种理论视角进行扼要的评述：行动者—网络理论（actor-network-theory）、文化研究，以及物质文化研究。

作为行动者的物质性

行动者—网络理论认为，大众文化并不只是人与人之间的行动与互动，也是人与物质之间、物质与物质之间的行动与互动。我们的很多行为都是在各种各样的物质体的介入下完成的。无论我们是乘公交车还是自己开车去听音乐会或看球赛，无论我们是着正装还是休闲装去酒吧与朋友见面，无论我们在聚会上喝葡萄酒还是啤酒，无论我们在民谣俱乐部喝贮藏啤酒还是散装鲜啤，无论我们在节假日睡帐篷还是住酒店，这些不同的物质存在都对我们认识自己的行为与互动产生了不同的影响。正因如此,行动者—网络理论将介入人的行为与互动的物质体视为"行动者"(Latour,2007:71)。布鲁诺·拉图尔(Bruno Latour)反对以静态的观点看待物质,他指出:"任何对事物的状态产生影响并致使其发生变化的东西都是行动者……所以,我们必须向每一位行动者提问:其他行动者的行为有没有因此发生改变?"(同上)无论我们选择睡帐篷还是住酒店,这个假期都会因此而不同,所以"帐篷"和"酒店"就成了假期这场"戏"中的行动者。在民谣俱乐部喝贮藏啤酒而非散装鲜啤会让其他人觉得我与这个地方格格不入,所以"贮藏啤酒"和"散装鲜啤"就成了社会真实性这场"戏"中的行动者。因此,若要将大众文化的物质性解释清楚,必须首先明确行动和互动不只存在于人与人之间,也存在于其他"非人"的行动者之间。换言之,在某种程度上,我们对大众文化的体验是在对物质的使用过程中被建构和影响的。

行动者之间的互动往往是在网络(networks)中发生的。换言之,要想理解一个事物,就必须要将其置于和其他事物的关系中去看待,也就是说,要将事物视为某个网络的一部分。如前文所述,某些类型的网络总是同时包含着"人"和"非人"。不过,此类网络通常是后天展演性质的,即使有物质体置身其中,也远谈不上是天然存在的。物质体在某些情况下可以存在于此类网络,在另一些情况下也可存在于其他网络。更重要的是,在某种程度上,物质体只有在"表演"或"被迫表演"的情况下,才能在网络中拥有自己的位置,从而暂时地获得意义或重要性。例如,某公共图书馆展出了一组某本地社区的摄影作品,那么这些摄影作品会暂时存在于跟彼此、跟展览空间以及跟本地区的相互关系之中。尽管这些摄影作品是由不同的摄影师在不同场合(如婚礼、体育赛事、儿童野餐、矿难、自然风光、林中漫步、篝火晚会、狂欢节游行、罢工等)拍摄的,但策展方却会将这些照片放置在同一个网络之中,从而淡化各主题和宗旨之间的差异。在这种情况下,这些照片暂时性地获得了一种共享的意义,那就是它们共同给观看者讲述了本地区的故事。一旦展览结束，所有摄影作品都会各自回归其他网络。同理，一瓶啤酒，在海滨咖啡馆内由一个女人递给一个男人的情况下，隶属于某一网络；在酒吧里由吧台内的男人卖给吧台外的女人，或被其他酒吧服务员收走时，又会被归入另外的网络。同样一瓶啤酒在不同的场合下表演着不同的"戏"。

物质体既可以是中介（mediators），又可以是信使（intermediaries）。信使不会改变自己传递的意义，而中介则会"对自己传递的意义……进行转化、转译、扭曲和调整"（Latour，2007：39）。绝大多数媒介技术在刚刚出现的时候都是中介，由于我们尚不具备正确使用这种技术的能力，因此技术本身就成了我们的"技术无能"这场"戏"中的行动者，从而获得了自身的意义。然而，一旦我们熟练掌握了这种技术，它就会转型为信使。假如这种技术失败了，它又会变回中介，再次成为我们日常存在的"戏中人"。例如，我在上课的时候，课件和麦克风就在我和学生之间扮演了中介的角色，这两种技术对于我们师生之间的互动而言是不可或缺的；换言之，我们之间的互动包含了特定的技术，而这些技术并不仅仅扮演信使的角色，还扮演了中介的角色——一张图表是出现在课件上，还是仅做口头讲述，意义是不同的。同理，在上文提到的海滨咖啡馆里，啤酒和其他饮料或许同样都是意义的信使，但由于那个女人心里很清楚递酒给男人这个动作其实是一种建立恋爱关系的暗示，所以这瓶啤酒又变成了意义的中介，因为它同时向两个人传递了"有可能发生一场浪漫的假日恋情"的意义。

所谓网络，指的是"一系列行动……其中的每一位参与者都是充分的中介"（128）。在网络中，所有行动者都会采取行动：信使之间不会有互动，而中介之间总是存在丰富的互动。"一旦行动者被视为中介而非信使，他们的行为就会变得充分可见。"（同上）我们无法在网络中看到信使与信使之间传递着的因果关系（causality），只能看到一系列导致行动者迫使其他行动者一同行动的关联（connections）。那瓶啤酒的物质性并不能决定一场假日恋情是否会出现，但它昭示了其出现的可能性。在那瓶啤酒和恋情的可能性之间存在着一种关系（一个可能的网络），但这种关系绝非简单的因果关系。那瓶啤酒实际上是一个行动者，它行动的舞台就是"海滨咖啡馆内可能出现的恋情"。只有充分意识到在人和物质世界之间存在着互动，大众文化和日常生活才能变得充分可见，从而可以被我们观察和分析。在拉图尔看来：

> 一切人类行为都可能在短短几分钟内交织，例如，高声下令让工人们铺砖，水泥和水之间发生化学关联，用手将滑轮安在绳索上，划火柴点燃一支同事递过来的香烟，等等。此处，物质性和社会性之间显而易见、理所应当的差异变得模糊不清了，就像我们永远也说不清集体行动到底是如何发生的一样（Latour, 2007: 74）。

换言之，要想以大众文化为首要对象去理解日常生活，我们就必须充分认识到物质所扮演的重要角色。如拉图尔所言，我们不应将社会性和物质性割裂开来。正因物质性和社会性往往是交织在一起的，即在人与人、人与物、物与物之间始终存在着行动与互动，大众文化的物质性才得以被我们观察到。

意义与物质性

到目前为止，我们还没谈到物质体是如何被纳入人类的指意实践的（参见 Storey 2017b）。本书第四章指出，文化研究将文化界定为一个明确的指意系统。我们被物质环境包围，我们与周遭的物质进行互动，同时我们也使用物质实现与他人的互动。在生命故事的每一次变迁中，各种物质存在始终伴随着我们，构成了我们的情感与思想。然而，物质的上述作用总是在某种特定而明确的指意的政体中完成的。大众文化从来都不仅仅是物质性的，而始终是意义、物质性和社会实践的混合体，这种混合体有多种形式：在 iPhone 上输入的文字信息，由人体发出的声音组成的乐段，墙上喷绘的涂鸦，小朋友爱不释手的玩具……当罗兰·巴尔特举例说明什么是大众文化的时候,他说所有这些例子都有一个共同的特点,那就是它们都是符号(Barthes,1995:157)。"当我在街头漫步——或人生漫步——的时候,我遇到了这些东西,我不假思索地对它们采取了同样的行动,那就是某种特定方式的解读。"(同上)换言之,巴尔特所面对的那些物质体,本身也是有待解读的符号;它们既有物质性,也承载着意义。文化研究与巴尔特在如下观点上不谋而合:"社会中存在的一切事物都有意义。"(182)这就是说,这些事物被"人性赋予事物意义"这一事实所转化(179)。这样一来,环绕我们的物质世界的意义并非由其自身生成的意义,而是我们根据自己对它的思考和评价而给予的意义。

尽管物质体绝不仅仅是符号或对社会关系的符号再现,但对于我们来说,其存在总是令人不可思议地外在于将意义、物质性和社会实践混为一体的文化。它们从来不是自洽的,而始终是在与特定的、既存的指意实践的关系中被接合的。手机、服装、木桌、CD、杂志广告……所有这些事物的共性在于它们全部拥有由社会实践生产出来的物质性和意义——正是这两者的结合,使得它们成为文化。所以,文化不是我们"拥有"的东西,而是我们"行动"的结果,是我们在物质性和社会实践中对意义进行的社会化的生产和再生产。意义并不存在于事物的物质性之中,而是存在于事物被建构为"有意义之物"的社会表征实践之中。正如我在本书中多次提到的,我们所在的这个世界及其包含的内容必然是要指向某种意义的。再次强调,我不是在否定物质体客观存在这个事实,而是在举例说明一切物质体只有在社会表征实践中被用于指意,才能够被我们观察和理解。这一表述经常被人们故意或恶意地曲解为对物质性的否定。可以绝对明确的是,任何事物的物质性都不是由文化建构出来的,被建构的只能是其在文化中的含义和位置。物质性在被人类行为用于指意之前,必然是沉默并外在于文化的。不过,我们说物质性是"沉默的"并不意味着物质性不存在,也不等于承认物质性没有能力影响或制约自身被用于指意的过程。换言之，文化就是一种让意义和物质性彼此卷入对方的社会实践。

有些观点认为，文化研究将物质体简化成了意义的简单载体。事实恰恰相反：物质体并没有被简化，而是被拓展了，如今它的内涵包括了人类文化赋予的意义。自始至终，文化研究都对物体的使用有着浓厚的兴趣，而这种兴趣始终十分重视物体的物质性。在第四章里，我举了一个在中国交换名片的例子。在这个例子中，文化并非单纯存在于社会行为、名片的物质性以及两者的意义之中，而是存在于意义、物质性和社会实践的犬牙交错里。进一步说，在中国交换名片这一行为并非一个旨在对意义进行表征的简单的符号再现过程，而毋宁说是一种"设定"或"实现"意义的操演机制（参见本书第八章）。类似地，婚戒是婚姻制度的象征，但是佩戴婚戒的行为同时也对这种习俗进行着操演式的接合（performatively articulating）。我和我的妻子在成长过程中使用不同的餐具吃饭——她用筷子，我用刀叉。这种物质层面的差异导致了我们吃的食物类型的差异。适用于筷子的饭菜无论在烹制方法、调料选制还是类型搭配上，都与适用于刀叉的饭菜有显著的不同，这种不同既体现在"吃什么"上，也体现在"怎么吃"上。但是，筷子或刀叉可以决定这一切吗？或者说，中西方饮食的差异就是这两种餐具所代表的文化的差异吗？我的父母教我使用刀叉，我妻子的父母教她使用筷子，是因为**这是我们理所应当的进餐方式**。餐具本身并不会告诉你该怎么做，浸淫于某种餐桌礼仪传统的父母才会对你提出要求，因为这种传统就是一个现成的指意系统。筷子或刀叉隶属于不同的传统，这一点并不重要，重要的是无论什么传统都建基于社会实践作用下的意义与物质性的融合机制。

物质体必然要被社会实践赋予意义。正是在为事物赋予意义的人类实践中，万事万物才得以被转化为文化。换言之，一切事物都要接受文化的建构。但正如我在前文提到的，文化建构这个概念经常被人误解。此处重申：文化建构并不等于让不存在的事物变得存在。例如,"自然"就是一个被文化建构出来的概念,但这并不意味着自然界中的花草树木和名山大川是在文化的作用下才"真实存在"的——我们所认识的花草树木和名山大川本身就是真实可触的物质存在,是外在于文化建构机制的;只有在被文化纳入指意的框架的情况下,它们才可被视为文化建构。在遭遇人类文化之前,树并不是以 tree 这个单词的形式存在的,而是以一种植物有机体的形式存在的。被文化建构出来的并不是这个"有机体",而是"tree"这个概念——在历史的演进中,艺术家、小说家、植物学家和诗人群体的话语不断深化和丰富着这一概念。因此,文化建构并不是一个无中生有"创造"物质体的过程,而是一个使物质体变得有意义从而可以被人们理解的过程;这一过程发生在特定的指意实践之中,而这种指意实践就是我们所说的文化。物质世界总是要被纳入文化的势力范围(只有这样,我们才能对其加以体验、理解和质疑——在这个意义上,物质世界于我们而言就是一种文化建构),但物质世界的实体性是毫无疑问的("实体性"本身绝非文化建构出来的)。

　　小时候,我家附近有一片森林,那里有一种吸引着我进去散步和发呆的魔力。森林的物质性意味着无拘无束的想象,在黑暗中我可能会遇到三只野兽,当阳光照下来时我可能会进入某个秘密花园。当我追捕牛头怪时森林就会变成迷宫;而当森林变得晦暗不明时,我可能会在其中遇到美杜莎(Medusa)。在我的(不是"我的",我只是一个闯入者)森林的边缘,有一尊阿特拉斯(Atlas)的雕像支撑着天空。在这里,我变成了永远无法离开森林的奥德修斯,只有妈妈从远处唤我回家的声音才能打破这种魔法。然而,我并不认为这种我眼中的魔力同样适用于林中生长的树木。毫无疑问,林中树木的种类、规模和形态造就并限制了这种魔力,但这与树木这种物质存在本身无关。在我看来,所谓"魔力"其实是树木和人类文化二者的混合体;它虽建基于树木自身的物质存在,但只有在文化使用树木来指意的实践中才能成为一种"魔力"——相关的文化资源包括童话故事、儿童冒险读物、哥特派恐怖小说等。例如,当小红帽（参见本书第五章）被告知千万别"离开小路"的时候，这条禁令的想象性的力量其实源于包围着林中道路的森林——这一意象的叙事内涵所可能引发的危险和刺激使小红帽故事中的森林成为一种文化。尽管森林的物质存在本身是外在于文化的，但在具体的小红帽的故事中，森林就是一种文化建构；也就是说，被文化建构出来的不是森林本身，而是森林所指代的意义。这也就意味着，当我们走入一片森林的时候，森林在我们眼中已经具有了意义，即使简单如"森林是一个放松身心的好地方"这样的观念，也是文化建构的结果。因此，当我们说某物是一种文化建构的时候，并不是指该物的物质形式源于文化，而是在强调其指涉的意义或其作为有意义之物被人们理解的机制并非天然存在，而总是特定文化——既存的指意实践——作用的结果。然而，有必要重申，物质的现实并非在指意实践中生成，其完全可以存在于意义系统之外，但对我们来说，物质体只有在指意实践中才能被充分认识。文化研究眼中的"文化"，正是这种由社会实践催生的指意行为与物质性的混合体。

将月亮描述为一种文化建构听上去似乎有点荒唐。难道月亮不就是一颗沿特定轨道绕地球公转的天然卫星吗？没错。然而，纵观整个历史，人类在仰望月亮的同时，始终不间断地通过歌曲、诗篇、故事、绘画和神话为其赋予意义并将其转化为文化的对象。正是这种指意的实践在文化上将月亮建构成意义与物质性的混合体。不过，种种表征和指意行为并不会影响月亮作为物质体的存在——早在人类诞生之前 40 亿年，就已经有月亮了。同样，被我们称为 universe 的宇宙也是一种文化建构，是人类文化赋予了"宇宙"这一物质存在"universe"这个意涵；然而，这同样不能否认这个被我们称为 u-niverse 的东西以物质的形式存在于指意实践之外。换言之，我们观念中的宇宙的物质存在先于其在指意实践中的存在，但指意实践之外的那个宇宙并不以我们所称的 universe 的形式存在（不作为人类文化的一部分存在）。在以批判性思维观照某一事物的时候，我们必须要在其毋庸置疑的物质性和丰富多样的意义之间做出区分。更重要的是，以批判性的目光凝视某一事物的意义并不意味着对其天然的物质性的否定。也就是说，不能将文化与客观世界的物质现实混为一谈。即使没有人类文化，月亮的物质性也一直是完好无损的。将月亮描述为一种文化建构并不等于承认是文化决定了月亮的物质存在，而仅仅表明月亮所指涉的意义以及这种指意实践对于我们理解自身与月亮之间的关系的影响属于文化范畴。月亮本身足够真实，但对我们而言，其真实性是与我们的指意实践交缠在一起的，而正是这种指意实践为我们与月亮之间的互动提供了框架。所以，只有在人类凝视的目光中，月亮才是一种文化建构，是大众文化中一个有意义的对象。在此时此刻之前，月亮便已经毋庸置疑地存在着；但直到此时此刻，月亮才开始作为**人类文化意义上的月亮**而存在。

2008 年在西班牙的塔拉戈纳（Tarragona）参加学术会议的时候，我参观了当地的罗马广场遗迹。偶然间，我发现石墙有一部分覆盖着玻璃。我询问原因，被告知玻璃是用来保护西班牙内战时期画在墙上的一处涂鸦的（参见图 11.1）。这处涂鸦曾被人用一面石墙遮住，但随着考古发掘工作的进展，石墙被移开，涂鸦重见天日。随后，当地政府决定对涂鸦进行保护并允许游人观看。作为一种文化，这处涂鸦至少在四个时刻存在过。每进入一个新的时刻，涂鸦的物质性只有十分微小的改变，但其所指称的意义则发生了翻天覆地的变化。每一个时刻都有一种不同的社会实践在发挥作用。在最初的时刻，也就是涂鸦被制造出来的时刻，有人决定在墙上写字。从日期上看，这一时刻就是西班牙内战开火前的那个夜晚。涂鸦文字是加泰罗尼亚语，意思是"开始革命"。这种对革命的呼吁既有可能是基于严肃而深刻的思考，也有可能只是涂鸦者酒后逞英雄的结果。第二个时刻最有意思，同时也是政治上最为笃定的时刻。某人——有可能是涂鸦者，也有可能是其他人——决定把涂鸦掩藏起来。对于这种行为的动机，我们可以做出多种推断：或许是由于法西斯主义正逼近胜利或已经取得胜利，因此掩藏涂鸦是为了不让法西斯分子发现并毁掉它。为了掩藏涂鸦而不惜砌一堵墙遮住它的行为将当事人置于潜在的危险境地,而这个人愿意冒此风险是因为他希望法西斯主义完蛋之后这句口号还能作为抵抗的佐证重见天日。第三个时刻是涂鸦被发现的时刻。法西斯主义一去不复返了,而遗迹的发掘者看到了涂鸦并决定将其作为西班牙内战中抵抗运动的历史佐证保护起来。第四个时刻是游客观赏的时刻,包括我在内的游客得以在参观罗马广场遗迹的时候看到这处涂鸦。在上述每一个时刻,物质性、意义和社会实践都以不同的方式结合。从第一时刻到第四时刻,涂鸦的物质性几乎没有发生什么变化,改变的是涂鸦所指称的意义,而这种指意方式的变化始终是社会实践的结果。

图 11.1 开始革命

没有意义的物质性

从事物质文化研究的人常常指责文化研究忽略事物的物质性并仅仅将注意力集中于意义上。与文化研究的基本理念相反,这些人似乎认为世界上的事物早在被人类实践用于指意之前,就已有了意义。在物质文化研究中,物质体只能以与文化隔绝的方式存在似乎是一个不言自明的道理。这种观点无视了一个事实,那就是对于人类来说，物质体的存在之所以能够被认识和理解，完全是因为文化和指意实践的存在。在物质文化研究的观念中，人类的意义生产行为始终是自然意义（natural meaning）生成之后的次一级的过程。可实际上并不存在所谓的自然意义，一切意义都是在人类实践中生成的。意义并不是待在那里等待着被人们发现的东西，而根本就是由人生产出来的东西。

保罗·格雷夫斯-布朗（Paul Graves-Brown）就曾对文化研究做出过我所说的那种偏颇的指责，他声称："如果意义仅仅是被'附加于'事物的，那么我们对事物的理解也就毫无共同根基可言了。"（Graves-Brown, 2000: 4）他似乎认为人类对事物进行理解的共同根基是由事物的物质性本身生产出来的，即事物可以独立生产出自身的意义。但实际上，除非我们在特定社会实践中将事物用于指意，否则其物质性始终都是沉默无声的。因此，任何"理解的共同根基"都不可能从"沉默无声"中自然而然地产生，而只能在某种既存的指意行为的共同实践中生成——在这种实践中，物质体被置于特定的处所，并被指派特定的意义。换言之，我们的"理解的共同根基"来自我们和物质体共存其内的指意实践。更重要的是，指意实践从来都是由权力构成的。正如我们在第四章和第六章中讨论的，意识形态（阿尔都塞）、常识（葛兰西）或"真理政体"（福柯）发挥了至关重要的作用。但这些组织并约束着意义的社会实践并不是从事物的物质性中生发出来的，而是源于那些有权力让事物具备某些特定意义的人。物质文化研究似乎认为事物的意义仅存在于其自身，或认定指意的实践并不重要，这两种观点无助于我们理解文化与权力的关系。

丹尼尔·米勒（Daniel Miller）在其关于物质文化研究的小小宣言中（Miller, 2009），以《皇帝的新装》①（*The Emperor's New Clothes*）为例阐释了为何符号学（其实就是文化研究的代名词）根本无法实现

---

① 可以在如下网址在线阅读该寓言：http://www.andersen.sdu.dk/vaerk/hersholt/TheEmperorsNewClothes_e.html。

对物质性的真正理解。这则寓言故事是丹麦作家汉斯·克里斯钦·安徒生（Hans Christian Andersen）于1837年创作的，它讲述了两个骗子伪装成高级织工欺骗了皇帝的故事——他们对皇帝说自己织出的华服"那些不称职的人或愚蠢的人是无法用肉眼看到的"。当然，真实情况是所谓的华服并不存在。于是，人们必须做出选择，要么坦然面对皇帝的裸体，要么假装承认皇帝穿着自己看不见的华服。由于害怕被指不称职，皇帝和大臣们纷纷称赞华服的巧夺天工；为了不显得愚蠢，普通老百姓也做出了同样的选择。最后，只有一个小男孩无所畏惧地喊出了皇帝没穿衣服的事实。

在米勒看来，符号学认为故事中的"华服"代表着"深深内在于我们的真实自我"（Miller，2009：13）。他假定符号学将皇帝身上那件莫须有的衣服视为"成功或不成功地再现了真实存在的内核的表象"（同上）。米勒勇敢地挑战了关于内在自我的观念，指出了这则寓言真正的意义："衣服的缺位并非昭示了皇帝的内在自我，而是呈现出他的外在幻想。"（同上）因此，这其实是一个"关于自负和虚荣的道德故事"（同上）。我不知道哪些符号学家真的会去相信一件无中生有的衣服能够成为内在自我的代表，但从文化研究的视角出发，我确然相信我们完全有可能对安徒生的这篇作品做出不同的解读。

在故事中，除了那个小男孩以外，皇帝、大臣和其他老百姓其实都陷入了某种指意系统的"常识"；在这个系统里，皇帝所拥有的权力和地位是不言自明的事实。因此，承认他没穿衣服（原因在于他愚蠢）就等于威胁到了他的权力的合法性。正如我们在第四章中提到的，"一个人之所以能成为王，是因为其他的人都处于服从于他的关系之中。反过来，这些人也因为他是王，而认为自己就应该服从于他"。皇帝没穿衣服这一事实对上述关系构成了威胁，挑战了"皇帝拥有君权"以及"人民服从君权"的天然合理性。而故事揭示的道理是：皇帝确实没穿衣服，因此他的所谓权威性根本就不具备什么与生俱来的根基。一如斯拉沃热·齐泽克所言：

"成为国王"其实是一位"国王"和他的"臣民"之间存在的社会关系网络的产物。但是，此处存在着一种迷信式的错觉，那就是在这种社会关系的所有参与者眼中，道理其实是反过来的：他们认为自己必须给予国王以王室的待遇是因为国王在其与臣民的关系之外便已经是国王。这样一来，"成为国王"就成了某一个天然就是国王的人的"自然"属性（Žižek，1989：20）。

换言之，皇帝没穿衣服这一事实威胁到了上述错觉。此处的"衣服"是一个文化的概念，但这并非由于它代表了内在自我（无论这个自我是什么），而是因为它是自我的生产与再生产的一部分。要想理解这一点，我们就不能仅将注意力放在意义或物质性上，而应当关注意义和物质性是如何与社会实践混合交缠的。更重要的是，如果只盯着物质性或意义不放，那么我们便无法察觉两者的交缠混合是如何被权力关系所结构的。

　　米勒提出："在物质文化中……我们要关注事物是如何'造就人'的。"（Miller，2009：42）尽管我不会反对这一观点，毕竟古话说"人靠衣装"，但此处的"造就"（make）在根本上始终无法与指意系统和社会实践剥离开来。在《皇帝的新装》中，我们已经看清了这一点。换言之，对某一事物的使用必然与该事物的意义交缠在一起。然而，米勒固执地认为"我们不能将衣服视为一种表征的形式，或对于某个人的符号象征"（40）。而正确的逻辑应该是这样的：我们当然不能**仅仅**将衣服视为一种表征的形式或对于某个人的符号象征，但实际上衣服常常**就是**一种表征的形式或对于某个人的符号象征。这不是一个非此即彼的关系，而是两种情况皆有可能。再强调一次，我们必须要看清意义、物质性和社会实践之间的混合交缠。米勒提到的"学生着装风格"就是上述道理的绝佳注脚。他如是描述自己穿着日常的服装在剑桥与妻子邂逅时的情景："初遇她的时候我还只是个学生，我的裤子被腰间系的绳子提得老高，下方的裤脚上还有破洞。"（14）

米勒在剑桥时的着装风格有着十分特殊的意义，它体现了一种典型的保守派中产阶级关于着装的理念，那就是知识分子由于醉心思考那些充满智慧的问题而根本不屑于关注自己穿了些什么。所以，如此随意的着装并不表示米勒是一个随性的人，而是一种"考究的朴素"，是对某种身份的精心展示，它被用以表明自己是一个有志成为知识分子的、老派而严肃的学生。其实，这种着装风格在其他不那么"精英"的地方也能看见。无论在哪座城市，我们都不难发现有人像剑桥的米勒那样穿衣服。不过，在那样的场合下，这种"朴素"可就谈不上"考究"了，而毋宁说是生活困窘、别无选择的体现。这样穿衣服的人通常都是瘾君子或酒鬼，他们根本没有经济能力去讲究穿着。上述两种着装风格看上去完全一样，但实际上它们分别指涉不同的意义；物质性、意义和社会实践的不同交缠方式导致了两个世界的迥异。也就是说，同样的着装风格却有着截然不同的意义。如果仅关注衣服的物质性，我们便无法理解剑桥学生的精英文化与乔治·奥威尔（George Orwell）笔下那些生活在无可遁逃的绝望中的"落魄阶层"①（down and out）的文化究竟有什么不同。若仅仅将注意力集中在衣服的物质性上，而不将物质性置于特定的指意实践中加以考察，我们对物质性的理解就将会是单薄而片面的。相反，只有将更多的注意力放在物质性、意义和社会实践的混合交缠上，我们才能使分析的视野从单纯的着装风格拓展到诸如"为什么学生要像现在这样穿衣服"以及"为什么在全世界第六富裕的国家里会有人睡在大马路上"这种更为深刻的问题上。

因此，"文化首先是从物体中生发的"（Miller, 2009：54）这一观点只是部分正确而已。就算文化是从"物体"中生发出来的，此处的"物体"也必然是与意义和社会实践交缠着的"物体"。物质文化研究对于物质性的无休止的描述往往会导致一个结果，那就是无端指责文化研究对于意义的追问是浅薄的。讽刺的是，物质文化研究提出的关于物质性的全部有趣的观点，其实都是在为物质性赋予

---

① 参见 George Orwell's *Down and Out in Paris and London*。

意义。例如，米勒在试图解释为何寄宿生住宿的房间里总是摆放着宜家出品的白色密胺树脂家具时，毫不犹豫地将话锋由沉默的物质性转向意义机制：

> 来自宜家的白色密胺树脂家具有着如寄宿生本人一样的特征：并不高贵，通常来自欧洲，既文静又摩登，看上去干干净净，有着特定的专长，而且效率很高；人们理性地期望它经久耐用，但实际上想换随随便便就换了（Miller, 2009: 90）。

无论我们如何理解上述言论，都必须承认一点，那就是这番言论其实是建立在一系列关于宜家白色密胺树脂家具所指涉的意义之上的。简言之，这就是一段关于寄宿生的房间如何在物质性、意义和社会实践的交缠中成为一种文化建构的分析。这是一种文化分析，而非物质偏向的文化分析。

全球化世界中的物质体

当不同的文化共享相同的物质体时，导致文化差异的显然不是物质体，而是物质体所指涉的不同意义，以及这些意义如何在社会实践中成为现实。不同社会里的人所使用的物质体有很多是相同的，但是它们所指涉的意义时常大相径庭（参见本书第十章）。米勒对于可口可乐的评价就是一个很好的例子。他说："到处都有可口可乐，但在每一个地方，它的含义都有些微不同。"（9）这种不同不是由物质性带来的，而是由特定社会实践中指意的不同方式导致的。这种饮料的物质性始终与意义交缠在一起。

可口可乐喜欢将自己包装成超越"一种含糖汽水"的存在，"喝可乐"就等于是获得了进入美国式地球村的通行证。最著名的佐证莫过于可口可乐公司在1971年投放的电视广告。广告中，200个年轻人聚集在山顶看日出，每一个人都穿着富有特色的民族服装，他们手拿可口可乐，跟着探索者乐队*（the New Seekers）一起高声唱：

> 我要为世界买一座房子并用爱装饰它
>
> 种苹果树，养蜜蜂，放飞雪白的信鸽
>
> 我要让世界以最美妙的和弦歌唱
>
> 我要给世界买一瓶可口可乐并始终与之相伴
>
> 这就是最真实的快乐①

或许这是一张带你进入天堂般的美国式地球村的热情洋溢的邀请函，但这绝不是可口可乐放诸四海而皆准的唯一含义。例如，在某些国家，可口可乐有时是美国文化帝国主义的象征（参见本书第十章的图10.3），有时代表着资本主义现代性的承诺，有时甚至只是一种调制感冒药的原料（通常是与生姜一起煮）。这种饮料或许只有一种物质形态，但它所指称的意义却取决于其在特定社会实践中所处的位置（例如，谁在什么地方买了这瓶可乐）。当然，可口可乐标志性的瓶子与商品名称的字体为全球范围内的大众所熟知，但若要真正理解这种饮料的全球地位，我们就不能局限于物质性，而要将其视为文化的对象，即由社会实践催生的物质性与意义的复杂混合体。

另一个关于物质性与不同意义如何交缠的例子是圣诞节在全球范围内的流行。在中国这样一个主张无神论的国家，也有很多人在过圣诞节。不过，这并不意味着中国人对基督教产生了兴趣或无神论渐渐失去了市场。圣诞节在中国几乎完全不具备宗教含义。新型购物中心对圣诞节进行了吸收和改造，使之完全变成了促销商品和刺激消费的手段。圣诞节在中国和西方国家（比如英国）具有相似的物质形态（参见图11.2），但其指涉的意义以及这些意义组织社会实践的方式却截然不同（参见Storey, 2010a）。

---

* 探索者乐队，成立于1969年的英国流行乐队，其音乐融合了摇滚和民谣风格，在20世纪70年代早期极受欢迎。——译者

① 可在YouTube上观看完整视频（https://www.youtube.com/watch? v-ib-Qiyklq-Q）。

图 11.2　圣诞节在中国

文化让世界有意义。文化的重要性就体现在它能够帮助我们组织和规范社会实践。文化的这一含义并不否认物质性的存在，但我们要认识到物质性本身是沉默的、无法自我昭显意义，其意义只能通过人类的能动性获得，且始终与权力关系纠缠不清。尽管物质性会对事物指意的方式进行赋权和限制，但文化并非纯粹物质性的私产，而始终是意义、物质性和社会实践的复杂混合体。同一事物在不同的语境和社会实践中会拥有不同的意义。换言之，文化绝不仅仅等同于沉默的物质性；文化始终是社会的、物质的和符号的。

拓展阅读

Storey, John (ed.), *Cultural Theory and Popular Culture: A Reader*, 5th edition, London: Routledge, 2019. 该书是本书上一版的配套阅读

材料。本书及其配套读本得到了互动式网站 www.routledge.com/cw/storey 的支持。该网站中包含许多有用的链接与电子资源。

Barthes, Roland, *The Semiotic Challenge*, Berkeley: University of California Press, 1995. 该书收录了一些关于符号学和物质性的重要论文。

Baudrillard, Jean, *The System of Objects*, London: Verso, 2005. 尽管我们在本章中未提及该书,但实际上该书对于物质体的论述有很大的影响力。

Berger, Authur Asa, *What Objects Mean*, Walnut Creek, CA: Lest Coast Press, 2014. 该书对物质性理论进行了很好的概述。

Bryant, Levi R., *The Democracy of Objects*, Michigan: Open Humanities Press, 2011. 该书对物质体进行了有趣的哲学探讨。

Dant, Tim, *Material Culture in the Social World*, Milton Keynes: Open University Press, 1999. 该书对物质性与文化的相关问题进行了精彩的论述。

Latour, Bruno, *Reassembling the Social*, Oxford: Oxford University Press, 2007. 该书对行动者—网络理论做出了精彩论述,其作者就是该理论的创始人。

Malinowska, Anna and Karolina Lebek (eds.), *Materiality and Popular Culture*, Abingdon: Routledge, 2017. 一部讨论与物质性相关的大众文化的优秀论文集。

Marx, Karl, *Early Writings*, Harmondsworth: Penguin, 1992. 马克思关于生产与物质生活的理论是文化研究关于物质性的绝大多数论述的基础。参见《〈政治经济学批判〉序言》("Preface to *A Contribution to the Critique of Political Economy*")一文。

Miller, Daniel, *Stuff*, Cambridge: Polity Press, 2009. 该书对物质文化研究做了清晰的介绍。

第十二章　大众政治

在前文中，我努力勾勒出文化理论与大众文化之间关系的历史沿革。我主要从理论框架与方法论入手，因为这或许是撰写关于该学科的**导论**的最佳途径。① 不过，我也意识到上述做法在很大程度上忽略了大众文化理论生产的历史条件以及生产与再生产之间的政治关系（这两者应是分析的重点，是不可或缺的特殊"时刻"）。

尽管如此，我仍希望自己已经对"大众文化"这个意识形态的论争和变异的概念做出了充分展示，并使读者明白"大众文化"是一个既需填补又需清空、既需接合又需反接合的领域。对于大众文化的考察，有各种各样的方法，有些方法之间甚至存在冲突与竞争。就连我对大众文化研究史所做的不甚完善的总结也表明："研究"大众文化着实是一项严肃的事业——一项严肃的政治事业。

例如，在《文化民粹主义》（Cultural Populism）一书中，吉姆·麦克盖根（Jim McGuigan）声称：当代文化研究领域内的大众文化研究正痛苦地挣扎于范式危机之中，最显著的标志就是"文化民粹主义"思潮的盛行。在麦克盖根看来，所谓文化民粹主义是"某些大众文化研究者提出的理论假设，认定普通人的符号经验与实践无论在分析层面还是政治层面都远比大写的'文化'重要"（McGuigan, 1992: 4）。照此标准，我本人就是一个文化民粹主义者，麦克盖根也

---

① 如我在前言中所说的，这本书是文化理论与大众文化研究领域的一本导论，所以我努力让读者们能够轻松地理解各类主题，也同时让读者们获取这一领域内的前沿知识。虽然本书涉及的很多著作问世良久，但本书的价值就在于把它们重新整合起来，供读者们理解大众文化。

不例外。然而,《文化民粹主义》一书批判的目标并非此种意义上的文化民粹主义,而是"大众文化研究中的**不加批判**的民粹主义"(同上),即一味追求受众的阐释策略而罔顾文化消费的历史与经济条件的思路。他批评文化研究正日趋将自己的理论关注简化成"阐释的问题",却未曾将这些问题置于权力的物质关系的语境下加以审视。

麦克盖根还称,文化民粹主义对消费过程的格外关注以及对大众解读实践不加批判的"欢迎"诱发了一种"品质评判的危机"(McGuigan, 1992: 79),归根结底就是绝对评判标准的消亡。何为"好"、何为"坏"如今成了一个见仁见智的问题。他批判文化民粹主义助长了后现代的不确定性,并坚称:"将审美标准与道德判断重新提上文化研究的日程,对于解决文化民粹主义在消费者权力与质量问题上的放任自流,以及相应而生的批判性丧失问题,具有至关重要的作用。"(159) 显然,麦克盖根对后现代主义的不确定性深怀不满,进而渴望重返现代主义知识分子的高度权威性,即强调知识分子应时刻准备好帮助芸芸众生理解他们无法理解的事物。他试图重返阿诺德时代的确定性,坚信文化是"所思、所表的最好之物"(而现代主义知识分子会告诉我们"最好之物"到底是什么),并呼吁建立一种将大学的讲师视为文化薪火相传的护卫者的知识分子话语,将蒙昧的大众纳入知识分子所推崇的绝对道德与审美的价值体系。在此种话语之下,学生扮演着既定知识的"被动消费者"的角色——这些知识由讲师规划、安排和管理。

不过,在我看来,对主流审美标准的拒斥并不能算是一种危机,而毋宁说是一种更加开放与包容的态度,鼓励我们对其他更新、更有趣的问题展开探索(参见本书第十章)。在不同情境之下,美学评判的标准随时发生着变化;尤其是,在美学上"好"的东西从政治的角度看或许是"坏"的,反之亦然。与其困身于追求绝对标准的泥淖不能自拔,不如认定一切问题只有在确凿无疑的情境之下方能得到解答。此外,文化研究应尽量避免对商品的内在品质做出妄议式的价值判断,而须将精力投入人们在日常生活缓急无常的结构中将这些商品"为我所用"的过程。这就是我所谓的"更有趣的问题"。至于那些坚持回归绝对标准的人，只不过在表达对现状的困惑罢了；他们的解决方案就是重获毋庸置疑的权威性，以便告诉普通人什么是有价值的，以及这种价值是怎样产生的。①

在当下条件下，普通人大多利用唾手可得的符号资源来从事意义生产活动，这是一个既清晰明了、又须在新修正主义之下不断完善的过程。因此，在这个基本观念之下，无论人们是否意识到自己所处的困境，对这些人的解放事业都变得疑窦重重。经济剥削、种族主义、性别压抑……种种遭遇，不胜枚举。然而，在约翰·费斯克和保罗·威利斯等学者的眼中，那些被压迫者、被剥削者和被疏远者不但能够极好地化解自身困境，还能在此基础上对世界进行充分的理解，并从这一过程中汲取源源不断的快感。显然，日常生活的微观政治行为如此丰富，以至于一度为大众文化批评家心向往之的美好未来的乌托邦竟骤然丧失了全部可信性（McGuigan，1992：171）。

麦克盖根的大多数观点都是不正确的，就连被其树为首要标靶的费斯克也从未庆贺过乌托邦的到来，而只是鼓励人们在剥削与压迫的世界里积极斗争、生产意义、开疆拓土。在麦克盖根看来，快感（以及对快感的鉴识与欢迎）从根本上就是反革命（counterrevolutionary）的。普通人的职责与历史使命就是承受痛苦与默然等候，直至品行纯良的左翼者在革命胜利后的那个光荣的清晨为芸芸众生揭示幸福的真相。不甘死守经济基础的女性主义者在很久以前便已揭露上述思路在修辞上的空洞无物。我们切不可将受众对意义的生产等同于对政治变革需求的拒斥，因为符号抵抗的狂欢与激进政治之间并无任何矛盾之处。实际上，这正是洪美恩的基本观点（参见本书第八章）。

---

① 莱昂纳德·科恩（Leonard Cohen）的作品《未来》（*The Future*）完美地诠释了这个观点："把柏林墙、斯大林和圣保罗还给我，我亲眼见到过未来，兄弟，那就是一场谋杀。"

既然麦克盖根将约翰·费斯克与保罗·威利斯视为丧失批判力的文化民粹主义的"罪魁祸首",那么我便在下文中对二人著作中提出的若干关键问题进行一番考察,以说明麦克盖根对他们的指控其实只是一面之词。便宜起见,我将首先介绍皮埃尔·布尔迪厄提出的两个概念,分别是"文化场域"(cultural field)和"经济场域"(economic field)。

文化场域

约翰·费斯克通常被视为丧失批判性的文化民粹主义的代表人物,麦克盖根声称:"费斯克的立场……表明英国文化研究批判性的衰落。"(McGuigan,1992:85)在他看来,费斯克坚持不懈地以牺牲经济与技术决定力的方式为**阐释**营造空间,竭尽全力将文化研究改造为一种纯粹的阐释学。例如,电视研究就被费斯克简化成了"某种主观理想主义"(72),即为大众的解读行为赋予无上地位,认为其自始至终都是"进步的",而性别歧视与种族主义则根本不是问题,全然漠视经济基础与政治的关系。简言之,面对费斯克对大众文化毫无保留且毫无批判性的拥护,我们应当进行严厉的指责,他就是霸权理论衰落以及麦克盖根所谓的"新修正主义"崛起的负面典型,是将文化研究简化为关于消费的多种阐释模式的首恶。新修正主义主要关注大众的快感、权力、抵抗以及辨别力,代表着文化研究"从更具批判性的立场上全面退却"(75)。用政治学的用语来说,费斯克的思路至多只是对自由主义关于"消费者主权"的应声附和,甚至是大行其道的"自由市场"意识形态的同谋。

费斯克可不会接受人们用"新修正主义"来描述他对大众文化问题的立场。此外,面对麦克盖根借以攻击其理论的两个主要假设,费斯克也提出了坚决的反对。其一,他完全拒斥下述观点,即"资本主义文化工业生产出来的产品虽然具有多样性,但这种多样性只是人们的幻觉,因其最终均维护着同样的资本主义意识形态"

(Fiske, 1987: 309)。其二,他着重强调:一切基于"'人民'是'文化白痴'"的论调都不足信,"大众并非消极被动或孤立无援,他们有能力明辨是非,无须经济、文化和政治巨头们的怜悯"(同上)。作为还击,费斯克指出:构成大众文化的商品同时在两种经济中运行,分别是金融经济与文化经济。

> 金融经济的运行与文化要素并非完全等同,但我们仍需在具体研究工作中对其予以充分的重视……文化商品无法完全用金融的形式来描述,流通过程对于其大众性的形成发挥了至关重要的作用。这一过程不但与金融经济体系密切相关,也平行发生于文化经济领域内(311)。

金融经济主要关注交换价值,而文化经济则更重视使用价值,即商品带来的"意义、快感与社会身份"(同上)。当然,在上述两种彼此分离又互相依存的经济之间始终存在着对话与交流,对此,费斯克举出了美国电视剧《山街蓝调》*(*Hill Street Blues*)的例子。该剧由美国独立制片公司(MTM)**制作,再售给美国全国广播公司(NBC)播出;而美国全国广播公司又"转手"将该剧的潜在受众群体"出售"给独家赞助商"奔驰轿车"。上述过程均发生在金融经济之中。在文化经济内,该电视剧则从商品(卖给美国全国广播公司)转化成为受众生产意义与快感的场所。由是,受众便从潜在的商品(美国全国广播公司卖给奔驰轿车)转变成(意义与快感的)生产者。在费斯克看来:"作为生产者的受众在文化经济中的权力是不容忽视的。"(313)他还指出:

> 意义在文化经济中的流通与财富在金融经济中的流通具有完全相异的模式,受众的权力便源于此。意义很难被

---

* 《山街蓝调》(*Hill Street Blues*),美国电视剧,由美国全国广播公司于1981—1987年播出,总共七季。——译者

** 美国独立制片公司,创立于1969年,创始人为著名喜剧演员玛丽·泰勒·摩尔(Mary Tyler Moore)。1998年该公司被20世纪福克斯集团收购,其名称亦不再使用。——译者

掌握（我们也很难阻止他人掌握意义），亦很难被控制，皆因对意义与快感的生产与对文化商品的生产截然不同。在文化经济中，消费者扮演的角色并非存在于线性经济交易的末端，而意义与快感的流通致使生产者和消费者之间并无任何明晰的界线（Fiske, 1987: 313）。

消费者的权力来自生产者无力预测究竟哪些产品能够被卖掉。"每13张唱片中就有12张亏钱，电视剧被成打（dozen）地砍掉，电影大片则迅速沉没在收入赤字之中［《冲出地狱海》*（Raise the Titanic）是个尤其讽刺的例子——它几乎击沉了卢·格雷德**（Lew Grade）的影像帝国］。"（同上）为弥补损失、避免失败，文化工业常常只固定生产一系列的"保留商品"来吸引受众，以规避风险。尽管文化工业想方设法将受众"收编"为商品消费者，受众却总能躲避"收编"，按照自己的意图来解读文本。为证明上述观点，费斯克举出了两个例子：一是澳大利亚土著居民如何将"兰博"这一形象"改造"为抵抗的象征并将其吸纳进自己的政治与文化斗争体系，二是身在以色列的俄裔犹太人如何将《豪门恩怨》解读为"资本主义的自我批判"（320）。①

费斯克声称：在西方社会，无权者对有权者的抵抗往往采用两种形式，分别为"符号抵抗"与"社会抵抗"。前者主要关注意义、快感与社会身份，后者则呼吁社会经济系统的变革；"两者虽相对独立，却保持着密切的关系"（316）。大众文化主要在符号领域内运行，但"也不尽然"，它深深卷入"同质化与差异，或共识与冲突的斗争"（同上）。在此意义上，大众文化其实是一个符号的战场，

---

* 《冲出地狱海》，美国冒险题材影片，描述几个美国人试图在北大西洋打捞泰坦尼克号沉船并寻找珍贵宝藏的故事。该片由英国的 ITC 集团于 1980 年发行，不但恶评连连，而且票房惨败。——译者

** 卢·格雷德（1906—1998），乌克兰裔英国人，著名传媒大亨。他于 1954 年创立 ITC（Incorporated Television Company）集团并制作发行过多部著名电影，如《金色池塘》（On Golden Pond）与《苏菲的选择》（Sophie's Choice）等。1980 年的失败作品《冲出地狱海》则几乎导致企业破产。——译者

① 费斯克引用了 Liebes and Katz, 1993。

受众则持续不断地投身于"收编"与"抵抗"的"符号游击战"（Fiske，1987：316）。自上而下的欺骗性意义、快感与身份和符号抵抗运动中生成的意义、快感与身份之间存在着尖锐的冲突，而"同质性的霸权力量时刻面对着异质性的抵抗"（Fiske，1989a：8）。在费斯克的符号战场上，两种经济各自站在冲突双方的背后：金融经济支持同质性的收编力量，文化经济则是异质性抵抗力量的坚实后盾。由是，符号抵抗便击破了资本主义的意识形态企图，宰制性意义面临着前所未有的挑战，而统治阶级在精神与道德领域的领导权也就摇摇欲坠了。费斯克以饱满的自信清晰地表达了自己的立场：

> 我……将大众文化视为战场。它既承载着宰制性力量，又对大众应对、规避以及抵抗统治阶级权威的种种策略青睐有加。事实上，与其对收编过程穷追不舍而罔顾其他，不如转而考察大众的活力与创造力——正因大众富有无穷的活力与创造力，统治阶级才认为必须对其进行持续的"收编"；与其将注意力集中于无所不在且用心险恶的宰制性意识形态实践，不如试着理解日常生活中的抵抗与规避行为如何努力阻滞意识形态的运行并促使其"不得不"竭尽全力维护自身的价值。上述视角无比乐观地将大众文化视为名副其实的进步（尽管不是激进的）力量，努力在人民的气魄与活力中探求社会变迁的可能，并竭力挖掘其背后的驱动力（20-1）。

此外，费斯克还将大众文化置于皮埃尔·布尔迪厄所言的"文化场域"之内（Bourdieu，1984：113-20）。文化场域是宰制性文化或官方文化与大众文化博弈的场所。文化间的斗争是经济或技术力量的抽象产物，并最终由经济与技术力量共同决定。文化场域是历史创造的独特空间；在其中，首字母大写的"文化"的发展得以超越社会的发展。在布尔迪厄看来，这是借助文化与美学的差异来维护既存阶级权力的合法性。文化场域的阶级关系是围绕着两个维度被结构出来的：一方面是统治阶级与被统治阶级之间的关系；另一方面，在统治阶级内部，还存在着拥有高级经济资本的人与拥有高级文化资本的人之间的关系。那些直接从文化而非经济权力中获取力量的人须持续不断地投身于文化场域的斗争，以图"通过强化某些权能的稀缺性来提升这些权能的社会价值。正因如此……他们才坚决反对文化民主运动"（Bourdieu，1984：220）。①

我们在第一章和第十章中曾讨论过，对布尔迪厄而言，"品位"发挥着"阶级"（此处的"阶级"有两层含义，一是社会—经济范畴内的，二则特指某一具体的品质层级）标识的功能。在社会等级的顶峰牢牢矗立着强调形式而非功能的"纯粹"美学凝视，该观念纯系历史杜撰；而"大众美学"则颠覆了上述理念，将功能的重要性置于形式之上。相应地，大众文化是一种"表演"，关注何物被表征；高雅文化则是一种"沉思"，只关注表征本身。诚如布尔迪厄所言："我们相信，知识分子更关心表征——如文学、戏剧、绘画等——而非被表征之物，而人们则大多期待那些规束性表征与风习能够让自己'天真地'相信被表征之物。"（5）

美学的"高下之分"更强调"如何"（how）而非"什么"（what），实际上否定了功能的存在，其逻辑关系就像我们在评论一顿饭的好坏时是以"物美价廉"为标准还是以"服务周到"为标准一样。"纯粹"美学或"纯粹"文化的凝视随着文化场域的浮现而出现，并在艺术博物馆体系中完成制度化。无论什么艺术，一旦进入了博物馆，就丧失了一切艺术之外的重要功能，变成纯粹的形式。"那些整整齐齐摆放在博物馆里的艺术品，虽均源于不尽相同，甚至势如水火的功能（耶稣受难与神物崇拜、圣母哀悼与静物画），如今却都策略性地将注意力集中在形式与技巧上，早将功能与主题抛于脑后。"（30）例如，同一则羹汤广告，若在美术馆里播放，就是美学的范例；若在杂志上刊登，则变成了一种商业行为。上述分歧旨

---

① 不妨举个形式略异，但本质相同的例子来做类比。曾与我共事于同一所大学的两个朋友一度因长期追捧《神秘博士》（*Doctor Who*）一剧而广受讥刺。可近来，他们都对该剧的日渐风靡产生了怨怼之意。仿佛大众对该剧的带有民主化色彩的喜爱困扰了他们，并对他们对该剧的"所有权"构成了威胁。

在生产出"一种与圣餐变体论*（transubstantiation）极为相似的认识论的跃进"（Bourdieu，1984：6）。

诚如布尔迪厄所言："若要描述'纯粹'（pure）凝视，则必须对与之相对的'天真'（naive）凝视加以界定。"（32）而所谓"天真"凝视，毫无疑问，指的就是大众审美的凝视。

> 艺术与生活之间延续性的确证意味着将功能凌驾于形式之上……是一种对高雅美学出发点的否定之否定，即在普通倾向与独特的美学倾向之间画出明晰的分界线（同上）。

纯粹凝视与大众/天真凝视之间的关系无须牵涉艺术自身的品质，而更多反映了统治与被统治的关系。此外，布尔迪厄还指出，上述两种美学与权力关系直接发生着密切的接合。若无必要的文化资本，我们便无法对艺术做出"释码"，就会在那些拥有文化资本的人面前显得无比**脆弱**。后天习得的文化被伪装成与生俱来的自然之物，并成为加强社会关系的合法性的工具。如此一来，"艺术与文化消费就成了预设之物……其社会功能就是加强社会差异的合法性"（7）。布尔迪厄将此种差异机制称为"自然品位的意识形态"（68）；在其控制下，只有"天赋异禀"的极少数人才真正懂得鉴赏艺术的韵味，而庸庸碌碌的大多数则几乎一无所知。奥尔特加-加赛特（Ortega y Gasset）的总结更加精确："艺术帮助极少数'最优秀的人'彼此认同，并促使其携手并进，与芸芸众生对抗。"（31）美学关系既模拟了权力的社会关系，又促使后者完成自身的再生产。诚如布尔迪厄所言：

> 美学的排异会引发可怕的暴力……对于那些将自己视为合法文化所有者的人而言，最不能容忍的事莫过于原本泾渭分明的高低差异冒渎地混杂在一起。这意味着艺术家、美学家及其为垄断艺术合法性而展开的斗争比表面看来复杂得多。在每一场关于艺术的战斗中，都存在着"将生活

---

* 圣餐变体论，意指相信弥撒时神父所献之面包和酒会变化为耶稣的肉和血的观念。——译者

艺术化"的欺骗性内容，其目的即在于通过将某一种生活方式确立为合法，把其他生活方式纳入专断的统治权力（Bourdieu, 1984: 57）。

如其他意识形态策略一般，"自然品位的意识形态之所以能够立足，原因即在于……其得以将真实的差异自然化，把因文化习得而产生的差异转化成自然的差异"（68）。

在一部深入讨论布尔迪厄理论的著作中，保罗·威利斯指出：对"艺术"的美学鉴赏经历了一个"内在的超级制度化"的过程（Willis, 1990: 2）。在这一过程中，艺术与生活分离，社会功能被忽视，而有能力"鉴赏"艺术的少数人就与"粗鲁的群氓"划清了界线。在这一过程中，审美与教育之间的关系，即美学鉴赏所需相关知识的生产和再生产，遭到了否认（无论是正式的还是非正式的），美学品位被呈现为与生俱来之物，无法通过后天教育习得。当然，这并不意味着必须闭塞"大多数人"接受教育的路径，只不过，普通人即使经过教育也无法掌握"鉴赏"高雅文化的符码；在接受教育的过程中，他们应当"认识到自己的无知与迟钝，认识到自己和那些脱离了低级趣味的'上等人'根本就是两路人。当然，他们也绝对没有任何'天赋'，只有少数精英才有能力展演或创造'艺术'"（3）。由是，那些在日常生活中制造着文化的人反而被贴上了"没文化"的标签。为了与文化"内在的超级制度化"策略相对抗，威利斯提出了所谓的"扎根美学"（grounded aesthetics）理念，即普通人在日常生活中对世界的文化意义进行创造的方式："人们通过何种途径将自然世界与社会世界变得富有**人性**，并在一定程度上（哪怕只是在符号层面上）对其加以控制。"（22）

> （扎根美学）是从符号与实践中获取意义的创造性元素，通过对符号与实践进行选择、再选择、强化以及重组来反映更合时宜、更独特的意义。这一过程既基于情感，又基于认知。有多少种美学，就有多少片适宜其生长的土壤。因此，扎根美学是共同文化的催化剂（21）。

扎根美学的价值观既不蕴含在某个特定的文本和实践里，也不具备放诸四海而皆准的一般形式，而始终存在于消费的"美感/情感/认知"（Willis，1990：24）行为中（一件商品是如何被理解、"利用"并转变成文化的）。很多人坚持认为创造性仅仅存在于生产行为中，而消费行为只不过是对审美目标的认同或误认。对此，威利斯提出反对，坚称消费本身就是一种创造性的象征行为。其"基本观点……在于'信息'并非简单地'收发'，而是在'接收'的过程中被**创造**出来的……由是，'发送信息'的传播模式为'制造信息'的传播模式所取代"（135），文化传播也不再是单纯倾听他人声音的过程。扎根美学的核心理念在于坚信商品是在使用价值的基础上被消费，进而被转化成文化的；商品自身并不蕴含着什么与生俱来的、非历史的品质（无论文本自身的品质还是作者的品质）。在扎根美学中，必须首先"对产品进行使用"，才能奢谈意义与快感。一种被文本分析或生产方式分析定性为"陈腐"或"乏味"的商品或商品化实践，在某种鲜活的消费情境之下被"使用"了之后，或许会变得兴味盎然。在此意义上，威利斯的观点既是对强调"品质"的文本主义（textualism）的批判，又是对聚焦生产关系的政治经济学方法的拒斥。他始终认为，消费的"象征机制"绝非对生产关系的简单附和，更不是对学院式符号学的直接确证。

> 是人，将鲜活的身份带入商业与文化商品的消费过程；是人，将自身的经验、感觉、社会地位与社会归属带入与商业的遭遇。因此，人带来了创造性的象征快感，不仅让文化商品自身具有了意义，也在一定程度上通过文化商品使自己在中小学、大学、生产、社区以及特定的性别、种族、阶级与年龄族群中面临的矛盾与结构具有了意义。上述象征机制所导致的结果，或许早已与最初包孕在文化商品中的代码相去甚远（21）。

法国文化理论家米歇尔·德·赛图（Michel de Certeau）也对"消费者"这个概念进行了深入考察，以图对消费行为，或他所言的"次级生产行为"做出解释（de Certeau，2019：603）。在他看来，消费"极其狡狯，难以把握；但消费又无处不在，以令人难于察觉的方式反复迂回，这是因为其并非通过产品彰显自身，而是在宰制性经济规则的压迫下借由'使用'来实现的"（602）。在德·赛图看来，文化场域内存在着持久的、令人难以察觉的冲突，交战的双方则分别是文化权力的战略（strategy）（生产）和文化使用的战术（tactics）（消费，或"次级生产"）。文化批评家须警惕"隐藏于……使用过程中的……生产……与……次级生产的异同"①（603）。德·赛图将积极的消费行为比喻为"盗猎"（poaching）："读者就是旅行者，在不属于自己的土地上迁徙，就如同盗猎的流浪汉一样窃取着别人书写的内容。"（de Certeau，1984：147）

将阅读等同于盗猎的观念显然拒绝了视文本"信息"为自上而下的强加之物的理论假设。德·赛图指出，人们之所以会出现理解的误差，皆因未能认清消费过程的本质。这种"误解认为'同化'（assimilating）必然意味着与自身汲取之物'变得相似'；可实际上，消费者总是能够'使某物变得与自身相似'，进而将商品加以改造、据为己有"（166）。

文本盗猎行为始终与文本生产者的"圣典经济"（scriptural economy）（131-76）发生着持续的冲突。而来自制度的声音（如专业批评家、学者等）则往往维护作者与文本自身的权威性，制约着"非权威"意义的生产与流通，这种声音亦属盗猎行为反对的对象。如此，德·赛图的"盗猎"概念就对强调被动接收作者与文本意图的传统解读模式构成了挑战，阅读行为不再仅仅是简单的"对"或"错"。据他考察，很多文本都因蕴含着隐匿的意义而帮助维系了教

---

① 不妨举一个次级生产"战术"的例子：尽管我的父母都支持工党，但多年以来每逢大选他们都分别投票，从未一起投过票，原因是我的父亲总是搭一位当地保守党议员的灰色宾利轿车去投票站。我的母亲出生并成长于杜伦（Durham）矿区的一个小山村，曾亲历1926年大萧条后的苦难生活，因此绝不愿搭托利党的便车。她甚至声称："我就是死掉，也绝不会坐他的车。"我的父亲在沃尔特·格林伍德（Walter Greenwood）笔下的索尔福德（Salford）城区长大，尽管也曾经生活得很艰辛，却始终不失幽默地表示自己非常乐意搭保守党的便车去为工党投票。

学法中的权力关系:

> 小说总是将消费者置于被统治地位,因为这些消费者在沉默不语的"财富"面前始终显得既不贞又无知……虚构的"宝藏"就潜藏在作品之中,包孕着无比丰富的意义,起决定性作用的当然不是读者的生产性,而是综合决定了读者与文本之间关系的社会制度。阅读行为仿佛是对(教师与学生之间)力量关系的翻版,最终也就变成了社会权力的工具(de Certeau,1984:171)。

相应地,也就产生了一种独特的教学实践,即"学生……被轻蔑地赶回或骗回教师所'接受'的意义上"(172)。① 这就是我们通常所说的"文本决定论"②,即认定事物的价值先天包含于其自身。在此观念体系下,某些特定的文本与实践就会被预先纳入学术性凝视的合法性关注范围,而其他文化形式则会被贬低或排除。而我倒认为研究什么对象并不重要,重要的是通过什么方法来研究这个对象。

日常生活的很多领域都可被归入德·赛图所说的消费实践范畴,而最具代表性的莫过于"迷文化"*(fan cultures)了。与青年亚文化情况类似,各种"迷"或许是大众文本与实践中最引人注目的受众群体。近年来,"迷"现象引发了文化研究的批判性关注,人们多对其大加嘲讽,或将其视为一种病态。裘莉·詹森(Joli Jenson)指出:"关于'迷'现象的种种文献都纠缠于'病态'这个概念,(从词源的角度看)形形色色的'迷'始终被视为潜在的疯子。故而,对某物的沉迷就成了一种极端狂热的行为。"(Jenson,1992:9)此外,詹森还总结出关于"迷"现象的两种病理学,一是"纠结的个体"(通常为男性),二是"歇斯底里的人群"(通常为女性)。她声称,上述两种观念均源自特定的阅读实践,以及"未获承认的现代

---

① 安迪·梅德赫斯特(Andy Medhurst)精确地将这种教学方式喻称为"传教士式蒙骗"(Medhurst,1999:98)。
② 参见 Storey,2017a。
* 亦译"粉丝文化"。——译者

第十二章 大众政治　　377

性批评",并将所有沉迷者视为"一种假定的社会机能障碍的心理症候"(Jenson,1992:9)。由是,"迷"就成了现代生活中危险的"他者";"我们"是清醒且令人尊敬的,"他们"则是纠结而歇斯底里的。

当然,这只不过是又一套关于"他者"的话语罢了——"沉迷"是别人的事,与自己无关。例如,若平民大众喜欢什么东西,就会被指"沉迷";而统治阶级的爱好则摇身一变,成了兴趣、品位与审美倾向。此外,詹森还指出,"迷文化"的话语始终捍卫着阶级文化的分野,集中体现在"统治阶级与普罗大众所'迷'对象是不同的"这一假设上。① 此外,不同阶级所采用的鉴赏方法的差异也扮演着卫道士的角色,即大众总是将快感展现为情感的剩余,而统治阶级则时刻维系着令人尊敬的审美距离与自我控制。②

在文化研究领域内对迷文化进行的最有趣的论述莫过于亨利·詹金斯(Henry Jenkins)的《文本盗猎者》(Textual Poachers)了。通过在某一社区展开(其绝大多数成员是中产阶级白人妇女)民族志研究,他得以同时从"学者(掌握大众文化理论、据有批判及民族志文献的人)与沉迷者(了解该社区特定知识与传统的人)"两个角度对"迷"现象做出诠释(Jenkins,1992:5)。

沉迷者的阅读行为兼含智力性与情感性。"读者与文本的近距离接触非但未使读者被文本占有,反而促进了读者对文本的完全占有。只有将传媒内容融入日常生活,只有与文本的意义与资料保持紧密的联系,'迷'们才能对小说进行充分的消费并将其转化为行动的源泉。"(62)詹金斯也反对文本决定论(文本决定了人们阅读的方式,进而将读者置于某种意识形态话语之中),他坚称:"读者并非被强行拽入业已形成的虚幻世界,而是拥有充分的自主性以创造新的文本资料。因此,读者头脑中预存的价值观与叙事系统所传递的价值

---

① 詹森令人信服地指出:迷詹姆斯·乔伊斯与迷白瑞·曼尼洛(Barry Manilow)没有什么本质的不同(Jenson,1992:19-20)。
② 古典音乐与歌剧的听众必须学习消费的美学模式。参见 Storey,2006,2010a。

观在重要性上是难分伯仲的。"(Jenkins,1992:63)

对于文本，"迷"们并非一读了事，而是进行着持续的、反复的阅读，这便颠覆了文本与读者之间天然的关系。阅读行为破坏了巴尔特所谓的"阐释代码"(hermeneutic code)机制（文本通过设置悬念的方式诱发读者的阅读兴趣）。通过反复阅读，读者的注意力从"即将发生什么"转移到"事情如何发生"，开始关心人物关系、叙事主题以及社会知识与话语的生产过程。

尽管阅读实践在大多数情况下是一种私人化的单独行为，但"迷"们仍是作为社区的一分子来对文本进行消费的。究其实质，迷文化就是意义生产与阅读实践的公开展示与流通，形形色色的"迷"们在交流之中创造着意义，而这些意义的公开展示与流通对于迷文化的再生产而言至关重要。诚如詹金斯所言："组织化的沉迷现象最显著的特征在于其生成了一种理论与批评的惯例。迷文化仿若一个半结构空间，对文本的诸种阐释与评估机制便于其中交相辉映、互相冲突、交流妥协，读者亦时刻思索着大众传媒的天性及其与自身的关系。"(86)

"迷"们不仅仅是狂热的读者，也是积极的文化生产者。詹金斯归纳出电视迷通过小说创作来改写自己喜爱的电视节目的十种方法：

1. **情境重置**(recontextualization)：生产简评与长短篇小说以填补广播*叙事(broadcast narrative)的空白，进而对特定行为做出额外的解释。

2. **扩充时间线**(expanding the series timeline)：生产简评与长短篇小说来为虚构人物提供历史背景，而非纠缠于广播叙事对人物发展前景的探索。

3. **焦点重置**(refocalization)：将注意力从主要人物转移到次要人物身上，例如，将原本处于文本边缘位置的女性黑人置于舞台的正中央。

---

* 此"广播"意为"广泛传播"，非广播媒体。下同。——译者

4. **道德重组**（moral realignment）：与"焦点重置"类似，即对广播叙事中的道德标准进行转换（如坏人变好人）。在有些情况下，原有道德标准仍得以维系，但叙事的视角则转移到"坏人"身上。

5. **类型转换**（genre shifting）：例如，将原本用于科幻剧集的叙事移位到言情剧集或西部剧集之中。

6. **交叉**（cross-overs）：让某一部电视剧中的人物出现在另一部电视剧中。例如，《神秘博士》中的人物有可能以同样的身份出现在《星球大战》里。

7. **人物移位**（character dislocation）：人物以新的名字、新的身份出现在新的叙事里。

8. **个人化**（personalization）：改写者将自己写入自己喜爱的电视节目。例如，我可以写一部短篇小说，在情节中安排自己被神秘博士邀请一同进行时光旅行，去探寻曼联球队到 24 世纪时变成了什么模样。不过，詹金斯也指出，迷文化中的许多人都不喜欢这种改写方式。

9. **情感激化**（emotional intensification）：生产所谓"悲喜交加"的故事，如安排自己最喜爱的人物经历情感危机。

10. **情色化**（eroticization）：探索虚构人物生活中情色的一面，最著名的例子莫过于描绘同性恋关系的耽美小说[*]。

除了进行小说创作之外，电视迷还通过剪辑自己喜爱的节目中的画面，再配以某支流行歌曲的节奏来制作音乐录像。他们创作同人歌曲（filk songs），创办同人杂志（fanzines），在自己生产的艺术文化领域内自娱自乐，甚至会通过政治抗议的方式迫使电视网重播自

---

[*] 原文为 slash fiction。Slash 意指斜线"/"。这类由电视迷创造的亚文化文本最早出现于 20 世纪 70 年代《星际迷航》热播时期，热衷于此种改写行为的观众为剧中的两个男性角色 Kirk 与 Spock 进行配对并虚构他们之间的同性恋故事，即"Kirk/Spock"，slash fiction 由此得名。在亚洲，此类文本通常被称为"耽美"（Yaoi）。——译者

己心爱的节目，或对正在播出的剧集做出改编。① 作为对德·赛图的回应，詹金斯指出："形形色色的'迷'就如同盗猎者一般，他们将其他人的商品据为己有并借此建构了一个替代性的文化共同体。"（Jenkins，1992：223）

在对同人歌曲的讨论中，詹金斯注意到在"迷"与"非迷"的世界之间存在普遍的冲突，两者的区别亦非简单的"回应的激烈程度"的差异："我们常常认为沉迷者是日常生活中的违规者、逾矩者，他们的情感远比常人丰富细腻，他们对世俗标准视而不见，思考的深度亦远远超过'非迷'。"（268）此外，"迷现象还建构了……一个独特的空间……其主要特征是对世俗价值与实践的拒斥，对情感沉迷的狂欢以及对快感的热烈拥护。迷文化存在本身便是对消费者文化的习俗与惯例进行的批判"（283）。

迷文化以抗争的方式，从"将许多美国人转化为旁观者的压迫力"中创造出"一种可供更多人分享的文化"（284）。在詹金斯看来，这是迷文化强大力量的集中体现。力量并非由商品赋予，而是源自"迷"们对商品的消费与利用，如其所言：

> 需要声明，文本自身并不具备什么力量，力量是在"迷"们将文本吸收融汇进自己独特的生活体验的过程中产生的。迷文化所青睐的并非"奇异"的文本，而是"奇异"的解读方式（尽管读者的诠释性实践使得两者之间的界线模糊不清）（同上）。

詹金斯认为，迷文化在以一种会让人回想起亚文化阅读的经典文化研究模式的方式拒斥日常生活中的普通需求。青年亚文化将自己置于母文化与宰制性文化的对立面，迷文化则旗帜鲜明地反对所谓"非迷"的日常文化的被动性。

格罗斯伯格对采用亚文化研究的模式来考察迷文化持反对意见，

---

① 参见派瑞曼关于《神秘博士》的剧迷如何成功使得该剧重返电视荧屏的讨论（Perryman，2009）。

他认为，如此一来，"各种'迷'就成了被动消费者这一庞大受众群体中的一小撮精英"（Grossberg，1992：52）。

由是，"迷"仿佛成了生命不息、战斗不止的勇士，不但与各种权力结构拼争，也与由传媒消费者构成的广大受众抢夺地盘。此种精英主义观念无益于我们理解大众文化形态及其受众之间错综复杂的关系。就算我们都承认"迷"与"消费者"是两类人，也绝不能简单地通过褒扬前者、贬斥后者的方式来认识两者间的差异（同上）。

与之相似，亚文化分析亦始终倾向于褒扬"独特性"、贬斥"平常性"，即将反抗的"风格"与陈腐的"时尚"对立起来。亚文化代表具有抗争精神的一部分年轻人，他们总是积极反抗大多数人所拥有的消极被动的商业品位。一旦抵抗行为被收编，分析也就中止了，直到下一次"伟大拒斥"的出现。盖瑞·克拉克（Gary Clarke）将注意力集中于许多青年亚文化理论的"伦敦中心论"倾向，即认定外省出现的一切青年亚文化形式都是商业收编的标志。自然，他也注意到经典文化研究在亚文化研究领域内存在的文化精英主义问题。

总体上，我认为亚文化理论文献大多将注意力集中在极少数人的风格分离问题上（尽管并未明说），进而将其他工人阶级文化"毋庸置疑"地划归"收编"领域。尽管绝大多数"正常"的工人阶级青年喜爱同样的音乐、风格与亚文化行为，但他们仍然被少数人指责为"品位低劣"；至于华丽摇滚*（glam rock）与迪斯科（disco），更因缺乏"本真性"而饱受非议。其实，上述思路中潜伏的仍然是对"群氓文化"的鄙视（正因群氓文化很糟糕，所以少数人才要想方设法地"分离"出去），这与法兰克福学派的马克

---

* 华丽摇滚，出现于20世纪70年代早期的英国摇滚乐流派，其主要特征是注重表演者的外表而非音乐节奏。歌手与乐手在表演时常常穿着耀眼华丽的服饰、佩戴假发与夸张的首饰，无论男女均化浓妆。代表人物包括皇后乐队（Queen）、艾尔顿·约翰（Elton John）等。——译者

思主义传统和英国文化研究经典（如《识字的用途》的第二部分）的观念一脉相承（Clarke，1990：90）。

克拉克提出，假若亚文化消费仍要留在文化研究的领域，就必须"突破其出发点的樊篱"（92），绝不能动不动就为其他文化扣上"收编"的帽子。文化研究最好也将注意力集中在"所有青年的行为之上，为文化与社会关系的延续与断裂找寻定位，并探索这些行为对青年自身而言具有何种意义"（95）。

经济场域

如今，来自媒介与传播领域的人（在学术界，这些人几乎全为男性，而且完全是文化研究的门外汉）撰写了大量文章和会议论文，声嘶力竭地呼吁文化研究必须立刻无条件、全身心地拥抱政治经济学方法以维系自身的政治信誉。[①] 麦克盖根就是这一观点早期的重要代表。

> 在我看来，与政治经济学的分离是导致当代文化研究羸弱无力的首要原因。很多人自以为是地认定政治经济学等于经济还原论，于是，甚少研究者对传媒机构的经济方面与消费文化的宏观经济动力做出考察。大家都小心翼翼地回避着经济问题，此举严重危损了文化研究的解释力，并导致了政治批判功能的丧失（McGuigan，1992：40-1）。

尼古拉斯·加纳姆发表过相似的观点："文化研究若要实现自己的政治理想，必须重建通往政治经济学的桥梁。"（Garnham，2009：619）当下的文化研究普遍高估了消费者的力量，反而忽视了生产在约束消费的可能性方面扮演的"决定性"角色。

---

① 若想了解文化研究与文化政治经济学之间丰富且激烈的争论，可参见 *Critical Studies in Mass Communication*, 12, 1995。此外，还可阅读下面这本书的第七章：*Cultural Theory and Popular Culture: A Reader*, 5th edition, edited by John Storey, Harlow: Pearson Education, 2019。

那么，政治经济学究竟能为文化研究带来什么好处呢？请看彼得·戈尔丁（Peter Golding）与格雷厄姆·莫多克（Graham Murdock）对政治经济学的基本理论与方法所做的归纳：

> 批判政治经济学视角最显著的特征在于……其对公共传播（包括大众文化）领域内符号与经济维度之间互动关系的关注。掌握了政治经济学，便可理解被金钱与权力控制的文化产品如何通过各种各样的方式左右公共领域的话语与表征，进而控制受众对上述话语与表征的**介入**（Golding and Murdock, 1991: 15）。

显然，在这个文化工业控制权日趋集中于少数权力个体与机构之手的世界，认清上述道理是至关重要的。对于今天的文化工业来说，以公众无法察觉的方式将自身的权力延伸到其他社会领域绝非难事。例如，一家电影制片厂完全有可能同时拥有出版公司、唱片公司、报纸和杂志，这样它就可以将自己出版的书改编为电影、自己去发行影片的原声唱碟，同时在自己的媒体上对电影进行评论。这种"协同效应"赋予文化工业巨大的权力，使之足以左右我们看什么、读什么、听什么，以及更重要的是，我们如何被促使着去听、看和读。

那么，文化的政治经济学如何解决这一问题呢？在这里，"介入"一词至关重要（甚至超过了"使用"与"意义"），因其揭示了政治经济学方法的局限：解决经济问题游刃有余，面对符号现象则底气不足。戈尔丁与莫多克指出，威利斯与费斯克等理论家"对颠覆性消费的颇富浪漫色彩的拥护显然违背了文化研究对大众传媒意识形态操纵方式的长期关注，进而也就维系和支撑了既存的宰制性关系"（17）。这番论调并不足以推翻威利斯与费斯克的理论观点，反而引出了对于文化研究使命的思考。在戈尔丁与莫多克看来，文化研究必须将全部精力集中在"统治"与"操纵"问题上，否则必将走向末路。因此，就相应产生了两种立场，一是"极富浪漫色彩的拥护"，二是对意识形态力量的关注，只有后者才是严肃的学术问题,前者毫无价值。难道所有展现人们抵抗意识形态操控的理论都只是"极富浪漫色彩的拥护"吗?莫非只有左派悲观主义(left pessimism)与道德左派(moral leftism)的思想才具有独一无二的政治严肃性与学术价值?

政治经济学的文化分析理念似乎并不局限于考察文本与实践的细节,至于文本与实践具有何种(文本)意义、人们又如何(通过消费与利用)使文本与实践具有了意义,政治经济学全然不关心。诚如戈尔丁与莫多克所言:

> 近年来,文化研究对受众行为的考察主要聚焦于文本阐释过程中的协商机制以及直接社会环境中的媒体使用问题。与之相反,批判政治经济学关注的则是人对自身在经济系统中的总体位置的回应及相关的变迁动向(Golding and Murdock, 1991: 27)。

上述论断似乎表明文本的独特物质性是无关紧要的,受众与文本之间的协商机制更是一派胡言——所有一切不过是经济权力游戏中的幻象罢了。

当然,将大众文化的文本与实践置于其所处的经济环境中加以考察是无可厚非的,但若只采用政治经济学的理论与方法显然远远不够。研究者应深入探索文本的独特物质性以及受众对文本的吸纳与利用过程,只有这样,很多重要问题方能迎刃而解。在我看来,后马克思主义的霸权理论在发掘生产、文本与消费的互动关系上依然具有不可取代的意义,而政治经济学纵然怀有令人倾慕的愿景,却只会将世间万物简化为经济问题。

威利斯对资本主义市场所持的态度极大地"冒犯"了政治经济学,尤其是他强调资本主义对利润的追逐生产出了适宜共同文化的新形式发展的社会条件:

> 当大多数人尚未意识到该领域(共同文化)的存在,遑论为其提供有用的符号给养时,文化领域内的商业资本家

便已找到了"真金白银"的所在。无论存在哪些自给自足的缘由,我们都坚信上述过程是一种历史性认同,不但至关重要,而且无法还原。商业文化形态生产出一种无可逃避的历史的在场,其内蕴含着丰富的资源供人们自由撷取、创造符号。无论我们如何评价,这种繁荣和壮观都是以往任何时代无法比拟的。这种文化形态既非商业虚构的白日梦,又非冠冕堂皇的"官方"文化,而是货真价实的共同文化(Willis, 1990: 19)。

资本主义并非铁板一块,与其他"结构"一样,它也包含着对"行动"既制约又纵容的内部矛盾。例如,资本主义社会一方面喋喋不休地抱怨近来的青年亚文化,另一方面又怀着极大的经济热情对其大力拥护,甚至生产出各式各样的商品来满足其欲望、滋养其成长。正是资本主义市场体系内部的矛盾与冲突使得共同文化的出现成为可能。

> 商业与消费主义导致对日常符号生活的亵渎行为的大爆发。由于商业的疏忽,共同文化的精灵钻出了玻璃瓶。与其将其强塞回去,不如看看它能满足我们的哪些愿望(27)。

威利斯的上述论断必然会引发很多人的不满,尤其是政治经济学的拥趸。政治经济学呼吁"文化必须发挥解放性功效,至少应对不合理的经济体制做出反抗"(131),而文化研究显然"力度不够"。平心而论,尽管我们连"文化解放"究竟是什么意思都没弄清楚,但政治经济学主张摧毁"官方文化"霸权地位的理想是无可厚非的。不过,有一点是显而易见的,即威利斯刻意忽略了资本主义市场的扭曲意图,而将注意力集中于市场机制内部的矛盾——"通过提供资源来构成自己的批判"(139)——借此得出了资本主义制度有利于共同文化的符号创造力的结论。

> 在市场中,人们找到了自己出世、发展与成长的动力与可能性。尽管制度本身万恶不赦,每个毛孔里都充斥着

异化与压迫，但这种动力与可能性比任何可见的出路都更加光明……拥有了市场提供的文本与商品之后，仅仅站在扎根美学的角度喊几句"消费者身份是对特定立场的简单重复"的口号是远远不够的。当然，市场对文化的赋权是极不充分的。人们有权选择，却并不具有选择的选择权（choices over choices），即设置文化议程的权力。不过，市场提供的赋权机制是其他系统无力提供的，它或许不是在文化上解放大众的最佳途径，**却有可能将我们引向一条更好的道路**（Willis，1990：160）。

如资本主义制度一样，提供人们用来制造文化的商品的文化工业也并非牢不可破。从文化工业的雏形，即 19 世纪的舞台通俗剧（melodrama），到 21 世纪的鼎盛时期，即流行音乐的大行其道，形形色色的文化商品被人们以各种各样的方式"接合"，以求"引领我们通往光明的未来"。例如，图 12.1 是曼彻斯特皇后剧院（Queen's Theatre）（一个旨在兜售商品化娱乐的商业场所）的一场慈善义演的宣传海报。该海报展现了剧院如何做出牺牲（或被迫做出牺牲），通过义演来声援伦敦的装订工人大罢工。[①] 另一个具有代表性的例子，是纳尔逊·曼德拉（Nelson Mandela）1990 年出狱后首次在公开场合露面，竟然是参加一场流行音乐会，以感谢现场听众（"流行音乐"这种商品化实践的消费者）"对民权运动的全力支持"[②]。上述两个例子有力地表明：无论资本主义制度还是资本主义文化工业都不是浑然天成的，而始终包孕着矛盾与冲突。

威利斯还表明，将消费视为对生产意图的反映是一种简单粗暴的思路。特里·勒沃（Terry Lovell）援引马克思的观点，指出资本主义商品具有双重性，即使用价值与交换价值。前者意指"商品满足人类需求的能力"（Lovell，2019：594），这种需求既包括"填饱肚子"，又包括"满足幻想"（同上）；而后者则集中体现于商品在市场

---

① 参见 Storey，1992，2010a。
② 参见 Storey，1994。

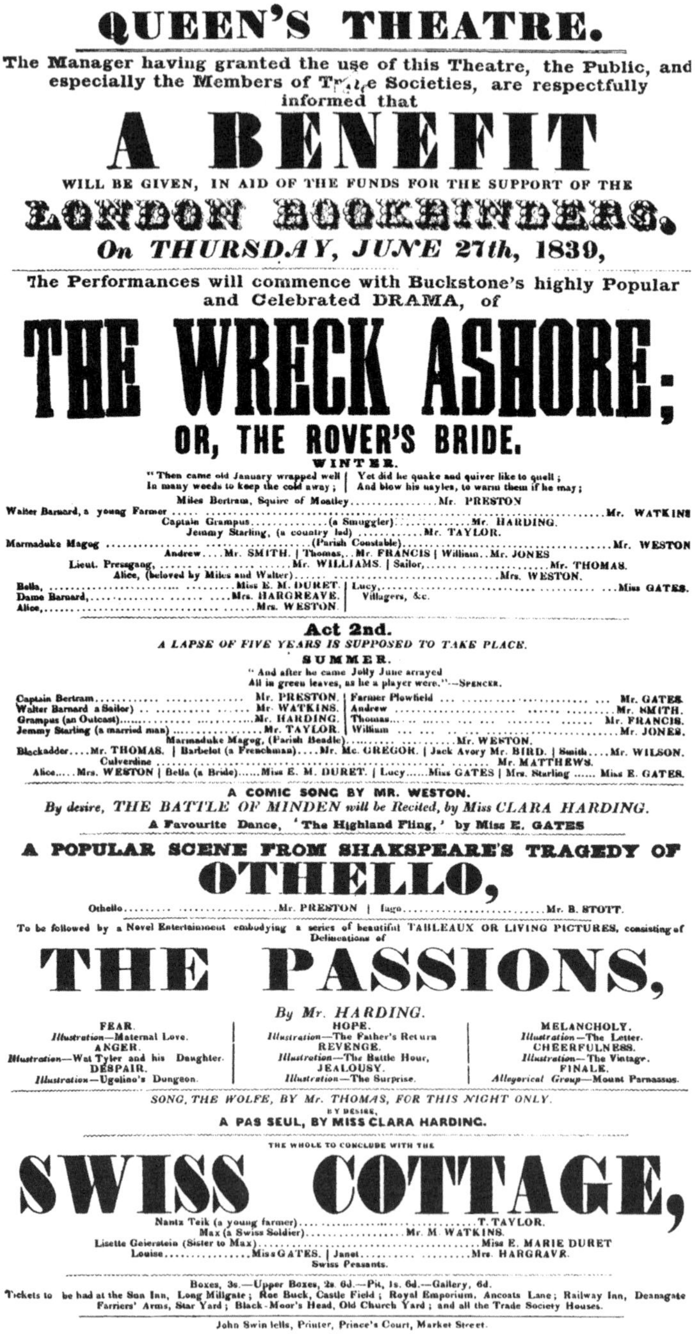

QUEEN'S THEATRE.

The Manager having granted the use of this Theatre, the Public, and especially the Members of Trade Societies, are respectfully informed that

A BENEFIT

WILL BE GIVEN, IN AID OF THE FUNDS FOR THE SUPPORT OF THE

LONDON BOOKBINDERS,

On THURSDAY, JUNE 27th, 1839,

The Performances will commence with Buckstone's highly Popular and Celebrated DRAMA, of

THE WRECK ASHORE;

OR, THE ROVER'S BRIDE.

WINTER.

"Then came old January wrapped well | Yet did he quake and quiver like to quell;
In many weeds to keep the cold away; | And blow his nayles, to warm them if he may;

Miles Bertram, Squire of Moatley ... Mr. PRESTON
Walter Barnard, a young Farmer ... Mr. WATKINS
Captain Grampus ... (a Smuggler) ... Mr. HARDING.
Jemmy Starling, (a country lad) ... Mr. TAYLOR.
Marmaduke Magog ... (Parish Constable) ... Mr. WESTON
Andrew ... Mr. SMITH. | Thomas, .. Mr. FRANCIS | William .. Mr. JONES
Lieut. Pressgang, ... Mr. WILLIAMS. | Sailor, ... Mr. THOMAS.
Alice, (beloved by Miles and Walter) ... Mrs. WESTON.
Bella, ... Miss E. M. DURET. | Lucy, ... Miss GATES.
Dame Barnard, ... Mrs. HARGREAVE. | Villagers, &c.
Alice, ... Mrs. WESTON.

Act 2nd.

A LAPSE OF FIVE YEARS IS SUPPOSED TO TAKE PLACE.

SUMMER.

"And after he came Jolly June arrayed
All in green leaves, as he a player were."—Spencer.

Captain Bertram ... Mr. PRESTON. | Farmer Plowfield ... Mr. GATES.
Walter Barnard a Sailor) ... Mr. WATKINS. | Andrew ... Mr. SMITH.
Grampus (an Outcast) ... Mr. HARDING. | Thomas ... Mr. FRANCIS.
Jemmy Starling (a married man) ... Mr. TAYLOR. | William ... Mr. JONES.
Marmaduke Magog, (Parish Beadle) ... Mr. WESTON.
Blackadder ... Mr. THOMAS. | Barbelot (a Frenchman) ... Mr. Mc. GREGOR. | Jack Avory Mr. BIRD. | Smith ... Mr. WILSON.
Culverdine ... Mr. MATTHEWS.
Alice ... Mrs. WESTON | Bella (a Bride) ... Miss E. M. DURET. | Lucy ... Miss GATES | Mrs. Starling ... Miss E. GATES.

A COMIC SONG BY MR. WESTON.

By desire, THE BATTLE OF MINDEN will be Recited, by Miss CLARA HARDING.

A Favourite Dance, 'The Highland Fling,' by Miss E. GATES

A POPULAR SCENE FROM SHAKSPEARE'S TRAGEDY OF

OTHELLO,

Othello ... Mr. PRESTON | Iago ... Mr. B. STOTT.

To be followed by a Novel Entertainment embodying a series of beautiful TABLEAUX OR LIVING PICTURES, consisting of Delineations of

THE PASSIONS,

By Mr. HARDING.

FEAR.
Illustration—Maternal Love.
ANGER.
Illustration—Wat Tyler and his Daughter.
DESPAIR.
Illustration—Ugelino's Dungeon.

HOPE.
Illustration—The Father's Return
REVENGE.
Illustration—The Battle Hour,
JEALOUSY.
Illustration—The Surprise.

MELANCHOLY.
Illustration—The Letter.
CHEERFULNESS.
Illustration—The Vintage.
FINALE.
Allegorical Group—Mount Parnassus.

SONG, THE WOLFE, BY Mr. THOMAS, FOR THIS NIGHT ONLY.

BY DESIRE,
A PAS SEUL, BY MISS CLARA HARDING.

THE WHOLE TO CONCLUDE WITH THE

SWISS COTTAGE,

Nantz Teik (a young farmer) ... T. TAYLOR.
Max (a Swiss Soldier) ... Mr. M. WATKINS.
Lisette Geierstein (Sister to Max) ... Miss E. MARIE DURET
Louise ... Miss GATES. | Janet ... Mrs. HARGRAVR.
Swiss Peasants.

Boxes, 3s.—Upper Boxes, 2s. 6d.—Pit, 1s. 6d.—Gallery, 6d.
Tickets to be had at the Sun Inn, Long Millgate; Roe Buck, Castle Field; Royal Emporium, Ancoats Lane; Railway Inn, Deansgate Farriers' Arms, Star Yard; Black-Moor's Head, Old Church Yard; and all the Trade Society Houses.

John Swindells, Printer, Prince's Court, Market Street.

图 12.1 声援装订工人大罢工的义演海报

上出售的价格。勒沃认为,在威利斯看来,"必须先对商品的实际用途进行调查,方可确定该商品的使用价值"(596)。此外,他还揭示道:

> 孕育了大众文化的商品对于生产者和销售者,及至整个资本主义制度而言或许大同小异,但在使用者与购买者手中却变得花样繁多。我们可以认为人们购买这些文化产品并非旨在拥抱资产阶级意识形态……而是为了满足自身的各种各样的需求。这些需求究竟是什么?只有经过分析和调查方可得知。文化产品对购买者而言具备何种使用价值?这些产品又是如何以资产阶级意识形态的身份惠及资本主义制度的?这是两个截然不同的问题,切不可混为一谈(Lovell, 2019: 598)。

无论我们购买什么,似乎都促进了资本主义经济系统的再生产,但购买行为并不一定让我们变成资本主义意识形态的"顺民"。例如,当我去参加一场反资本主义的游行,在旅途中消费的一切食物与住宿其实都属于我要推翻的那个社会系统。因此,尽管我的绝大多数消费行为是"资本主义的",却并不能阻止我对资本主义制度的反抗。在交换价值与使用价值之间始终存在着潜伏的冲突。

资本主义生产关注的首要问题是交换价值导致了剩余价值(利润)的产生。当然,这并不意味着资本主义对使用价值漠不关心,毕竟没有人会购买毫无用处的商品(这也就是资本家想方设法刺激需求的原因)。但是,个人资本家对剩余价值的追求会以牺牲整体的意识形态需求为代价,却是不争的事实。马克思对资本主义体系内的大多数矛盾和冲突保持高度警觉。他曾专门讨论资本家鼓励工人多多存款以抵抗经济繁荣与萧条的波动的问题,矛头直指"作为生产者的工人"与"作为消费者的工人"之间的冲突:

> 每个资本家虽然要求他的工人节约,但也只是要求**他的**工人节约,因为他的工人对于他来说是工人,而决不要求其余的**工人界**节约,因为其余的工人界对于他来说是消

费者。因此，资本家不顾一切"虔诚的"词句，寻求一切办法刺激工人的消费，使自己的商品具有新的诱惑力，强使工人有新的需求等等。*

个人资本与整个资本主义制度之间的紧张关系使得上述情况变得更加复杂。在追求剩余价值的过程中，除非强制施行特定的制约或审查机制，否则阶级利益须始终让位于资本利益。

> 假如某种文化商品为某一资本家带来了剩余价值，那么其他资本家也会争相效仿、纷纷投资生产这种商品，纵使该商品挑战或颠覆了主流意识形态也在所不惜。除非采取强制性的集体措施，否则个人资本家对剩余价值的追逐极有可能导致违逆资本主义整体利益的文化产品的涌现（Lovell，2019：598-9）。

若要理解上述规律的本质，须将注意力集中在消费与生产的对立关系上。当然，政治经济学主张对技术与经济的决定因素做出整体性分析，这是无可厚非的；但假若我们聚焦于消费，就必须对人们的具体经验进行实地考察，切不可将消费视为被生产关系预先决定的"铁板"。

那些对资本主义消费关系大加挞伐的道德左派人士与悲观左派人士忽略了很重要的一点：剥削人、压迫人的是资本主义生产关系，而非消费者在资本主义市场中的自由选择。这也是威利斯的基本观点。道德左派人士与悲观左派人士固守"高量必然低质"的精英主义价值观，早已陷入历史的反动而不能自拔。

区分文化工业的力量与其影响力是至关重要的，人们常常将两者混为一谈，这便犯了绝对化的错误，政治经济学的视角也未能幸免。这往往催生了一个简单的逻辑：文化工业是资本主义意识形态

---

* 此处译文参见《马克思恩格斯全集》第 30 卷，北京：人民出版社 1995 年版，第 247 页。——译者

的提供者，那些购买其生产的商品的消费者实际上是在购买资本主义意识形态，消费者成了被资本主义跨国公司把玩的白痴、受资本主义再生产控制的可怜虫，除了一而再再而三地"购买"意识形态，一无是处。政治经济学的失败之处在于其并未认清下述事实：资本主义的商品生产是基于商品的交换价值，而受众对商品的消费则是基于商品的使用价值。于是，就有两种经济——使用的经济和交换的经济——并行不悖地运转着，只顾一端则必然误认全局。我们既不能将消费视为生产的附庸，亦不可单纯地基于消费行为揣测生产的秉性，难点并不在于如何将两者分开，而在于如何从整体上把握两者的关系，从而做出有意义的分析。不过，在大众文化研究中，我们往往需要依据自己的兴趣做出选择，要么重点分析生产过程以考察产品形态为消费提供的可能性，要么格外关注消费行为以发掘受众如何从文本与实践中汲取快感。究竟采取何种视角，取决于我们想要解决哪些问题。当然，在时间和经费都无限充裕的理想状态下，文化分析应当将生产与消费辩证地联系起来，但在实际研究中这是很难实现的。鉴于此，政治经济学声称自己是考察大众文化的唯一"正道"不但大错特错，而且极有可能导致过分简化与扭曲，甚至扼杀文化研究的无穷活力。

后马克思主义文化研究：重顾霸权理论

政治经济学为文化研究提供了批判力，其重要性并非体现于政治经济学所宣扬的那一套价值观，而在于其将文化研究学者的注意力集中到一个政治经济学本身无力解答的问题上，即如何将日常生活的文本与实践的"存在条件"置于分析的视野内。政治经济学的缺陷在于其始终纠缠于文化制造的初始阶段，即商品生产过程；其总体思路，借用斯图亚特·霍尔的话来说，就是一种"经济**至上**的决定论"（Hall, 1996c：45）。经济条件决定一切，而经济还原论的威胁并不足以令政治经济学家醒悟。然而，关键问题并不在于经济条件如何,以及经济条件怎样催生一系列商品,而在于人们如何选择、吸收和使用这些商品并将其转化成文化。换言之,我们需深刻理解"结构"与"行动"之间的关系,而若想实现这一点,就必须两头兼顾,不可偏颇。霍尔曾一针见血地指出,许多文化研究学者会有意无意地偏离"经济"阐释:

> 很多人抛弃了经济基础决定论,拒绝承认经济关系是其他实践的"存在条件",其结果就是……否定一切,陷入虚无。假如广义的经济并未像人们早先预想的那样"最终决定着"历史的进程,那几乎相当于否认经济自身的存在(Hall, 1996d: 258)。

他将上述现象描述为"一种失败到家的理论化过程……极大地削弱了文化研究范式的丰富内涵"(同上)。因此,我们既要回归对"存在条件"的考察,又不能采纳政治经济学的偏颇视角,毕竟"介入"不能与"吸收"和"利用"画等号,生产过程也绝不可能对文本意义和消费行为做出百分之百的预设。我们没有必要在文化研究与政治经济学之间架桥修路,而应如麦克罗比等人呼吁的那样,重返霸权理论——自20世纪70年代始,霸权理论始终是(英国)文化研究领域中最令人信服、理论体系最牢固的核心。

麦克罗比承认,自从后现代主义与后现代性问题浮出水面之后,旧式的关于意识形态和霸权的争论渐渐被边缘化了,文化研究亦面临着丧失激进性的危险。面对上述情况,学者们通过两种方式做出了回应。有些人主张回归政治经济学,有些人则将研究的重点聚焦于消费过程(过分关注快感的形态与意义的生成)。麦克罗比认为,这种争论简直就是20世纪70年代末80年代初结构主义与文化主义之争的翻版,亦可被视为马克思主义辩证法双方的矛盾和冲突(人类是创造历史还是被历史创造)。麦克罗比既反对回归"经济基础—上层建筑模式",又拒绝承认"文化民粹主义关于一切大众消费都具有反抗性的危险观念"(McRobbie, 1994: 39)。相反,她竭力呼吁推广"葛兰西式的文化研究"(McRobbie,1994:39),回归民族志分析方法,使"被文化工业商品折磨得了无生趣的日常生活重新焕发生机"(27)。

后马克思主义霸权理论坚持认为,在生产过程与消费行为之间始终存在密切的对话。消费者所面对的文本或实践是由生产条件决定的物质存在,而文本与实践所面对的消费者同时也是将一系列潜在意义**为我所用**的生产者。仅关注文本或实践的物质性,以及生产的意义与关系显然是远远不够的。①

群氓文化意识形态

我们已然认识到,此时此地以及可预见的将来,自己都将生活在一个由跨国资本主义主宰的世界里,诚如葛兰西所言,这是一种"精神的悲观主义,理想的乐观主义"(Gramsci,1971:175)。我们每个人——不仅仅是先锋知识分子——都应当将自己视为文化的积极参与者。我们要通过选择、拒绝、制造意义、分配价值、抵抗,以及被蒙蔽、被控制等种种方式投入文化。不过,这并不意味着我们就摒弃了"表征的政治"。对此,我赞同洪美恩的观点,坚信尽管快感是政治的,但绝不可将快感与政治混为一谈,爱看《杀戮》(*The Killing*)、《权力的游戏》(*Game of Thrones*)和《巴比伦柏林》(*Babylon Berlin*)并不能左右我的政治倾向,让我变得更"左"或更"右"。快感与政治是泾渭分明的,我们尽可去嘲笑大众文化对现实生活的扭曲、回避与否定,而使我们认清这种扭曲、回避与否定的恰恰是政治的理念。我们必须教会彼此如何变得更加政治化,如何清醒地看待现实的种种"版本",如何结合实际情况发展自己的政治体系。不过,这并不意味着女性主义政治、社会主义政治以及围绕着"种族"、阶级、性别和性取向展开的表征斗争已然穷途末路。我

---

① "文化循环"模式无疑是对后马克思主义文化研究的巨大贡献,具体参见 Gay et al.,1997。

们应当与"文化与文明"的问题域划清界线，坚决反对凭消费类型来为个体的道德与政治价值划分三六九等的做法。

从很多方面来看，本书的主旨都紧扣洪美恩所言的"群氓文化意识形态"的问题。为反对这一意识形态，对快感的类型与快感的消费进行了细致的考察。我的最终结论是：大众文化是我们从文化工业的商品与商品化实践中生产出来的，而后马克思主义文化研究的视角让我们明白被统治阶级可以通过**制造**大众文化①（让商品"为我所用"）来汲取力量，与统治阶级的世界观抗争。不过，必须指出的是，并非所有大众文化都能具有抵制的力量。尽管我们否定了消费总体上的被动性，却并不意味着在某些时候，消费仍然带有被动色彩；尽管我们拒绝认同消费者是文化白痴的论调，却无法否认文化工业的操纵性本质。然而，有一点是确凿无疑的，即大众文化既非仅仅是商业与意识形态的颓堕领土，亦非自上而下的、以追逐利润和社会控制为目的的强势文化，而后马克思主义文化研究则主张对生产、文本与消费的种种细节保持足够的警觉。这可不是一件一蹴而就、一劳永逸的工作，离开历史的脉络与政治的意涵，我们将一无所成。而精英主义的"俯就"态度更是极不可取。单单纠缠于生产环节（将意义、快感、意识形态效应，以及收编与抵抗的可能性统统置于产品的张力、内涵以及产品自身之中）是无法让我们透过表面深掘文化的意蕴的，因为生产只不过是"为我所用"的情境而已。只有对消费的机制做出扎实的考察，方能使关于意义、快感、意识形态效应、收编以及抵抗的问题迎刃而解。

我知道，我的观点必然招致"群氓文化"理论家的反感。这些人的声音在我写作本书第一版的时候似乎一下子变大了，且直到今

---

① 马克思曾指出："只有生产出来的产品被消费了，这种产品的生产行为才算真正完成……例如，一件衣服由于窃物行为才现实地成为衣服；一间房屋无人居住，事实上就不成其为现实的房屋；因此，产品不同于单纯的自然对象，它在消费中才证实自己是产品，才**成为**产品。"（此处译文参见《马克思恩格斯选集》第 2 卷，北京：人民出版社 2012 年版，第 691 页。——译者）这就是一本书和一个文本的区别——前者是被出版商生产出来的，而后者则是被读者生产出来的。

日仍在持续。无论在英国还是美国,都出现了面对高雅文化丧失权威性的媒体恐慌,进而引发了关于失声、"政治正确"以及文化多元主义的大讨论。群氓文化意识形态如利刃般切断了文化研究的批判力,并对我们大多数人心目中的文化嗤之以鼻。大众文化(他们口中的"群氓文化")与高雅文化(他们口中的"文化")的分野竟然隔绝了"他们"和"我们"。这些理论家背后存在强大的话语支持,而反对这一话语、拒斥精英主义的人却无奈地发现自己所能借力的话语只有羸弱不堪的民粹主义意识形态。因此,大众文化研究便兼有两重新使命:一是全力批判自以为是的精英主义价值观,二是避免掉入疲弱无力的反智主义(anti-intellectualism)的窠臼。尽管本书未能开创一套全新的理论体系,我仍竭力基于现有的视角勾勒一幅学术版图供大众文化的研习者参考,并期望读者能够有所体悟,开创新的未来。

拓展阅读

Storey, John (ed.), *Cultural Theory and Popular Culture: A Reader*, 5th edition, London: Routledge, 2019. 该书是本书上一版的配套阅读材料。本书及其配套读本得到了互动式网站 www.routledge.com/cw/storey 的支持。该网站中包含许多有用的链接与电子资源。

Bennett, Tony, *Culture: A Reformer's Science*, London: Sage, 1998. 该书是一部论文集。作者系文化研究领域的领军人物之一,他对该领域的短期历史与相关实践进行了广泛的论述。

During, Simon, (ed.), *The Culture Studies Reader*, 2nd edition, London: Routledge, 1999. 该书收录了许多文化研究大师的文章,十分有价值。

Gilroy, Paul, Lawrence, Grossberg and Angela Mcrobbie (eds), *Without Guarantees: In Honour of Stuart Hall*, London: Verso, 2000. 该书收录了许多关于斯图亚特·霍尔的著作的论文。

Gray, Ann and Jim McGuigan (eds), *Studying Culture: An Introductory Reader*, London: Edward Arnold, 1993. 该书是一部精彩的论文集，收录了许多文化研究大师的文章。

Grossberg, Lawrence, *Bringing it all Back Home: Essays on Cultural Studies*, Durham, North Carolina: Duke University Press, 1997. 该书的作者是文化研究领域的佼佼者，书中收录了他的一些理论性文章。

Grossberg, Lawrence, *Dancing in Spite of Myself: Essays on Popular Culture*, Durham, North Carolina: Duke University Press, 1997. 该书的作者是文化研究领域的佼佼者，书中收录了他关于大众文化的论文。

Grossberg, Lawrence, Cary Nelson and Paula Treichler (eds), *Cultural Studies*, London: Routledge, 1992. 该书收录了40篇文章（大多配有相关讨论），是一部关于文化研究领域内相关争论的优秀的导论性著作。

Jenkins, Henry, Peters-Lazoro, and Shresthova, Sangita (eds), *Popular Culture and the Civic Imagination*, New York: New York University Press, 2020. 一部关于大众文化如何造福世界的优秀论文集。

Morley, David and Kuan-Hsing Chen (eds), *Stuart Hall: Critical Dialogues in Cultural Studies*, London: Routledge, 1995. 该书汇编了与斯图亚特·霍尔相关的文章与访谈录，总结过去、评述现在、展望未来，精彩纷呈。

Munns, Jessica and Gita Rajan, *A Cultural Studies Reader: History, Theory, Practice*, New York: Longman, 1995. 该书体例科学，选文的编纂亦令人称道。

Storey, John (ed.), *What is Cultural Studies: A Reader*, London: Edward Arnold, 1996. 该书收录了多篇精彩的论文，从各个角度回答了"什么是文化研究"的问题。

Storey, John, *Inventing Popular Culture*, Malden, MA: Blackwell, 2003. 该书对大众文化的概念做出了历史维度的考察。

Storey, John, *Culture and Power in Cultural Studies: The Politics of*

Signification, Edinburgh: Edinburgh University Press, 2010. 该书涉及的许多讨论都可以延展为具体的研究领域。

Storey, John, *From Popular Culture to Everyday Life*, London: Routledge, 2014. 该书将文化研究批判的焦点从大众文化转移到日常生活领域。

Storey, John (ed.), *The Making of English Popular Culture*, London: Routledge. 一部探讨了大众文化如何于 19 世纪发轫的优秀论文集。

Storey, John, *Theories of Consumption*, London: Routledge, 2017. 该书提供了针对文化研究之中关键概念的爬梳。

Storey, John, *Radical Utopianism and Cultural Studies: On Refusing to be Realistic*, London: Routledge, 2019. 该书从葛兰西文化研究的视角出发审视了乌托邦主义。

参 考 文 献

Acred, Cara (2016), *Today's Social Classes*, Cambridge: Independence Educational Publishers.
Adorno, Theodor (1991a), 'How to look at television', in *The Culture Industry*, London: Routledge.
Adorno, Theodor (1991b), 'The schema of mass culture', in *The Culture Industry*, London: Routledge.
Adorno, Theodor (2019), 'On popular music', in *Cultural Theory and Popular Culture: A Reader*, 5th edn, edited by John Storey, London: Routledge.
Adorno, Theodor and Max Horkheimer (1979), *Dialectic of Enlightenment*, London: Verso.
Althusser, Louis (1969), *For Marx*, London: Allen Lane.
Althusser, Louis (1971), *Lenin and Philosophy*, New York: Monthly Review Press.
Althusser, Louis (2019), 'Ideology and ideological state apparatuses', in *Cultural Theory and Popular Culture: A Reader*, 5th edn, edited by John Storey, London: Routledge.
Althusser, Louis and Etienne Balibar (1979), *Reading Capital*, London: Verso.
Anderson, Perry (1980), *Arguments within English Marxism*, London: Verso.
Ang, Ien (1985), *Watching Dallas: Soap Opera and the Melodramatic Imagination*, London: Methuen.
Ang, Ien (1996), 'Culture and communication: towards an ethnographic critique of media consumption in the transnational media system', in *What is Cultural Studies? A Reader*, edited by John Storey, London: Edward Arnold.
Ang, Ien (2019), 'Feminist desire and female pleasure', in *Cultural Theory and Popular Culture: A Reader*, 5th edn, edited by John Storey, London: Routledge.
Arnold, Matthew (1896), *Letters 1848–1888*, Volume I, London: Macmillan.
Arnold, Matthew (1954), *Poetry and Prose*, London: Rupert Hart Davis.
Arnold, Matthew (1960), *Culture and Anarchy*, London: Cambridge University Press.
Arnold, Matthew (1960–77), *Complete Prose Works*, Volume III, Ann Arbor: University of Michigan Press.
Arnold, Matthew (1973), *On Education*, Harmondsworth: Penguin.
Arnold, Matthew (2019), 'Culture and Anarchy', in *Cultural Theory and Popular Culture: A Reader*, 5th edn, edited by John Storey, London: Routledge.
Austin, J.L. (1962), *How to Do Things with Words*, Oxford: Clarendon Press.
Ball, Vicky (2012a), 'The "feminization" of British television and the re-traditionalization of gender', *Feminist Media Studies* 12 (2).
Ball, Vicky (2012b), 'Sex, class and consumerism in British television drama', in *Renewing Feminism: Stories, Fantasies and Futures*, edited by H. Thornham and E. Weissmann, London: IB Tauris.
Barrett, Michèle (1982), 'Feminism and the definition of cultural politics', in *Feminism, Culture and Politics*, edited by Rosalind Brunt and Caroline Rowan, London: Lawrence & Wishart.

Barthes, Roland (1967), *Elements of Semiology*, London: Jonathan Cape.
Barthes, Roland (1973), *Mythologies*, London: Paladin.
Barthes, Roland (1975), *S/Z*, London: Jonathan Cape.
Barthes, Roland (1977a), 'The photographic message', in *Image–Music–Text*, London: Fontana.
Barthes, Roland (1977b), 'Rhetoric of the image', in *Image–Music–Text*, London: Fontana.
Barthes, Roland (1977c), 'The death of the author', in *Image–Music–Text*, London: Fontana.
Barthes, Roland (1995), *The Semiotic Challenge*, Berkeley: University of California Press.
Barthes, Roland (2019), 'Myth today', in *Cultural Theory and Popular Culture: A Reader*, 5th edn, edited by John Storey, London: Routledge.
Baudrillard, Jean (1981), *For a Critique of the Political Economy of the Sign*, St Louis, MD: Telos Press.
Baudrillard, Jean (1983), *Simulations*, New York: Semiotext(e).
Baudrillard, Jean (2019), 'The precession of simulacra', in *Cultural Theory and Popular Culture: A Reader*, 5th edn, edited by John Storey, London: Routledge.
Beauvoir, Simone de (1984), *The Second Sex*, New York: Vintage.
Beaver, Harold (1999), 'Homosexual signs: in memory of Roland Barthes', in *Camp: Queer Aesthetics and the Performing Subject: A Reader*, edited by Fabio Cleto, Edinburgh: Edinburgh University Press.
Beck, Ulrich and Elisabeth Beck-Gernsheim (2002), *Individualization*, London: Sage.
Benjamin, Walter (1973), 'The work of art in the age of mechanical reproduction', in *Illuminations*, London: Fontana.
Bennett, Tony (1977), 'Media theory and social theory', in *Mass Communications and Society*, DE 353, Milton Keynes: Open University Press.
Bennett, Tony (1979), *Formalism and Marxism*, London: Methuen.
Bennett, Tony (1980), 'Popular culture: a teaching object', *Screen Education*, 34.
Bennett, Tony (1982a), 'Popular culture: defining our terms', in *Popular Culture: Themes and Issues 1*, Milton Keynes: Open University Press.
Bennett, Tony (1982b), 'Popular culture: themes and issues', in *Popular Culture*, U203, Milton Keynes: Open University Press.
Bennett, Tony (1983), 'Text, readers, reading formations', *Literature and History*, 9 (2).
Bennett, Tony (2019), 'Popular culture and the turn to Gramsci', in *Cultural Theory and Popular Culture: A Reader*, 5th edn, edited by John Storey, London: Routledge.
Bentham, Jeremy (1995), *The Panopticon Writings*, edited and introduced by Miran Bozovic, London: Verso.
Bernstein, J.M. (1978), 'Introduction', in *The Culture Industry*, London: Routledge.
Best, Steven and Douglas Kellner (1991), *Postmodern Theory: Critical Interrogations*, London: Macmillan.
Bloch, Ernst (1995), *The Principle of Hope*, volume 2, Cambridge, MA: MIT Press.
Bourdieu, Pierre (1992), *Distinction: A Social Critique of the Judgement of Taste*, translated by Richard Nice, Cambridge, MA: Harvard University Press.
Brecht, Bertolt (1978), *On Theatre*, translated by John Willett, London: Methuen.
Brogan, D.W. (1978), 'The problem of high and mass culture', in *Literary Taste, Culture, and Mass Communication*, Volume I, edited by Peter Davison, Rolf Meyersohn and Edward Shils, Cambridge: Chadwyck Healey.
Brooker, Peter and Will Brooker (1997a), 'Introduction', in *Postmodern After-Images: A Reader in Film*, edited by Peter Brooker and Will Brooker, London: Edward Arnold.
Brooker, Peter and Will Brooker (1997b), 'Styles of pluralism', in *Postmodern After-Images: A Reader in Film*, edited by Peter Brooker and Will Brooker, London: Edward Arnold.

Brooks, Peter (1976), *The Melodramatic Imagination*, New Haven, CT: Yale University Press.
Brunsdon, Charlotte (1991), 'Pedagogies of the feminine: feminist teaching and women's genres', *Screen*, 32 (4).
Burke, Peter (1994), *Popular Culture in Early Modern Europe*, Aldershot: Scolar Press.
Burston, Paul and Colin Richardson (1995), 'Introduction', in *A Queer Romance: Lesbians, Gay Men and Popular Culture*, edited by Paul Burston and Colin Richardson, London: Routledge.
Butler, Judith (1993), *Bodies That Matter: On the Discursive Limits of Sex*, New York: Routledge.
Butler, Judith (1999), *Gender Trouble: Feminism and the Subversion of Identity*, 10th anniversary edn, New York: Routledge.
Butler, Judith (2000), 'Restaging the universal', in *Contingency, Hegemony, Universality: Contemporary Dialogues on the Left*, by Judith Butler, Ernesto Laclau and Slavoj Žižek, London: Verso.
Butler, Judith (2019), 'Imitation and gender insubordination', in *Cultural Theory and Popular Culture: A Reader*, 5th edn, edited by John Storey, London: Routledge.
Butler, Judith, Ernesto Laclau and Slavoj Žižek (2000), *Contingency, Hegemony, Universality: Contemporary Dialogues on the Left*, London: Verso.
Canaan, Joyce and Christine Griffin (1990), 'The new men's studies: part of the problem or part of the solution', in *Men, Masculinities and Social Theory*, edited by Jeff Hearn and David Morgan, London: Unwin Hyman.
Carey, James W. (1996), 'Overcoming resistance to cultural studies', in *What Is Cultural Studies? A Reader*, edited by John Storey, London: Edward Arnold.
Certeau, Michel de (1984), *The Practice of Everyday Life*, Berkeley: University of California Press, 1984.
Certeau, Michel de (2019), 'The practice of everyday life', in *Cultural Theory and Popular Culture: A Reader*, 5th edn, edited by John Storey, London: Routledge.
Chambers, Iain (1986), *Popular Culture: The Metropolitan Experience*, London: Routledge.
Chauncey, George (1994), *Gay New York: Gender, Urban Culture, and the Making of the Gay Male World, 1890–1940*, New York: Basic Books.
Chinn, Sarah E. (1997), 'Gender performativity', in *The Lesbian and Gay Studies Reader: A Critical Introduction*, edited by Andy Medhurst and Sally R. Munt, London: Cassell.
Chodorow, Nancy (1978), *The Reproduction of Mothering: Psychoanalysis and the Sociology of Gender*, Berkeley: University of California Press.
Clark, Michael (1991), 'Remembering Vietnam', in *The Vietnam War and American Culture*, edited by John Carlos Rowe and Rick Berg, New York: Columbia University Press.
Clarke, Gary (1990), 'Defending ski-jumpers: a critique of theories of youth subcultures', in *On Record*, edited by Simon Frith and Andrew Goodwin, New York: Pantheon.
Cleto, Fabio (ed.) (1999), *Camp: Queer Aesthetics and the Performing Subject*, Edinburgh: Edinburgh University Press.
Coleridge, Samuel Taylor (1972), *On the Constitution of the Church and State*, London: Dent.
Collins, Jim (1992), 'Postmodernism and television', in *Channels of Discourse, Reassembled*, edited by Robert C. Allen, London: Routledge.
Collins, Jim (2019), 'Genericity in the nineties', in *Cultural Theory and Popular Culture: A Reader*, 5th edn, edited by John Storey, London: Routledge.
Connor, Steven (1989), *Postmodernist Culture: An Introduction to Theories of the Contemporary*, Oxford: Blackwell.
Connor, Steven (1992), *Theory and Cultural Value*, Oxford: Blackwell.
Coward, Rosalind (1984), *Female Desire: Women's Sexuality Today*, London: Paladin.
Creekmur, Corey K. and Alexander Doty (1995), 'Introduction', in *Out in Culture: Gay, Lesbian, and Queer Essays on Popular Culture*, edited by Corey K. Creekmur and Alexander Doty, London: Cassell.

Curtin, Philip (1964), *The Image of Africa*, Wisconsin: University of Wisconsin Press.
Derrida, Jacques (1973), *Speech and Phenomena*, Evanston, IL: North Western University Press.
Derrida, Jacques (1976), *Of Grammatology*, Baltimore, MD: Johns Hopkins University Press.
Derrida, Jacques (1978a), *Writing and Difference*, London: Routledge & Kegan Paul.
Derrida, Jacques (1978b), *Positions*, London: Athlone Press.
Derrida, Jacques (1982), *Margins of Philosophy*, Chicago: University of Chicago Press.
Descartes, Rene (1993), *Meditations on First Philosophy*, London: Hackett.
Disraeli, Benjamin (1980), *Sybil, or the Two Nations*, Harmondsworth: Penguin.
Dittmar, Linda, and Gene Michaud (1990) (eds), *From Hanoi To Hollywood: The Vietnam War in American Film*, New Brunswick, NJ and London: Rutgers University Press.
Docker, John (1994), *Postmodernism and Popular Culture: A Cultural History*, Cambridge: Cambridge University Press.
Doty, Alexander (1995), 'Something queer here', in *Out in Culture: Gay, Lesbian and Queer Essays on Popular Culture*, edited by Corey K. Creekmur and Alexander Doty, London: Cassell.
Dunning, Eric (1971), 'The development of football', in *The Sociology of Sport*, edited by Eric Dunning, London: Frank Cass.
Dyer, Richard (1990), 'In defence of disco', in *On Record: Rock, Pop, and the Written Word*, edited by Simon Frith and Andrew Goodwin, London: Routledge.
Dyer, Richard (1997), *White: Essays on Race and Culture*, London: Routledge.
Dyer, Richard (1999), 'Entertainment and utopia', in *The Cultural Studies Reader*, 2nd edn, edited by Simon During, London: Routledge.
Eagleton, Terry (1983), *Literary Theory: An Introduction*, Oxford: Blackwell.
Easthope, Antony (1986), *What a Man's Gotta Do: The Masculine Myth in Popular Culture*, London: Paladin.
Easthope, Antony (1991), *Literary into Cultural Studies*, London: Routledge.
Eco, Umberto (1984), *Postscript to The Name of the Rose*, New York: Harcourt Brace Jovanovich.
Engels, Frederick (2019), 'Letter to Joseph Bloch', in *Cultural Theory and Popular Culture: A Reader*, 5th edn, edited by John Storey, London: Routledge.
Fanon, Franz (1986), *Black Skin, White Masks*, London: Pluto.
Fekete, John (1987), 'Introductory notes for a postmodern value agenda', in *Life After Postmodernism*, edited by John Fekete, New York: St. Martin's Press.
Fiedler, Leslie (1957), 'The middle against both ends', in *Mass Culture: The Popular Arts in America*, edited by Bernard Rosenberg and David Manning White, New York: Macmillan.
Fiedler, Leslie (1971), *The Collected Essays of Leslie Fiedler*, Volume 2, New York: Stein and Day.
Fischer, Ernst (1973), *The Necessity of Art*, Harmondsworth: Penguin.
Fiske, John (1987), *Television Culture*, London: Routledge.
Fiske, John (1989a), *Understanding Popular Culture*, London: Unwin Hyman.
Fiske, John (1989b), *Reading the Popular*, London: Unwin Hyman.
Fiske, John (1994), *Media Matters: Everyday Culture and Media Change*, Minnesota: University of Minnesota Press.
Foucault, Michel (1979), *Discipline and Punish*, Harmondsworth: Penguin.
Foucault, Michel (1981), *The History of Sexuality*, Harmondsworth: Penguin.
Foucault, Michel (1989), *The Archaeology of Knowledge*, London: Routledge.
Foucault, Michel (2002a), 'Truth and power', in *Michel Foucault Essential Works: Power*, edited by James D. Faubion, Harmondsworth: Penguin.
Foucault, Michel (2002b), 'Question of method', in *Michel Foucault Essential Works: Power*, edited by James D. Faubion, Harmondsworth: Penguin.
Foucault, Michel (2002c), 'Truth and juridical forms', in *Michel Foucault Essential Works: Power*, edited by James D. Faubion, Harmondsworth: Penguin.

Foucault, Michel (2019), 'Method', in *Cultural Theory and Popular Culture: A Reader*, 5th edn, edited by John Storey, London: Routledge.

Franklin, H. Bruce (1993), *M.I.A. or Mythmaking in America*, New Brunswick, NJ: Rutgers University Press.

Freud, Sigmund (1973a), *Introductory Lectures on Psychoanalysis*, Harmondsworth: Pelican.

Freud, Sigmund (1973b), *New Introductory Lectures on Psychoanalysis*, Harmondsworth: Pelican.

Freud, Sigmund (1975), *The Psychopathology of Everyday Life*, Harmondsworth: Pelican.

Freud, Sigmund (1976), *The Interpretation of Dreams*, Harmondsworth: Pelican.

Freud, Sigmund (1977), *On Sexuality*, Harmondsworth: Pelican.

Freud, Sigmund (1984), *On Metapsychology: The Theory of Psychoanalysis*, Harmondsworth: Pelican.

Freud, Sigmund (1985), *Art and Literature*, Harmondsworth: Pelican.

Freud, Sigmund (1986), *Historical and Expository Works on Psychoanalysis*, Harmondsworth: Pelican.

Freud, Sigmund (2019), 'The Dream-Work', in *Cultural Theory and Popular Culture: A Reader*, 5th edn, edited by John Storey, London: Routledge.

Frith, Simon (1983), *Sound Effects: Youth, Leisure and the Politics of Rock*, London: Constable.

Frith, Simon (2009), 'The good, the bad and the indifferent: defending popular culture from the populists', in *Cultural Theory and Popular Culture: A Reader*, 4th edn, edited by John Storey, Harlow: Pearson Education.

Frith, Simon and Howard Horne (1987), *Art into Pop*, London: Methuen.

Frow, John (1995), *Cultural Studies and Value*, New York: Oxford University Press.

Fryer, Peter (1984), *Staying Power: The History of Black People in Britain*, London: Pluto.

Gamman, Lorraine and Margaret Marshment (1988), 'Introduction', in *The Female Gaze, Women as Viewers of Popular Culture*, edited by Lorraine Gamman and Margaret Marshment, London: The Women's Press.

Garnham, Nicholas (2009), 'Political economy and cultural studies: reconciliation or divorce', in *Cultural Theory and Popular Culture: A Reader*, 4th edn, edited by John Storey, Harlow: Pearson Education.

Garnham, Nicholas and Raymond Williams (1980), 'Pierre Bourdieu and the sociology of culture: an introduction', *Media, Culture and Society*, 2 (3).

Gay, Paul du, Stuart Hall, Linda Janes, Hugh Mackay and Keith Negus (1997), *Doing Cultural Studies*, London: Sage.

Giddens, Anthony (1992), *The Transformation of Intimacy*, Cambridge: Polity.

Gill, Rosalind (2007), 'Postfeminist media culture: elements of a sensibility', in *European Journal of Cultural Studies*, 10, 147–166.

Gilroy, Paul (2002), *There Ain't No Black in the Union Jack*, London: Routledge Classics.

Gilroy, Paul (2004), *After Empire*, London: Routledge.

Gilroy, Paul (2019), ' "Get up, get into it and get involved" – soul, civil rights and black power', in *Cultural Theory and Popular Culture: A Reader*, 5th edn, edited by John Storey, London: Routledge.

Gilroy, Paul, Lawrence Grossberg and Angela McRobbie (2000) (eds), *Without Guarantees: In Honour of Stuart Hall*, London: Verso.

Gledhill, Christine (2019), 'Pleasurable negotiations', in *Cultural Theory and Popular Culture: A Reader*, 5th edn, edited by John Storey, London: Routledge.

Golding, Peter and Graham Murdock (1991), 'Culture, communications and political economy', in *Mass Media and Society*, edited by James Curran and Michael Gurevitch, London: Edward Arnold.

Gramsci, Antonio (1968), *The Modern Prince and Other Writings*, New York: International Publishers.

Gramsci, Antonio (1971), *Selections from Prison Notebooks*, London: Lawrence & Wishart.
Gramsci, Antonio (2007), *Prison Notebooks*, volume III, New York: Columbia University Press.
Gramsci, Antonio (2019), 'Hegemony, intellectuals, and the state', in *Cultural Theory and Popular Culture: A Reader*, 5th edn, edited by John Storey, London: Routledge.
Graves-Brown, Paul (2000), *Matter, Materiality and Modern Culture*, London: Routledge.
Gray, Ann (1992), *Video Playtime: The Gendering of a Leisure Technology*, London: Routledge.
Gray, Thomas (1997), 'Elegy Written in a Country Churchyard', in *Selected Poems of Thomas Gray*, London: Bloomsbury.
Green, Michael (1996), 'The Centre for Contemporary Cultural Studies', in *What is Cultural Studies? A Reader*, edited by John Storey, London: Edward Arnold.
Grossberg, Lawrence (1988), *It's a Sin: Essays on Postmodernism, Politics and Culture*, Sydney: Power Publications.
Grossberg, Lawrence (1992), 'Is there a fan in the house?', in *The Adoring Audience*, edited by Lisa Lewis, London: Routledge.
Grossberg, Lawrence (2009), 'Cultural studies vs. political economy: is anybody else bored with this debate?', in *Cultural Theory and Popular Culture: A Reader*, 4th edn, edited by John Storey, Harlow: Pearson Education.
Haag, Ernest van den (1957), 'Of happiness and despair we have no measure', in *Mass Culture: The Popular Arts in America*, edited by Bernard Rosenberg and David Manning White, New York: Macmillan.
Haines, Harry W. (1990), 'They were called and they went': the political rehabilitation of the Vietnam veteran', in Linda Dittmar and Gene Michaud (eds), *From Hanoi To Hollywood: The Vietnam War in American Film*, New Brunswick, NJ and London: Rutgers University Press.
Hall, Stuart (1978), 'Some paradigms in cultural studies', *Annali*, 3.
Hall, Stuart (1980a), 'Encoding/decoding', in *Culture, Media, Language*, edited by Stuart Hall, Dorothy Hobson, Andrew Lowe and Paul Willis, London: Hutchinson.
Hall, Stuart (1980b), 'Cultural studies and the Centre; some problematics and problems', in *Culture, Media, Language*, edited by Stuart Hall, Dorothy Hobson, Andrew Lowe and Paul Willis, London: Hutchinson.
Hall, Stuart (1991), 'Old and new ethnicities', in *Culture, Globalization and the World-System*, edited by Anthony Smith, London: Macmillan.
Hall, Stuart (1992), 'Cultural studies and its theoretical legacies', in *Cultural Studies*, edited by Lawrence Grossberg, Cary Nelson and Paula Treichler, London: Routledge.
Hall, Stuart (1996a), 'Cultural studies: two paradigms', in *What is Cultural Studies? A Reader*, edited by John Storey, London: Edward Arnold.
Hall, Stuart (1996b), 'On postmodernism and articulation: an interview with Stuart Hall', in *Stuart Hall: Cultural Dialogues in Cultural Studies*, edited by David Morley and Kuan-Hsing Chen, London: Routledge.
Hall, Stuart (1996c), 'The problem of ideology: Marxism without guarantees', in *Stuart Hall: Cultural Dialogues in Cultural Studies*, edited by David Morley and Kuan-Hsing Chen, London: Routledge.
Hall, Stuart (1996d), 'When was the "post-colonial"? Thinking at the limit', in *The Postcolonial Question*, edited by L. Chambers and L. Curti, London: Routledge.
Hall, Stuart (1996e), 'Race, culture, and communications: looking backward and forward at cultural studies', in *What is Cultural Studies: A Reader*, edited by John Storey, London: Edward Arnold.
Hall, Stuart (1997a), 'Introduction', in *Representation*, edited by Stuart Hall, London: Sage.
Hall, Stuart (1997b), 'The spectacle of the "other"', in *Representation*, edited by Stuart Hall, London: Sage.

Hall, Stuart (2019a), 'The rediscovery of ideology: the return of the repressed in media studies', in *Cultural Theory and Popular Culture: A Reader*, 5th edn, edited by John Storey, London: Routledge.

Hall, Stuart (2019b), 'Notes on deconstructing "the popular"', in *Cultural Theory and Popular Culture: A Reader*, 5th edn, edited by John Storey, London: Routledge.

Hall, Stuart (2019c), 'What is this "black" in black popular culture?', in *Cultural Theory and Popular Culture: A Reader*, 4th edn, edited by John Storey, Harlow: Pearson Education.

Hall, Stuart and Paddy Whannel (1964), *The Popular Arts*, London: Hutchinson.

Harvey, Adrian (2005), *Football: The First Hundred Years*, London: Routledge.

Harvey, David (1989), *The Condition of Postmodernity*, Oxford: Blackwell.

Hawkes, Terence (1977), *Structuralism and Semiotics*, London: Methuen.

Hebdige, Dick (1979), *Subculture: The Meaning of Style*, London: Methuen.

Hebdige, Dick (1988), 'Banalarama, or can pop save us all?' *New Statesman & Society*, 9 December.

Hebdige, Dick (2019), 'Postmodernism and "the other side"', in *Cultural Theory and Popular Culture: A Reader*, 5th edn, edited by John Storey, London: Routledge.

Hermes, Joke (1995), *Reading Women's Magazines*, Cambridge: Polity Press.

Hexter, JH (1965), *More's Utopia: The Biography of an Idea*, New York: Harper & Row.

Hill Collins, Patricia and Bilge, Sirma (2016), *Intersectionality*, Cambridge: Polity.

Hoggart Richard (1970) 'Schools of English and contemporary society', in *Speaking to Each Other*, volume II, edited by Richard Hoggart, London: Chatto and Windus.

Hoggart, Richard (1990) *The Uses of Literacy*, Harmondsworth: Penguin.

Hoggart, Richard (1991), *A Sort of Clowning*, Oxford: Oxford University Press.

Hoggart, Richard (1992), *An Imagined Life*, Oxford: Oxford University Press.

hooks, bell (1989), *Talking Back: Thinking Feminist, Thinking Black*, London: Sheba Feminist Publishers.

hooks, bell (2019), 'Postmodern blackness', in *Cultural Theory and Popular Culture: A Reader*, 5th edn, edited by John Storey, London: Routledge.

Horkheimer, Max (1978), 'Art and mass culture', in *Literary Taste, Culture and Mass Communication*, Volume XII, edited by Peter Davison, Rolf Meyersohn and Edward Shils, Cambridge: Chadwyck Healey.

Huyssen, Andreas (1986), *After the Great Divide: Modernism, Mass Culture and Postmodernism*, London: Macmillan.

Jameson, Fredric (1981), *The Political Unconscious*, London: Methuen.

Jameson, Fredric (1984), 'Postmodernism, or the cultural logic of late capitalism', *New Left Review*, 146.

Jameson, Fredric (1985), 'Postmodernism and consumer society', in *Postmodern Culture*, edited by Hal Foster, London: Pluto.

Jameson, Fredric (1988), 'The politics of theory: ideological positions in the postmodernism debate', in *The Ideologies of Theory Essays*, Volume 2, London: Routledge.

Jeffords, Susan (1989), *The Remasculinization of America: Gender and the Vietnam War*, Bloomington and Indianapolis: Indiana University Press.

Jenkins, Henry (1992), *Textual Poachers*, New York: Routledge.

Jenson, Joli (1992), 'Fandom as pathology', in *The Adoring Audience*, edited by Lisa Lewis, London: Routledge.

Johnson, Richard (1979), 'Three problematics: elements of a theory of working-class culture', in *Working Class Culture: Studies in History and Theory*, edited by John Clarke et al., London: Hutchinson.

Johnson, Richard (1996), 'What is cultural studies anyway?' in *What is Cultural Studies? A Reader*, edited by John Storey, London: Edward Arnold.

Klein, Michael (1990), 'Historical memory, film, and the Vietnam era', in *From Hanoi To Hollywood: The Vietnam War in American Film*, edited by Linda Dittmar and Gene Michaud, New Brunswick, NJ and London: Rutgers University Press.

Lacan, Jacques (1989), *Four Fundamental Concepts in Psychoanalysis*, New York: Norton.

Lacan, Jacques (2001), *Ecrits*, London: Routledge.

Lacan, Jacques (2019), 'The mirror stage', in *Cultural Theory and Popular Culture: A Reader*, 5th edn, edited by John Storey, London: Routledge.

Laclau, Ernesto (1979), *Politics and Ideology in Marxist Theory*, London: Verso.

Laclau, Ernesto (1993), 'Discourse', in *A Companion to Contemporary Political Philosophy*, edited by R.E. Goodin and P. Pettit, London: Blackwell.

Laclau, Ernesto and Chantal Mouffe (2001), *Hegemony and Socialist Strategy: Towards a Radical Democratic Politics*, 2nd edn, London: Verso.

Laclau, Ernesto and Chantal Mouffe (2019), 'Post-Marxism without apologies', in *Cultural Theory and Popular Culture: A Reader*, 5th edn, edited by John Storey, London: Routledge.

Latour, Bruno (2007), *Reassembling the Social*, Oxford: Oxford University Press.

Leavis, F.R. (1933), *For Continuity*, Cambridge: Minority Press.

Leavis, F.R. (1972), *Nor Shall My Sword*, London: Chatto and Windus.

Leavis, F.R. (1984), *The Common Pursuit*, London: Hogarth.

Leavis, F.R. (2019), 'Mass civilisation and minority culture', in *Cultural Theory and Popular Culture: A Reader*, 5th edn, edited by John Storey, London: Routledge.

Leavis, F.R. and Denys Thompson (1977), *Culture and Environment*, Westport, CT: Greenwood Press.

Leavis, Q.D. (1978), *Fiction and the Reading Public*, London: Chatto and Windus.

Levine, Lawrence (1988), *Highbrow/Lowbrow: The Emergence of Cultural Hierarchy in America*, Cambridge, MA: Harvard University Press.

Lévi-Strauss, Claude (1968), *Structural Anthropology*, London: Allen Lane.

Liebes, T. and E. Katz (1993), *The Export of Meaning: Cross-cultural Readings of Dallas*, 2nd edn, Cambridge: Polity Press.

Light, Alison (1984), '"Returning to Manderley": romance fiction, female sexuality and class', *Feminist Review*, 16.

Littler, Jo (2013), 'Meritocracy as plutocracy: the marketising of "equality" within neoliberalism', *New Formations*, pp. 52–72.

Littler, Jo (2017), *Against Meritocracy*, London: Routledge.

Littler, Jo (2019), 'Meritocracy as plutocracy: the marketising of "equality" under neoliberalism', in *Cultural Theory and Popular Culture: A Reader*, 5th edn, edited by John Storey, London: Routledge.

Lovell, Terry (2009), 'Cultural production', in *Cultural Theory and Popular Culture: A Reader*, 4th edn, edited by John Storey, Harlow: Pearson Education.

Lowenthal, Leo (1961), *Literature, Popular Culture and Society*, Palo Alto, CA: Pacific Books.

Lyotard, Jean-François (1984), *The Postmodern Condition: A Report on Knowledge*, Manchester: Manchester University Press.

Macdonald, Dwight (1998), 'A theory of mass culture', in *Cultural Theory and Popular Culture: A Reader*, 2nd edn, edited by John Storey, Harlow: Prentice Hall.

Macherey, Pierre (1978), *A Theory of Literary Production*, London: Routledge & Kegan Paul.

Maltby, Richard (1989), 'Introduction', in *Dreams for Sale: Popular Culture in the 20th Century*, edited by Richard Maltby, London: Harrap.

Mandel, Ernest (1978), *Late Capitalism*, London: Verso.
Marcuse, Herbert (1968a), *One Dimensional Man*, London: Sphere.
Marcuse, Herbert (1968b), *Negations*, London: Allen Lane.
Markus, Hazel Rose, and Paula M.L. Moya (2010), *Doing Race: 21 Essays for the 21st Century*, Norton: New York.
Martin, Andrew (1993), *Receptions of War: Vietnam in American Culture*, Norman: University of Oklahoma Press.
Marx, Karl (1951), *Theories of Surplus Value*, London: Lawrence & Wishart.
Marx, Karl (1963), *Selected Writings in Sociology and Social Philosophy*, Harmondsworth: Pelican.
Marx, Karl (1973), *Grundrisse*, Harmondsworth: Penguin.
Marx, Karl (1976a), 'Preface' and 'Introduction', in *Contribution to the Critique of Political Economy*, Peking: Foreign Languages Press.
Marx, Karl (1976b), 'Theses on Feuerbach', in *Ludwig Feuerbach and the End of Classical German Philosophy*, by Frederick Engels, Peking: Foreign Languages Press.
Marx, Karl (1976c), *Capital*, Volume I, Harmondsworth: Penguin.
Marx, Karl (1977), *The Eighteenth Brumaire of Louis Bonaparte*, Moscow: Progress Publishers.
Marx, Karl (1992), *Early Writings*, London: Penguin.
Marx, Karl and Friedrich Engels (1957), *On Religion*, Moscow: Progress Publishers.
Marx, Karl and Frederick Engels (1974), *The German Ideology* (student edn), edited and introduced by C.J. Arthur, London: Lawrence & Wishart.
Marx, Karl, and Friedrich Engels (1977), *Selected Letters*, Peking: Foreign Languages Press.
Marx, Karl, and Friedrich Engels (1998), *The Communist Manifesto*, Peking: Foreign Languages Press.
Marx, Karl and Friedrich Engels (2019), 'Ruling class and ruling ideas', in *Cultural Theory and Popular Culture: A Reader*, 5th edn, edited by John Storey, London: Routledge.
Marx, Karl, and Friedrich Engels (2019b), 'The Communist Manifesto: Bourgeois and Proletarians', in *Cultural Theory and Popular Culture: A Reader*, 5th edn, edited by John Storey, London: Routledge.
May, Vivian M. (2015), *Pursuing Intersectionality*, London: Routledge.
McGuigan, Jim (1992), *Cultural Populism*, London: Routledge.
McLellan, Gregor (1982), 'E.P. Thompson and the discipline of historical context', in *Making Histories: Studies in History Writing and Politics*, edited by Richard Johnson, London: Hutchinson.
McRobbie, Angela (1992), 'Post-Marxism and cultural studies: a post-script', in *Cultural Studies*, edited by Lawrence Grossberg, Cary Nelson and Paula Treichler, London: Routledge.
McRobbie, Angela (1994), *Postmodernism and Popular Culture*, London: Routledge.
McRobbie, Angela (2004), 'Post-Feminism and Popular Culture', in *Feminist Media Studies*, 4 (3), 255–264.
Medhurst, Andy (1999), 'Teaching queerly: politics, pedagogy and identity in lesbian and gay studies', in *Teaching Culture: The Long Revolution in Cultural Studies*, Leicester: NIACE Press.
Mercer, Kobena (1994), *Welcome to the Jungle: New Positions in Black Cultural Studies*, London: Routledge.
Miller, Daniel (2009), *Stuff*, Cambridge: Polity.
Mills, Sara (2004), *Discourse*, 2nd edn, London: Routledge.
Modleski, Tania (1982), *Loving with a Vengeance: Mass Produced Fantasies for Women*, Hamden, CT: Archon Books.
More, Thomas (2002), *Utopia*, Cambridge: Cambridge University Press.
Morley, David (1980), *The Nationwide Audience*, London: BFI.
Morley, David (1986), *Family Television: Cultural Power and Domestic Leisure*, London: Comedia.

Morris, R.J. (1979), *Class and Class Consciousness in the Industrial Revolution 1780–1850*, London: Macmillan.
Morris, William (1979), 'Art Labour and Socialism', in *Marxism and Art*, by Maynard Solomon, Brighton: Harvester.
Morris, William (1986), *News From Nowhere and Selected Writings and Designs*, Harmondsworth: Penguin.
Morris, William (2002), *News From Nowhere*, Oxford: Oxford World's Classics.
Mouffe, Chantal (1981), 'Hegemony and ideology in Gramsci', in *Culture, Ideology and Social Process*, edited by Tony Bennett, Colin Mercer and Janet Woollacott, Milton Keynes: Open University Press.
Mulvey, Laura (1975), 'Visual pleasure and narrative cinema', in *Screen*, 16 (3).
Myers, Tony (2003), *Slavoj Žižek*, London: Routledge.
Nederveen Pieterse, J. (1995), 'Globalisation as hybridisation', in *International Sociology*, 9 (2), 161–184.
New Left Review (eds) (1977), *Aesthetics and Politics*, London: Verso.
Newton, Esther (1972), *Mother Camp: Female Impersonators in America*, Englewood Cliffs, NJ: Prentice Hall.
Newton, Esther (1999), 'Role models', in *Camp: Queer Aesthetics and the Performing Subject: A Reader*, edited by Fabio Cleto, Edinburgh: Edinburgh University Press.
Nixon, Richard (1986), *No More Vietnams*, London: W.H. Allen.
Nixon, Sean (1996), *Hard Looks: Masculinities, Spectatorship and Contemporary Consumption*, London: UCL Press.
Nowell-Smith, Geoffrey (1987), 'Popular culture', *New Formations*, 2.
O'Connor, Alan (1989), *Raymond Williams: Writing, Culture, Politics*, Oxford: Basil Blackwell.
Orwell, George (2001), *Down and Out in Paris and London*, Harmondsworth: Penguin.
Parker, Ian (2004), *Slavoj Žižek: A Critical Introduction*, London: Pluto Press.
Pilger, John (1990), 'Vietnam movies', *Weekend Guardian*, 24–5 February.
Pitcher, Ben (2014), *Consuming Race*, London: Routledge.
Polan, Dana (1988), 'Complexity and contradiction in mass culture analysis: on Ien Ang 'Watching Dallas', *Camera Obscura*, 16.
Porter, Roy (1990), *The Enlightenment*, Basingstoke: Macmillan.
Propp, Vladimir (1968), *The Morphology of the Folktale*, Austin: Texas University Press.
Radway, Janice (1987), *Reading the Romance: Women, Patriarchy, and Popular Literature*, London: Verso.
Radway, Janice (1994), 'Romance and the work of fantasy: struggles over feminine sexuality and subjectivity at the century's end', in *Viewing, Reading, Listening: Audiences and Cultural Reception*, edited by Jon Cruz and Justin Lewis, Boulder, CO: Westview Press.
Rakow, Lana F. (2019), 'Feminist approaches to popular culture: giving patriarchy its due', in *Cultural Theory and Popular Culture: A Reader*, 5th edn, edited by John Storey, London: Routledge.
Ricoeur, Paul (1981), *Hermeneutics and the Human Sciences*, New York: Cambridge University Press.
Ritzer, G. (1999), *The McDonaldization Thesis*, London: Sage.
Rosenberg, Bernard (1957), 'Mass culture in America', in *Mass Culture: The Popular Arts in America*, edited by Bernard Rosenberg and David Manning White, New York: Macmillan.
Ross, Andrew (1989), *No Respect: Intellectuals and Popular Culture*, London: Routledge.
Rowe, John Carlos and Rick Berg (eds) (1991), *The Vietnam War and American Culture*, New York: Columbia University Press.
Said, Edward (1985), *Orientalism*, Harmondsworth: Penguin.

Said, Edward (1993), *Culture and Imperialism*, New York: Vintage Books.
Samuel, Raphael (1981), *Peoples' History and Socialist Theory*, London: Routledge & Kegan Paul.
Saussure, Ferdinand de (1974), *Course in General Linguistics*, London: Fontana.
Schiller, Herbert (1978), 'Transnational media and national development', in *National Sovereignty and International Communication*, edited by K. Nordenstreng and Herbert Schiller, Norwood, NJ: Ablex.
Schiller, Herbert (1979), 'Translating media and national development', in *National Sovereignty and International Communication*, edited by K. Nordenstreng and Herbert Schiller.
Shils, Edward (1978), 'Mass society and its culture', in *Literary Taste, Culture, and Mass Communication*, Volume I, edited by Peter Davison, Rolf Meyersohn and Edward Shils, Cambridge: Chadwyck Healey.
Showalter, Elaine (1990), 'Introduction', in *Speaking of Gender*, edited by Elaine Showalter, London: Routledge.
Sinfield, Alan (1992), *Faultlines: Cultural Materialism and the Politics of Dissident Reading*, Oxford: Clarendon Press.
Smith, Barbara Herrnstein (1988), *Contingencies of Value*, Cambridge, MA: Harvard University Press.
Sontag, Susan (1966), *Against Interpretation*, New York: Deli.
Stacey, Jackie (1994), *Star Gazing: Hollywood and Female Spectatorship*, London: Routledge.
Stedman Jones, Gareth (1998), 'Working-class culture and working-class politics in London, 1870–1900: notes on the remaking of a working class', in *Cultural Theory and Popular Culture*, 2nd edn, edited by John Storey, Harlow: Prentice Hall.
Storey, John (1985), 'Matthew Arnold: the politics of an organic intellectual', *Literature and History*, 11 (2).
Storey, John (1988), 'Rockin' Hegemony: West Coast Rock and Amerika's War in Vietnam', in *Tell Me Lies About Vietnam*, edited by Alf Louvre and Jeff Walsh, Milton Keynes: Open University Press.
Storey, John (1992), 'Texts, readers, reading formations: My Poll and My Partner Joe in Manchester in 1841', *Literature and History*, 1 (2).
Storey, John (1994), ' "Side-saddle on the golden calf": moments of utopia in American pop music and pop music culture', in *An American Half Century: Postwar Culture and Politics in the USA*, edited by Michael Klein, London: Pluto Press.
Storey, John (ed.) (1996), *What is Cultural Studies: A Reader*, London: Edward Arnold.
Storey, John (2001a), 'The sixties in the nineties: Pastiche or hyperconsciousness', in *Tough Guys, Smooth Operators and Foxy Chicks*, edited by Anna Gough-Yates and Bill Osgerby, London: Routledge.
Storey, John (2001b), 'The social life of opera', in *European Journal of Cultural Studies*, 6 (1).
Storey, John (2002a), 'Expecting rain: opera as popular culture', in *High-Pop*, edited by Jim Collins, Oxford: Blackwell.
Storey, John (2002b), 'The articulation of memory and desire: from Vietnam to the war in the Persian Gulf', in *Film and Popular Memory*, edited by Paul Grainge, Manchester: Manchester University Press.
Storey, John (2003), *Inventing Popular Culture: From Folklore to Globalisation*, Malden, MA: Blackwell.
Storey, John (2005), 'Popular', in *New Key Words: A Revised Vocabulary of Culture and Society*, edited by Tony Bennett et al., Oxford: Blackwell.
Storey, John (2006), 'Inventing opera as art in nineteenth-century Manchester', in *International Journal of Cultural Studies*, 9 (4).

Storey, John (2008), 'The invention of the English Christmas', in *Christmas, Ideology and Popular Culture*, edited by Sheila Whiteley, Edinburgh: Edinburgh University Press.

Storey, John (2009), '"The spoiled adopted child of Great Britain and even of the Empire": A Symptomatic Reading of Heart of Darkness', in *Stories of Empire*, edited by Christa Knellwolf King and Margarete Rubik, Trier: Wissenschaftlickter Verlag.

Storey, John (2010a), *Culture and Power in Cultural Studies: The Politics of Signification*, Edinburgh: Edinburgh University Press.

Storey, John (2010b), 'Becoming British', in *The Cambridge Companion to Modern British Culture*, edited by Michael Higgins, Clarissa Smith and John Storey, Cambridge: Cambridge University Press.

Storey, John (2010c), *Cultural Studies and the Study of Popular Culture*, 3rd edn, Edinburgh: Edinburgh University Press.

Storey, John (2011), 'Postmodernism and popular culture', in *The Routledge Companion to Postmodernism*, edited by Stuart Sim, London: Routledge.

Storey, John (2014), *From Popular Culture to Everyday Life*, London: Routledge.

Storey, John (2016), 'Class and the Invention of Tradition: the cases of Christmas, football and folksong', in *The Making of English Popular Culture*, edited by John Storey, London: Routledge.

Storey, John (2017a), *Theories of Consumption*, London: Routledge.

Storey, John (2017b), 'Culture: the "Popular" and the "Material"' in *Materiality and Popular Culture*, edited by Anna Malinowska and Karolina Lebek, London: Routledge.

Storey, John (2019), *Radical Utopianism and Cultural Studies: On Refusing to be Realistic*, London: Routledge.

Storey, John (2021), *Consuming Utopia: Cultural Studies and the Politics of Reading*, London: Routledge.

Storey, John, and Katy McDonald (2014a), 'Love's best habit: the uses of media in romantic relationships', in *International Journal of Cultural Studies*, 17(2), 113–125.

Storey, John, and Katy McDonald (2014b), 'Media love: intimacy in mediatized worlds', in *Mediatized Worlds*, edited by A. Hepp and F. Krotz, London: Palgrave, 221–232.

Sturken, Marita (1997), *Tangled Memories: The Vietnam War, the AIDS Epidemic, and the Politics of Remembering*, Berkeley: University of California Press.

Taylor, Matthew (2013), *The Association Game*, London: Routledge.

Thompson, E.P. (1976), 'Interview', *Radical History Review*, 3.

Thompson, E.P. (1976), *William Morris: Romantic to Revolutionary*, New York: Pantheon.

Thompson, E.P. (1980), *The Making of the English Working Class*, Harmondsworth: Penguin.

Thompson, E.P. (1995), *The Poverty of Theory*, 2nd edn, London: Merlin Press.

Tomlinson, John (1997), 'Internationalism, globalization and cultural imperialism', in *Media and Regulation*, edited by Kenneth Thompson, London: Sage.

Tomlinson, John (1999), *Globalization and Culture*, Cambridge: Polity Press.

Tompkins, Jane (1985), *Sensational Designs: The Cultural Work of American Fiction, 1790–1860*, New York: Oxford University Press.

Tong, Rosemary (1992), *Feminist Thought: A Comprehensive Introduction*, London: Routledge.

Tumin, Melvin (1957), 'Popular culture and the open society', in *Mass Culture: The Popular Arts in America*, edited by Bernard Rosenberg and David Manning White, New York: Macmillan.

Turner, Graeme (2003), *British Cultural Studies: An Introduction*, 3rd edn, London: Routledge.

Vlastos, Stephen (1991), 'America's "enemy": the absent presence in revisionist Vietnam War history', in *The Vietnam War and American Culture*, edited by John Carlos Rowe and Rick Berg, New York: Columbia University Press.

Volosinov, Valentin (1973), *Marxism and the Philosophy of Language*, New York: Seminar Press.

Walby, Sylvia (1990), *Theorising Patriarchy*, Oxford: Blackwell.
Walton, David (2008), *Introducing Cultural Studies: Learning Through Practice*, London: Sage.
Walton, John K and James Walvin (1988) (eds), *Leisure in Britain 1780–1939*, Manchester: Manchester University Press.
Walvin, James (2000), *The People's Game*, Edinburgh: Mainstream Publishing Company.
Warner, Michael (1993), 'Introduction', in *Fear of a Queer Planet*, edited by Michael Warner, Minneapolis: Minnesota University Press.
West, Cornel (2019), 'Black postmodernist practices', in *Cultural Theory and Popular Culture: A Reader*, 5th edn, edited by John Storey, London: Routledge.
White, David Manning (1957), 'Mass culture in America: another point of view', in *Mass Culture: The Popular Arts in America*, edited by Bernard Rosenberg and David Manning White, New York: Macmillan.
Williams, Raymond (1957), 'Fiction and the writing public', *Essays in Criticism*, 7.
Williams, Raymond (1963), *Culture and Society*, Harmondsworth: Penguin.
Williams, Raymond (1965), *The Long Revolution*, Harmondsworth: Penguin.
Williams, Raymond (1980), 'Base and superstructure in Marxist cultural theory', in *Problems in Materialism and Culture*, London: Verso.
Williams, Raymond (1981), *Culture*, London: Fontana.
Williams, Raymond (1983), *Keywords*, London: Fontana.
Williams, Raymond (2019), 'The analysis of culture', in *Cultural Theory and Popular Culture: A Reader*, 5th edn, edited by John Storey, London: Routledge.
Williamson, Judith (1978), *Decoding Advertisements*, London: Marion Boyars.
Willis, Paul (1990), *Common Culture*, Buckingham: Open University Press.
Willis, Susan (1991), *A Primer for Daily Life*, London: Routledge.
Winship, Janice (1987), *Inside Women's Magazines*, London: Pandora.
Wright, Will (1975), *Sixguns and Society: A Structural Study of the Western*, Berkeley: University of California Press.
Zelizer, Barbie (1995), 'Reading the past against the grain: the shape of memory studies', in *Critical Studies in Mass Communication*, June.
Žižek, Slavoj (1989), *The Sublime Object of Ideology*, London: Verso.
Žižek, Slavoj (1991), *Looking Awry: An Introduction to Jacques Lacan through Popular Culture*, Cambridge, MA: MIT Press.
Žižek, Slavoj (1992), *Enjoy Your Symptom: Jacques Lacan in Hollywood and Out*, London: Routledge.
Žižek, Slavoj (2019), 'From reality to the real', in *Cultural Theory and Popular Culture: A Reader*, 5th edn, edited by John Storey, London: Routledge.

索 引

（以下页码为英文原书页码，即本书边码）

absence 缺乏 73，76，78，106
actor-network-theory 行动者—网络理论 234-236
Adams, William 威廉·亚当斯 198
Adorno, Theodor 西奥多·阿多诺 64-65，68-70，71
advertising 广告 12；and art 与艺术 67-68；'new man' 新男性 176；post-feminist 后女性主义 173-174；and the 'problematic' 与问题域 74-75；Williamson on 威廉森 79-80；in women's magazines 在女性杂志上的 168，169
aesthetic gaze 美学凝视 252
aesthetics 美学 252-253；grounded 扎根 253-254
affirmative culture 肯定性文化 220-221
agency 能动性 49，50，221，226；structure 结构 261，265
Alloway, Lawrence 劳伦斯·艾洛维 207
Althusser, Louis 路易·阿尔都塞 4，72-80，115

America: 1960s' postmodernism 20世纪60年代美国的后现代主义 208；Americanization 美国化 8；mass culture 群氓文化 28-34；music of the counterculture 反传统音乐文化 86-87；Vietnam war narratives 越南战争叙事 193-199
Americanization see globalization 美国化，见全球化
anarchy 无政府状态 20-21
Andersen, Hans Christian 汉斯·克里斯钦·安徒生 241
Ang, Ien 洪美恩 161，162-167，229-230，267
Anthropological Society of London 伦敦人类学研究会 191
anthropology 人类学 45，119
anti-racism, and cultural studies 反种族主义与文化研究 200-201
aristocracy 贵族 20，21
Arnold, Matthew 马修·阿诺德 7，13，19-23，44，248

art 艺术 commodification of 的商品化 67-68; critique of capitalism 资本主义批判 65-66; Morris on 莫里斯 62; pop art 波普艺术 207-208; reproduction of 的再生产 70-71

art cinema 艺术电影 10

art museums 艺术博物馆 252

articulation 接合 86-87

audience, power of 观众的力量 250

Austin, John Langshaw 约翰·朗肖·奥斯汀 178

authorial intent 作者意图 255

Ball, Vicky 维姬·鲍尔 175

Barthes, Roland 罗兰·巴尔特 4, 115, 122-129, 256

Baudrillard, Jean 让·鲍德里亚 210-215

Beatles 甲壳虫乐队 208

Benjamin, Walter 瓦尔特·本雅明 70-71

Bennett, Tony 托尼·本内特 10, 13, 28, 67

Bentham, Jeremy 杰里米·边沁 133-134

Bernstein, J. M. J. M. 伯恩斯坦 71

Big Brother（TV programme）《老大哥》（电视节目）134-135

Bilge, Sirma 西尔玛·毕尔治 182

Biressi, Anita 安妮塔·比雷西 137-138

Black Lives Matter 黑命贵 201-203

Blake, Peter 彼得·布莱克 208

Bloch, Ernst 恩斯特·布洛赫 60, 148

bombing, U.S., Vietnam War 轰炸，美国，越南战争 198

Bourdieu, Pierre 皮埃尔·布尔迪厄 6, 141-143, 223-224, 251, 252-253

Bourne, George 乔治·伯恩 27

Brecht, Bertolt 贝托尔特·布莱希特 3, 64-65, 215

Britain, and slavery 英国和奴隶制 189-192

Broadhurst, Thomas 托马斯·布罗德赫斯特 78

Brogan, D. W. D. W. 布罗根 32

Brooker, Peter 彼得·布鲁克尔 218

Brooker, Will 威尔·布鲁克尔 218

Bush, President George H. W. 乔治·H. W. 布什总统 197, 198, 199

Butler, Judith 朱迪丝·巴特勒 177-180

Canaan, Joyce 乔伊丝·卡南 176

capitalism 资本主义 4, 12, 62-63, 262-265; and 'agency' 与能动性 261; Baudrillard on 鲍德里亚 215; and the culture industry 与文化工业 65-72; Jameson on 詹明信 216; Marx on 马克思 139-140; and meritocracy 与精英政治 146-147; see also consumption; hegemony 参见消费、霸权

Carey, James 詹姆斯·凯瑞 2

Carlyle, Thomas 托马斯·卡莱尔 191

castration complex 阉割情结 107, 110

celebrity surveillance 名人隐私 134-135

Centre for Contemporary Cultural Studies（CCCS）当代文化研究中心（CCCS）39, 41, 55, 56-57

de Certeau, Michel 米歇尔·德·赛图 254-255

Chamberlain, Joseph 约瑟夫·张伯伦 191-192

Chambers, Iain 伊恩·钱伯斯 209-210

Chan, Diana 戴安娜·陈 127-128, 130

Chinn, Sarah 萨拉·琪恩 179

Chodorow, Nancy 南茜·乔多罗 157-158, 159

Christmas 圣诞节 9, 244-245

cinema 电影 25, 151; art cinema 艺术电影 6, 10; cine-psychoanalysis 电影精神分析 108-110, 154; discourses on 话语 131; and female spectatorship 与女性观众 151-155; Hong Kong 香港 229-230; nostalgia 怀旧 217; see also Hollywood 参见好莱坞

Clark, Michael 迈克尔·克拉克 198-199

Clarke, Gary 盖瑞·克拉克 258-259

class 阶级 137-149; Arnold on 阿诺德 20; class struggle 阶级斗争 10, 139-141; and consumption 与消费 34, 141-143; and the cultural field 与文化领域 251; in cultural studies 在文化研究 137-138; Marx and Engels on 马克思和恩格斯 61; and meritocracy 与精英政治 146-148; and modernism 与现代主义 207; and popular culture 与大众文化 137, 143-146; and selection 与选举 47; see also high culture 参见高雅文化

class consciousness 阶级意识 91, 141

classical music, in advertising 广告中的古典音乐 67-68

Coca-Cola 可口可乐 225-226, 243

Cocker, Jarvis 贾维斯·考克尔 110-111

coercion, state 强制 82

Cold War ideology 冷战意识形态 34

Coleridge, Samuel Taylor 塞缪尔·泰勒·柯勒律治 22

Collins, Jim 吉姆·柯林斯 218-219

colonialism 殖民主义 188, 191-192

Colston, Edward 爱德华·科尔斯顿 201-202

commerce, commercialism 商业, 商业主义 9, 12, 219-220

commodification 商品化 66, 67

commodities, and use/exchange values 商品, 使用价值, 交换价值 262-265

communism 共产主义 63

Communist Manifesto《共产党宣言》140

condensation 缩合 97, 103

Connor, Steven 史蒂文·康纳 209

connotation 内涵 122-123, 126, 127, 163

Conservative Party 保守党 4

consumer choice 消费者选择 41, 48

consumption 消费 8, 11, 70-71, 266; and advertising 与广告 79-80; and class 与阶级 141-143; and cultural populism 与文化民粹主义 247-249; female cinema-goers 女性电影观众 154-155; of pop music 流行音乐 69; and queerness 与反常性 180-181; women's magazines 女性杂志 168-169, 170-173; and youth cultures 与青年文化 82-83

context, contextuality 语境 14-15, 125, 130

convergence 融合 226

Coronation Street（TV soap opera）《加冕街》（肥皂剧）213

counter-myth 反神话 124

Coward, Rosalind 罗莎琳德·考沃德 155-156

Creekmur, Corey 柯雷·克里柯穆尔 180-181

Crenshaw, Kimberlé 金伯莉·克伦肖 181

critical practice/reading 批判实践/批判阅读 45, 56, 74, 75-76; lack of 缺乏 166

critical space, postmodernism and 批评的空间，后现代主义 220

Critical Theory 批判理论 64

cultural analysis 文化分析 44-48

cultural economy 文化经济 249-250

cultural field 文化领域 249-259

cultural populism 文化民粹主义 247-248

cultural studies 文化研究 57; and anti-racism 与反种族主义 200-201; and class 与阶级 137-138; and hermeneutics 与解释学 249; post-Marxist 后马克思主义 83-89; *see also* political economy 参见政治经济学

culturalism 文化主义 51

culture 文化 1-2; Arnold on 阿诺德 19-23; defined 被定义的 44-45, 87; as a set of practices 作为一系列实践 88, 89; and the super-ego 与超我 96

'culture and civilization' tradition "文化与文明"传统 34-35, 71-72

culture industries 文化工业 260, 262, 264, 267

Dallas（TV soap opera）《豪门恩怨》（肥皂剧）162-167, 250

Dances with Wolves（film）《与狼共舞》（电影）121-122, 130-131

David-Neel, Alexandra 亚历山德拉·大卫-尼尔 78

deconstructionism 解构 130-131

democracy 民主 21, 25

denotation 外延 163

Derrida, Jacques 雅克·德里达 129-130, 178-179

Desert Island Discs《荒岛唱片》111

difference 差异 127-128

discourses: hegemonic 霸权式的话语 89; neo-liberal 新自由的 175; and post-Marxism 与后马克思主义 84-85; postmodern 后现代的 208-209; 'power-knowledge' relations "权力—知识"关系 130-132; scientific 科学 209; *see also* ideology; signifier/signified 参见意识形态；能指/所指

discrimination 歧视 52-53

Disneyland 迪斯尼乐园 214

displacement 移情 98, 103

documentary record 记录性档案 44-45, 46

Doty, Alexander 亚历山大·多提 180-181

drag 扮装 179

dreams, interpretation of 梦境，阐释 96-

99, 103, 111, 130
dual-systems theory 双重系统理论 150
Dyer, Richard 理查德·戴尔 70, 153, 199

Eagleton, Terry 特里·伊格尔顿 110, 115
Easthope, Antony 安东尼·伊索普 175-176
Eco, Umberto 安伯托·艾柯 218-219
economic field 经济场域 259-266
education: and aesthetic appreciation 教育与审美鉴赏 253; and Leavisism 与利维斯主义 25-26; and meritocracy 与精英政治 147; postmodern 后现代 209; and social inequality 与社会不平等 142, 255; sport 体育 144
ego development 自我发展 95-96, 108-109
emotional realism 情感现实主义 162-163, 164
The Emperor's New Clothes《皇帝的新装》241-242
Engels, Frederich 弗里德里希·恩格斯 60-61, 63, 91
Enlightenment 教化 209
escapism 逃避现实 8-9, 153
Estwick, Samuel 塞缪尔·埃斯特维克 190
ethnicity, and whiteness 种族和白人性 199-200
FA and the FA Cup 英格兰足球队和英格兰足总杯 144-145, 146

fans, fan cultures 粉丝，粉丝文化 255-258
fantasy Freudian 弗洛伊德的幻想 100-101, 103-104; Lacanian 拉康式的 110-112
Fekete, John 约翰·费克特 224
female gaze 女性凝视 152-155
femininity, discourses of 女性气质，话语 78; see also romantic fiction 参见言情小说
feminisms 女性主义 150-151; black 黑人 181; and female pleasure 与女性快感 166-167; and romance reading 与解读言情小说 161; on women's magazines 在女性杂志上的 170; see also post-feminism 参见后女性主义
'feminization of loss' 失落的女性化 194
fiction: fantasy, and textual analysis 虚构，幻想，与文本分析 100-101, 103-104; imperial 帝国 192; popular 流行的 25, 46; romantic 浪漫的 155-161
Fiedler, Leslie 莱斯利·菲德勒 32-33, 206
film see cinema 电影，见电影
financial economy 金融经济 249-250
Fischer, Ernst 恩斯特·费希尔 140
Fiske, John 约翰·费斯克 8, 214, 248, 249-250
Floyd, George 乔治·弗洛伊德 201
folk culture 民间文化 8, 9
football 足球 143-146
foreignness 外国性 226-228

form 形成 252, 253
Foucault, Michel 米歇尔·福柯 115, 130-132, 133
Frankfurt School 法兰克福学派 64-72, 220
Franklin, Aretha 艾瑞莎·弗兰克林 180
French imperialism 法兰西帝国 77-78, 123-126
French Revolution 法国大革命 13, 49
Freud, Sigmund 西格蒙德·弗洛伊德 31, 76, 94-104; on dreams 梦境 96-99, 103, 111; model of the psyche 心理模式 94-96; on textual analysis 文本分析 100-101, 103-104
Frith, Simon 西蒙·弗里斯 8, 69, 71, 212, 231
Fryer, Peter 彼得·弗莱尔 189, 191
function 功能单元 252, 253

Gamman, Louise 洛琳·加曼 152
Garnham, Nicholas 尼古拉斯·加纳姆 141, 259
gaze: popular/aesthetic 大众/审美凝视 252; see also female gaze 参见女性凝视; male gaze 男性凝视
gender norms 性别规范 176, 178-180
Gilroy, Paul 保罗·吉尔罗伊 187-189, 201
Gledhill, Christine 克莉丝汀·格莱德希尔 152
globalization 全球化 225-230
golden age 黄金年代 26-27
Golding, Peter 彼得·戈尔丁 259-260

Gramsci, Antonio 安东尼奥·葛兰西 9-10, 43, 80-83, 85, 230, 266
Gray, Thomas 托马斯·格雷 148
Green, Michael 迈克尔·格林 43
Griffin, Christine 克莉丝汀·格里芬 176
Grossberg, Larry 莱瑞·格罗斯伯格 220, 258
Gulf War 海湾战争 1991 197, 199

Haag, Ernest van den 欧内斯特·凡·登·海格 31-32
Hall, Stuart 斯图亚特·霍尔 4, 7, 11, 38, 50, 51-56, 83-84, 88-89, 188, 200-201, 229, 230, 265-266
Harvey, David 大卫·哈维 83
Hebdige, Dick 迪克·海布迪奇 13, 82, 83, 205-206
hegemony 霸权 9-10, 80-83, 86, 89, 143, 175, 230, 266
hermeneutics 解释学 249
Hermes, Joke 约克·赫米斯 171-173
Hexter 海克斯特 90
high culture 高雅文化 5-7, 30, 252; modernism as 现代主义作为 206-207; popular culture and 大众文化与 224; see also art 参见艺术
higher education 高等教育 209
Hill Collins, Patricia 帕特里夏·希尔·柯林斯 182
Hill Street Blues (TV programme) 《山街蓝调》（电视节目）250
hip hop 嘻哈文化 227-228
history: 'from below' 自下而上的历史

49-50; Marx on 马克思 50, 59-60

Hoggart, Richard 理查德·霍加特 39-44, 56-57, 138

Hollywood 好莱坞 25; and female spectatorship 与女性观众 153-155; Vietnam war narratives 越南战争叙事 193-199; Western genre 西方风格 119-122; see also cinema 参见电影

homogeneity 同质性 64

Hong Kong cinema 香港电影 229-230

hooks, bell 钟镰 150-151

Horkheimer, Max 马克斯·霍克海默 64, 66

Horne, Howard 霍华德·霍恩 212, 231

Hume, David 大卫·休谟 191

Hunt, James 詹姆斯·亨特 191

Huyssen, Andreas 安德里亚斯·胡伊森 207, 208

hybridity of cultures 混杂的文化形式 229-230

hyperrealism 超级真实主义 211, 213-214

Ideological State Apparatuses (ISAs) 意识形态国家机器 (ISAs) 79, 82

ideology 意识形态 2-5, 61; Althusser on 阿尔都塞 72-73, 77, 79-80; of mass culture 大众文化的 164-167; of natural taste 天然品位的 253; of populism 民粹主义的 166; of romantic love 浪漫爱情的 184; see also discourses; 参见话语 myths 神话; racism 种族主义

immigration, 1950s 20世纪50年代的移民 188

imperialism, discourse of 帝国主义话语 77-78, 123-126

incorporation 收编 10, 82-83, 89, 251, 258; feminism and 女性主义 175; globalization and 全球化 230

industrialization 工业化 12-13, 18, 27, 49, 138, 144

information, production of 信息, 生产 210

intellectuals 知识分子 29, 34, 82, 209-210

interpellation 质询 80

intersectionality 交叉性 181-184

intertextuality 互文 218

irony 反讽 164, 165

Jameson, Fredric 弗雷德里克·詹明信 59, 83, 206-207, 216-222

jazz 爵士 55

Jefford, Susan 苏珊·杰弗兹 194

Jenkins, Henry 亨利·詹金斯 256-258

Jenson, Joli 裘莉·詹森 255-256

Johnson, Boris (British Prime Minister) 鲍里斯·约翰逊（英国首相）202

Johnston, Sir Harry 哈里·强斯顿爵士 191

jokes 笑话 98

knowledge 知识 132, 208-209

Knox, Robert 罗伯特·诺克斯 191

La Plante, Lynda 琳达·拉·普兰提 175

labour 劳动 62, 139-140; see also Marx, Marxism 参见马克思，马克思主义

Labour Party 工党 4

Lacan, Jacques 雅克·拉康 104-108, 110, 115

Laclau, Ernesto 欧内斯托·拉克劳 84, 85-86, 221-222

landed aristocracy 地主贵族 139-140

language: cultures 语言文化 81-82; Lacan on 拉康论 106; as *langue* and *parole* 语言与言语 117; Leavisism on 利维斯主义 25; as performativity 作为操演 178-179

Latour, Bruno 布鲁诺·拉图尔 234, 235-236

Leavisism 利维斯主义 23-28, 34, 42, 47-48, 53

leisure 休闲 27, 62; see also popular culture 参见大众文化

Lévi-Strauss, Claude 克劳德·列维-施特劳斯 115, 118-119

liberal feminism 自由主义女性主义 150

linguistics see Saussure, Ferdinand de 语言学，见费尔迪南·德·索绪尔

杂志 Littler, Jo 乔·利特勒 146

lived cultures/practices 活文化/活实践 4, 46, 48

local cultures 本土文化 228, 230

London Chronicle《伦敦编年史》190

Long, Edward 爱德华·朗恩 189, 190

Lovell, Terry 特里·勒沃 262

Lowenthal, Leo 利奥·洛文塔尔 65

Lyotard, Jean-François 让-弗朗索瓦·利奥塔 208-210

Macdonald, Dwight 德怀特·麦克唐纳 30-31

Macherey, Pierre 皮埃尔·马施立 75-78, 115

magazines: and surveillance 杂志与隐私 135; women's 女性的 167-173

'make-over' shows (TV)《改头换面》（电视节目）135

male gaze 男性凝视 109, 110

Maltby, Richard 理查德·马尔特比 8-9

Marcuse, Herbert 赫伯特·马尔库塞 65-66, 68, 220-221

Markus, Hazel Rose 黑泽尔·罗斯·马库斯 188

Marshment, Margaret 玛格丽特·马什门特 152

Marx, Marxism 马克思，马克思主义 3, 50, 138-140, 264; classical 经典的 59-62; feminism 女性主义 150; Morris and 莫里斯和 62-63; on popular culture 的大众文化 9-10; on religion 的宗教 155; and Utopian Socialism 与空想社会主义 91-92; see also Jameson, Fredric 参见弗雷德里克·詹明信

masculinities 男性气质 175-176

mass culture 大众文化 7-8, 24, 27-28; in America 在美国 28-34; as culture industry 作为文化工业 64-72; as depoliticizing 去政治化 65；ideology of 意识形态的 164-167，266-268；and working-class culture 与工人阶级文化 41，43

mass production 大众化生产 31，32

mass society 大众社会 34

materiality 物质性 233-245

McGuigan, Jim 吉姆·麦克盖根 247-249，259

McNamara, Robert 罗伯特·迈克纳马拉 198

McRobbie, Angela 安吉拉·麦克罗比 83，173-174，205，210，266

meaning：materiality and 物质性和意义 236-240；post-Marxist 后马克思主义 89；social practice, materiality and 社会运动，物质性和 240-245；see also norms；pleasure 参见规范，快感

media：corporations/technologies 媒介组织/技术 226，235；postmodern 后现代 214；recycled 回收的 218-219

melodrama 舞台通俗剧 61，163-164

memorialization 戏剧式想象 201-202

men's studies 男性研究 175-176

Mercer, Kobena 考比娜·莫瑟 210

meritocracy 精英政治 146-148

metanarratives 元叙事 208-209

middle class 中产阶级 20，22，47，143，144，146

Miller, Daniel 丹尼尔·米勒 241-243

Mills, Sara 萨拉·米尔斯 78

mobile phones 手机 233-234

modernism 现代主义 206-207

Modleski, Tania 塔尼娅·莫德莱斯基 155

More, Thomas 托马斯·莫尔 90-91

Morley, David 戴维·莫利 11

Morris, William 威廉·莫里斯 62-63

Mouffe, Chantal 尚塔尔·墨菲 10，84，86，221-222

Moya, Paula M. L. 宝拉·M. L. 莫亚 188

Mulvey, Laura 劳拉·墨维 108-110

Murdock, Graham 格雷厄姆·莫多克 259-260

myths：Barthes on 巴尔特神话 122-128；Lévi-Strauss on 列维-施特劳斯 118-119；and the Western genre 与西方风格 119-122

narcissism 自恋 109

National Union of Teachers（NUT）全国教师联盟（NUT）51

Pieterse 皮埃特斯 228-229

neo-liberalism 新自由主义 175

networks 网络 234-236

new revisionism 新修正主义 249

New York, postmodern community arts project 纽约，后现代主义社区艺术项目 212

New York Times《纽约时报》199

news media：on high/popular culture 高雅文化/大众文化新媒体 7

Nixon, President Richard 理查德·尼克松总统 197

norms 规范 89，122，134，176，178-180，

199

nostalgia films 怀旧电影 217

novels, nineteenth-century 小说，19 世纪 46, 63

Nowell-Smith, Geoffrey 杰弗里·诺威尔-史密斯 13

Nunn, Heather 希瑟·努恩 138

objectivity 客观性 85

Oedipus complex 俄狄浦斯情结 95, 99-100, 103, 104, 107, 156, 158

oppression 压迫 248

Orientalism 东方主义 192-199

panopticon 全景敞视监狱 133-134

Paris, *Texas* (film)《德州巴黎》（电影）108

Paris Match（magazine）《巴黎竞赛》（杂志）123-126

Parker, Ian 伊恩·帕克 110

pastiche 混仿 216-217

patriarchy 父权制 159, 160, 176

Pavarotti, Luciano 鲁契亚诺·帕瓦罗蒂 6-7

peasantry, French 法国农民 140

pedagogy see education 教育，见教育

performativity: of education 教育的操演 209; of gender 性别的 177-180; of language 语言的 178-179

Platoon（film）《野战排》（电影）193, 194-196, 211

pleasure 快感 89, 248-251; and politics 与政治 267; queer 酷儿 181; scopo-philia 窥视欲 108-109; see also fantasy 参见幻想

Polan, Dana 达纳·蒲兰 167

political economy 政治经济学 259-266

pop art 波普艺术 207-208

popular art 流行艺术 53-54, 63

popular cinema *see* cinema 流行电影，见电影

popular culture: strategies 大众文化的策略 52; defined 定义的 5-13; Frankfurt School on 法兰克福学派 64-72; good 好的 53-54; Marxist approach to 的马克思主义进路 61; as other 作为他者 13-14; women's pleasure in 的女性快感 155-156, 166-167; and the working class 与工人阶级 40-41, 48

popular gaze 大众凝视 252

popular music 流行音乐 9, 42-43, 54-56, 57, 68-70, 208

populism 民粹主义 166

post-feminism 后女性主义 150, 170, 173-175

post-Marxism 后马克思主义 83-89, 260, 266

postmodernism 后现代主义 11-12, 138, 170-171, 266; and cultural populism 与文化民粹主义 248; and globalization 与全球化 225-230; and the pluralism of value 与价值多元主义 222-225; theorists on 的理论家 208-222

post-structuralism 后结构主义 128-132

power relations 权力关系 130; and cultural capital/value 与文化资本/文化价值 222-223, 252-253; and knowledge 与知识 132; and sexuality 与性取向 132; and signification 与意义 240-242, 245

psychoanalysis 精神分析 94-113; cine-psychoanalysis 电影精神分析 108-110; Freudian 弗洛伊德的 94-104; Lacanian 拉康式的 104-108; Žižek and 齐泽克 110-112

queer reading 反常解读 181
queer theory 酷儿理论 176-181

race, 'doing' "做" 种族 188
racism: ideology of, history 种族主义意识形态, 历史 189-192; and 'race' 与 "种族" 189
radical feminism 激进女性主义 150
Radway, Janice 詹妮丝·莱德威 156-161
Rakow, Lana 拉娜·莱考 151
reading: Leavisism on 利维斯主义解读 25; as poaching 作为盗猎 254-255; see also fiction 参见小说
Reagan, President Ronald 罗纳德·里根总统 197
realism 现实主义 216
reggae music 雷鬼音乐 86
regression 回归 157-158
Reilly, Kelly 凯莉·雷利 175
religion 宗教 155

repression 抑制 31-32, 94, 96, 132
reproduction, technological 复制, 机械 70-71
resistance 抵抗 10, 26, 89, 154, 223, 230; and romance reading 与浪漫解读 160; and semiotic power 与符号权力 250-251; see also youth (sub) cultures 参见青年（亚）文化
Richards, Keith 基斯·理查兹 87
ritual and customs see lived cultures/practices 仪式与习惯, 见活文化/活实践
Ritzer, George 乔治·瑞泽尔 228
Rockwell, John 约翰·洛克威尔 207-208
romantic fiction 言情小说 155-161
romantic love, discourse of 浪漫爱情 108, 184
Romanticism 浪漫主义 22
Rosenberg, Bernard 伯纳德·罗森伯格 29
Ross, Andrew 安德鲁·罗斯 28-29
Royal Africa Company 皇家非洲公司 201

Said, Edward 爱德华·萨义德 192, 229
Saussure, Ferdinand de 费尔迪南·德·索绪尔 115-118, 122
Scattergood, John 约翰·斯盖特古德 190
Schiller, Herbert 赫伯特·席勒 226
Schwenger, Peter 彼得·什温格 175
science 科学 209
scopophilia 窥视欲 108-109
seaside resorts 海滨度假村 41-42
selection 选举 46-47, 222-223

semiology/semiotics 符号学 122, 125, 174, 241-242; and resistance 与抵抗 250-251

sexual objectification 性欲客体化 109, 110

sexuality, discourses on 性取向, 话语 131-132

Shils, Edward 爱德华·希尔斯 32, 34

Showalter, Elaine 伊莲·肖沃特 150, 151

signifier/signified 能指/所指 115-116, 122-123, 129-130

signs, polysemic nature of 符号, 多义性 123, 127

Simpson, O. J. O. J. 辛普森 214

simulacrum 拟像 210-211

simulations 仿真 211

The Singing Butler, (painting)《唱歌的巴特勒》（绘画）183-184

slavery 奴隶制 188, 189, 190-191, 201-202

Smith, Adam 亚当·斯密 74

social control *see* surveillance 社会控制, 见监视

'social' definition of culture 文化的社会定义 45

social history 社会历史 50

social mobility 社会流动性 146-147

social practice, materiality, meaning and 社会实践, 物质性, 意义 240-245

socialism 社会主义 4, 10; Utopian 乌托邦 91-92; *see also* Marx, Marxism 参见马克思, 马克思主义

Sontag, Susan 苏珊·桑塔格 206, 224-225

Soviet Union 苏联 29

Spare Rib（magazine）《余肋》（杂志）170

Stacey, Jackie 杰姬·斯戴西 152-155

standardization 标准化 68

Starkey, David 大卫·斯达奇 129-130

State, the, civilizing influence of 国家的文化影响 21

state coercion 国家强制 82

statues 雕像 201-202

structuralism 结构主义 9, 115-128

Sturken, Marita 玛丽塔·斯特尔肯 198

subcultural analysis 亚文化分析 258-259

subcultures, music 亚文化, 音乐 69-70

subjectivity, and the Imaginary 主体性与想象 106

surveillance 监视 134-135

symbolization 象征 98-99, 103

'talk-show' (TV) 脱口秀（电视节目）135

Tarantino, Quentin 昆汀·塔伦蒂诺 218

taste 品位 251-252, 253

technological reproduction *see* reproduction, technological 机械复制, 见复制, 机械

television drama, and post-feminism 电视剧与后女性主义 175

television programmes: class in 电视节目中的阶级 137; and fan cultures 与粉

丝文化 256-257; and financial/cultural economies 与金融经济/文化经济 250; postmodernism 后现代主义 213; and surveillance 与监视 134-135

textual analysis, psychoanalytic 文本分析, 精神分析 100-101, 103-104

textual determinism 文本决定论 255

textual intent 文本意图 255

Thatcher, Margaret 玛格丽特·撒切尔 139

theatre, melodrama 情节剧戏剧 61

Thicknesse, Philip 菲利普·西克尼斯 190

Thompson, *Denys* 丹尼斯·汤普森 24, 27

Thompson, E. P. E. P. 汤普森 18, 49-51, 138, 140-141

Tomlinson, John 约翰·汤林森 226

Tong, Rosemary 罗丝玛丽·佟恩 150

Trump, President Donald 唐纳德·特朗普总统 199

truth 真理 132, 193, 215

Turner, Graeme 格里莫·特纳 2

unconscious, the 无意识 76-77, 94, 97, 101, 110

urbanization 城市化 12-13, 18, 144

utopianism 乌托邦主义 9, 90-92, 153

value(s) 价值 44, 45, 46; monetary 货币 209; pluralism 多元主义 of 222-225

Verne, *Jules* 儒勒·凡尔纳 77-78

veterans, Vietnam War 退伍军人, 越南战争 196, 197, 198

Vettriano, Jack 杰克·维特里亚诺 183-184

Victorians 维多利亚时代 132

Vietnam Syndrome 越南综合征 197, 199

Vietnam War, Hollywood discourses 越南战争, 好莱坞话语 193-199

visual pleasure *see* scopophilia 视觉快感, 见窥视癖

Volosinov, Valentin 瓦伦丁·沃罗希诺夫 86

Walby, Sylvia 西尔维娅·沃尔比 150

Warhol, Andy 安迪·沃霍 207, 208

Washington Post《华盛顿邮报》199

Western genre 西方风格 119-122

Whannel, Paddy 派迪·维诺 51-56

White, David Manning 大卫·曼宁·怀特 29-30

whiteness 白人性 199-200

Williams, Raymond 雷蒙德·威廉斯 1-2, 5, 11, 12, 40-41, 87, 138; on class struggle 阶级斗争 141; cultural analysis 文化分析 44-48, 216

Williamson, Judith 茱迪丝·威廉森 79-80

Willis, Paul 保罗·威利斯 249, 253-254, 261, 262

Winship, Janice 詹妮丝·文希普 167-170

women, and discourses of femininity 女性与女性主义话语 78; *see also* romantic fiction 参见言情小说
women's magazines 女性杂志 167–173
working class 工人阶级 20; culture 文化 22, 40, 47–48; female cinema-goers 女性电影观众 153–155; and football 与足球 145–146; and meritocracy 与精英政治 147; Thompson on the English 英语世界中的汤普森 49–51; urban 城市的 19
working-class culture 工人阶级文化 9
Wright, Will 威尔·赖特 119–122

youth (sub) cultures 青年（亚）文化 40, 54–55, 82–83, 227–228, 233, 258–259

Žižek, Slavoj 斯拉沃热·齐泽克 110–112, 241–242